高职语文素养

主 编 周 薇

华中科技大学出版社
中国·武汉

内 容 简 介

高职语文是为高职学生适应就业需要、适应岗位和职业转换需要,为他们的终身发展奠定重要基础的素质教育课程,重在培养学生的语文素养。本教材针对高职学生特点,按照阅读鉴赏、沟通交流、应用写作、艺术鉴赏四个模块对学生进行语文素养的整体提升。本教材的编写兼具了语文教学的工具性和人文性,将人文教育的职业性和职业教育的人文性有机结合,既可以提高学生从事相应职业必备的语文技能,又可提升学生的文化品位和审美情趣。

图书在版编目(CIP)数据

高职语文素养/周薇主编. —武汉:华中科技大学出版社,2018.8(2025.7重印)
ISBN 978-7-5680-4450-9

Ⅰ.①高… Ⅱ.①周… Ⅲ.①大学语文课-高等职业教育-教材 Ⅳ.①H19

中国版本图书馆 CIP 数据核字(2018)第 193227 号

高职语文素养 周 薇 主编
Gaozhi Yuwen Suyang

策划编辑:余伯仲
责任编辑:邓 薇
封面设计:原色设计
责任监印:周治超

出版发行:华中科技大学出版社(中国·武汉)   电话:(027)81321913
　　　　　武汉市东湖新技术开发区华工科技园　邮编:430223
录　　排:武汉三月禾文化传播有限公司
印　　刷:武汉市首壹印务有限公司
开　　本:787mm×1092mm　1/16
印　　张:20.25
字　　数:516千字
版　　次:2025年7月第1版第12次印刷
定　　价:59.80元

本书若有印装质量问题,请向出版社营销中心调换
全国免费服务热线:400-6679-118　竭诚为您服务
版权所有　侵权必究

前 言

高等职业教育肩负着培养生产、建设、服务和管理等行业需要的高素质、高技能人才的使命。人文教育的职业性和职业教育的人文性日益受到人们的重视。

早在两千多年之前,儒家大师就写下了"大学之道,在明明德,在亲民,在止于至善"的经典名句。"大学之道"的核心在于"育人",提升学生的生命价值(审美与个体心灵的建构)、生存价值(现实与社会文化的认知)、技术价值(阅读与写作能力)是人文素质教育的一项长期而艰巨的任务。拥有较强的阅读鉴赏能力,具备良好的应用写作、口语表达、沟通交流以及审美鉴赏能力是高职院校学生必须重视的。高职学生需通过语文素养培养,掌握必备的语文技能,得到高尚情操和趣味的熏陶,来提高自身的文化品位和审美情趣,增强文化底蕴,塑造健康人格,为全面提升个体人文素质奠定良好的基础。

高职语文是为高职学生适应就业需要、适应岗位和职业转换需要,为他们的终身发展奠定重要基础的素质教育课程,重在培养学生的语文素养。作为一门基础课程,语文既具有传授基本知识、基本技能的工具性特点,又囊括了人文科学的多重内容,融合了思想启迪、道德教育、心理历练、情感升华、能力提升、美感熏陶、思维开拓等多种功能和意义。为配合课程教学,编者编写了这本《高职语文素养》。本教材针对高职学生特点,按照阅读鉴赏、沟通交流、应用写作、艺术鉴赏四个模块对学生进行语文素养的整体提升。本教材的编写兼具了语文教学的工具性和人文性,将人文教育的职业性和职业教育的人文性有机结合,既可以提高学生从事相应职业必备的语文技能,又可提升学生的文化品位和审美情趣。

本教材共分为以下四个模块:

(1) 模块一为阅读鉴赏,采取按主题进行导读的方式,列举名篇阅读来提升学生的阅读鉴赏能力,扩大学生的阅读面,培养学生阅读的兴趣,培养学生的人文精神;

(2) 模块二为沟通交流,介绍了口语表达及基础训练相关知识、常用的日常口语形式,以及有效沟通的方式等,以全面提升学生的沟通交流能力;

(3) 模块三为应用写作,通过对应用文写作常识、常用文书、公文、事务文书、经济文书以及礼仪文书的介绍,提升学生应用写作的能力。

(4) 模块四为艺术鉴赏,通过对常见的书法、绘画、建筑、音乐、雕塑、影视、舞蹈等多种艺术的特征、常见鉴赏方法的介绍,学生对美的事物更为敏感,陶冶性情,生活情趣和格调得以提高,审美鉴赏能力得到提升。

本教材注重提高学生全方位的语文素养，内容上穿插导语、阅读、例文、案例分析、思考与练习等板块，具有全面、系统和实用的特点。

本教材由四川邮电职业技术学院周薇担任主编，邢捧、黄琴等参与编写。本教材在编写的过程中得到了诸多同行的帮助，同时参考了许多专家学者的编著教材、研究成果，以及大量的网络资源，在此一并表示衷心的感谢。

由于编者水平有限，书中难免会有不当之处，恳请广大专家、学者和读者不吝指正，以便本书日后的修订与完善。

因种种原因，我们未能联系上本书中引用作品的部分作者，如果您发现您的作品在本书中被引用，请与我们联系，谢谢。

编　者
2018 年 6 月

目 录

模块一 阅读鉴赏 ·· (1)
 第一章 青春理想 ·· (3)
 第二章 生命价值 ·· (6)
 第三章 爱情婚姻 ··· (23)
 第四章 亲情友情 ··· (36)
 第五章 人文自然 ··· (39)
 第六章 坚忍顽强 ··· (54)
 第七章 感恩宽容 ··· (73)
 第八章 责任承诺 ··· (87)
 第九章 智慧从容 ·· (104)
 第十章 社会人生 ·· (110)

模块二 沟通交流 ··· (145)
 第十一章 口语表达及基础训练 ·· (147)
 第十二章 日常实用口语 ·· (163)
 第十三章 有效沟通 ·· (188)

模块三 应用写作 ··· (197)
 第十四章 应用文 ·· (199)
 第十五章 日常应用文书写作 ··· (204)
 第十六章 公文写作 ·· (219)
 第十七章 事务文书写作 ·· (235)
 第十八章 经济应用文书写作 ··· (243)
 第十九章 礼仪文书写作 ·· (251)

模块四 艺术鉴赏 ··· (258)
 第二十章 书法艺术与鉴赏 ·· (259)
 第二十一章 绘画艺术与鉴赏 ··· (268)
 第二十二章 建筑艺术与鉴赏 ··· (276)
 第二十三章 音乐艺术与鉴赏 ··· (284)

第二十四章　雕塑艺术与鉴赏 …………………………………………………………（300）
第二十五章　影视艺术与鉴赏 …………………………………………………………（304）
第二十六章　舞蹈艺术与鉴赏 …………………………………………………………（312）

参考文献 ……………………………………………………………………………………（317）

模块一
阅读鉴赏

第一章 青春理想

一、导语

青春的热情存活于每个人心中,沉睡在每个人心底。随着年龄的增长与心智的开启,它会慢慢苏醒。每个人的青春都会有躁动不安——叛逆约束、厌倦陈规;每个人的青春都会有渴望——渴望改变、渴望被接纳、渴望寻找与历练、渴望有更多更美好的东西来丰富自己的生命。青春最强烈的冲动——出去行走,哪怕远行流浪。

青年常常用青春的热血给自己树起一个高远的目标,不仅是为了争取一份光荣,更是为了追求一种境界。目标实现了,便是光荣;目标实现不了,青春也会因这一路风雨跋涉变得精彩而充实。

本章学习我国著名诗人潘洗尘的《六月,我们看海去》,近代轰轰烈烈变法人物梁启超的《少年中国说》节选,著名作家林清玄所说的自我认知之路。通过本单元以上篇章的学习,帮助当代大学生陶冶理想情操,感悟青春。

二、阅读

(一)潘洗尘《六月,我们看海去》

请学生自行搜索本文并阅读。

【作者简介】

潘洗尘,1964年出生于黑龙江省肇源县兴安乡东风村。1982—1986年就读于哈尔滨师范大学中文系。20世纪80年代开始诗歌创作,是我国20世纪70年代末80年代初朦胧诗之后的新生代诗人,作品不多,但因其独有的诗风,格外引人注目。2000年开始陆续有诗作《饮九月初九的酒》《六月,我们看海去》等入选普通高中语文课本和大学语文教材。创办《诗歌EMS》周刊、《读诗》季刊等诗歌期刊。现为天问文化传播机构(北京、沈阳、长春、哈尔滨)董事长,并担任国内多家诗歌刊物的主编。

【作品赏析】

《六月,我们看海去》是潘洗尘的代表作,我们能在其鲜明的诗歌节奏里看到诗人及那个时代青年们的内心世界。

"六月"不单纯是一个月份,而成了生命的青春驿站,"看海去"也就被赋予了一种勇于探索的时代意义。诗人没有用静止的画面,而是在一种节奏里,在流动的生活画面中向我们表达了青春的激情以及激情背后的探索精神。

我们在一群男女青年向大海奔去的脚步声中体会到青春的勃勃生机;同时,静下心来就会发现,诗歌向我们展示的绝不仅仅是青春生命力的旺盛,它还向我们传达了青年的一种探索精神,一种要去接受惊涛骇浪洗礼、让情感在海水中净化、让思想在风浪中成熟的渴望。

【思考练习】

(1)诗中哪些诗句能让人强烈地感觉到年轻人的青春特征与自信探索精神?

(2)在诵读中,寻找诗作传达内在情感旋律的声音形式,体会诗人如何借助"听觉的想象"传达青春的活力。

(3)本诗语言的巧妙组合使诗意浓郁而悠远,请举事例说明。

(二)梁启超《少年中国说》节选

日本人之称我中国也,一则曰老大帝国,再则曰老大帝国,是语也,盖袭译欧西人之言也。呜呼!我中国其果老大矣乎?梁启超曰:恶,是何言!是何言!吾心目中有一少年中国在。

欲言国之老少,请先言人之老少。老年人常思既往,少年人常思将来。惟思既往也,故生留恋心;惟思将来也,故生希望心。惟留恋也,故保守;惟希望也,故进取。惟保守也,故永旧;惟进取也,故日新。惟思既往也,事事皆其所已经者,故惟知照例;惟思将来也,事事皆其所未经者,故常敢破格。老年人常多忧虑,少年人常好行乐。惟多忧也,故灰心;惟行乐也,故盛气。惟灰心也,故怯懦;惟盛气也,故豪壮。惟怯懦也,故苟且;惟豪壮也,故冒险。惟苟且也,故能灭世界;惟冒险也,故能造世界。老年人常厌事,少年人常喜事。惟厌事也,故常觉一切事无可为者;惟好事也,故常觉一切事无不可为者。老年人如夕照,少年人如朝阳;老年人如瘠牛,少年人如乳虎。……此老年与少年性格不同之大略也。梁启超曰:人固有之,国亦宜然。

……

梁启超曰:造成今日之老大中国者,则中国老朽之冤业也;制出将来之少年中国者,则中国少年之责任也。彼老朽者何足道?彼与此世界作别之日不远矣,而我少年乃新来而与世界为缘。……使举国之少年而果为少年也,则吾中国为未来之国,其进步未可量也;使举国之少年而亦为老大也,则吾中国为过去之国,其澌亡可翘足而待也。故今日之责任,不在他人,而全在我少年。少年智则国智,少年富则国富,少年强则国强,少年独立则国独立,少年自由则国自由,少年进步则国进步,少年胜于欧洲则国胜于欧洲,少年雄于地球则国雄于地球。红日初升,其道大光;河出伏流,一泻汪洋;潜龙腾渊,鳞爪飞扬;乳虎啸谷,百兽震惶;鹰隼试翼,风尘吸张;奇花初胎,矞矞皇皇;干将发硎,有作其芒;天戴其苍,地履其黄;纵有千古,横有八荒;前途似海,来日方长。美哉我少年中国,与天不老!壮哉我中国少年,与国无疆!

【作者简介】

梁启超(1873—1929),字卓如,一字任甫,号任公,又号饮冰室主人、饮冰子、哀时客、中国之新民、自由斋主人。清朝光绪年间举人,中国近代思想家、政治家、教育家、史学家、文学家。戊戌变法(百日维新)领袖之一、中国近代维新派、新法家代表人物。幼年时从师学习，八岁学为文，九岁能缀千言，17岁中举。后师从康有为，成为资产阶级改良派的宣传家。维新变法前，与康有为一起联合各省举人发动"公车上书"运动，此后先后领导北京和上海的强学会，又与黄遵宪一起办《时务报》，任长沙时务学堂的主讲，并著《变法通议》为变法做宣传。戊戌变法失败后，与康有为一起流亡日本，政治思想上逐渐走向保守，但是他是近代文学革命运动的理论倡导者。逃亡日本后，梁启超在《饮冰室合集》《夏威夷游记》中继续推广"诗界革命"，批判了以往那种诗中运用新名词以表新意的做法。同时，在海外推动君主立宪。辛亥革命之后一度入袁世凯政府，担任司法总长；之后对袁世凯称帝、张勋复辟等严词抨击，并加入段祺瑞政府。他倡导新文化运动，支持五四运动。其著作合编为《饮冰室合集》。

【作品赏析】

该文作于光绪二十六年(1900年)，文章从驳斥日本和西方列强污蔑我国为"老大帝国"入手，说明中国是一个正在成长的少年中国。该文所说的"国"，是理想的资产阶级共和国。

该文认为封建专制制度和封建官吏都已经腐朽，寄托希望在中国少年身上，并且坚信中国少年必有志士，能使国家富强，雄立于地球。文章反映了作者渴望祖国繁荣昌盛的爱国思想和积极乐观的民族自信心。文章紧扣主题，运用排比句法，层层推进，逐次阐发，写得极富感情，极有气势。

(三) 林清玄《好的教育是唤醒孩子内心的种子》

请学生自行搜索本文并阅读。

【作者简介】

林清玄，1953年出生，中国台湾高雄人，当代著名作家、散文家、诗人、学者，连续十年被评为台湾十大畅销书作家。曾任台湾《中国时报》海外版记者、《工商时报》经济记者、《时报杂志》主编等职。其文章《和时间赛跑》《桃花心木》等选入小学语文课本。林清玄经典作品系列包括《白雪少年》《玫瑰海岸》《迷路的云》等。他是台湾地区作家中最高产的一位，也是获得各类文学奖最多的一位，也被誉为"当代散文八大作家"之一。

【作品赏析】

好的教育就是唤醒孩子内心的种子。我们应该培养孩子具备什么样的能力？这值得每个父母思考。

第二章 生命价值

一、导语

"我"为何生？就像困惑路人的斯芬克斯之谜，俄狄浦斯虽然揭破谜底，但是对自我生命的认识、感悟却不是唯一的。对于这个问题，文学家和哲人们给了我们多种答案，有的说"爱、知识和怜悯，我觉得值得为它活着"；有的说"人，只有懂得了死，才能懂得生"。而践行哲思的行动者们，或者在人与自然、人与自我的至死抗争中保卫生命与精神，或者在"莫问收获，但问耕耘"中释放生命，或者在抵抗荒谬中赋予生命全新的意义。

不管答案如何，"我"的生命显示着"我"的存在，因此"我很重要"。请珍爱生命，永远不要做生活的逃兵，无论何时何地，请永远记得——珍爱生命，崇敬生命。

在本章中，我们会看到生命的美好，体会生如夏花般的短暂而精彩。通过本章的学习，我们走进毕淑敏、杰克·伦敦、马克·吐温、朱光潜的作品，感悟生命内在的、真实的、永恒的意义和价值。

二、阅读

（一）毕淑敏《我很重要》

请学生自行搜索本文并阅读。

【作者简介】

毕淑敏，1952年出生于新疆伊宁，中共党员，国家一级作家、内科主治医师、北京师范大学文学硕士。

她于1969年入伍，在西藏阿里高原部队当兵11年，历任卫生员、助理军医、军医等职。从事医学工作20年后，她开始专业写作，于1989年加入中国作家协会；著有《毕淑敏文集》十二卷，长篇小说《红处方》《血玲珑》《拯救乳房》《女心理师》《鲜花手术》等畅销书。

【作品赏析】

作者有一种把对于人的关怀和热情悲悯化为冷静的集道德、文学、科学于一体的思维方式、写作方式与行为方式。善良与冷静，像孪生姐妹一样时刻跟着她的笔端……

对于一株新生的树苗，每一片叶子都很重要；对于一个孕育中的胚胎，每一段染色体碎片都很重要；甚至驰骋寰宇的航天飞机，也可以因为一个密封橡皮圈的疏漏而凌空爆炸——你能说它不重要吗？人们常常从成就事业的角度，断定我们是否重要。但作者要说，只要我们在时刻努力着，为光明在奋斗着，我们就是在无比重要地生活着。让我们昂起头，对着我们这颗美丽的星球上无数的生灵，响亮地宣布——我很重要。

【思考练习】

(1) 文章题目是《我很重要》,可一开始为什么用排比句式连续地说"我不重要"?

(2) "当我说出'我很重要'这句话的时候,颈项后面掠过一阵战栗。"为什么会这样?人们为什么不敢说"我很重要"?

(3) 有人说只有伟人才是重要的,但约翰·保罗偏偏说:"一个人的真正伟大之处,就在于他能够认识到自己的渺小。"而作者又认为"我很重要"。你是怎样认为的?联系自身实际,简要谈谈你的感受。

(二) 杰克·伦敦《热爱生命》节选

一切,总算剩下了这一点——

他们经历了生活的困苦颠连;

能做到这种地步也就是胜利,

尽管他们输掉了赌博的本钱。

他们两个一瘸一拐地,吃力地走下河岸,有一次,走在前面的那个还在乱石中间失足摇晃了一下。他们又累又乏,因为长期忍受苦难,脸上都带着愁眉苦脸、咬牙苦熬的表情。他们肩上捆着用毯子包起来的沉重包袱。总算那条勒在额头上的皮带还得力,帮着吊住了包袱。他们每人拿着一支来复枪。他们弯着腰走路,肩膀冲向前面,而脑袋冲得更前,眼睛总是瞅着地面。

"我们藏在地窖里的那些子弹,我们身边要有两三发就好了,"走在后面的那个人说道。

他的声调,阴沉沉的,干巴巴的,完全没有感情。他冷冷地说着这些话;前面的那个只顾一拐一拐地向流过岩石、激起一片泡沫的白茫茫的小河里走去,一句话也不回答。

后面的那个紧跟着他。他们两个都没有脱掉鞋袜,虽然河水冰冷——冷得他们脚腕子疼痛,两脚麻木。每逢走到河水冲击着他们膝盖的地方,两个人都摇摇晃晃地站不稳。

跟在后面的那个在一块光滑的圆石头上滑了一下,差一点没摔倒,但是,他猛力一挣,站稳了,同时痛苦地尖叫了一声。他仿佛有点头昏眼花,一面摇晃着,一面伸出那只闲着的手,好像打算扶着空中的什么东西。站稳之后,他再向前走去,不料又摇晃了一下,几乎摔倒。于是,他就站着不动,瞧着前面那个一直没有回过头的人。

他这样一动不动地足足站了一分钟,好像心里在说服自己一样。接着,他就叫了起来:"喂,比尔,我扭伤脚腕子啦。"

比尔在白茫茫的河水里一摇一晃地走着。他没有回头。

后面那个人瞅着他这样走去;脸上虽然照旧没有表情,眼睛里却流露着跟一头受伤的鹿一样的神色。

前面那个人一瘸一拐,登上对面的河岸,头也不回,只顾向前走去,河里的人眼睁睁地瞅着。他的嘴唇有点发抖,因此,他嘴上那丛乱棕似的胡子也在明显地抖动。他甚至不知不觉地伸出舌头来舐舐嘴唇。

"比尔!"他大声地喊着。

这是一个坚强的人在患难中求援的喊声,但比尔并没有回头。他的伙伴干瞧着他,只见他古里古怪地一瘸一瘸地走着,跌跌撞撞地前进,摇摇晃晃地登上一片不陡的斜坡,向矮山头上不十分明亮的天际走去。他一直瞧着他跨过山头,消失了踪影。于是他掉转眼光,慢慢扫过比尔走后留给他的那一圈世界。

靠近地平线的太阳,像一团快要熄灭的火球,几乎被那些混混沌沌的浓雾同蒸气遮没了,让你觉得它好像是什么密密团团,然而轮廓模糊、不可捉摸的东西。这个人单腿立着休息,掏出了他的表,现在是四点钟,在这种七月底或者八月初的季节里——他说不出一两个星期之内的确切的日期——他知道太阳大约是在西北方。他瞧了瞧南面,知道在那些荒凉的小山后面就是大熊湖;同时,他还知道在那个方向,北极圈的禁区界线深入到加拿大冻土地带之内。他所站的地方,是铜矿河的一条支流,铜矿河本身则向北流去,通向加冕湾和北冰洋。他从来没到过那儿,但是,有一次,他在赫德森湾公司的地图上曾经瞧见过那地方。

他把周围那一圈世界重新扫了一遍。这是一片叫人看了发愁的景象。到处都是模糊的天际线。小山全是那么低低的。没有树,没有灌木,没有草——什么都没有,只有一片辽阔可怕的荒野,迅速地使他两眼露出了恐惧神色。

"比尔!"他悄悄地、一次又一次地喊道:"比尔!"

他在白茫茫的水里畏缩着,好像这片广大的世界正在用压倒一切的力量挤压着他,正在残忍地摆出得意的威风来摧毁他。他像发疟子似地抖了起来,连手里的枪都哗啦一声落到水里。这一声总算把他惊醒了。他和恐惧斗争着,尽力鼓起精神,在水里摸索,找到了枪。他把包袱向左肩挪动了一下,以便减轻扭伤的脚腕子的负担。接着,他就慢慢地,小心谨慎地,疼得闪闪缩缩地向河岸走去。

他一步也没有停。他像发疯似地拼着命,不顾疼痛,匆匆登上斜坡,走向他的伙伴失去踪影的那个山头——比起那个瘸着腿,一瘸一拐的伙伴来,他的样子更显得古怪可笑。可是到了山头,只看见一片死沉沉的,寸草不生的浅谷。他又和恐惧斗争着,克服了它,把包袱再往左肩挪了挪,蹒跚地走下山坡。

谷底一片潮湿,浓厚的苔藓,像海绵一样,紧贴在水面上。他走一步,水就从他脚底下溅射出来,他每次一提起脚,就会引起一种吧咂吧咂的声音,因为潮湿的苔藓总是吸住他的脚,不肯放松。他挑着好路,从一块沼地走到另一块沼地,并且顺着比尔的脚印,走过一堆一堆的、像突出在这片苔藓海里的小岛一样的岩石。

他虽然孤零零的一个人,却没有迷路。他知道,再往前去,就会走到一个小湖旁边,那儿有许多极小极细的枯死的枞树,当地的人把那儿叫作"提青尼其利"——意思是"小棍子地"。而且,还有一条小溪通到湖里,溪水不是白茫茫的。溪上有灯芯草——这一点他记得很清楚——但是没有树木,他可以沿着这条小溪一直走到水源尽头的分水岭。他会翻过这道分水岭,走到另一条小溪的源头,这条溪是向西流的,他可以顺着水流走到它注入狄斯河的地方,那里,在一条翻了的独木船下面可以找到一个小坑,坑上面堆着许多石头。这个坑里有他那支空枪所需要的子弹,还有钓钩、钓丝和一张小渔网——打猎钓鱼求食的一切工具。同时,他还会找到面粉——并不多——此外还有一块腌猪肉同一些豆子。

比尔会在那里等他的,他们会顺着狄斯河向南划到大熊湖。接着,他们就会在湖里朝南方划,一直朝南,直到麦肯齐河。到了那里,他们还要朝着南方,继续朝南方走去,那么冬天就怎么也赶不上他们了。让湍流结冰吧,让天气变得更凛冽吧,他们会向南走到一个暖和的赫德森湾公司的站头,那儿不仅树木长得高大茂盛,吃的东西也多得不得了。

这个人一路向前挣扎的时候,脑子里就是这样想的。他不仅苦苦地拼着体力,也同样苦苦地绞着脑汁,他尽力想着比尔并没有抛弃他,想着比尔一定会在藏东西的地方等他。

他不得不这样想,不然,他就用不着这样拼命,他早就会躺下来死掉了。当那团模糊得像圆球一样的太阳慢慢向西北方沉下去的时候,他一再盘算着在冬天追上他和比尔之前,他们向南逃去的每一英寸路。他反复地想着地窖里和赫德森湾公司站头上的吃的东西。他已经两天没吃东西了;至于没有吃到他想吃的东西的日子,那就更不止两天了。他常常弯下腰,摘起沼地上那种灰白色的浆果,把它们放到口里,嚼几嚼,然后吞下去。这种沼地浆果只有一小粒种籽,外面包着一点浆水。一进口,水就化了,种籽又辣又苦。他知道这种浆果并没有养分,但是他仍然抱着一种不顾道理、不顾经验教训的希望,耐心地嚼着它们。

走到九点钟,他在一块岩石上绊了一下,因为极端疲倦和衰弱,他摇晃了一下就栽倒了。他侧着身子、一动也不动地躺了一会。接着,他从捆包袱的皮带当中脱出身子,笨拙地挣扎起来勉强坐着。这时候,天还没有完全黑,他借着流连不散的暮色,在乱石中间摸索着,想找到一些干枯的苔藓。后来,他收集了一堆,就升起一蓬火——一蓬不旺的,冒着黑烟的火——并且放了一白铁罐子水在上面煮着。

他打开包袱,第一件事就是数数他的火柴。一共六十七根。为了弄清楚,他数了三遍。他把它们分成几份,用油纸包起来,一份放在他的空烟草袋里,一份放在他的破帽子的帽圈里,最后一份放在贴胸的衬衫里面。做完以后,他忽然感到一阵恐慌,于是把它们完全拿出来打开,重新数过。

仍然是六十七根。

他在火边烘着潮湿的鞋袜。鹿皮鞋已经成了湿透的碎片。毡袜子有好多地方都磨穿了,两只脚皮开肉绽,都在流血。一只脚腕子胀得血管直跳,他检查了一下,它已经肿得和膝盖一样粗了。他一共有两条毯子,他从其中的一条撕下一长条,把脚腕子捆紧。此外,他又撕下几条,裹在脚上,代替鹿皮鞋和袜子。接着,他喝完那罐滚烫的水,上好表的发条,就爬进两条毯子当中。

他睡得跟死人一样。午夜前后的短暂的黑暗来而复去。

太阳从东北方升了起来——至少也得说那个方向出现了曙光,因为太阳给乌云遮住了。

六点钟的时候,他醒了过来,静静地仰面躺着。他仰视着灰色的天空,知道肚子饿了。

当他撑住胳膊肘翻身的时候，一种很大的呼噜声把他吓了一跳，他看见了一只公鹿，它正在用机警好奇的眼光瞧着他。这个牲畜离他不过五十英尺光景，他脑子里立刻出现了鹿肉排在火上烤得咝咝响的情景和滋味。他无意识地抓起了那支空枪，瞄好准星，扣了一下扳机。公鹿哼了一下，一跳就跑开了，只听见它奔过山岩时蹄子得得乱响的声音。

这个人骂了一句，扔掉那支空枪。他一面拖着身体站起来，一面大声地哼哼。这是一件很慢、很吃力的事。他的关节都像生了锈的铰链。它们在骨臼里的动作很迟钝，阻力很大，一屈一伸都得咬着牙才能办到。最后，两条腿总算站住了，但又花了一分钟左右的工夫才挺起腰，让他能够像一个人那样站得笔直。

他慢腾腾地登上一个小丘，看了看周围的地形。既没有树木，也没有小树丛，什么都没有，只看到一望无际的灰色苔藓，偶尔有点灰色的岩石，几片灰色的小湖，几条灰色的小溪，算是一点变化点缀。天空是灰色的。没有太阳，也没有太阳的影子。他不知道哪儿是北方，他已经忘掉了昨天晚上他是怎样取道走到这里的。不过他并没有迷失方向。

这他是知道的。不久他就会走到那块"小棍子地"。他觉得它就在左面的什么地方，而且不远——可能翻过下一座小山头就到了。

于是他就回到原地，打好包袱，准备动身。他摸清楚了那三包分别放开的火柴还在，虽然没有停下来再数数。不过，他仍然踌躇了一下，在那儿一个劲地盘算，这次是为了一个厚实的鹿皮口袋。袋子并不大，他可以用两只手把它完全遮没。他知道它有十五磅重——相当于包袱里其他东西的总和——这个口袋使他发愁。最后，他把它放在一边，开始卷包袱。可是，卷了一会儿，他又停下手，盯着那个鹿皮口袋。他匆忙地把它抓到手里，用一种反抗的眼光瞧瞧周围，仿佛这片荒原要把它抢走似的；等到他站起来，摇摇晃晃地开始这一天的路程的时候，这个口袋仍然包在他背后的包袱里。

他转向左面走着，不时停下来吃沼地上的浆果。扭伤的脚腕子已经僵了，他比以前跛得更明显，但是，比起肚子里的痛苦，脚疼就算不了什么。饥饿的疼痛是剧烈的。它们一阵一阵地发作，好像在啃着他的胃，疼得他不能把思想集中在到"小棍子地"必须走的路线上。沼地上的浆果并不能减轻这种剧痛，那种刺激性的味道反而使他的舌头和口腔热辣辣的。

他走到了一个山谷，那儿有许多松鸡从岩石和沼地里呼呼地拍着翅膀飞起来。它们发出一种"咯儿—咯儿—咯儿"的叫声。他拿石子打它们，但是打不中。他把包袱放在地上，像猫捉麻雀一样地偷偷走过去。锋利的岩石穿过他的裤子，划破了他的腿，直到膝盖流出的血在地面上留下一道血迹，但是在饥饿的痛苦中，这种痛苦也算不了什么。他在潮湿的苔藓上爬着，弄得衣服湿透，身上发冷，可是这些他都没有觉得，因为他想吃东西的念头那么强烈。而那一群松鸡却总是在他面前飞起来，呼呼地转，到后来，它们那种"咯儿—咯儿—咯儿"的叫声简直变成了对他的嘲笑，于是他就咒骂它们，随着它们的叫声对它们大叫起来。

有一次，他爬到了一定是睡着了的一只松鸡旁边。他一直没有瞧见，直到它从岩石的角落里冲着他的脸蹿起来，他才发现。他像那只松鸡起飞一样惊慌，抓了一把，只捞到了三根尾巴上的羽毛。当他瞅着它飞走的时候,他心里非常恨它,好像它做了什么对不起他的事。随后他回到原地,背起包袱。

时光渐渐消逝,他走进了连绵的山谷,或者说是沼泽地,这些地方的野物比较多。一群驯鹿走了过去,大约有二十多头,都待在可望而不可即的来复枪的射程以内。他心里有一种发狂似的、想追赶它们的念头,而且相信自己一定能追上去捉住它们。一只黑狐狸朝他走了过来,嘴里叼着一只松鸡。这个人喊了一声。这是一种可怕的喊声,那只狐狸吓跑了,可是没有丢下松鸡。

傍晚时,他顺着一条小河走去,由于含着石灰而变成乳白色的河水从稀疏的灯芯草丛里流过去。他紧紧抓住这些灯芯草的根部,拔起一种好像嫩葱芽、只有木瓦上的钉子那么大的东西。这东西很嫩,他的牙齿咬进去,会发出一种咯吱咯吱的声音,仿佛味道很好。但是它的纤维却不容易嚼。它是由一丝丝的充满了水分的纤维组成的,跟浆果一样,完全没有养分。他丢开包袱,爬到灯芯草丛里,像牛似的大咬大嚼起来。

他非常疲倦,总希望能歇一会儿——躺下来睡个觉;可是他又不得不继续挣扎前进——不过,这并不一定是因为他急于要赶到"小棍子地",多半还是饥饿在逼着他。他在小水坑里找青蛙,或者用指甲挖土找小虫,虽然他也知道,在这么远的北方,是既没有青蛙也没有小虫的。

他瞧遍了每一个水坑,都没有用,最后,到了漫漫的暮色袭来的时候,他才发现一个水坑里有一条独一无二的、像鲦鱼般的小鱼。他把胳膊伸下水去,一直没到肩头,但是它又溜开了。于是他用双手去捉,把池底的乳白色泥浆全搅浑了。正在紧张的关头,他掉到了坑里,半身都浸湿了。现在,水太浑了,看不清鱼在哪儿,他只好等着,等泥浆沉淀下去。

他又捉起来,直到水又搅浑了。可是他等不及了,便解下身上的白铁罐子,把坑里的水舀出去。起初,他发狂一样地舀着,把水溅到自己身上,同时,因为泼出去的水距离太近,水又流到坑里。后来,他就更小心地舀着,尽量让自己冷静一点,虽然他的心跳得很厉害,手在发抖。这样过了半小时,坑里的水差不多舀光了。剩下来的连一杯也不到。可是,并没有什么鱼。他这才发现石头里面有一条暗缝,那条鱼已经从那里钻到了旁边一个相连的大坑——坑里的水他一天一夜也舀不干。如果他早知道有这个暗缝,他一开始就会把它堵死,那条鱼也就归他所有了。

他这样想着,四肢无力地倒在潮湿的地上。起初,他只是轻轻地哭,过了一会,他就对着把他团团围住的无情的荒原嚎啕大哭;后来,他又大声抽噎了好久。

他升起一蓬火,喝了几罐热水让自己暖和暖和、并且照昨天晚上那样在一块岩石上露宿。最后他检查了一下火柴是不是干燥,并且上好表的发条,毯子又湿又冷,脚腕子疼得在悸动。可是他只有饿的感觉,在不安的睡眠里,他梦见了一桌桌酒席和一次次宴会,以及各种各样的摆在桌上的食物。

醒来时,他又冷又不舒服。天上没有太阳。灰蒙蒙的大地和天空变得愈来愈阴沉昏暗。

一阵刺骨的寒风刮了起来,初雪铺白了山顶。他周围的空气愈来愈浓,成了白茫茫一片,这时,他已经升起火,又烧了一罐开水。天上下的一半是雨,一半是雪,雪花又大又潮。起初,一落到地面就融化了,但后来越下越多,盖满了地面,淋熄了火,糟蹋了他那些当作燃料的干苔藓。

这是一个警告,他得背起包袱,一瘸一拐地向前走;至于到哪儿去,他可不知道。他既不关心"小棍子地",也不关心比尔和狄斯河边那条翻过来的独木舟下的地窖。他完全给"吃"这个词儿管住了。他饿疯了。他根本不管他走的是什么路,只要能走出这个谷底就成。他在湿雪里摸索着,走到湿漉漉的沼地浆果那儿,接着又一面连根拔着灯芯草,一面试探着前进。不过这东西既没有味,又不能把肚子填饱。后来,他发现了一种带酸味的野草,就把找到的都吃了下去,可是找到的并不多,因为它是一种蔓生植物,很容易给几英寸深的雪埋没。

那天晚上他既没有火,也没有热水,他就钻在毯子里睡觉,而且常常饿醒。这时,雪已经变成了冰冷的雨。他觉得雨落在他仰着的脸上,给淋醒了好多次。天亮了——又是灰蒙蒙的一天,没有太阳。雨已经停了。刀绞一样的饥饿感觉也消失了。他已经丧失了想吃食物的感觉。他只觉得胃里隐隐作痛,但并不使他过分难过。他的脑子已经比较清醒,他又一心一意地想着"小棍子地"和狄斯河边的地窖了。

他把撕剩的那条毯子扯成一条条的,裹好那双鲜血淋淋的脚。同时把受伤的脚腕子重新捆紧,为这一天的旅行做好准备。等到收拾包袱的时候,他对着那个厚实的鹿皮口袋想了很久,但最后还是把它随身带着。

雪已经给雨水淋化了,只有山头还是白的。太阳出来了,他总算能够定出罗盘的方位来了,虽然他知道现在他已经迷了路。在前两天的游荡中,他也许走得过分偏左了。因此,他为了校正,就朝右面走,以便走上正确的路程。

现在,虽然饿的痛苦已经不再那么敏锐,他却感到了虚弱。他在摘那种沼地上的浆果,或者拔灯芯草的时候,常常不得不停下来休息一会儿。他觉得他的舌头很干燥,很大,好像上面长满了细毛,含在嘴里发苦。他的心脏给他添了很多麻烦。他每走几分钟,心里就会猛烈地怦怦地跳一阵,然后变成一种痛苦的一起一落的迅速猛跳,逼得他透不过气,只觉得头昏眼花。

中午时分,他在一个大水坑里发现了两条鲦鱼。把坑里的水舀干是不可能的,但是现在他比较镇静,就想法子用白铁罐子把它们捞起来。它们只有他的小指头那么长,但是他现在并不觉得特别饿。胃里的隐痛已经愈来愈麻木,愈来愈不觉得了。他的胃几乎像睡着了似的。他把鱼生吃下去,费劲地咀嚼着,因为吃东西已成了纯粹出于理智的动作。他虽然并不想吃,但是他知道,为了活下去,他必须吃。

黄昏时候,他又捉到了三条鲦鱼,他吃掉两条,留下一条作第二天的早饭。太阳已经晒干了零星散漫的苔藓,他能够烧点热水让自己暖和暖和了。这一天,他走了不到十英里路;第二天,只要心脏许可,他就往前走,只走了五英里多地。但是胃里却没有一点不舒服的感觉。它已经睡着了。现在，他到了一个陌生的地带，驯鹿愈来愈多，狼也多起来了。荒原里常常传出狼嗥的声音，有一次，他还瞧见了三只狼在他前面的路上穿过。

又过了一夜，早晨，因为头脑比较清醒，他就解开系着那厚实的鹿皮口袋的皮绳，从袋口倒出一股黄澄澄的粗金沙和金块。他把这些金子分成了大致相等的两堆，一堆包在一块毯子里，在一块突出的岩石上藏好，把另外那堆仍旧装到口袋里。同时，他又从剩下的那条毯子上撕下几条，用来裹脚。他仍然舍不得他的枪，因为狄斯河边的地窖里有子弹。

这是一个下雾的日子，这一天，他又有了饿的感觉。他的身体非常虚弱，他一阵一阵地晕得什么都看不见。现在，对他来说，一绊就摔跤已经不是稀罕事了。有一次，他给绊了一跤，正好摔到一个松鸡窝里。那里面有四只刚孵出的小松鸡，出世才一天光景——那些活蹦乱跳的小生命只够吃一口；他狼吞虎咽，把它们活活塞到嘴里，像嚼蛋壳似地吃起来。母松鸡大吵大叫地在他周围扑来扑去。他把枪当作棍子来打它，可是它闪开了。他投石子打它，碰巧打伤了它的一个翅膀。松鸡拍击着受伤的翅膀逃开了，他就在后面追赶。

那几只小鸡只引起了他的胃口。他拖着那只受伤的脚腕子，一瘸一拐，跌跌撞撞地追下去，时而对它扔石子，时而粗声吆喝；有时候，他只是一瘸一拐，不声不响地追着，摔倒了就咬着牙，耐心地爬起来，或者在头晕得支持不住的时候用手揉揉眼睛。

这么一追，竟然穿过了谷底的沼地，发现了潮湿苔藓上的一些脚印。这不是他自己的脚印——他看得出来，一定是比尔的。不过他不能停下，因为母松鸡正在向前跑，他得先把它捉住，然后回来察看。

母松鸡给追得筋疲力尽；可是他自己也累坏了。它歪着身子倒在地上喘个不停，他也歪着倒在地上喘个不停，只隔着十来英尺，然而没有力气爬过去。等到他恢复过来，它也恢复过来了，他的饿手才伸过去，它就扑着翅膀，逃到了他抓不到的地方。这场追赶就这样继续下去。天黑了，它终于逃掉了。由于浑身软弱无力绊了一跤，头重脚轻地栽下去，划破了脸，包袱压在背上。他一动不动地过了好久，后来才翻过身，侧着躺在地上，上好表，在那儿一直躺到早晨。

又是一个下雾的日子。他剩下的那条毯子已经有一半做了包脚布。他没有找到比尔的踪迹，可是没有关系。饿逼得他太厉害了——不过——不过他又想，是不是比尔也迷了路。走到中午的时候，累赘的包袱压得他受不了。于是他重新把金子分开，但这一次只把其中的一半倒在地上。到了下午，他把剩下来的那一点也扔掉了，现在，他只有半条毯子、那个白铁罐子和那支枪。

一种幻觉开始折磨他。他觉得有十足的把握，他还剩下一粒子弹。它就在枪膛里，而他一直没有想起。可是另一方面，他也始终明白，枪膛里是空的。但这种幻觉总是萦回不散。他斗争了几个钟头，想摆脱这种幻觉，后来他就打开枪，结果面对着空枪膛。这样的失望非常痛苦，仿佛他真的希望会找到那粒子弹似的。

经过半个钟头的跋涉之后，这种幻觉又出现了。他于是又跟它斗争，而它又缠住他不放,直到为了摆脱它,他又打开枪膛打消自己的念头。有时候,他越想越远,只好一面凭本能自动向前跋涉,一面让种种奇怪的念头和狂想,像蛆虫一样地啃他的脑髓。但是这类脱离现实的遐思大都维持不了多久,因为饥饿的痛苦总会把他刺醒。有一次,正在这样瞎想的时候,他忽然猛地惊醒过来,看到一个几乎叫他昏倒的东西。他像酒醉一样地晃荡着,好让自己不致跌倒。在他面前站着一匹马。一匹马!他简直不能相信自己的眼睛。他觉得眼前一片漆黑,霎时间金星乱迸。他狠狠地揉着眼睛,让自己瞧瞧清楚,原来它并不是马,而是一头大棕熊。这个畜生正在用一种好战的好奇眼光仔细察看着他。

这个人举枪上肩,把枪举起一半,就记起来。他放下枪,从屁股后面的镶珠刀鞘里拔出猎刀。他面前是肉和生命。他用大拇指试试刀刃,刀刃很锋利,刀尖也很锋利。

他本来会扑到熊身上,把它杀了的。可是他的心却开始了那种警告性的猛跳。接着又向上猛顶,迅速跳动,头像给铁箍箍紧了似的,脑子里渐渐感到一阵昏迷。

他的不顾一切的勇气已经给一阵汹涌起伏的恐惧驱散了。处在这样衰弱的境况中,如果那个畜生攻击他,怎么办?

他只好尽力摆出极其威风的样子,握紧猎刀,狠命地盯着那头熊。它笨拙地向前挪了两步,站直了,发出试探性的咆哮。如果这个人逃跑,它就追上去;不过这个人并没有逃跑。现在,由于恐惧而产生的勇气已经使他振奋起来。同样地,他也在咆哮,而且声音非常凶野,非常可怕,发出那种生死攸关、紧紧地缠着生命的根基的恐惧。

那头熊慢慢向旁边挪动了一下,发出威胁的咆哮,连它自己也给这个站得笔直、毫不害怕的神秘动物吓住了。可是这个人仍旧不动。他像石像一样地站着,直到危险过去,他才猛然哆嗦了一阵,倒在潮湿的苔藓里。

他重新振作起来,继续前进,心里又产生了一种新的恐惧。这不是害怕他会束手无策地死于断粮的恐惧,而是害怕饥饿还没有耗尽他的最后一点求生力,他已经给凶残地摧毁了。这地方的狼很多。狼嗥的声音在荒原上飘来飘去,在空中交织成一片危险的罗网,好像伸手就可以摸到,吓得他不由举起双手,把它向后推去,仿佛它是给风刮紧了的帐篷。

那些狼,时常三三两两地从他前面走过,但是都避着他。一则因为它们为数不多,此外,它们要找的是不会搏斗的驯鹿,而这个直立走路的奇怪动物却可能既会抓又会咬。

傍晚时他碰到了许多零乱的骨头,说明狼在这儿咬死过一头野兽。这些残骨在一个钟头以前还是一头小驯鹿,一面尖叫,一面飞奔,非常活跃。他端详着这些骨头,它们已经给啃得精光发亮,其中只有一部分还没有死去的细胞泛着粉红色。难道在天黑之前,他也可能变成这个样子吗?生命就是这样吗,呃?真是一种空虚的、转瞬即逝的东西。只有活着才感到痛苦,死并没有什么难过,死就等于睡觉,它意味着结束,休息。那么,为什么他不甘心死呢?

但是,他对这些大道理想得并不长久。他蹲在苔藓地上,嘴里衔着一根骨头,吮吸着仍然使骨头微微泛红的残余生命。甜蜜蜜的肉味,跟回忆一样隐隐约约,不可捉摸,却引得他要发疯。他咬紧骨头,使劲地嚼。有时他咬碎了一点骨头,有时却咬碎了自己的牙,于是他就用岩石来砸骨头，把它捣成了酱，然后吞到肚里。匆忙之中，有时也砸到自己的指头，使他一时感到惊奇的是，石头砸了他的指头他并不觉得很痛。

接着下了几天可怕的雨雪。他不知道什么时候露宿，什么时候收拾行李。他白天黑夜都在赶路。他摔倒在哪里就在哪里休息，一到垂危的生命火花闪烁起来，微微燃烧的时候，就慢慢向前走。他已经不再像人那样挣扎了。逼着他向前走的，是他的生命，因为它不愿意死。他也不再痛苦了。他的神经已经变得迟钝麻木，他的脑子里则充满了怪异的幻象和美妙的梦境。——不过，他老是吮吸着，咀嚼着那只小驯鹿的碎骨头，这是他收集起来随身带着的一点残屑。他不再翻山越岭了，只是自动地顺着一条流过一片宽阔的浅谷的溪水走去。可是他既没有看见溪流，也没有看到山谷。他只看到幻象。他的灵魂和肉体虽然在并排向前走，向前爬，但它们是分开的，它们之间的联系已经非常微弱。

有一天，他醒过来，神智清楚地仰卧在一块岩石上。太阳明朗暖和。他听到远处有一群小驯鹿尖叫的声音。他只隐隐约约地记得下过雨，刮过风，落过雪，至于他究竟被暴风雨吹打了两天或者两个星期，那他就不知道了。

他一动不动地躺了好一会儿，温和的太阳照在他身上，使他那受苦受难的身体充满了暖意。这是一个晴天，他想道。也许，他可以想办法确定自己的方位。他痛苦地使劲偏过身子。下面是一条流得很慢的很宽的河。他觉得这条河很陌生，真使他奇怪。他慢慢地顺着河望去，宽广的河湾蜿蜒在许多光秃秃的小荒山之间，比他往日碰到的任何小山都显得更光秃、更荒凉、更低矮。他于是慢慢地、从容地、毫不激动地，或者至多也是抱着一种极偶然的兴致，顺着这条奇怪的河流的方向，向天际望去，只看到它注入一片明亮光辉的大海。他仍然不激动。太奇怪了，他想道，这是幻象吧，也许是海市蜃楼吧——多半是幻象，是他的错乱的神经搞出来的把戏。后来，他又看到光亮的大海上停泊着一只大船，就更加相信这是幻象。他眼睛闭了一会再睁开。奇怪，这种幻象竟会这样地经久不散！然而并不奇怪，他知道，在荒原中心绝不会有什么大海、大船，正像他知道他的空枪里没有子弹一样。

他听到背后有一种吸鼻子的声音——仿佛喘不出气或者咳嗽的声音。由于身体极端虚弱和僵硬，他极慢极慢地翻一个身。他看不出附近有什么东西，但是他耐心地等着。

又听到了吸鼻子和咳嗽的声音，离他不到二十英尺远的两块岩石之间，他隐约看到一只灰狼的头。那双尖耳朵并不像别的狼那样竖得笔挺；它的眼睛昏暗无光，布满血丝；脑袋好像无力地、苦恼地耷拉着。这个畜生不断地在太阳光里眨眼，它好像有病。正当他瞧着它的时候，它又发出了吸鼻子和咳嗽的声音。

至少，这总是真的，他一面想，一面又翻过身，以便瞧见先前给幻象遮住的现实世界。可是，远处仍旧是一片光辉的大海，那条船仍然清晰可见。难道这是真的吗？他闭着眼睛，想了好一会儿，毕竟想出来了。他一直在向北偏东走，他已经离开狄斯分水岭，走到了铜矿谷。这条流得很慢的宽广的河就是铜矿河。那片光辉的大海是北冰洋。那条船是一艘捕鲸船，本来应该驶往麦肯齐河口，可是偏了东，太偏东了，目前停泊在加冕湾里。他记起了很久以前他看到的那张赫德森湾公司的地图,现在,对他来说,这完全是清清楚楚、入情入理的。

他坐起来,想着切身的事情。裹在脚上的毯子已经磨穿了,他的脚破得没有一处好肉。最后一条毯子已经用完了,枪和猎刀也不见了。帽子不知在什么地方丢了,帽圈里那小包火柴也一块丢了,不过,贴胸放在烟草袋里的那包用油纸包着的火柴还在,而且是干的。他瞧了一下表,时针指着十一点,表仍然在走。很清楚,他一直没有忘了上表。

他很冷静,很沉着。虽然身体衰弱已极,但是并没有痛苦的感觉。他一点也不饿,甚至想到食物也不会产生快感。

现在,他无论做什么,都只凭理智。他齐膝盖撕下了两截裤腿,用来裹脚。他总算还保住了那个白铁罐子。他打算先喝点热水,然后再开始向船走去,他已经料到这是一段可怕的路程。

他的动作很慢。他好像半身不遂地哆嗦着。等到他预备去收集干苔藓的时候,他才发现自己已经站不起来了。他试了又试,后来只好死了这条心,他用手和膝盖支着爬来爬去。有一次,他爬到了那只病狼附近。那个畜生一面很不情愿地避开他,一面用那条好像连弯一下的力气都没有的舌头舐着自己的牙床。这个人注意到它的舌头并不是通常那种健康的红色,而是一种暗黄色,好像蒙着一层粗糙的、半干的黏膜。

这个人喝下热水之后,觉得自己可以站起来了,甚至还可以像想象中一个快死的人那样走路了。他每走一两分钟,就不得不停下来休息一会儿。他的步子软弱无力,很不稳,就像跟在他后面的那只狼一样又软又不稳。这天晚上,等到黑夜笼罩了光辉的大海的时候,他知道他和大海之间的距离只缩短了不到四英里。

这一夜,他总是听到那只病狼咳嗽的声音,有时候,他又听到了一群小驯鹿的叫声。他周围全是生命,不过那是强壮的生命,非常活跃而健康的生命,同时他也知道,那只病狼所以要紧跟着他这个病人,是希望他先死。早晨,他一睁开眼睛就看到这个畜生正用一种如饥似渴的眼光瞪着他。它夹着尾巴蹲在那儿,好像一条可怜的倒霉的狗,早晨的寒风吹得它直哆嗦,每逢这个人对它勉强发出一种低声咕噜似的吆喝,它就无精打采地龇着牙。

太阳亮堂堂地升了起来,这一早晨,他一直在绊绊跌跌地朝着光辉的海洋上的那条船走。天气好极了。这是高纬度地方的那种短暂的晚秋,它可能连续一个星期,也许明后天就会结束。

下午,这个人发现了一些痕迹,那是另外一个人留下的,他不是走,而是爬的。他认为可能是比尔,不过他只是漠不关心地想想罢了。他并没有什么好奇心。事实上,他早已失去了兴致和热情。他已经不再感到痛苦了。他的胃和神经都睡着了,但是内在的生命却逼着他前进。他非常疲倦,然而他的生命却不愿死去。正因为生命不愿死,他才仍然要吃沼地上的浆果和鲦鱼,喝热水,一直提防着那只病狼。

他跟着那个挣扎前进的人的痕迹向前走去,不久就走到了尽头——潮湿的苔藓上摊着几根才啃光的骨头,附近还有许多狼的脚印。他发现了一个跟他自己的那个一模一样的厚实的鹿皮口袋,但已经给尖利的牙齿咬破了。他那无力的手已经拿不动这样沉重的袋子了,可是他到底把它提起来了。比尔至死都带着它。哈哈!他可以嘲笑比尔了。

他可以活下去,把它带到光辉的海洋里那条船上。他的笑声粗粝可怕,跟乌鸦的怪叫一样,而那条病狼也随着他,一阵阵地惨嗥。突然间,他不笑了。如果这真是比尔的骸骨,他怎么能嘲笑比尔呢;如果这些有红有白,啃得精光的骨头,真是比尔的话?

他转身走开了。不错,比尔抛弃了他;但是他不愿意拿走那袋金子,也不愿意吮吸比尔的骨头。不过,如果事情掉个头的话,比尔也许会做得出来的。他一面摇摇晃晃地前进,一面暗暗想着这些情形。

他走到了一个水坑旁边。就在他弯下腰找鲦鱼的时候,他猛然仰起头,好像给戳了一下。他瞧见了自己反映在水里的脸。脸色之可怕,竟然使他一时恢复了知觉,感到震惊了。这个坑里有三条鲦鱼,可是坑太大,不好舀。他用白铁罐子去捉,试了几次都不成,后来他就不再试了。他怕自己会由于极度虚弱,跌进去淹死。而且,也正是因为这一层,他才没有跨上沿着沙洲并排漂去的木头,让河水带着他走。

这一天,他和那条船之间的距离缩短了三英里;第二天,又缩短了两英里——因为现在他是跟比尔先前一样地在爬。到了第五天末尾,他发现那条船离开他仍然有七英里,而他每天连一英里也爬不到了。幸亏天气仍然继续放晴,他于是继续爬行,继续晕倒,辗转不停地爬;而那头狼也始终跟在他后面,不断地咳嗽和哮喘。他的膝盖已经和他的脚一样鲜血淋漓,尽管他撕下了身上的衬衫来垫膝盖,他背后的苔藓和岩石上仍然留下了一路血渍。有一次,他回头看见病狼正饿得发慌地舐着他的血渍,他不由得清清楚楚地看出了自己可能遭到的结局——除非——除非他干掉这只狼。于是,一幕从来没有演出过的残酷的求生悲剧就开始了——病人一路爬着,病狼一路跛行着,两个生灵就这样在荒原里拖着垂死的躯壳,相互猎取着对方的生命。

如果这是一条健康的狼,那么,他觉得倒也没有多大关系。可是,一想到自己要喂这么一只令人作呕、只剩下一口气的狼,他就觉得非常厌恶。他就是这样吹毛求疵。现在,他脑子里又开始胡思乱想,又给幻象弄得迷迷糊糊,而神智清楚的时候也愈来愈少,愈来愈短。

有一次,他从昏迷中给一种贴着他耳朵喘息的声音惊醒了。那只狼一跛一跛地跳回去,它因为身体虚弱,一失足摔了一跤。样子可笑极了,可是他一点也不觉得有趣。他甚至也不害怕。他已经到了这一步,根本谈不到那些。不过,这一会儿,他的头脑却很清楚,于是他躺在那儿,仔细地考虑。

那条船离他不过四英里路,他把眼睛擦净之后,可以很清楚地看到它;同时,他还看出了一条在光辉的大海里破浪前进的小船的白帆。可是,无论如何他也爬不完这四英里路。这一点,他是知道的,而且知道以后,他还非常镇静。他知道他连半英里路也爬不了。不过,他仍然要活下去。在经历了千辛万苦之后,他居然会死掉,那未免太不合理了。命运对他实在太苛刻了,然而,尽管奄奄一息,他还是不情愿死。也许,这种想法完全是发疯,不过,就是到了死神的铁掌里,他仍然要反抗它,不肯死。

他闭上眼睛,极其小心地让自己镇静下去。疲倦像涨潮一样,从他身体的各处涌上来,但是他刚强地打起精神,绝不让这种令人窒息的疲倦把他淹没。这种要命的疲倦,很像一片大海,一涨再涨,一点一点地淹没他的意识。有时候,他几乎完全给淹没了,他只能用无力的双手划着,漂游过那黑茫茫的一片;可是,有时候,他又会凭着一种奇怪的心灵作用,另外找到一丝毅力,更坚强地划着。

他一动不动地仰面躺着,现在,他能够听到病狼一呼一吸地喘着气,慢慢地向他逼近。它愈来愈近,总是在向他逼近,好像经过了无穷的时间,但是他始终不动。它已经到了他耳边,那条粗糙的干舌头正像砂纸一样地摩擦着他的两腮。他那两只手一下子伸了出来——或者,至少也是他凭着毅力要它们伸出来的。他的指头弯得像鹰爪一样,可是抓了个空。敏捷和准确是需要力气的,他没有这种力气。

那只狼的耐心真是可怕。这个人的耐心也一样可怕。

这一天,有一半时间他一直躺着不动,尽力和昏迷斗争,等着那个要把他吃掉、而他也希望能吃掉的东西。有时候,疲倦的浪潮涌上来,淹没了他,他会做起很长的梦。然而在整个过程中,不论醒着或是做梦,他都在等着那种喘息和那条粗糙的舌头来舐他。

他并没有听到这种喘息,他只是从梦里慢慢苏醒过来,觉得有条舌头在顺着他的一只手舐去。他静静地等着。狼牙轻轻地扣在他手上了,扣紧了,狼正在尽最后一点力量把牙齿咬进它等了很久的东西里面。可是这个人也等了很久,那只给咬破了的手也抓住了狼的牙床。于是,慢慢地,就在狼无力地挣扎着,他的手无力地掐着的时候,他的另一只手已经慢慢摸过来,一下把狼抓住。五分钟之后,这个人已经把全身的重量都压在狼的身上。他的手的力量虽然还不足以把狼掐死,可是他的脸已经紧紧地压住了狼的咽喉,嘴里已经满是狼毛。半小时后,这个人感到一小股暖和的液体慢慢流进他的喉咙。这东西并不好吃,就像硬灌到他胃里的铅液,而且是纯粹凭着意志硬灌下去的。后来,这个人翻了一个身,仰面睡着了。

捕鲸船"白德福号"上,有几个科学考察队的人员,他们从甲板上望见岸上有一个奇怪的东西,它正在向沙滩下面的水面挪动。他们没法分清它是哪一类动物,但是,因为他们都是研究科学的人,他们就乘了船旁边的一条捕鲸艇,到岸上去察看。接着,他们发现了一个活着的动物,可是很难把它称作人。他已经瞎了,失去了知觉。他就像一条大虫子在地上蠕动着前进。他用的力气大半都不起作用,但是他老不停,他一面摇晃,一面向前扭动,照他这样,一点钟大概可以爬上二十英尺。

三星期以后,这个人躺在捕鲸船"白德福号"的一个铺位上,眼泪顺着他的消瘦的面颊往下淌,他说出他是谁和他经过的一切。同时,他又含含糊糊地、不连贯地谈到了他的母亲,谈到了阳光灿烂的南加利福尼亚,以及橘树和花丛中的他的家园。

没过几天,他就跟那些科学家和船员坐在一张桌子旁边吃饭了。他馋得不得了地望着面前这么多好吃的东西,焦急地瞧着它溜进别人口里。每逢别人咽下一口的时候,他眼睛里就会流露出一种深深惋惜的表情。他的神志非常清醒,可是,每逢吃饭的时候,他免不了要恨这些人。他给恐惧缠住了,他老怕粮食维持不了多久。他向厨子、船舱里的服务员和船长打听食物的贮藏量。他们对他保证了无数次,但是他仍然不相信,仍然会狡猾地溜到贮藏室附近亲自窥探。

看起来,这个人正在发胖。他每天都会胖一点。那批研究科学的人都摇着头,提出他们的理论。他们限制了这个人的饭量,可是他的腰围仍然在加大,身体胖得惊人。

水手们都咧着嘴笑。他们心里有数。等到这批科学家派人来监视他的时候,他们也知道了。他们看到他在早饭以后萎靡不振地走着,而且会像叫花子似地,向一个水手伸出手。那个水手笑了笑,递给他一块硬面包,他贪婪地把它拿住,像守财奴瞅着金子般地瞅着它,然后把它塞到衬衫里面。别的咧着嘴笑的水手也送给他同样的礼品。

这些研究科学的人很谨慎,他们随他去。但是他们常常暗暗检查他的床铺。那上面摆着一排排的硬面包,褥子也给硬面包塞得满满的,每一个角落里都塞满了硬面包。然而他的神志非常清醒。他是在防备可能发生的另一次饥荒——就是这么回事。研究科学的人说,他会恢复常态的;事实也是如此,"白德福号"的铁锚还没有在旧金山湾里隆隆地抛下去,他就正常了。

【作者简介】

杰克·伦敦(1876—1916),美国小说家,生于旧金山。父亲是破产农民,家境贫寒。他幼年时就曾以出卖体力为生,卖过报,当过童工,后来又当水手;到过日本,回国后在黄麻厂和铁路厂做工;之后他又加入了加拿大的淘金者行列,但空手而归;从此埋头写作。他的早期作品有《野性的呼唤》(1903)、《白牙》(1906)等,于1909年发表代表作、半自传体小说《马丁·伊登》。这本小说描写了一个出身于劳动者家庭的现实主义作家在资本主义社会中的坎坷命运,对社会做了尖锐批判。杰克·伦敦一生先后写过150多篇短篇小说、19部长篇小说等,其中著名的有《白牙》《热爱生命》《野性的呼唤》等。他笔下的人物形象具有鲜明的个性,故事情节紧凑,文笔生动,相当有感染力。他成名后因经济上的破产和家庭纠纷,精神受到严重打击,于1916年11月22日逝世,享年仅40岁。

【作品赏析】

在《热爱生命》中,主人公置身于险恶的北疆环境之中,面对严酷的现实——饥饿和死亡,让他明白自然力的强大和自身的渺小、脆弱。《热爱生命》中的淘金者拥有正视严酷现实的勇气、战胜逆境的坚强意志以及成为强者超人的英雄气概,最终在同北疆荒原、伤残、饥饿、死亡的斗争中,赢得了生存的权利,成为自然的强者。因此,《热爱生命》不应是一部单一的纯自然主义作品,而是自然主义和浪漫主义的有机融合,这是小说艺术力量之所在,也是其经久不衰的真正原因之一。

主人公孤零零一个人被抛在了这片"辽阔可怕的荒野",然而造成他孤立无援的罪魁祸首却不是"荒野",而恰恰是"文明"。小说主人公和他的同伴无疑是来自文明世界的淘金者,他们不远万里来到荒芜的北国冰原,根本目的只有一个——黄金。所以当黄金到手之后,其他一切都显得无足轻重,两人一起冒险时同甘共苦的伙伴情谊已变得一文不值。

小说中的这一情节也折射了现代文明社会中人类灵魂的癌变。工业文明突飞猛进,科学技术日新月异,产品和消费品极大丰富,这就勾起了人类欲望的无限膨胀。人们所做的一切努力最终都是为了谋取物质财富,填充私欲。然而,"与物欲横流的物质文化相对的是几近真空的精神状态"。当拜金主义、利己主义成为文明世界的价值观念时,人与人的关系归根到底也只是经济利益关系了。为了追求经济利益最大化,人们之间相互利用、尔虞我诈、钩心斗角、强取豪夺都是司空见惯的事,精神堕落、道德沦丧也是不可避免的社会现象。

"精神的空虚、心灵的寂寞、感情的颓废",使"温情""友爱""互助"之类的字眼变得似曾相识却遥不可及。鉴于这样的社会背景,比尔对主人公的呼救置之不理,将他一个人丢在后面而不顾其生死,这种做法根本不足为奇,文明的虚伪也昭然显现。

自然界中物种繁多,人类不过是其中的一种。当小说主人公作为一个蜕去文明外壳的本真的人与一条病狼对峙对决的时候,我们更深切地体会到了这一点。没有了枪和猎刀,没有了文明的伪装,人回归了他的原初,又成了自然界中一种普通的生物,在食物链中他甚至不在狼之上,如果主人公遇上的不是一条病狼,他恐怕早已命丧利齿。此时"他的步子软弱无力,很不稳,就像跟在他后面的那只狼一样又软又不稳"。人之于狼已没有任何优势,相反,显得十分相像:身处同样的环境,同样被死神追逐又同样挣扎求生,一个是受伤的人,一只是不健康的狼,他们一路对峙,相互提防又相互窥视。"病人一路爬着,病狼一路跛行着,两个生灵就这样在荒原里拖着垂死的躯壳,相互猎取着对方的生命。"此时我们看到的不再是文明人和野兽,而是平等的"两个生灵"。人在自然界中并不高贵,也没有特权,死亡同样威胁着他,而支持他反抗死神的不是高尚伟大的思想,仅仅是最原始质朴的求生欲。狼也不愿意死去,它也有求生的欲望,也有在自然界中继续生存的权利,它的生命也并不低贱。由此,人类需要重新确立自己在自然界中的位置,人类绝不是自然的主宰,相反,只是自然生命共同体中的一个普通成员。

(三)马克·吐温《生命的五种恩赐》

1

在生命的黎明时分,一位仁慈的仙女带着她的篮子跑来,说:"这些都是礼物,挑一样吧,把其余的留下。小心些。作出明智的抉择。要作出明智的抉择哪!因为,这些礼物当中只有一样是宝贵的。"

礼物有五种:名望、爱情、财富、欢乐、死亡。少年人迫不及待地说:"无须考虑了。"他挑了欢乐。

他踏进社会,寻欢作乐,沉湎其中。可是,每一次欢乐到头来都是短暂、沮丧、虚妄的。它们在行将消逝时都嘲笑他。最后,他说:"这些年我都白过了。假如我能重新挑选,我一定会作出明智的抉择。"

2

仙女出现了,说:"还剩四样礼物。再挑一次吧,哦,记住——光阴似箭。这些礼物当中只有一样是宝贵的。"

这个男人沉思良久,然后挑选了爱情。他没有觉察到仙女的眼里涌出了泪花。

好多好多年以后,这个男人坐在一间空屋里守着一口棺材。他喃喃自忖道:"她们一个个抛下我走了。如今,她——最亲密的,最后一个——躺在这儿了。一阵阵孤寂朝我袭来。为了那个滑头商人——爱情——卖给我的每小时欢娱,我付出了一个小时的悲伤。我从心底里诅咒它呀。"

3

"重新挑吧。"仙女道,"岁月无疑把你教聪明了。还剩三样礼物。记住——他们当中只有一样是有价值的,小心选择。"

这个男人沉吟良久,然后挑了名望。仙女叹了口气,扬长而去。

好些年过去后,仙女又回来了。她站在那个在暮色中独坐冥想的男人身后。她明白他的心思:"我名扬全球,有口皆碑。对我来说,虽有一时之喜,但毕竟转瞬即逝!接踵而来的是妒忌、诽谤、中伤、嫉恨、迫害。然后便是嘲笑,这是收场的开端。一切的末了,则是怜悯。它是名望的葬礼。出名的辛酸和悲伤啊!声名卓著时遭人唾骂,声名狼藉时受人轻蔑和怜悯。"

4

"再挑吧。"这是仙女的声音,"还剩两样礼物。别绝望。从一开始起,便只有一样东西是宝贵的。它还在这儿呢。"

"财富——即是权力!我真瞎了眼呀!"那个男人道,"现在,生命终于变得有价值了。我要挥金如土,大肆炫耀。那些惯于嘲笑和蔑视的人将匍匐在我的脚前的污泥中。我要用他们的嫉妒来喂饱我饥饿的心魂。我要享受一切奢华、一切快乐,以及精神上的一切陶醉和肉体上的一切满足。这个肉体人们都视为珍宝。我要买,买!遵从、崇敬——一个庸碌的人间商场所能提供的种种虚荣享受。我已经失去了许多时间,在这之前,都作了糊涂的选择。那时我懵然无知,尽挑那些貌似最好的东西。"

短暂的三年过去了。一天,那个男人坐在一间简陋的顶楼里瑟瑟发抖。他憔悴、苍白,双眼凹陷,衣衫褴褛。他一边咬嚼一块干面包皮,一边嘀咕道:

"为了种种卑劣的事端和镀金的谎言,我要诅咒人间的一切礼物,以及一切徒有虚名的东西!它们不是礼物,只是些暂借的东西罢了。欢乐、爱情、名望、财富,都只是些暂时的伪装。它们永恒的真相是——痛苦、悲伤、羞辱、贫穷。仙女说得对,只有一样是有价值的。现在我知道,这些东西跟那无价之宝相比是多么可怜卑贱啊!那珍贵、甜蜜、仁厚的礼物呀!沉浸在无梦的永久酣睡之中,折磨肉体的痛苦和咬啮心灵的羞辱、悲伤,便一了百了。给我吧!我倦了,我要安息。"

5

仙女来了,又带来了四样礼物,独缺死亡。她说:"我把它给了一个母亲的爱儿——一个小孩。他虽懵然无知,却信任我,求我代他选择。你没要求我替你选择啊。"

"哦,我真惨啊!那么留给我的是什么呢?"

"你只配遭受垂暮之年的反复无常的侮辱。"

【作者简介】

马克·吐温(1835—1910),原名萨缪尔·兰亨·克莱门,是美国的幽默大师、小说家、作家,亦是著名演说家。他在40年的创作生涯中,写出了10多部长篇小说、几十部短篇小说及其他体裁的大量作品,其中著名的有短篇小说《竞选州长》《哥尔斯密的朋友再度出洋》和《百万英镑》等,长篇小说《镀金时代》《汤姆·索亚历险记》《王子与贫儿》等。《哈克贝利·费恩历险记》是他的最优秀的作品,曾被美国小说家海明威誉为"第一部"真正的"美国文学"。

【作品赏析】

欢乐、爱情、名望、财富、生老病死等构成完整统一的人生过程。《生命的五种恩赐》表达的人生真意是:一个人只有培养正确的世界观、人生观、价值观,才会用正确的态度和方式去面对和接受生活赋予我们的欢乐、爱情、名望、财富等美好的东西;一个人只有拥有了强烈的死亡意识,才会去珍惜短暂而宝贵的生命,通过自己不断的奋斗,去创造丰硕的物质财富和精神财富,营造朴实而美好的爱情,赢得不一定崇高但却真实的名望,享受所有这些带给自己的饱含着泪水与悲伤、欢乐与痛苦的真实人生过程,铸就一幅充实而无悔的人生图画。

(四)朱光潜《谈人生价值》

请学生自行搜索本文并阅读。

【作者简介】

朱光潜(1897—1986),笔名孟实、孟石,中国美学家、文艺理论家、教育家、翻译家,中国现代美学奠基人。朱光潜1925年出国留学,先后肄业于英国爱丁堡大学、伦敦大学,法国巴黎大学、斯特拉斯堡大学,获文学硕士、博士学位。1933年回国,先后在北京大学、四川大学、武汉大学、安徽大学任教。朱光潜主要编著有《文艺心理学》《克罗齐哲学述评》《西方美学史》等,并翻译了《歌德谈话录》、柏拉图的《文艺对话集》、G.E.莱辛的《拉奥孔》等作品。

【作品赏析】

《谈人生价值》对人的生存发展的重大问题做了精彩、精炼的阐述,其中的思想含量很丰厚,表现了作者朱光潜对人类、对生命的挚爱,对崇高的思想境界和完善人格的追求。

第三章 爱情婚姻

一、导语

人类生生不息,爱的长河亦滔滔不绝。都说爱情是永恒的主题,爱情题材的作品在文学家的笔下,灿若星河。

"问世间情为何物,直教人生死相许",这是个亘古难解的话题,把星星鲜花般浪漫绮丽的爱情与生死这个现实关联起来。

人们常说,相爱简单,相处太难。精神的"爱"与现实的"相处"纠缠,剪不断理还乱。我们身处大地,可能深陷泥沼,却能时时抬起头来,仰望那头顶的灿烂星空。

二、阅读

(一) 鲁迅《伤逝》

如果我能够,我要写下我的悔恨和悲哀,为子君,为自己。

会馆里的被遗忘在偏僻里的破屋是这样地寂静和空虚。时光过得真快,我爱子君,仗着她逃出这寂静和空虚,已经满一年了。事情又这么不凑巧,我重来时,偏偏空着的又只有这一间屋。依然是这样的破窗,这样的窗外的半枯的槐树和老紫藤,这样的窗前的方桌,这样的败壁,这样的靠壁的板床。深夜中独自躺在床上,就如我未曾和子君同居以前一般,过去一年中的时光全被消灭,全未有过,我并没有曾经从这破屋子搬出,在吉兆胡同创立了满怀希望的小小的家庭。

不但如此。在一年之前,这寂静和空虚是并不这样的,常常含着期待;期待子君的到来。在久待的焦躁中,一听到皮鞋的高底尖触着砖路的清响,是怎样地使我骤然生动起来呵!于是就看见带着笑涡的苍白的圆脸,苍白的瘦的臂膊,布的有条纹的衫子,玄色的裙。她又带了窗外的半枯的槐树的新叶来,使我看见,还有挂在铁似的老干上的一房一房的紫白的藤花。

然而现在呢,只有寂静和空虚依旧,子君却决不再来了,而且永远,永远地!……

子君不在我这破屋里时,我什么也看不见。在百无聊赖中,随手抓过一本书来,科学也好,文学也好,横竖什么都一样;看下去,看下去,忽而自己觉得,已经翻了十多页了,但是毫不记得书上所说的事。只是耳朵却分外地灵,仿佛听到大门外一切往来的履声,从中便有子君的,而且橐橐地逐渐临近,——但是,往往又逐渐渺茫,终于消失在别的步声的杂沓中了。我憎恶那不像子君鞋声的穿布底鞋的长班的儿子,我憎恶那太像子君鞋声的常常穿着新皮鞋的邻院的搽雪花膏的小东西!

莫非她翻了车么?莫非她被电车撞伤了么?……

我便要取了帽子去看她,然而她的胞叔就曾经当面骂过我。

蓦然,她的鞋声近来了,一步响于一步,迎出去时,却已经走过紫藤棚下,脸上带着微笑的酒窝。她在她叔子的家里大约并未受气;我的心宁帖了,默默地相视片时之后,破屋里便渐渐充满了我的语声,谈家庭专制,谈打破旧习惯,谈男女平等,谈伊孛生,谈泰戈尔,谈雪莱……。她总是微笑点头,两眼里弥漫着稚气的好奇的光泽。壁上就钉着一张铜板的雪莱半身像,是从杂志上裁下来的,是他的最美的一张像。当我指给她看时,她却只草草一看,便低了头,似乎不好意思了。这些地方,子君就大概还未脱尽旧思想的束缚,——我后来也想,倒不如换一张雪莱淹死在海里的记念像或是伊孛生的罢;但也终于没有换,现在是连这一张也不知那里去了。

"我是我自己的,他们谁也没有干涉我的权利!"

这是我们交际了半年,又谈起她在这里的胞叔和在家的父亲时,她默想了一会之后,分明地,坚决地,沉静地说了出来的话。其时是我已经说尽了我的意见,我的身世,我的缺点,很少隐瞒;她也完全了解的了。这几句话很震动了我的灵魂,此后许多天还在耳中发响,而且说不出的狂喜,知道中国女性,并不如厌世家所说那样的无法可施,在不远的将来,便要看见辉煌的曙色的。

送她出门,照例是相离十多步远;照例是那鲇鱼须的老东西的脸又紧帖在脏的窗玻璃上了,连鼻尖都挤成一个小平面;到外院,照例又是明晃晃的玻璃窗里的那小东西的脸,加厚的雪花膏。她目不邪视地骄傲地走了,没有看见;我骄傲地回来。

"我是我自己的,他们谁也没有干涉我的权利!"这彻底的思想就在她的脑里,比我还透澈,坚强得多。半瓶雪花膏和鼻尖的小平面,于她能算什么东西呢?

我已经记不清那时怎样地将我的纯真热烈的爱表示给她。岂但现在,那时的事后便已模胡,夜间回想,早只剩了一些断片了;同居以后一两月,便连这些断片也化作无可追踪的梦影。我只记得那时以前的十几天,曾经很仔细地研究过表示的态度,排列过措辞的先后,以及倘或遭了拒绝以后的情形。可是临时似乎都无用,在慌张中,身不由已地竟用了在电影上见过的方法了。后来一想到,就使我很愧恧,但在记忆上却偏只有这一点永远留遗,至今还如暗室的孤灯一般,照见我含泪握着她的手,一条腿跪了下去……。

不但我自己的,便是子君的言语举动,我那时就没有看得分明;仅知道她已经允许我了。但也还仿佛记得她脸色变成青白,后来又渐渐转作绯红,——没有见过,也没有再见的绯红;孩子似的眼里射出悲喜,但是夹着惊疑的光,虽然力避我的视线,张皇地似乎要破窗飞去。然而我知道她已经允许我了,没有知道她怎样说或是没有说。

她却是什么都记得：我的言辞，竟至于读熟了的一般，能够滔滔背诵；我的举动，就如有一张我所看不见的影片挂在眼下，叙述得如生，很细微，自然连那使我不愿再想的浅薄的电影的一闪。夜阑人静，是相对温习的时候了，我常是被质问，被考验，并且被命复述当时的言语，然而常须由她补足，由她纠正，像一个丁等的学生。

这温习后来也渐渐稀疏起来。但我只要看见她两眼注视空中，出神似的凝想着，于是神色越加柔和，笑窝也深下去，便知道她又在自修旧课了，只是我很怕她看到我那可笑的电影的一闪。但我又知道，她一定要看见，而且也非看不可的。

然而她并不觉得可笑。即使我自己以为可笑，甚而至于可鄙的，她也毫不以为可笑。这事我知道得很清楚，因为她爱我，是这样地热烈，这样地纯真。

去年的暮春是最为幸福，也是最为忙碌的时光。我的心平静下去了，但又有别一部分和身体一同忙碌起来。我们这时才在路上同行，也到过几回公园，最多的是寻住所。我觉得在路上时时遇到探索，讥笑，猥亵和轻蔑的眼光，一不小心，便使我的全身有些瑟缩，只得即刻提起我的骄傲和反抗来支持。她却是大无畏的，对于这些全不关心，只是镇静地缓缓前行，坦然如入无人之境。

寻住所实在不是容易事，大半是被托辞拒绝，小半是我们以为不相宜。起先我们选择得很苛酷，——也非苛酷，因为看去大抵不像是我们的安身之所；后来，便只要他们能相容了。看了二十多处，这才得到可以暂且敷衍的处所，是吉兆胡同一所小屋里的两间南屋；主人是一个小官，然而倒是明白人，自住着正屋和厢房。他只有夫人和一个不到周岁的女孩子，雇一个乡下的女工，只要孩子不啼哭，是极其安闲幽静的。

我们的家具很简单，但已经用去了我的筹来的款子的大半；子君还卖掉了她唯一的金戒指和耳环。我拦阻她，还是定要卖，我也就不再坚持下去了；我知道不给她加入一点股分去，她是住不舒服的。

和她的叔子，她早经闹开，至于使他气愤到不再认她做侄女；我也陆续和几个自以为忠告，其实是替我胆怯，或者竟是嫉妒的朋友绝了交。然而这倒很清静。每日办公散后，虽然已近黄昏，车夫又一定走得这样慢，但究竟还有二人相对的时候。我们先是沉默的相视，接着是放怀而亲密的交谈，后来又是沉默。大家低头沉思着，却并未想着什么事。我也渐渐清醒地读遍了她的身体，她的灵魂，不过三星期，我似乎于她已经更加了解，揭去许多先前以为了解而现在看来却是隔膜，即所谓真的隔膜了。

子君也逐日活泼起来。但她并不爱花，我在庙会时买来的两盆小草花，四天不浇，枯死在壁角了，我又没有照顾一切的闲暇。然而她爱动物，也许是从官太太那里传染的罢，不一月，我们的眷属便骤然加得很多，四只小油鸡，在小院子里和房主人的十多只在一同走。但她们却认识鸡的相貌，各知道那一只是自家的。还有一只花白的叭儿狗，从庙会买来，记得似乎原有名字，子君却给它另起了一个，叫作阿随。我就叫它阿随，但我不喜欢这名字。

这是真的,爱情必须时时更新,生长,创造。我和子君说起这,她也领会地点点头。

唉唉,那是怎样的宁静而幸福的夜呵!

安宁和幸福是要凝固的,永久是这样的安宁和幸福。我们在会馆里时,还偶有议论的冲突和意思的误会,自从到吉兆胡同以来,连这一点也没有了;我们只在灯下对坐的怀旧谭中,回味那时冲突以后的和解的重生一般的乐趣。

子君竟胖了起来,脸色也红活了;可惜的是忙。管了家务便连谈天的工夫也没有,何况读书和散步。我们常说,我们总还得雇一个女工。

这就使我也一样地不快活,傍晚回来,常见她包藏着不快活的颜色,尤其使我不乐的是她要装作勉强的笑容。幸而探听出来了,也还是和那小官太太的暗斗,导火线便是两家的小油鸡。但又何必硬不告诉我呢?人总该有一个独立的家庭。这样的处所,是不能居住的。

我的路也铸定了,每星期中的六天,是由家到局,又由局到家。在局里便坐在办公桌前钞,钞,钞些公文和信件;在家里是和她相对或帮她生白炉子,煮饭,蒸馒头。我的学会了煮饭,就在这时候。

但我的食品却比在会馆里时好得多了。做菜虽不是子君的特长,然而她于此却倾注着全力;对于她的日夜的操心,使我也不能不一同操心,来算作分甘共苦。况且她又这样地终日汗流满面,短发都粘在脑额上;两只手又只是这样地粗糙起来。

况且还要饲阿随,饲油鸡,……都是非她不可的工作。我曾经忠告她:我不吃,倒也罢了;却万不可这样地操劳。她只看了我一眼,不开口,神色却似乎有点凄然;我也只好不开口。然而她还是这样地操劳。

我所豫期的打击果然到来。双十节的前一晚,我呆坐着,她在洗碗。听到打门声,我去开门时,是局里的信差,交给我一张油印的纸条。我就有些料到了,到灯下去一看,果然,印着的就是:

奉

局长谕史涓生着毋庸到局办事

秘书处启　十月九号

这在会馆里时,我就早已料到了;那雪花膏便是局长的儿子的赌友,一定要去添些谣言,设法报告的。到现在才发生效验,已经要算是很晚的了。其实这在我不能算是一个打击,因为我早就决定,可以给别人去钞写,或者教读,或者虽然费力,也还可以译点书,况且《自由之友》的总编辑便是见过几次的熟人,两月前还通过信。但我的心却跳跃着。那么一个无畏的子君也变了色,尤其使我痛心;她近来似乎也较为怯弱了。

"那算什么。哼,我们干新的。我们……。"她说。

她的话没有说完;不知怎地,那声音在我听去却只是浮浮的;灯光也觉得格外黯淡。人们真是可笑的动物,一点极微末的小事情,便会受着很深的影响。我们先是默默地相视,逐渐商量起来,终于决定将现有的钱竭力节省,一面登"小广告"去寻求钞写和教读,一面写信给《自由之友》的总编辑,说明我目下的遭遇,请他收用我的译本,给我帮一点艰辛时候的忙。

"说做,就做罢!来开一条新的路!"

我立刻转身向了书案,推开盛香油的瓶子和醋碟,子君便送过那黯淡的灯来。我先拟广告;其次是选定可译的书,迁移以来未曾翻阅过,每本的头上都满漫着灰尘;最后才写信。

我很费踌躇,不知道怎样措辞好,当停笔凝思的时候,转眼去一瞥她的脸,在昏暗的灯光下,又很见得凄然。我真不料这样微细的小事情,竟会给坚决的,无畏的子君以这么显著的变化。她近来实在变得很怯弱了,但也并不是今夜才开始的。我的心因此更缭乱,忽然有安宁的生活的影像——会馆里的破屋的寂静,在眼前一闪,刚刚想定睛凝视,却又看见了昏暗的灯光。

许久之后,信也写成了,是一封颇长的信;很觉得疲劳,仿佛近来自己也较为怯弱了。于是我们决定,广告和发信,就在明日一同实行。大家不约而同地伸直了腰肢,在无言中,似乎又都感到彼此的坚忍崛强的精神,还看见从新萌芽起来的将来的希望。

外来的打击其实倒是振作了我们的新精神。局里的生活,原如鸟贩子手里的禽鸟一般,仅有一点小米维系残生,决不会肥胖;日子一久,只落得麻痹了翅子,即使放出笼外,早已不能奋飞。现在总算脱出这牢笼了,我从此要在新的开阔的天空中翱翔,趁我还未忘却了我的翅子的扇动。

小广告是一时自然不会发生效力的;但译书也不是容易事,先前看过,以为已经懂得的,一动手,却疑难百出了,进行得很慢。然而我决计努力地做,一本半新的字典,不到半月,边上便有了一大片乌黑的指痕,这就证明着我的工作的切实。《自由之友》的总编辑曾经说过,他的刊物是决不会埋没好稿子的。

可惜的是我没有一间静室,子君又没有先前那么幽静,善于体帖了,屋子里总是散乱着碗碟,弥漫着煤烟,使人不能安心做事,但是这自然还只能怨我自己无力置一间书斋。然而又加以阿随,加以油鸡们。加以油鸡们又大起来了,更容易成为两家争吵的引线。

加以每日的"川流不息"的吃饭;子君的功业,仿佛就完全建立在这吃饭中。吃了筹钱,筹来吃饭,还要喂阿随,饲油鸡;她似乎将先前所知道的全都忘掉了,也不想到我的构思就常常为了这催促吃饭而打断。即使在坐中给看一点怒色,她总是不改变,仍然毫无感触似的大嚼起来。

使她明白了我的工作不能受规定的吃饭的束缚,就费去五星期。她明白之后,大约很不高兴罢,可是没有说。我的工作果然从此较为迅速地进行,不久就共译了五万言,只要润色一回,便可以和做好的两篇小品,一同寄给《自由之友》去。只是吃饭却依然给我苦恼。菜冷,是无妨的,然而竟不够;有时连饭也不够,虽然我因为终日坐在家里用脑,饭量已经比先前要减少得多。这是先去喂了阿随了，有时还并那近来连自己也轻易不吃的羊肉。她说，阿随实在瘦得太可怜，房东太太还因此嗤笑我们了，她受不住这样的奚落。

于是吃我残饭的便只有油鸡们。这是我积久才看出来的，但同时也如赫胥黎的论定"人类在宇宙间的位置"一般，自觉了我在这里的位置：不过是叭儿狗和油鸡之间。

后来，经多次的抗争和催逼，油鸡们也逐渐成为肴馔，我们和阿随都享用了十多日的鲜肥；可是其实都很瘦，因为它们早已每日只能得到几粒高粱了。从此便清静得多。只有子君很颓唐，似乎常觉得凄苦和无聊，至于不大愿意开口。我想，人是多么容易改变呵！

但是阿随也将留不住了。我们已经不能再希望从什么地方会有来信，子君也早没有一点食物可以引它打拱或直立起来。冬季又逼近得这么快，火炉就要成为很大的问题；它的食量，在我们其实早是一个极易觉得的很重的负担。于是连它也留不住了。

倘使插了草标到庙市去出卖，也许能得几文钱罢，然而我们都不能，也不愿这样做。终于是用包袱蒙着头，由我带到西郊去放掉了，还要追上来，便推在一个并不很深的土坑里。

我一回寓，觉得又清静得多了；但子君的凄惨的神色，却使我很吃惊。那是没有见过的神色，自然是为阿随。但又何至于此呢？我还没有说起推在土坑里的事。

到夜间，在她的凄惨的神色中，加上冰冷的分子了。

"奇怪。——子君，你怎么今天这样儿了？"我忍不住问。

"什么？"她连看也不看我。

"你的脸色……。"

"没有什么，——什么也没有。"

我终于从她言动上看出，她大概已经认定我是一个忍心的人。其实，我一个人，是容易生活的，虽然因为骄傲，向来不与世交来往，迁居以后，也疏远了所有旧识的人，然而只要能远走高飞，生路还宽广得很。现在忍受着这生活压迫的苦痛，大半倒是为她，便是放掉阿随，也何尝不如此。但子君的识见却似乎只是浅薄起来，竟至于连这一点也想不到了。

我拣了一个机会，将这些道理暗示她；她领会似的点头。然而看她后来的情形，她是没有懂，或者是并不相信的。

天气的冷和神情的冷，逼迫我不能在家庭中安身。但是，往那里去呢？大道上，公园里，虽然没有冰冷的神情，冷风究竟也刺得人皮肤欲裂。我终于在通俗图书馆里觅得了我的天堂。

那里无须买票；阅书室里又装着两个铁火炉。纵使不过是烧着不死不活的煤的火炉，但单是看见装着它，精神上也就总觉得有些温暖。书却无可看：旧的陈腐，新的是几乎没有的。

好在我到那里去也并非为看书。另外时常还有几个人，多则十余人，都是单薄衣裳，正如我，各人看各人的书，作为取暖的口实。这于我尤为合式。道路上容易遇见熟人，得到轻蔑的一瞥,但此地却决无那样的横祸,因为他们是永远围在别的铁炉旁,或者靠在自家的白炉边的。

那里虽然没有书给我看,却还有安闲容得我想。待到孤身枯坐,回忆从前,这才觉得大半年来,只为了爱,——盲目的爱,——而将别的人生的要义全盘疏忽了。第一,便是生活。人必生活着,爱才有所附丽。世界上并非没有为了奋斗者而开的活路;我也还未忘却翅子的扇动,虽然比先前已经颓唐得多……。

屋子和读者渐渐消失了,我看见怒涛中的渔夫,战壕中的兵士,摩托车中的贵人,洋场上的投机家,深山密林中的豪杰,讲台上的教授,昏夜的运动者和深夜的偷儿……。子君,——不在近旁。她的勇气都失掉了,只为着阿随悲愤,为着做饭出神;然而奇怪的是倒也并不怎样瘦损……。

冷了起来,火炉里的不死不活的几片硬煤,也终于烧尽了,已是闭馆的时候。又须回到吉兆胡同,领略冰冷的颜色去了。近来也间或遇到温暖的神情,但这却反而增加我的苦痛。记得有一夜,子君的眼里忽而又发出久已不见的稚气的光来,笑着和我谈到还在会馆时候的情形,时时又很带些恐怖的神色。我知道我近来的超过她的冷漠,已经引起她的忧疑来,只得也勉力谈笑,想给她一点慰藉。然而我的笑貌一上脸,我的话一出口,却即刻变为空虚,这空虚又即刻发生反响,回向我的耳目里,给我一个难堪的恶毒的冷嘲。

子君似乎也觉得的,从此便失掉了她往常的麻木似的镇静,虽然竭力掩饰,总还是时时露出忧疑的神色来,但对我却温和得多了。

我要明告她,但我还没有敢,当决心要说的时候,看见她孩子一般的眼色,就使我只得暂且改作勉强的欢容。但是这又即刻来冷嘲我,并使我失却那冷漠的镇静。

她从此又开始了往事的温习和新的考验,逼我做出许多虚伪的温存的答案来,将温存示给她,虚伪的草稿便写在自己的心上。我的心渐被这些草稿填满了,常觉得难于呼吸。我在苦恼中常常想,说真实自然须有极大的勇气的;假如没有这勇气,而苟安于虚伪,那也便是不能开辟新的生路的人。不独不是这个,连这人也未尝有!

子君有怨色,在早晨,极冷的早晨,这是从未见过的,但也许是从我看来的怨色。我那时冷冷地气愤和暗笑了;她所磨练的思想和豁达无畏的言论,到底也还是一个空虚,而对于这空虚却并未自觉。她早已什么书也不看,已不知道人的生活的第一着是求生,向着这求生的道路,是必须携手同行,或奋身孤往的了,倘使只知道捶着一个人的衣角,那便是虽战士也难于战斗,只得一同灭亡。

我觉得新的希望就只在我们的分离;她应该决然舍去,——我也突然想到她的死,然而立刻自责,忏悔了。幸而是早晨,时间正多,我可以说我的真实。我们的新的道路的开辟,便在这一遭。

我和她闲谈,故意地引起我们的往事,提到文艺,于是涉及外国的文人,文人的作品:《诺拉》《海的女人》。称扬诺拉的果决……。也还是去年在会馆的破屋里讲过的那些话,但现在已经变成空虚,从我的嘴传入自己的耳中,时时疑心有一个隐形的坏孩子,在背后恶意地刻毒地学舌。

她还是点头答应着倾听,后来沉默了。我也就断续地说完了我的话,连余音都消失在虚空中了。

"是的。"她又沉默了一会,说,"但是,……涓生,我觉得你近来很两样了。可是的?你,——你老实告诉我。"

我觉得这似乎给了我当头一击,但也立即定了神,说出我的意见和主张来:新的路的开辟,新的生活的再造,为的是免得一同灭亡。

临末,我用了十分的决心,加上这几句话:

"……况且你已经可以无须顾虑,勇往直前了。你要我老实说;是的,人是不该虚伪的。我老实说罢:因为,因为我已经不爱你了!但这于你倒好得多,因为你更可以毫无挂念地做事……。"

我同时豫期着大的变故的到来,然而只有沉默。她脸色陡然变成灰黄,死了似的;瞬间便又苏生,眼里也发了稚气的闪闪的光泽。这眼光射向四处,正如孩子在饥渴中寻求着慈爱的母亲,但只在空中寻求,恐怖地回避着我的眼。

我不能看下去了,幸而是早晨,我冒着寒风径奔通俗图书馆。

在那里看见《自由之友》,我的小品文都登出了。这使我一惊,仿佛得了一点生气。我想,生活的路还很多,——但是,现在这样也还是不行的。

我开始去访问久已不相闻问的熟人,但这也不过一两次;他们的屋子自然是暖和的,我在骨髓中却觉得寒冽。夜间,便蜷伏在比冰还冷的冷屋中。

冰的针刺着我的灵魂,使我永远苦于麻木的疼痛。生活的路还很多,我也还没有忘却翅子的扇动,我想。——我突然想到她的死,然而立刻自责,忏悔了。

在通俗图书馆里往往瞥见一闪的光明,新的生路横在前面。她勇猛地觉悟了,毅然走出这冰冷的家,而且,——毫无怨恨的神色。我便轻如行云,漂浮空际,上有蔚蓝的天,下是深山大海,广厦高楼,战场,摩托车,洋场,公馆,晴明的闹市,黑暗的夜……。

而且,真的,我豫感得这新生面便要来到了。

我们总算度过了极难忍受的冬天,这北京的冬天;就如蜻蜓落在恶作剧的坏孩子的手里一般,被系着细线,尽情玩弄,虐待,虽然幸而没有送掉性命,结果也还是躺在地上,只争着一个迟早之间。

写给《自由之友》的总编辑已经有三封信,这才得到回信,信封里只有两张书券:两角的和三角的。我却单是催,就用了九分的邮票,一天的饥饿,又都白挨给于己一无所得的空虚了。

然而觉得要来的事,却终于来到了。

这是冬春之交的事,风已没有这么冷,我也更久地在外面徘徊;待到回家,大概已经昏黑。就在这样一个昏黑的晚上,我照常没精打采地回来,一看见寓所的门,也照常更加丧气,使脚步放得更缓。但终于走进自己的屋子里了,没有灯火;摸火柴点起来时,是异样的寂寞和空虚!

正在错愕中,官太太便到窗外来叫我出去。

"今天子君的父亲来到这里,将她接回去了。"她很简单地说。

这似乎又不是意料中的事,我便如脑后受了一击,无言地站着。

"她去了么?"过了些时,我只问出这样一句话。

"她去了。"

"她,——她可说什么?"

"没说什么。单是托我见你回来时告诉你,说她去了。"

我不信;但是屋子里是异样的寂寞和空虚。我遍看各处,寻觅子君;只见几件破旧而黯淡的家具,都显得极其清疏,在证明着它们毫无隐匿一人一物的能力。我转念寻信或她留下的字迹,也没有;只是盐和干辣椒,面粉,半株白菜,却聚集在一处了,旁边还有几十枚铜元。这是我们两人生活材料的全副,现在她就郑重地将这留给我一个人,在不言中,教我借此去维持较久的生活。

我似乎被周围所排挤,奔到院子中间,有昏黑在我的周围;正屋的纸窗上映出明亮的灯光,他们正在逗着孩子玩笑。我的心也沉静下来,觉得在沉重的迫压中,渐渐隐约地现出脱走的路径:深山大泽,洋场,电灯下的盛筵;壕沟,最黑最黑的深夜,利刃的一击,毫无声响的脚步……。

心地有些轻松,舒展了,想到旅费,并且嘘一口气。

躺着,在合着的眼前经过的豫想的前途,不到半夜已经现尽;暗中忽然仿佛看见一堆食物,这之后,便浮出一个子君的灰黄的脸来,睁了孩子气的眼睛,恳托似的看着我。我一定神,什么也没有了。

但我的心却又觉得沉重。我为什么偏不忍耐几天,要这样急急地告诉她真话的呢?现在她知道,她以后所有的只是她父亲——儿女的债主——的烈日一般的严威和旁人的赛过冰霜的冷眼。此外便是虚空。负着虚空的重担,在严威和冷眼中走着所谓人生的路,这是怎么可怕的事呵!而况这路的尽头,又不过是——连墓碑也没有的坟墓。

我不应该将真实说给子君,我们相爱过,我应该永久奉献她我的说谎。如果真实可以宝贵,这在子君就不该是一个沉重的空虚。谎语当然也是一个空虚,然而临末,至多也不过这样地沉重。

我以为将真实说给子君，她便可以毫无顾虑，坚决地毅然前行，一如我们将要同居时那样。但这恐怕是我错误了。她当时的勇敢和无畏是因为爱。

我没有负着虚伪的重担的勇气，却将真实的重担卸给她了。她爱我之后，就要负了这重担，在严威和冷眼中走着所谓人生的路。

我想到她的死……。我看见我是一个卑怯者，应该被摈于强有力的人们，无论是真实者，虚伪者。然而她却自始至终，还希望我维持较久的生活……。

我要离开吉兆胡同，在这里是异样的空虚和寂寞。我想，只要离开这里，子君便如还在我的身边；至少，也如还在城中，有一天，将要出乎意表地访我，像住在会馆时候似的。

然而一切请托和书信，都是一无反响；我不得已，只好访问一个久不问候的世交去了。他是我伯父的幼年的同窗，以正经出名的拔贡，寓京很久，交游也广阔的。

大概因为衣服的破旧罢，一登门便很遭门房的白眼。好容易才相见，也还相识，但是很冷落。我们的往事，他全都知道了。

"自然，你也不能在这里了，"他听了我托他在别处觅事之后，冷冷地说，"但那里去呢？很难。——你那，什么呢，你的朋友罢，子君，你可知道，她死了。"

我惊得没有话。

"真的？"我终于不自觉地问。

"哈哈。自然真的。我家的王升的家，就和她家同村。"

"但是，——不知道是怎么死的？"

"谁知道呢。总之是死了就是了。"

我已经忘却了怎样辞别他，回到自己的寓所。我知道他是不说谎话的；子君总不会再来的了，像去年那样。她虽是想在严威和冷眼中负着虚空的重担来走所谓人生的路，也已经不能。她的命运，已经决定她在我所给与的真实——无爱的人间死灭了！

自然，我不能在这里了；但是，"那里去呢？"

四围是广大的空虚，还有死的寂静。死于无爱的人们的眼前的黑暗，我仿佛一一看见，还听得一切苦闷和绝望的挣扎的声音。

我还期待着新的东西到来，无名的，意外的。但一天一天，无非是死的寂静。

我比先前已经不大出门，只坐卧在广大的空虚里，一任这死的寂静侵蚀着我的灵魂。死的寂静有时也自己战栗，自己退藏，于是在这绝续之交，便闪出无名的，意外的，新的期待。

一天是阴沉的上午，太阳还不能从云里面挣扎出来；连空气都疲乏着。耳中听到细碎的步声和咻咻的鼻息，使我睁开眼。大致一看，屋子里还是空虚；但偶然看到地面，却盘旋着一匹小小的动物，瘦弱的，半死的，满身灰土的……。

我一细看，我的心就一停，接着便直跳起来。

那是阿随。它回来了。

我的离开吉兆胡同，也不单是为了房主人们和他家女工的冷眼，大半就为着这阿随。但是，"那里去呢？"新的生路自然还很多，我约略知道，也间或依稀看见，觉得就在我面前，然而我还没有知道跨进那里去的第一步的方法。

经过许多回的思量和比较，也还只有会馆是还能相容的地方。依然是这样的破屋，这样的板床，这样的半枯的槐树和紫藤，但那时使我希望，欢欣，爱，生活的，却全都逝去了，只有一个虚空，我用真实去换来的虚空存在。

新的生路还很多，我必须跨进去，因为我还活着。但我还不知道怎样跨出那第一步。有时，仿佛看见那生路就像一条灰白的长蛇，自己蜿蜒地向我奔来，我等着，等着，看看临近，但忽然便消失在黑暗里了。

初春的夜，还是那么长。长久的枯坐中记起上午在街头所见的葬式，前面是纸人纸马，后面是唱歌一般的哭声。我现在已经知道他们的聪明了，这是多么轻松简洁的事。

然而子君的葬式却又在我的眼前，是独自负着虚空的重担，在灰白的长路上前行，而又即刻消失在周围的严威和冷眼里了。

我愿意真有所谓鬼魂，真有所谓地狱，那么，即使在孽风怒吼之中，我也将寻觅子君，当面说出我的悔恨和悲哀，祈求她的饶恕；否则，地狱的毒焰将围绕我，猛烈地烧尽我的悔恨和悲哀。

我将在孽风和毒焰中拥抱子君，乞她宽容，或者使她快意……。

但是，这却更虚空于新的生路；现在所有的只是初春的夜，竟还是那么长。我活着，我总得向着新的生路跨出去，那第一步，——却不过是写下我的悔恨和悲哀，为子君，为自己。

我仍然只有唱歌一般的哭声，给子君送葬，葬在遗忘中。

我要遗忘；我为自己，并且要不再想到这用了遗忘给子君送葬。

我要向着新的生路跨进第一步去，我要将真实深深地藏在心的创伤中，默默地前行，用遗忘和说谎做我的前导……。

【作者简介】

鲁迅(1881—1936)，浙江绍兴人，原名周树人，字豫才、豫亭，伟大的无产阶级文学家、思想家、革命家。1904年初，入仙台医科专门学医，后从事文艺创作，希望以此改变国民被麻木的精神。辛亥革命后，曾任南京临时政府和北京政府教育部部员、佥事等职；曾兼任北京大学、北京女子高等师范学校讲师。1918年5月，首次用"鲁迅"的笔名，发表中国现代文学史上第一篇白话小说《狂人日记》，奠定了新文学的基石。《狂人日记》后与《阿Q正传》《药》《故乡》等小说名篇一同收入小说集《呐喊》。毛泽东主席评价鲁迅为伟大的无产阶级文学家、思想家、革命家、评论家、作家，是中国文化革命的主将、中华民族精神的发扬人。

【作品赏析】

文章用手记方式，用诗一样的语言抒写了涓生的心境，寓批判于事实的缕述。文章中有追忆中的内心独白与倾诉,也有回想里的细节点缀与刻画,具有浓郁的抒情色彩与精湛的白描技法。

小说的叙事、议论、写景都有浓郁的抒情色彩。小说大体上是按照会馆、吉照胡同、会馆这样回顾式结构进行描述的。在具体事件回顾中,作者没有按照事件的时间顺序,而是根据主人公的情感,详略得当,进行跳跃式的追述。

子君和涓生都是在五四新思潮影响下成长起来的具有资产阶级民主主义思想的小资产阶级知识分子,他们有个性解放、男女平等、自由恋爱和婚姻自主的新思想。作者充分地肯定了子君英勇无畏的反抗精神,她为了争取恋爱和婚姻自由,敢于同旧势力进行较量,勇敢地背叛封建礼教和封建专制家庭,高傲地宣称:"我是我自己的,他们谁也没有干涉我的权力。"这是子君反封建专制的战斗宣言。她和涓生同居,表现了她对封建道德和封建婚姻制度的勇敢的反抗。作者也批评了子君软弱、妥协和思想的停滞不前,当他们建立起小家庭以后,沉浸在凝固的安宁与幸福里,忘记了人生的全盘要义,把精力倾注到家务里及恭顺地侍奉丈夫,表现出旧式妇女贤妻良母式的性格,失去了奋飞的能力和勇气,变得平庸短浅,由一个勇敢无畏的新时代的女性变成庸庸碌碌的家庭奴隶。由于她性格的软弱,最后不得不回到她曾经背叛的旧家庭里去,走进了"连墓碑也没有的坟墓"。作者也写出了她纯朴善良的性格,她为了爱情,不计较涓生是个门第卑微的穷青年;而离开涓生的时候,没有留下字条,却默默地把仅有的生活用品留给涓生。这里有关心,有惋惜,有对爱情的最后留恋,表现出子君纯朴和善良的品性。

【思考练习】

(1) 作品中叭儿狗阿随、干辣椒、半株白菜等细节描写有何艺术效果?

(2) 造成子君和涓生爱情悲剧的原因有哪些?你认为他们怎样重塑爱情?

(3) 子君和涓生的爱情悲剧给予当代青年什么样的启示?

(二) 舒婷《致橡树》

请学生自行搜索本诗并阅读。

【作者简介】

舒婷,女,原名龚佩瑜,1952年出生于福建省,中国当代女诗人,朦胧诗派的代表人物。她从小随父母定居厦门,1969年下乡插队,1972年返城当工人,1979年开始发表诗歌作品,1980年至福建省文联工作,从事专业写作。2016年12月,舒婷当选中国作家协会第九届全国委员会委员。

主要著作有诗集《双桅船》《会唱歌的鸢尾花》《始祖鸟》,散文集《心烟》等。

【作品赏析】

《致橡树》是一首优美、深沉的抒情诗。诗歌中抒情主人公化作一株木棉,以橡树为对象,采用内心独白的抒情方式,坦诚、开朗地倾诉了自己爱情的热烈、诚挚和坚贞,表达了爱的理想和信念。全诗感情色彩强烈,又具有清醒的理性思考,蕴含着丰富的社会内涵,耐人咀嚼,令人回味。

全诗分为两个部分。第一部分否定传统的爱情观。诗歌借用一系列自然物进行象征类比,对攀附("凌霄花")和单方面奉献("险峰")这两种以一方的压抑、委屈和牺牲为爱的前提的爱情观,作了深刻的否定。诗人从现代女性觉醒意识出发,利用诗中的意象,使自己争取女性尊严、独立地位、人格价值的决心跃然纸上。第二部分正面抒写理想的爱情观。强调这种爱必须有独立的、与对方同等的地位和人格;这种爱有坚实的根基和感情的交流;这种爱允许保持自己独立的个性;这种爱能同甘共苦,终身相依。这种富于人文精神的现代爱情观显示了诗人对新型爱情观和人生价值的向往与追求。

全诗以整体象征的手法构造意象,以橡树、木棉的整体形象对应地象征爱情双方的独立人格和真挚爱情,一方面使得哲理性很强的思想、意念得以在亲切可感的形象中生发、诗化;另一方面使作品的主旨不局限于爱情的视野,从橡树与木棉的意象构成中同样可以合理地引申出人与人之间相互同情、相互理解、相互信任,同时又以平等的地位各自独立的道德理想。

(三) 三毛《大胡子与我》

请学生自行搜索本文并阅读。

【作者简介】

三毛(1943—1991),中国当代著名作家,原名陈懋(mào)平,后改名为陈平。1943年出生于重庆,1948年随父母迁居台湾。1967年赴西班牙留学,后去德国、美国等。1973年定居西属撒哈拉沙漠,和荷西结婚。1981年回台湾后,曾在文化大学任教,1984年辞去教职,而以写作、演讲为重心。1991年1月4日在医院去世,享年四十八岁。

三毛的作品在全球的华人社会广为流传,生平著作和译作十分丰富,代表作有《撒哈拉的故事》《雨季不再来》《梦里花落知多少》等。

【作品赏析】

文中流露了三毛与荷西彼此间与众不同的感情,充满情趣和幽默,这样的爱情是很多向往自由的心灵所追求的感情境界。人生贵在遇见如此的对手,一起演绎爱情,他们的感情是无憾的。

第四章　亲情友情

一、导语

亲情和友情是一缕明媚灿烂的阳光,在人生艰难的攀登中,为我们送来光明和温暖。亲情和友情是一处安谧宁静的港湾,在人生坎坷的际遇中,为我们提供关爱和呵护。亲情和友情是一眼汩汩流淌的清泉,在我们干渴难耐之时,给我们带来清凉和舒爽。

亲情和友情是一滴甘露,亲吻干涸的泥土,它用细雨的温情,用钻石的坚毅,期待着闪着碎光的泥土的肥沃;亲情和友情不是人生中的一个凝固点,而是一条流动的河,这条河造就了我们生命中美丽的情感之景。

本章通过莫言的《母亲》、贾平凹的《朋友》、现代诗《孩子,快抓紧妈妈的手》让大家在细节中体悟生活中随处可见的温暖,以及往事留给我们的美好回忆,感悟友情与亲情在我们生命中的影响。

二、阅读

(一) 莫言《母亲》

请学生自行搜索本文并阅读。

【作者简介】

莫言,男,原名管谟业,1955年出生于山东高密,中国作家协会副主席、2012年诺贝尔文学奖获得者,亦是第一个获得诺贝尔文学奖的中国籍作家。

1981年开始发表作品《春夜雨霏霏》,1984年因《透明的红萝卜》一举成名。1986年在《人民文学》杂志发表中篇小说《红高粱家族》引起文坛极大轰动。1987年担任电影《红高粱》编剧,该片获得了第38届柏林国际电影节金熊奖。2011年凭借小说《蛙》荣获茅盾文学奖。2012年获得诺贝尔文学奖,获奖理由是:通过幻觉现实主义将民间故事、历史与当代社会融合在一起。2013年担任网络文学大学名誉校长。2016年12月当选中国作家协会第九届全国委员会副主席。2017年11月获香港浸会大学荣誉文学博士学位。2017年12月凭借作品《天下太平》获"2017汪曾祺华语小说奖"短篇小说奖。2018年1月,莫言的小说《故乡人事》在2017《收获》文学排行榜短篇小说榜(专家榜)排名第2。

莫言因一系列乡土作品充满"怀乡""怨乡"的复杂情感,被称为"寻根文学"作家。据不完全统计,莫言的作品至少已被翻译成40种语言。

【作品赏析】

莫言的散文作为他小说的藤蔓,更是全面理解他作品的灯塔。他的这篇叙事散文《母亲》集中体现了他对于生命本源的珍惜与尊重。这篇散文从传统类的叙写母亲及母子亲情之外拓开一笔,通过回忆母亲在苦难日子里顽强生活的勇气与信念及对"我"的启悟与激励,表现了母亲的坚韧、勤劳、朴实与伟大,字里行间流露出对母亲由衷的尊敬与感恩,作者把这种对生命载体——母亲的由衷尊敬与感恩,上升为他对生命本体的终极崇拜、珍惜、尊重与热爱,充分显示了作者独特的母性意识与生命意识。

【思考练习】

(1) 你怎样理解父母与孩子的爱?

(2) 文中最让你感动的细节是什么?

(二) 贾平凹《朋友》

请学生自行搜索本文并阅读。

【作者简介】

贾平凹,1952年出生于陕西省商洛市丹凤县棣花镇,当代作家。1978年凭借《满月儿》获得首届全国优秀短篇小说奖。1982年发表作品《鬼城》《二月杏》。1992年创刊《美文》。1993年创作《废都》。2008年凭借《秦腔》获得第七届茅盾文学奖。2011年凭借《古炉》获得施耐庵文学奖。

【作品赏析】

一个人的朋友圈子,往往能看出来一个人的性格、修养甚至是人生成就。朋友是什么?如何理解朋友?朋友就像一面镜子,可以看到自己的自私和善良。

(三)《孩子,快抓紧妈妈的手》——为地震死去的孩子们而作

孩子,

快快抓住妈妈的手

去天堂的路

太黑了

妈妈怕你

碰了头

快抓紧妈妈的手

让妈妈陪你走

妈妈,我怕

天堂的路太黑

我看不见你的手

自从

倒塌的墙

把阳光夺走

我再也看不见

你柔情的眸

孩子

你走吧

前面的路

再也没有忧愁

没有读不完的课本

和爸爸的拳头

你要记住

我和爸爸的模样

来生还要一起走

妈妈

别担忧

天堂的路有些挤

有很多同学朋友

我们说

不哭

哪一个人的妈妈都是我们的妈妈

哪一个孩子都是妈妈的孩子

没有我的日子

你把爱给活着的孩子吧

妈妈

你别哭

泪光照亮不了

我们的路

让我们自己

慢慢地走

妈妈

我会记住你和爸爸的模样

记住我们的约定

来生还要一起走!

【作品赏析】

  本诗采用对话形式,虚构了一个妈妈和她走往天堂路上孩子的交流场景。妈妈由不舍到祝福,孩子从害怕到坚强,无不流露了深厚的母子之情,千回百转,令人断肠,有着强烈的感染力量。

第五章　人文自然

一、导语

高晓松说:"生活不只是眼前的苟且,还有诗和远方。"在他的理念里,生活就是要能走多远走多远,要去开阔眼界,发现自我,创造价值。如果条件不允许,走不远,那就读诗,诗就是远方。这与古代的一个词"神游"不谋而合,意思是"身不在某地而在想象或梦境中游历某地"。自然充满了无穷的魅力也蕴含了许多生活的哲理。本章精心挑选数篇古今中外摹景状物、借景生情、托物言志的经典之作,让我们与自然交融,情随景生,缘景生情。

二、阅读

(一) 张若虚《春江花月夜》

春江潮水连海平,海上明月共潮生。
滟滟随波千万里,何处春江无月明!
江流宛转绕芳甸,月照花林皆似霰。
空里流霜不觉飞,汀上白沙看不见。
江天一色无纤尘,皎皎空中孤月轮。
江畔何人初见月？江月何年初照人？
人生代代无穷已,江月年年只相似。
不知江月待何人,但见长江送流水。
白云一片去悠悠,青枫浦上不胜愁。
谁家今夜扁舟子？何处相思明月楼？
可怜楼上月徘徊,应照离人妆镜台。
玉户帘中卷不去,捣衣砧上拂还来。
此时相望不相闻,愿逐月华流照君。
鸿雁长飞光不度,鱼龙潜跃水成文。
昨夜闲潭梦落花,可怜春半不还家。
江水流春去欲尽,江潭落月复西斜。
斜月沉沉藏海雾,碣石潇湘无限路。
不知乘月几人归,落月摇情满江树。

【作者简介】

张若虚(约647—约730),字、号均不详,扬州人,初唐诗人,以《春江花月夜》著名,与贺知章、张旭、包融并称为"吴中四士"。他的诗仅存二首于《全唐诗》中。其中《春江花月夜》是一篇脍炙人口的名作。

【作品赏析】

被闻一多先生誉为"诗中的诗,顶峰上的顶峰"(《宫体诗的自赎》)的《春江花月夜》,一千多年来使无数读者为之倾倒。在《全唐诗》中仅存二首的张若虚,也因这一首诗,"孤篇横绝,竟为大家"。

诗篇题目就令人心驰神往。春、江、花、月、夜,这五种要素集中体现了人生最动人的良辰美景,构成了诱人探寻的奇妙的艺术境界。

《春江花月夜》在思想与艺术上都超越了以前那些单纯模山范水的景物诗,"羡宇宙之无穷,哀吾生之须臾"的哲理诗,抒儿女离情别绪的爱情诗。诗人将这些屡见不鲜的传统题材,注入了新的含义,融诗情、画意、哲理为一体,凭借对春江花月夜的描绘,尽情赞叹大自然的奇丽景色,讴歌人间纯洁的爱情,把对游子、思妇的同情心扩大开来,与对人生哲理的追求、对宇宙奥秘的探索结合起来,从而汇成一种情、景、理水乳交融的幽美而邈远的意境。诗人将深邃美丽的艺术世界特意隐藏在惝恍迷离的艺术氛围之中,整首诗篇仿佛笼罩在一片空灵而迷茫的月色里,吸引着读者去探寻其中美的真谛。

全诗紧扣春、江、花、月、夜的背景来写,而又以月为主体。"月"是诗中情景兼容之物,它跳动着诗人的脉搏,在全诗中犹如一条生命纽带,通贯上下,触处生神,诗情随着月轮的生落而起伏曲折。月在一夜之间经历了升起—高悬—西斜—落下的过程。在月的照耀下,江水、沙滩、天空、原野、枫树、花林、飞霜、白云、扁舟、高楼、镜台、砧石以及长飞的鸿雁、潜跃的鱼龙、不眠的思妇、漂泊的游子、组成了完整的诗歌形象,展现出一幅充满人生哲理与生活情趣的画卷。这幅画卷在色调上是以淡寓浓,虽用水墨勾勒点染,但"墨分五彩",从黑白相辅、虚实相生中显出绚烂多彩的艺术效果,宛如一幅淡雅的中国水墨画,体现出春江花月夜清幽的意境美。

诗的韵律节奏也饶有特色。诗人灌注在诗中的感情旋律极其悲慨激荡,但那旋律既不是哀丝豪竹,也不是急管繁弦,而是像小提琴奏出的小夜曲或梦幻曲——含蓄、隽永。诗的内在感情是那样热烈、深沉,表面看起来却是自然的、平和的,犹如脉搏跳动那样有规律、有节奏。

【思考练习】

(1) 描述诗歌展现的画面,赏析诗歌蕴含的意境美。

(2) 诗中哪些句子对你的生活有所启发?有什么启发?

(3) 组织赛诗会,分组进行,一定时间内,各组分别说出带"春""江""花""月"的诗句,不可重复。

(4) 分组进行《春江花月夜》诗歌配乐朗诵比赛。

(5) 感兴趣的同学可以试着摹写一首古体诗。

(二) 梭罗《瓦尔登湖》(节选)

到达我们生命的某个时期，我们就习惯于把可以安家落户的地方，一个个地加以考察了。正是这样我把住所周围一二十英里内的田园统统考察一遍。我在想象中已经接二连三地买下了那儿的所有田园，因为所有的田园都得要买下来，而且我都已经摸清它们的价格了。我步行到各个农民的田地上，尝尝他的野苹果，和他谈谈稼穑，再又请他随便开个什么价钱，就照他开的价钱把它买下来，心里却想再以任何价钱把它押给他；甚至付给他一个更高的价钱——把什么都买下来，只不过没有立契约——而是把他的闲谈当作他的契约，我这个人原来就很爱闲谈——我耕耘了那片田地，而且在某种程度上，我想，耕耘了他的心田，如是尝够了乐趣以后，我就扬长而去，好让他继续耕耘下去。这种经营，竟使我的朋友们当我是一个地产拍客。

其实我是无论坐在哪里，都能够生活的，哪里的风景都能相应地为我而发光。家宅者，不过是一个座位——如果这个座位是在乡间就更好些。我发现许多家宅的位置，似乎都是不容易很快加以改进的，有人会觉得它离村镇太远，但我觉得倒是村镇离它太远了点。我总说，很好，我可以在这里住下；我就在那里过一小时夏天的和冬天的生活；我看到那些岁月如何地奔驰，挨过了冬季，便迎来了新春。这一区域的未来居民，不管他们将要把房子造在哪里，都可以肯定过去就有人住过那儿了。只要一个下午就足够把田地化为果园、树林和牧场，并且决定门前应该留着哪些优美的橡树或松树，甚至于砍伐了的树也都派定了最好的用场了；然后，我就由它去啦，好比休耕了一样，一个人越是有许多事情能够放得下，他越是富有。

我的想象却跑得太远了些，我甚至想到有几处田园会拒绝我，不肯出售给我——被拒绝正合我的心愿呢——我从来不肯让实际的占有这类事情伤过我的手指头。几乎已实际地占有田园那一次，是我购置霍乐威尔那个地方的时候，都已经开始选好种子，找出了木料来，打算造一架手推车，来推动这事，或载之而他往了；可是在原来的主人正要给我一纸契约之前，他的妻子——每一个男人都有一个妻子的——发生了变卦，她要保持她的田产了，他就提出赔我十元钱，解除约定。现在说句老实话，我在这个世界上只有一角钱，假设我真的有一角钱的话，或者又有田园，又有十元，或有了所有的这一切，那我这点数学知识可就无法计算清楚了。

不管怎样，我退回了那十元钱，退还了那田园，因为这一次我已经做过头了，应该说，我是很慷慨的啰，我按照我买进的价格，按原价再卖了给他，更因为他并不见得富有，还送了他十元，但保留了我的一角钱和种子，以及备而未用的独轮车的木料。如此，我觉得我手面已很阔绰，而且这样做无损于我的贫困。至于那地方的风景，我却也保留住了，后来我每年都得到丰收，却不需要独轮车来载走。关于风景——我勘察一切，像一个皇帝，谁也不能够否认我的权利。

我时常看到一个诗人，在欣赏了一片田园风景中的最珍贵部分之后，就扬长而去，那些固执的农夫还以为他拿走的仅只是几枚野苹果。诗人却把他的田园押上了韵脚,而且多少年之后,农夫还不知道这回事,这么一道最可羡慕的、肉眼不能见的篱笆已经把它圈了起来,还挤出了它的牛乳,去掉了奶油,把所有的奶油都拿走了,他只把去掉了奶油的奶水留给了农夫。

霍乐威尔田园的真正迷人之处,在我看是:它的遁隐之深,离开村子有两英里,离开最近的邻居有半英里,并且有一大片地把它和公路隔开了;它傍着河流,据它的主人说,由于这条河,而升起了雾,春天里就不会再下霜了,这却不在我心坎上;而且,它的田舍和棚屋带有灰暗而残败的神色,加上零落的篱笆,好似在我和先前的居民之间,隔开了多少岁月;还有那苹果树,树身已空,苔藓满布,兔子咬过,可见得我将会有什么样的一些邻舍了,但最主要的还是那一度回忆,我早年就曾经溯河而上,那时节,这些屋宇藏在密密的红色枫叶丛中,还记得我曾听到过一头家犬的吠声。

我急于将它购买下来,等不及那产业主搬走那些岩石,砍伐掉那些树身已空的苹果树,铲除那些牧场中新近跃起的赤杨幼树,一句话,等不及它的任何收拾了。为了享受前述的那些优点,我决定干一下了;像那阿特拉斯一样,把世界放在我肩膀上好啦——我从没听到过他得了哪样报酬——我愿意做一切事:简直没有别的动机或任何推托之辞,只等付清了款子,便占有这个田园,再不受他人侵犯就行了;因为我知道我只要让这片田园自生自展,它将要生展出我所企求的最丰美的收获。但后来的结果已见上述。

所以,我所说的关于大规模的农事(至今我一直在培育着一座园林),仅仅是我已经预备好了种子。许多人认为年代越久的种子越好。我不怀疑时间是能分别好和坏的,但到最后我真正播种了,我想我大约是不至于会失望的。可是我要告诉我的伙伴们,只说这一次,以后永远不再说了:你们要尽可能长久地生活得自由,生活得并不执著才好。执迷于一座田园,和关在县政府的监狱中,简直没有分别。

老卡托——他的《乡村篇》是我的"启蒙者",曾经说过——可惜我见到的那本唯一的译本把这一段话译得一塌糊涂——"当你想要买下一个田园的时候,你宁可在脑中多多地想着它,可决不要贪得无厌地买下它,更不要嫌麻烦而再不去看望它,也别以为绕着它兜了一个圈子就够了。如果这是一个好田园,你去的次数越多你就越喜欢它。"我想我是不会贪得无厌地购买它的,我活多久,就去兜多久的圈子,死了之后,首先要葬在那里。这样才能使我终于更加喜欢它。

目前要写的,是我的这一类实验中其次的一个,我打算更详细地描写描写;而为了便利起见,且把这两年的经验归并为一年。我已经说过,我不预备写一首沮丧的颂歌,可是我要像黎明时站在栖木上的金鸡一样,放声啼叫,即使我这样做只不过是为了唤醒我的邻人罢了。

我第一天住在森林里,就是说,白天在那里,而且也在那里过夜的那一天,凑巧得很,是一八四五年七月四日,独立日,我的房子没有盖好,过冬还不行,只能勉强避避风雨,没有灰泥墁，没有烟囱，墙壁用的是饱经风雨的粗木板，缝隙很大，所以到晚上很是凉爽。笔直的、砍伐得来的、白色的间柱，新近才刨得平坦的门户和窗框，使屋子具有清洁和通风的景象，特别在早晨，木料里饱和着露水的时候，总使我幻想到午间大约会有一些甜蜜的树胶从中渗出。这房间在我的想象中，一整天里还将多少保持这个早晨的情调，这使我想起了上一年我曾游览过的一个山顶上的一所房屋，这是一所空气好的、不涂灰泥的房屋，适宜于旅行的神仙在途中居住，那里还适宜于仙女走动，曳裙而过。吹过我的屋脊的风，正如那扫荡山脊而过的风，唱出断断续续的调子来，也许是天上人间的音乐片段。晨风永远在吹，创世纪的诗篇至今还没有中断；可惜听得到它的耳朵太少了。灵山只在大地的外部，处处都是。

　　除掉了一条小船之外，从前我曾经拥有的唯一屋宇，不过是一顶篷帐，夏天里，我偶或带了它出去郊游，这顶篷帐现在已卷了起来，放在我的阁楼里；只是那条小船，辗转经过了几个人的手，已经消隐于时间的溪流里。如今我却有了这更实际的避风雨的房屋，看来我活在这世间，已大有进步。这座屋宇虽然很单薄，却是围绕我的一种结晶了的东西，这一点立刻在建筑者心上发生了作用。它富于暗示的作用，好像绘画中的一幅素描。

　　我不必跑出门去换空气，因为屋子里面的气氛一点儿也没有失去新鲜。坐在一扇门背后，几乎和不坐在门里面一样，便是下大雨的天气，亦如此。哈利·梵萨说过："并无鸟雀巢居的房屋像未曾调味的烧肉。"寒舍却并不如此，因为我发现我自己突然跟鸟雀做起邻居来了；但不是我捕到了一只鸟把它关起来，而是我把我自己关进了它们的邻近一只笼子里。我不仅跟那些时常飞到花园和果树园里来的鸟雀弥形亲近，而且跟那些更野性、更逗人惊诧的森林中的鸟雀亲近了起来，它们从来没有，就有也很难得，向村镇上的人民唱出良宵的雅歌的——它们是画眉，东部鸫鸟，红色的碛鹨，野麻雀，怪鸱和许多别的鸣禽。

　　我坐在一个小湖的湖岸上，离开康科德村子南面约一英里半，较康科德高出些，就在市镇与林肯乡之间那片浩瀚的森林中央，也在我们的唯一著名地区，康科德战场之南的两英里地；但因为我是低伏在森林下面的，而其余的一切地区，都给森林掩盖了，所以半英里之外的湖的对岸便成了我最遥远的地平线。在第一个星期内，无论什么时候我凝望着湖水，湖给我的印象都好像山里的一泓龙潭，高高在山的一边，它的底还比别的湖沼的水平面高了不少，以至日出的时候，我看到它脱去了夜晚的雾衣，它轻柔的鄰波，或它波平如镜的湖面，都渐渐地在这里那里呈现了，这时的雾，像幽灵偷偷地从每一个方向，退隐入森林中，又好像是一个夜间的秘密宗教集会散会了一样。露水后来要悬挂在林梢，悬挂在山侧，到第二天还一直不肯消失。

　　八月里，在轻柔的斜风细雨暂停的时候，这小小的湖做我的邻居，最为珍贵，那时水和空气都完全平静了，天空中却密布着乌云，下午才过了一半却已具备了一切黄昏的肃穆，而画眉在四周唱歌，隔岸相闻。这样的湖，再没有比这时候更平静的了；湖上的明净的空气自然很稀薄，而且给乌云映得很黯淡了，湖水却充满了光明和倒影，成为一个下界的天空，更加值得珍视。从最近被伐木的附近一个峰顶上向南看，穿过小山间的巨大凹处，看得见隔湖的一幅愉快的图景,那四处正好形成湖岸,那儿两座小山坡相倾斜而下,使人感觉到似有一条溪涧从山林谷中流下,但是,却没有溪涧。我是这样地从近处的绿色山峰之间和之上,远望一些蔚蓝的地平线上的远山或更高的山峰的。真的,踮起了足尖来,我可以望见西北角上更远、更蓝的山脉,这种蓝颜色是天空的染料制造厂中最真实的出品,我还可以望见村镇的一角。

但是要换一个方向看的话,虽然我站得如此高,却给郁茂的树木围住,什么也看不透,看不到了。在邻近,有一些流水真好,水有浮力,地就浮在上面了。便是最小的井也有这一点值得推荐,当你窥望井底的时候,你发现大地并不是连绵的大陆;而是隔绝的孤岛。这是很重要的,正如井水之能冷藏牛油。当我的目光从这一个山顶越过湖向萨德伯里草原望过去的时候,在发大水的季节里,我觉得草原升高了,大约是蒸腾的山谷中显示出海市蜃楼的效果,它好像沉在水盆底下的一个天然铸成的铜市,湖之外的大地都好像薄薄的表皮,成了孤岛,给小小一片横亘的水波浮载着,我才被提醒,我居住的地方只不过是干燥的土地。

虽然从我的门口望出去,风景范围更狭隘,我却一点不觉得它拥挤,更无被囚禁的感觉。尽够我的想象力在那里游牧的了。矮橡树丛生的高原升起在对岸,一直向西去的大平原和鞑靼式的草原伸展开去,给所有的流浪人家一个广阔的天地。当达摩达拉的牛羊群需要更大的新牧场时,他说过,"再没有比自由地欣赏广阔的地平线的人更快活的人了。"

时间和地点都已变换,我生活在更靠近了宇宙中的这些部分,更挨紧了历史中最吸引我的那些时代。我生活的地方遥遥得跟天文家每晚观察的太空一样,我们惯于幻想,在天体的更远更僻的一角,有着更稀罕、更愉快的地方,在仙后星座的椅子形状的后面,远远地离了嚣闹和骚扰。我发现我的房屋位置正是这样一个遁隐之处,它是终古常新的没有受到污染的宇宙一部分。如果说,居住在这些部分,更靠近昴星团或毕星团,牵牛星座或天鹰星座更加值得的话,那么,我真正是住在那些地方的,至少,就跟那些星座一样远离我抛在后面的人世,那些闪闪的小光,那些柔美的光线,传给我最近的邻居,只有在没有月亮的夜间才能够看得到。我所居住的便是创造物中那部分;——

曾有个牧羊人活在世上,

他的思想有高山那样

崇高,在那里他的羊群

每小时都给予他营养。

如果牧羊人的羊群老是走到比他的思想还要高的牧场上,我们会觉得他的生活是怎样的呢?

每一个早晨都是一个愉快的邀请,使得我的生活跟大自然自己同样的简单,也许我可以说,同样地纯洁无瑕。我向曙光顶礼,忠诚如同希腊人。我起身很早,在湖中洗澡;这是个宗教意味的运动,我所做到的最好的一件事。据说在成汤王的浴盆上就刻着这样的字:"苟日新,日日新,又日新。"我懂得这个道理。黎明带来了英雄时代。在最早的黎明中,我坐着,门窗大开，一只看不到也想象不到的蚊虫在我的房中飞，它那微弱的吟声都能感动我，就像我听到了宣扬美名的金属喇叭声一样。这是荷马的一首安魂曲，空中的《伊利亚特》和《奥德赛》，歌唱着它的愤怒与漂泊。此中大有宇宙本体之感；宣告着世界的无穷精力与生生不息，直到它被禁。黎明啊，一天之中最值得纪念的时节，是觉醒的时辰。

那时候，我们的昏沉欲睡的感觉是最少的了；至少可有一小时之久，整日夜昏昏沉沉的官能大都要清醒起来。但是，如果我们并不是给我们自己的禀赋所唤醒，而是给什么仆人机械地用肘子推醒的；如果并不是由我们内心的新生力量和内心的要求来唤醒我们，既没有那空中的芬香，也没有回荡的天籁的音乐，而是工厂的汽笛唤醒了我们的——如果我们醒时，并没有比睡前有了更崇高的生命，那么这样的白天，即便能称之为白天，也不会有什么希望可言；要知道，黑暗可以产生这样的好果子，黑暗是可以证明它自己的功能并不下于白昼的。一个人如果不能相信每一天都有一个比他亵渎过的更早、更神圣的曙光时辰，他一定是已经对于生命失望的了，正在摸索着一条降入黑暗去的道路。感官的生活在休息了一夜之后，人的灵魂，或者就说是人的官能吧，每天都重新精力弥漫一次，而他的禀赋又可以去试探他能完成何等崇高的生活了。

可以纪念的一切事，我敢说，都在黎明时间的氛围中发生。《吠陀经》说："一切知，俱于黎明中醒。"诗歌与艺术，人类行为中最美丽最值得纪念的事都出发于这一个时刻。所有的诗人和英雄都像曼侬，那曙光之神的儿子，在日出时他播送竖琴音乐。以富于弹性的和精力充沛的思想追随着太阳步伐的人，白昼对于他便是一个永恒的黎明。这和时钟的鸣声不相干，也不用管人们是什么态度，在从事什么劳动。早晨是我醒来时内心有黎明感觉的一个时候。改良德性就是为了把昏沉的睡眠抛弃。人们如果不是在浑浑噩噩地睡觉，那为什么他们回顾每一天的时候要说得这么可怜呢？他们都是精明人嘛。

如果他们没有给昏睡所征服，他们是可以干成一些事的。几百万人清醒得足以从事体力劳动，但是一百万人中，只有一个人才清醒得足以有效地服役于智慧；一亿人中，才能有一个人，生活得诗意而神圣。清醒就是生活。我还没有遇到过一个非常清醒的人。要是见到了他，我怎敢凝视他呢？

【作者简介】

亨利·戴维·梭罗（1817—1862），美国作家、哲学家，超验主义代表人物，也是一位废奴主义及自然主义者，有无政府主义倾向，曾任职土地勘测员。

梭罗毕业于哈佛大学，曾协助爱默生编辑评论季刊《日晷》。写有许多政论，反对美国与墨西哥的战争，一生支持废奴运动，他到处演讲倡导废奴，并抨击逃亡奴隶法。其思想深受爱默生影响，提倡回归本心，亲近自然。1845年，在距离康科德两英里的瓦尔登湖畔隐居两年，自耕自食，体验简朴和接近自然的生活，以此为题材写成的长篇散文《瓦尔登湖》（又译为《湖滨散记》），成为超验主义经典作品。梭罗才华横溢，一生共创作了二十多部一流的散文集，被称为自然随笔的创始者，其文简练有力，朴实自然，富有思想性，在美国十九世纪散文中独树一帜。《瓦尔登湖》被公认为是美国文学中最受读者喜爱的非虚构作品之一。

【作品赏析】

《瓦尔登湖》共由18篇散文组成,在四季循环更替的过程中,梭罗详细记录了内心的渴望、冲突、失望和自我调整,以及调整过后再次渴望的复杂的心路历程,几经循环,直到最终实现为止。这部作品表明了梭罗用它来挑战他个人的,甚至是整个人类的界限;但这种挑战不是实现自我价值的无限希望,而是伤后复原的无限力量。

本文选自《我生活的地方,我为何生活》,梭罗描述了他生活的地方霍尔威尔"真正迷人之处"。在文章的开头,梭罗在想象中买下田园,并亲自耕耘。梭罗展现了美丽的田园风光。在这样的地方,梭罗认识到,"生也好,死也好,我们仅仅追求现实",现实才是生活所应该追求的全部。从1845年7月到1847年9月,梭罗独自生活在瓦尔登湖边,差不多两年零两个月。瓦尔登湖不仅为梭罗提供了一个栖身之所,也为他提供了一种独特的精神氛围,之后他推出了自己的作品《瓦尔登湖》。

梭罗自己在瓦尔登湖的实践和他的作品中都有一个贯穿始终的主张,那就是回归自然。他在作品中不断地指出,我们大多数现代人都被家庭、工作和各种物质需求所困,失去了精神追求,过着充满物欲的生活。这样的情形今天依然存在,并且愈发严重。我们有许多人几乎很少去关注在那些琐碎的个人利益和活动之外的事物。许多人的精神活动过于局限,只关心物质生活和感官享受,而用梭罗的话来说,我们这样的生活不能称为"真正的生活"。

瓦尔登湖的神话代表了一种追求完美的原生态生活方式,表达了一个对我们当代人很有吸引力、也很实用的理想。这个典范在今天对我们更具有生态学意义,因为生态平衡的破坏和环境的恶化已到了相当严重的程度,许多生态学家和环境保护主义者正在致力于保护自然留给人类所剩不多的财富。因此,瓦尔登湖不再只是一个著名的美国作家梭罗在那里生活、写作和思考的具体的地点,它已经成为一个象征。在瓦尔登湖这个地名之后我们发现了一种生活方式,一个人与自然的浪漫史,一种对理想的执着追求,一个具体化的自然的概念,还有人类永恒不变的希望接近自然并与自然融合的愿望。

(三)朱自清《桨声灯影里的秦淮河》

一九二三年八月的一晚,我和平伯同游秦淮河,平伯是初泛,我是重来了。我们雇了一只"七板子",在夕阳已去,皎月方来的时候,便下了船。于是桨声汩——汩,我们开始领略那晃荡着蔷薇色的历史的秦淮河的滋味了。

秦淮河里的船,比北京万生园、颐和园的船好,比西湖的船好,比扬州瘦西湖的船也好。这几处的船不是觉着笨,就是觉着简陋,局促;都不能引起乘客们的情韵,如秦淮河的船一样。秦淮河的船约略可分为两种:一是大船;一是小船,就是所谓"七板子"。大船舱口阔大,可容二三十人。里面陈设着字画和光洁的红木家具,桌上一律嵌着冰凉的大理石面。窗格雕镂颇细,使人起柔腻之感。窗格里映着红色蓝色的玻璃;玻璃上有精致的花纹,也颇悦人目。"七板子"规模虽不及大船,但那淡蓝色的栏杆,空敞的舱,也足系人情思。而最出色处却在它的舱前。舱前是甲板上的一部,上面有弧形的顶,西边用疏疏的栏杆支着。里面通常放着两张藤的躺椅。躺下,可以谈天,可以望远,可以顾盼两岸的河房。大船上也有这个,但在小船上更觉清隽罢了。舱前的顶下,一律悬着灯彩;灯的多少,明暗,彩苏的精粗,艳晦,是不一的,但好歹总还你一个灯彩。这灯彩实在是最能勾人的东西。夜幕垂垂地下来时,大小船上都点起灯火。从两重玻璃里映出那辐射着的黄黄的散光,反晕出一片朦胧的烟霭;透过这烟霭,在黯黯的水波里,又逗起缕缕的明漪。在这薄霭和微漪里,听着那悠然的间歇的桨声,谁能不被引入他的美梦去呢?只愁梦太多了,这些大小船儿如何载得起呀?我们这时模模糊糊的谈着明末的秦淮河的艳迹,如《桃花扇》及《板桥杂记》里所载的。我们真神往了。我们仿佛亲见那时华灯映水,画舫凌波的光景了。于是我们的船便成了历史的重载了。我们终于恍然秦淮河的船所以雅丽过于他处,而又有奇异的吸引力的,实在是许多历史的影象使然了。

秦淮河的水是碧阴阴的;看起来厚而不腻,或者是六朝金粉所凝么?我们初上船的时候,天色还未断黑,那漾漾的柔波是这样恬静,委婉,使我们一面有水阔天空之想,一面又憧憬着纸醉金迷之境了。等到灯火明时,阴阴的变为沈沈了:黯淡的水光,像梦一般;那偶然闪烁着的光芒,就是梦的眼睛了。我们坐在舱前,因了那隆起的顶棚,仿佛总是昂着首向前走着似的;于是飘飘然如御风而行的我们,看着那些自在的湾泊着的船,船里走马灯般的人物,便像是下界一般,迢迢的远了,又像在雾里看花,尽朦朦胧胧的。这时我们已过了利涉桥,望见东关头了。沿路听见断续的歌声:有从沿河的妓楼飘来的,有从河上船里度来的。我们明知那些歌声,只是些因袭的言词,从生涩的歌喉里机械的发出来的;但它们经了夏夜的微风的吹漾和水波的摇拂,袅娜着到我们耳边的时候,已经不单是她们的歌声,而混着微风和河水的密语了。于是我们不得不被牵惹着,震撼着,相与浮沉于这歌声里了。从东关头转湾,不久就到大中桥。大中桥共有三个桥拱,都很阔大,俨然是三座门儿;使我们觉得我们的船和船里的我们,在桥下过去时,真是太无颜色了。桥砖是深褐色,表明它的历史的长久;但都完好无缺,令人太息于古昔工程的坚美。桥上两旁都是木壁的房子,中间应该有街路?这些房子都破旧了,多年烟熏的迹,遮没了当年的美丽。我想象秦淮河的极盛时,在这样宏阔的桥上,特地盖了房子,必然是髹漆得富富丽丽的;晚间必然是灯火通明的,现在却只剩下一片黑沉沉!但是桥上造着房子,毕竟使我们多少可以想见往日的繁华;这也慰情聊胜无了。过了大中桥,便到了灯月交辉,笙歌彻夜的秦淮河,这才是秦淮河的真面目哩。

大中桥外,顿然空阔,和桥内两岸排着密密的人家的景象大异了。一眼望去,疏疏的林,淡淡的月,衬着蔚蓝的天,颇像荒江野渡光景;那边呢,郁丛丛的,阴森森的,又似乎藏着无边的黑暗:令人几乎不信那是繁华的秦淮河了。但是河中眩晕着的灯光,纵横着的画舫,悠扬着的笛韵,夹着那吱吱的胡琴声,终于使我们认识绿如茵陈酒的秦淮水了。此地天裸露着的多些,故觉夜来的独迟些;从清清的水影里,我们感到的只是薄薄的夜——这正是秦淮河的夜。大中桥外,本来还有一座复成桥,是船夫口中的我们的游踪尽处,或也是秦淮河繁华的尽处了。我的脚曾踏过复成桥的脊,在十三四岁的时候。但是两次游秦淮河,却都不曾见着复成桥的面;明知总在前途的,却常觉得有些虚无缥缈似的。我想,不见倒也好。这时正是盛夏。我们下船后,藉着新生的晚凉和河上的微风,暑气已渐渐消散;到了此地,豁然开朗,身子顿然轻了——习习的清风荏苒在面上,手上,衣上,这便又感到了一缕新凉了。南京的日光,大概没有杭州猛烈;西湖的夏夜老是热蓬蓬的,水像沸着一般,秦淮河的水却尽是这样冷冷地绿着。任你人影的憧憧,歌声的扰扰,总像隔着一层薄薄的绿纱面幂似的;它尽是这样静静的,冷冷的绿着。我们出了大中桥,走不上半里路,船夫便将船划到一旁,停了桨由它宕着。他以为那里正是繁华的极点,再过去就是荒凉了;所以让我们多多赏鉴一会儿。他自己却静静的蹲着。他是看惯这光景的了,大约只是一个无可无不可。这无可无不可,无论是升的沉的,总之,都比我们高了。

那时河里热闹极了;船大半泊着,小半在水上穿梭似的来往。停泊着的都在近市的那一边,我们的船自然也夹在其中。因为这边略略的挤,便觉得那边十分的疏了。在每一只船从那边过去时,我们能画出它的轻轻的影和曲曲的波,在我们的心上;这显着是空,且显着是静了。那时处处都是歌声和凄厉的胡琴声,圆润的喉咙,确乎是很少的。但那生涩的,尖脆的调子能使人有少年的,粗率不拘的感觉。也正可快我们的意。况且多少隔开些儿听着。因为想象与渴慕的做美,总觉更有滋味;而竞发的喧嚣,抑扬的不齐,远近的杂沓,和乐器的嘈嘈切切,合成另一意味的谐音,也使我们无所适从,如随着大风而走。这实在因为我们的心枯涩久了,变为脆弱,故偶然润泽一下,便疯狂似的不能自主了。但秦淮河确也腻人。即如船里的人面,无论是和我们一堆儿泊着的,无论是从我们眼前过去的,总是模模糊糊的,甚至渺渺茫茫的;任你张圆了眼睛,揩净了眦垢,也是枉然。这真够人想呢。在我们停泊的地方,灯光原是纷然的;不过这些灯光都是黄而有晕的。黄已经不能明了,再加上了晕,便更不成了。灯愈多,晕就愈甚;在繁星般的黄的交错里,秦淮河仿佛笼上了一团光雾。光芒与雾气腾腾的晕着,什么都只剩了轮廓了;所以人面的详细的曲线,便消失于我们的眼底了。但灯光究竟夺不了那边的月色;灯光是浑的,月色是清的。在浑沌的灯光里,渗入一派清辉,却真是奇迹!那晚月儿已瘦削了两三分,她晚妆才罢,盈盈的上了柳梢头。天是蓝得可爱,仿佛一汪水似的;月儿便更出落得精神了。岸上原有三株两株的垂杨树,淡淡的影子,在水里摇曳着。它们那柔细的枝条浴着月光,就像一支支美人的臂膊,交互的缠着,挽着;又像是月儿披着的发。而月儿偶尔也从它们的交叉处偷偷窥看我们,大有小姑娘怕羞的样子。岸上另有几株不知名的老树,光光的立着;在月光里照起来,却又俨然是精神矍铄的老人。远处——快到天际线了,才有一两片白云,亮得现出异彩,像是美丽的贝壳一般。白云下便是黑黑的一带轮廓;是一条随意画的不规则的曲线。这一段光景,和河中的风味大异了。但灯与月竟能并存着,交融着,使月成了缠绵的月,灯射着渺渺的灵辉,这正是天之所以厚秦淮河,也正是天之所以厚我们了。

这时却遇着了难解的纠纷。秦淮河上原有一种歌妓,是以歌为业的。从前都在茶舫上,唱些大曲之类。每日午后一时起;什么时候止,却忘记了。晚上照样也有一回,也在黄晕的灯光里。我从前过南京时,曾随着朋友去听过两次。因为茶舫里的人脸太多了,觉得不大适意,终于听不出所以然。前年听说歌妓被取缔了,不知怎的,颇涉想了几次——却想不出什么。这次到南京,先到茶舫上去看看。觉得颇是寂寥,令我无端的怅怅了。不料她们却仍在秦淮河里挣扎着,不料她们竟会纠缠到我们,我于是很张皇了,她们也乘着"七板子",她们总是坐在舱前的。舱前点着石油汽灯光亮,眩人眼目;坐在下面的,自然是纤毫毕见了——引诱客人们的力量,也便在此了。舱里躲着乐工等人,映着汽灯的余辉蠕动着;他们是永远不被注意的。每船的歌妓大约都是二人;天色一黑,她们的船就在大中桥外往来不息的兜生意。无论行着的船,泊着的船,都要来兜揽的。这都是我后来推想出来的。那晚不知怎样,忽然轮着我们的船了。我们的船好好的停着,一只歌舫划向我们来了;渐渐和我们的船并着了。烁烁的灯光逼得我们皱起了眉头;我们的风尘色全给它托出来了,这使我不安,那时一个伙计跨过船来,拿着摊开的歌折,就近塞向我的手里,说:"点几出吧!"他跨过来的时候,我们船上似乎有许多眼光跟着。同时相近的别的船上也似乎有许多眼睛炯炯的向我们船上看着。我真窘了!我也装出大方的样子,向歌妓们瞥了一眼,但究竟是不成的!我勉强将那歌折翻了一翻,却不曾看清了几字;便赶紧递还那伙计,一面不好意思地说:"不要,我们……不要。"他便塞给平伯,平伯掉转头去,摇手说:"不要!"那人还腻着不走。平伯又回过脸来,摇着头道:"不要!"于是那人重到我处,我窘着再拒绝了他。他这才有所不屑似的走了。我的心立刻放下,如释了重负一般。我们就开始自白了。

我说我受了道德律的压迫,拒绝了她们;心里似乎很抱歉的。这所谓抱歉,一面对于她们,一面对于我自己。她们于我们虽然没有很奢的希望;但总有些希望的。我们拒绝了她们,无论理由如何充足,却使她们的希望受了伤;这总有几分不做美了。这是我觉得很怅怅的。至于我自己,更有一种不足之感。我这时被四面的歌声诱惑了,降伏了;但是远远的,远远的歌声总仿佛隔着重衣搔痒似的,越搔越搔不着痒处。我于是憧憬着贴耳的妙音了。在歌舫划来时,我的憧憬,变为盼望;我固执的盼望着,有如饥渴。虽然从浅薄的经验里,也能够推知,那贴耳的歌声,将剥去了一切的美妙;但一个平常的人像我的,谁愿凭了理性之力去丑化未来呢?我宁愿自己骗着了。不过我的社会感性是很敏锐的;我的思力能拆穿道德律的西洋镜,而我的感情却终于被它压服着。我于是有所顾忌了,尤其是在众目昭彰的时候。道德律的力,本来是民众赋予的;在民众的面前,自然更显出它的威严了。我这时一面盼望,一面却感到了两重的禁制:一,在通俗的意义上,接近妓者总算一种不正当的行为;二,妓是一种不健全的职业,我们对于她们,应有哀矜勿喜之心,不应赏玩的去听她们的歌。在众目睽睽之下,这两种思想在我心里最为旺盛。她们暂时压倒了我的听歌的盼望,这便成就了我的灰色的拒绝。那时的心实在异常状态中,觉得颇是昏乱。歌舫去了,暂时宁静之后,我的思绪又如潮涌了。两个相反的意思在我心头往复:卖歌和卖淫不同,听歌和狎妓不同,又干道德甚事?——但是,但是,她们既被逼的以歌为业,她们的歌必无艺术味的;况她们的身世,我们究竟该同情的。所以拒绝倒也是正办。但这些意思终于不曾撤开我的听歌的盼望。它力量异常坚强;它总想将别的思绪踏在脚下。从这重重的争斗里,我感到了浓厚的不足之感。这不足之感使我的心盘旋不安,起坐都不安宁了。唉!我承认我是一个自私的人!

平伯呢,却与我不同。他引周启明先生的诗,"因为我有妻子,所以我爱一切的女人;因为我有子女,所以我爱一切的孩子。"他的意思可以见了。他因为推及的同情,爱着那些歌妓,并且尊重着她们,所以拒绝了她们。在这种情形下,他自然以为听是对于她们的一种侮辱。但他也是想听歌的,虽然不和我一样。所以在他的心中,当然也有一番小小的争斗;争斗的结果,是同情胜了。至于道德律,在他是没有什么的;因为他很有蔑视一切的倾向,民众的力量在他是不大觉着的。这时他的心意的活动比较简单,又比较松弱,故事后还怡然自若;我却不能了。这里平伯又比我高了。

在我们谈话中间,又来了两只歌舫。伙计照前一样的请我们点戏,我们照前一样的拒绝了。我受了三次窘,心里的不安更甚了。清艳的夜景也为之减色。船夫大约因为要赶第二趟生意,催着我们回去;我们无可无不可的答应了。我们渐渐和那些晕黄的灯光远了,只有些月色冷清清的随着我们的归舟。我们的船竟没个伴儿,秦淮河的夜正长哩!到大中桥近处,才遇着一只来船。这是一只载妓的板船,黑漆漆的没有一点光。船头上坐着一个妓女;暗里看出,白地小花的衫子,黑的下衣。她手里拉着胡琴,口里唱着青衫的调子。她唱得响亮而圆转;当她的船箭一般驶过去时,余音还袅袅的在我们耳际,使我们倾听而向往。想不到在弩末的游踪里,还能领略到这样的清歌!这时船过大中桥了,森森的水影,如黑暗张着巨口,要将我们的船吞了下去。我们回顾那渺渺的黄光,不胜依恋之情;我们感到了寂寞了!这一段地方夜色甚浓,又有两头的灯火招邀着;桥外的灯火不用说了,过了桥另有东关头疏疏的灯火。我们忽然仰头看见依人的素月,不觉深悔归来之早了!走过东关头,有一两只大船湾泊着,又有几只船向我们来着。嚣嚣的一阵歌声人语,仿佛笑我们无伴的孤舟哩。东关头转湾,河上的夜色更浓了;临水的妓楼上,时时从帘缝里射出一线一线的灯光;仿佛黑暗从酣睡里眨了一眨眼。我们默然的对着,静听那汩——汩的桨声,几乎要入睡了;朦胧里却温寻着适才的繁华的余味。我那不安的心在静里愈显活跃了!这时我们都有了不足之感,而我的更其浓厚。我们却又不愿回去,于是只能由懊悔而怅惘了。船里便满载着怅惘。直到利涉桥下,微微嘈杂的人声,才使我豁然一惊;那光景却又不同。右岸的河房里,都大开了窗户,里面亮着晃晃的电灯,电灯的光射到水上,蜿蜒曲折,闪闪不息,正如跳舞着的仙女的臂膊。我们的船已在她的臂膊里了;如睡在摇篮里一样,倦了的我们便又入梦了。那电灯下的人物,只觉得像蚂蚁一般,更不去萦念。这是最后的梦,可惜是最短的梦!黑暗重复落在我们面前,我们看见傍岸的空船上一星两星的,枯燥无力又摇摇不定的灯光。我们的梦醒了,我们知道就要上岸了;我们心里充满了幻灭的情思。

1923年10月11日作完,于温州。

【作者简介】

朱自清(1898—1948),原名自华,号秋实,后改名自清,字佩弦。中国近代散文家、诗人、学者、民主战士。

朱自清原籍浙江绍兴,后随祖父、父亲定居扬州,自称"我是扬州人"。1916年中学毕业并成功考入北京大学预科。1919年开始发表诗歌。1928年第一本散文集《背影》出版。1932年7月,任清华大学中国文学系主任。1934年,出版《欧游杂记》和《伦敦杂记》。1935年,出版散文集《你我》。1948年8月12日因胃穿孔病逝于北平,年仅50岁。

【作品赏析】

作者在暮色的掩饰之下开始游历秦淮河,借助小船进入"幻梦"般的精神世界,通过月亮移置排遣内心的惆怅,歌妓的出现使得畅神移情的流程被迫中止而不得不回归现实。作者感情的生成既源于扬州这一特殊的环境,更与情感的独特经历密不可分。文学创作成为作者表达内在情感以达到"刹那间"满足的最佳选择。"纸醉金迷""六朝金粉"的秦淮河,随着历史长河的流淌而逐渐失去了昔日风韵。

文章记叙夏夜泛舟秦淮河的见闻感受,作者在声光色彩的协奏中,敏锐地捕捉到了秦淮河不同时、不同情境中的绰约风姿,引发思古之幽情。富有诗情画意是文章的最大特色,秦淮河在作者笔下如诗、如画、如梦一般。奇异的"七板子"船,足以让人发幽思之情;温柔飘香的绿水,仿佛六朝金粉所凝;飘渺的歌声,似是微风和河水的密语。平淡中见神奇,意味隽永,有诗的意境,画的境界,正所谓是文中有画,画中有文。作者的笔触是细致的,描绘秦淮河风光时,不求气势豪放,而以精巧展现美,具体细腻地描绘秦淮河的秀丽安逸,充分体现了作者细致的描写手法。船只、绿水、灯光、月光、大中桥、歌声等种种景物,作者抓住其光、形、色、味,细细描绘,却是明丽中不见雕琢,淡雅而不俗气,使得秦淮河在水、灯、月中交相辉映。历史是秦淮河的养料,可以说历史成就了秦淮河,没有历史的秦淮河失去了一切意义。作者从现实走进历史回忆,从形态与神态两方面唤醒了秦淮河。作者由灯开始堕入历史,模模糊糊中、恍惚中,实在是许多历史的影像使然了:行走的船只,雾里看花,尽是飘飘然,朦朦胧胧;飘渺的歌声,似幻似真。作者借助对历史影像的缅怀,将秦淮河写得虚虚实实、朦朦胧胧、让人陶醉,令人神往。作者本着力于秦淮河的自然景观,却以歌妓的出现淡化了自然和他的审美情趣。作者把自己当时那种想听歌,却又碍于道德律的束缚,一心想超越现实,但又不能忘却现实的矛盾心情剖析得淋漓尽致、真实具体,那种情真意切,给予读者极大的感染力,而意蕴深厚自然,为从梦中回到现实做好了铺垫。

总的来说,《桨声灯影里的秦淮河》这篇文章明显地体现了朱自清散文缜密、细致的特色。在描绘秦淮河的景色时,将自然景色、历史影像、真实情感融会起来,洋溢着一股真挚深沉而又细腻的感情,给人以眷恋思慕、追怀的感受。《桨声灯影里的秦淮河》展现一幅令人缅怀的桨声灯影里的秦淮河影像。

朱自清《桨声灯影里的秦淮河》把华美的文采与精密的构思紧密结合在一起,他一路描写过来的景色和人事,都是从平凡常见的境界中显出新颖的发现,在文章构思中显出惊警的思想,取得了很高的艺术成就,可以当成是"五四"散文创作的成功的标本。

如果说,朱自清笔下的秦淮河主要是一条抒情的河流,那么,俞平伯在桨声灯影中所展示的,则是一条启人沉思的秦淮河。这两条秦淮河在中国现代散文的原野上是相映成趣的。

(江苏教育学院中文系教授江锡铨)

(四)俞平伯《桨声灯影里的秦淮河》

请学生自行搜索本文并阅读。

【作者简介】

俞平伯(1900—1990),古典文学研究家,红学家、诗人、作家,浙江德清人。九三学社成员。1919年毕业于北京大学。1920年到英国游历,回国后历任浙江省教育厅视学等,曾参加中国革命民主同盟、新潮社、文学研究会、语丝社,与朱自清等人创办《诗》月刊。1922年赴美考察教育,回国后历任上海大学教授,燕京大学、清华大学等校讲师,北京大学、清华大学等校教授,北平私立中国学院教授、文学系主任,中国社科院文学所研究员。全国第一、二、三届人大代表,第五届全国政协委员,九三学社中央委员,全国文联委员,中国作家协会理事。1918年开始发表作品。1952年加入中国作家协会。著有作品集《俞平伯选集》,诗集《冬夜》《雪朝》《西还》《忆》,旧体诗《右槐书屋词》《遥夜》《闺思引》,散文集《杂拌儿》《燕知草》《燕郊集》《杂拌之二》《古槐》《梦遇》,专著《红楼梦辨》《读词偶得》《清真词释》等。

【作品赏析】

1923年8月,俞平伯与朱自清同游秦淮河,以《桨声灯影里的秦淮河》为共同的题目。两人各作散文一篇,以风格不同、各有千秋而传世,成为现代文学史上的一段佳话。

文章通过描绘秦淮河上的喧哗景象,表达了作者想竭力地回避现实社会,然而却难以超然的心情。

在作者所处的社会环境中,很多知识分子感到前途茫茫。从文章中可以看出,俞平伯困缚在知识分子的狭小天地里,因而他也就不可能从秦淮河的历史和现状里,发掘出更有积极意义的思想来。作者有所不满,也有所追求,但是又感到十分迷惘,因而文中就有着一种怅惘之感。他们都有着一种精神的渴求,想借秦淮之游来滋润心灵的干枯,慰藉一下寂寞的灵魂,这里多少还回荡着一点五四时期个性解放的呼声。

作者在思想上与其所处的时代环境不符,想要超脱现实而又无可奈何,只好在不甘沉沦中耽于玄言,以描写上的空灵来渲染一种"怪异样的朦胧景色",用他自己的话来说,"这或近于佛家的所谓'空'"。正是这种佛教的色空玄理,就使他的散文缺少了对光明的执著与追求,且透露出较为浓重的虚无。在如画的美景中,俞平伯在抒情写景之中,阐发所谓"主心主物的哲思"。

这篇散文主要通过描写作者和友人同游秦淮河时的所见所闻,来体现作者想借秦淮之游来滋润心灵的干枯,慰藉寂寞灵魂的精神渴求。但是山水声色之乐,不能解除作者精神上的苦闷,也不能像古代一些文人那样放浪形骸,因而在灯月交辉、笙歌彻夜的秦淮河上,他处处显得拘谨,显得与环境很不协调。结果自然是乘兴而去,惆怅而归。

  本文比之朱自清的热切依恋之情来,俞平伯表现得冷静、理智,他在文章中极力要造成一种空灵、朦胧的意境,就像水中月、镜中花似的,使人捉摸不定。因而文中有些段落,不仅有一种淡淡的苦涩之感,而且使读者感到有些玄妙。

第六章　坚忍顽强

一、导语

　　不知你是否有过这样的体验,那就是,用尽全力,仍不能改变自己的处境,看不到希望的曙光,于是灰心失望、消极蹉跎。丹尼尔·笛福这样说:"在最不幸的处境之中,我们也可以把好处和坏处对照起来看,从而找到聊以自慰的事情。"《老人与海》中,驾着小船的老人每一回他都觉得自己快要垮了……"但我还要试一下"。本章精选的几篇文章或许可以抛砖引玉,让你懂得,人该怎样"活着"。

二、阅读

(一) 海明威《老人与海》(节选)

　　我弄不懂,老人想。每一回他都觉得自己快要垮了。我弄不懂。但我还要试一下。

　　他又试了一下,等他把鱼拉得转过来时,他感到自己要垮了。那鱼纠正了方向,又慢慢地游开去,大尾巴在海面上摇摆着。

　　我还要试一下,老人对自己许愿,尽管他的双手这时已软弱无力,眼睛只能间歇地看得清东西。

　　他又试了一下,又是同样情形。原来如此,他想,还没动手就感到要垮下来了;我还要再试一下。

　　他忍住了满腔的痛楚,拿出剩余的力气和丧失已久的自傲,用来对付这鱼的痛苦,于是它来到他的身边,在他身边斯文地游着,它的嘴几乎碰着了小帆船的船壳,它开始在船边游过去,身子又长,又高,又宽,银色底上有着紫色条纹,在水里看来长得无穷无尽。

　　老人放下钓索,一脚踩住,把鱼叉举得尽可能地高,使出全身的力气,加上他刚才鼓起的力气,把它朝下直扎进鱼身的一边,就在大胸鳍后面一点儿的地方,这胸鳍高高地竖起,高齐老人的胸膛。他感到那铁叉扎了进去,就把身子倚在上面,把它扎得更深一点,再用全身的重量把它压下。

　　于是那鱼闹腾起来,尽管死到临头了,它仍从水中高高跳起,把它那惊人的长度和宽度,它的力量和美,全都暴露无遗。它仿佛悬在空中,就在小船中老人的头顶上空。然后,它砰的一声掉在水里,浪花溅了老人一身,溅了一船。

　　老人感到头晕,恶心,看不大清楚东西。然而他放松了鱼叉上的绳子,让它从他划破了皮的双手之间慢慢地溜出去,等他的眼睛好使了,他看见那鱼仰天躺着,银色的肚皮朝上。鱼叉的柄从鱼的肩部打斜地截出来,海水被它心脏里流出的鲜血染红了。起先,这摊血黑魆魆的,如同这一英里多深的蓝色海水中的一块礁石。然后它像云彩般地扩散开来。那鱼是银色的,一动不动地随着波浪浮动着。

老人用他偶尔看得清的眼睛仔细望着。接着他把鱼叉上的绳子在船头的系缆柱上绕了两圈,然后把脑袋搁在双手上。

"让我的头脑保持清醒吧,"他靠在船头的木板上说。"我是个疲乏的老头儿。可是我杀死了这条鱼,它是我的兄弟,现在我得去干苦活啦。"

现在我得准备好套索和绳子,把它绑在船边,他想。即使我这里有两个人,把船装满了水来把它拉上船,然后把水舀掉,这条小帆船也绝对容不下它。我得做好一切准备,然后把拖过来,好好绑起,竖起桅杆,张起帆驶回港去。

他动手把鱼拖到船边,这样可以用一根绳子穿进它的鳃,从嘴里拉出来,把它的脑袋紧绑在船头边。我想看看它,他想,碰碰它,摸摸它。它是我的财产,他想。然而我想摸摸它倒不是为了这个。我以为刚才碰及过它的心脏,他想。那是在我第二次往里推鱼叉的柄的时候。现在得把它拖过来,牢牢绑住,用一根套索拴住它的尾巴,另一根拴住它的腰部,把它绑牢在这小帆船边。

"动手干活吧,老头儿,"他说。他喝了很少的一点水。"战斗既然结束了,就有好多苦活得干啦。"

他抬头望望天空,然后望望船外的鱼。他仔细望望太阳。晌午才过了没多少时候,他想。而贸易风刮起来了。这些钓索现在都用不着了。回家以后,那男孩和我要把它们捻接起来。

"过来吧,鱼啊,"他说。可是这鱼不靠拢过来。它反而躺在海面上翻滚着,老人只得把小帆船驶到它的身边。

等他跟它并拢了,并把鱼的头靠在船头边,他简直无法相信它竟这么大。他从系缆柱上解下鱼叉柄上的绳子,穿进鱼鳃,从嘴里拉出来,在它那剑似的长嘴上绕了一圈,然后穿过另一个鱼鳃,在剑嘴上绕了一圈,把这双股绳子挽了个结,紧系在船头的系缆柱上。然后他割下一截绳子,走到船艄去套住鱼尾巴。鱼已经从原来的紫银两色变成了纯银色,条纹和尾巴显出同样的淡紫色。这些条纹比一个人张开五指的手更宽,它的眼睛看上去冷漠得像潜望镜中的反射镜,又像宗教游行队伍中圣徒塑像的眼睛。

"要杀死它只有用这个办法,"老人说。他喝了水,觉得好过些了,知道自己不会垮,头脑很清醒。看样子它不止一千五百磅重,他想。也许还要重得多。如果去掉了头尾和下脚,肉有三分之二的重量,照三角钱一磅计算,该是多少?

"我需要有支铅笔来计算,"他说。"我的头脑并不清醒到这个程度。不过,我想那了不起的迪马吉奥今天会替我感到骄傲。我没有长骨刺。可是双手和背脊实在痛得厉害。"不知道骨刺是什么玩意儿,他想。也许我们都长着它,自己不知道。

他把鱼紧系在船头、船艄和中央的座板上。它真大,简直像在船边绑上了另一条大得多的帆船。他割下一段钓索,把鱼的下颌和它的长上颚扎在一起,使它的嘴不能张开,船就可以尽可能干净利落地行驶了。然后他竖起桅杆,安上那根当鱼钩用的棍子和下桁,张起带补丁的帆,船开始移动,他半躺在船艄,向西南方驶去。

他不需要罗盘来告诉他西南方在哪里。他只消凭贸易风吹在身上的感觉和帆的动向就能知道。我还是放一根系着匙形假饵的细钓丝到水里,钓些什么东西来吃吃,也可以润润嘴。可是他找不到匙形假饵,他的沙丁鱼也都腐臭了。所以他趁船经过那片黄色的马尾藻时用鱼钩钩上了一簇,把它抖抖,使里面的小虾掉在小帆船的船板上。小虾有一打以上,它们蹦跳、甩脚,像沙蚤一般。老人用大拇指和食指掐去它们的头,连壳带尾巴嚼着吃下。它们很小,可是他知道它们富有营养,而且味道也好。

老人瓶中还有两口水,他吃了虾以后,喝了半口。考虑到设置的障碍,这小帆船行驶得可算不错,他便把舵柄夹在胳肢窝里,掌着舵。他看得见那条鱼,他只消看看自己的双手,感觉到背脊靠在船艄上,就能知道这是确实发生的事儿,不是一场梦。当初,眼看快要告吹,他一时感到非常难受,以为这也许是一场梦。等他后来看到鱼跃出水面,在落下前一动不动地悬在半空中,他确信此中准有什么莫大的奥秘,使他无法相信。当时他看不大清楚,尽管眼下他又像往常那样看得很清楚了。

现在他知道这条鱼就在这里,他的双手和背脊都不是梦中的东西。这双手很快就会痊愈的,他想。我让它们把血都快流光了,但咸水会把它们治好的。这真实无误的海湾中的深色的水是世上最佳的治疗剂。我只消保持头脑清醒就行。这两只手已经尽了自己的本分,而我们航行得很好。鱼闭着嘴,尾巴直上直下地竖着,我们像亲兄弟一样航行着。接着他的头脑有点儿不清楚了,他竟然想起,是它在带我回家,还是我在带它回家呢?如果我把它拖在船后,那就毫无疑问了。如果这鱼丢尽了面子,给放在这小帆船上,那么也不会有什么疑问。可是它和船是并排地拴在一起航行的,所以老人想,只要它高兴,让它把我带回家去得了。我不过靠了诡计才比它强的,可它对我并无一点恶意。

鱼和船航行得很好,老人把手浸在咸水里,努力保持头脑清醒。积云堆聚得很高,上空还有相当多的卷云,因此老人看出这风将刮上整整一夜。老人时常对鱼望望,好确定真有这么回事。这时离第一条鲨鱼来袭击它的时候还有一个钟点。

这条鲨鱼的出现不是偶然的。当那一大片暗红的血朝一英里深的海里下沉并扩散的时候,它从水底深处上来了。它蹿上来得那么快,全然不顾一切,竟然冲破了蓝色的水面,来到了阳光里。它随即掉回海里,嗅到了血腥气的踪迹,就顺着那小帆船和鱼所走的路线游来。

有时候它失去了这气味的线索。但是它总会重新嗅到,或者只嗅到那么一点儿,就飞快地使劲跟上。它是条很大的灰鲭鲨,生就一副好体格,能游得跟海里最快的鱼一般快,周身的一切都很美,除了它的上下颚。它的背部和剑鱼的一般蓝,肚子是银色的,鱼皮光滑而漂亮。它长得和剑鱼一般,除了那张正紧闭着的大嘴,它眼下就在水面下迅速地游着,高竖的脊鳍像刀子般地划破水面,一点也不抖动。在它紧闭着的上下颚的双唇里面,八排牙齿全都长得朝里倾斜。它们和大多数鲨鱼的牙齿不同,不是一般的金字塔形的。它们像爪子般蜷曲起来的人的手指。它们几乎跟这老人的手指一般长,两边都有刀片般锋利的快口。这种鱼生就拿海里所有的鱼当食料,它们游得那么快,那么壮健,武器齐备,以致所向无敌。它闻到了这新鲜的血腥气,此刻正加快了速度,蓝色的脊鳍划破了水面。

老人看见它在游来,看出这是条毫无畏惧而坚决为所欲为的鲨鱼。他准备好了鱼叉,系紧了绳子,一面注视着鲨鱼向前游来。绳子短了,缺了他割下用来绑鱼的那一截。

老人此刻头脑清醒正常,充满了决心,但并不抱着多少希望。光景太好了,不可能持久的,他想。他注视着鲨鱼在逼近,抽空朝那条大鱼望上一眼。这简直等于是一场梦,他想。我没法阻止它来袭击我,但是也许我能弄死它。登多索鲨,他想。叫你妈交上霉运吧。

鲨鱼飞速地逼近船艄,它袭击那鱼的时候,老人看见它张开了嘴,看见它那双奇异的眼睛,它朝前咬住鱼尾巴上面一点儿地方的鱼肉,牙齿嘎吱嘎吱地响。鲨鱼的头露出在水面上,背部正在出水,老人听见那条大鱼的皮肉被撕裂的声音,这时他用鱼叉朝下猛地扎进鲨鱼的脑袋,正扎在它两眼之间的那条线和从鼻子笔直通到脑后的那条线的交叉点上。这两条线实在是并不存在的。只有那沉重、尖锐的蓝色脑袋,两只大眼睛和那嘎吱作响、伸向前去吞噬一切的两颚。但那儿正是脑子的所在,老人便直朝它扎去。他使出全身的力气,用糊着鲜血的双手,把一支好鱼叉向它扎去。他扎它,并不抱着希望,但是带着决心和满腔的恶意。

鲨鱼翻了个身,老人看出它眼睛里已经没有生气了,跟着它又翻了个身,自行缠上了两道绳子。老人知道这鲨鱼快死了,但它还是不肯认输。它这时肚皮朝上,尾巴扑打着,两颚嘎吱作响,像一条快艇般地划出水面。海水被它的尾巴拍打起一片白色浪花,它四分之三的身体露出在水面上,这时绳子给绷紧了,抖了一下,啪地断了。鲨鱼在水面上静静地躺了片刻,老人紧盯着它。然后它慢慢地沉下去了。

"它吃掉了约莫四十磅肉,"老人说出声来。它把我的鱼叉也带走了,还有整条绳子,他想,而且现在我这条鱼又在淌血,其他鲨鱼也会来的。

他不忍心再朝这死鱼看上一眼,因为它已经被咬得残缺不全了。鱼挨到袭击的时候,他感到就像自己挨到袭击一样。

可是我杀死了这条袭击我的鱼的鲨鱼,他想。而它是我见到过的最大的登多索鲨。天知道,我见过好些大的哪。

光景太好了,不可能持久的,他想。但愿这是一场梦,我根本没有钓上这条鱼,正独自躺在床上铺的旧报纸上。

"然而人不是为失败而生的,"他说。"一个人可以被毁灭,但不能给打败。"然而我很痛心,把这鱼给杀了,他想。现在倒霉的时刻要来了,可我连鱼叉也没有。这条登多索鲨是残忍、能干、强壮而聪明的。但是我比它更聪明。也许并不,他想。也许我仅仅是武器比它强。

"别思索啦,老家伙,"他说出声来。"顺着这航线行驶,事到临头再对付吧。"

但是我一定要思索,他想。因为我只剩下这件事可干了。这件事,还有棒球赛可想。不知道那了不起的迪马吉奥可会喜欢我那样击中它的脑子?这不是什么了不起的事儿,他想。任何人都做得到。但是,你可以为我这双受伤的手跟骨刺一样是个很大的不利条件?我没法知道。我的脚后跟从没出过毛病,除了有一次在游水时踩着了一条海鳐鱼,被它扎了一下,小腿麻痹了,痛得真受不了。

"想点开心的事儿吧,老家伙,"他说。"每过一分钟,你就离家近一步。丢了四十磅鱼肉,你航行起来更轻快了。"

他很清楚,等他驶进了海流的中部,会发生什么事。可是眼下一点办法也没有。

"不,有办法,"他说出声来。"我可以把刀子绑在一支桨的把子上。"

于是他胳肢窝里夹着舵柄,一只脚踩住了帆脚索,就这样干了。

"行了,"他说。"我照旧是个老头儿。不过我不是没有武器的了。"

这时风刮得强劲些了,他顺利地航行着。他只顾盯着鱼的上半身,恢复了一点儿希望。

不抱希望才蠢哪,他想。再说,我认为这是一桩罪过。别想罪过了,他想。麻烦已经够多了,还想什么罪过。何况我根本不懂这个。

我根本不懂这个,也说不准我是不是相信这个。也许杀死这条鱼是一桩罪过。我看该是罪过,尽管我是为了养活自己并且给许多人吃用才这样干的。不过话得说回来,什么事都是罪过啊。别想罪过了。现在想它也实在太迟了,而且有些人是拿了钱来干这个的。让他们去考虑吧。你天生是个渔夫,正如那鱼天生就是一条鱼一样。圣彼德罗是个渔夫,跟那了不起的迪马吉奥的父亲一样。

但是他喜欢去想一切他给卷在里头的事,而且因为没有书报可看,并且没有收音机,他就想得很多,只顾想着罪过。你不光是为了养活自己、把鱼卖了买食品才杀死它的,他想。你杀死它是为了自尊心,因为你是个渔夫。它活着的时候你爱它,它死了你还是爱它。如果你爱它,杀死它就不是罪过。要不是更大的罪过吧?

"你想得太多了,老家伙,"他说出声来。

但是你很乐意杀死那条登多索鲨,他想。它跟你一样,靠吃活鱼维持生命。它不是食腐动物,也不像有些鲨鱼那样,只知道游来游去满足食欲。它是美丽而崇高的,见什么都不怕。

"我杀死它是为了自卫,"老人说出声来。"而且杀得很利索。"

再说,他想,每样东西都杀死别的东西,不过方式不同罢了。捕鱼养活了我,同样也快把我害死了。那男孩使我活得下去,他想。我不能过分地欺骗自己。

他把身子探出船舷,从鱼身上被鲨鱼咬过的地方撕下一块肉。他咀嚼着,觉得肉质很好,味道鲜美。又坚实又多汁,像牲口的肉,不过不是红色的。一点筋也没有,他知道在市场上能卖最高的价钱。可是没有办法让它的气味不散布到水里去,老人知道糟糕透顶的时刻就快来到了。

风持续地吹着。它稍微转向东北方,他明白这表明它不会停息。老人朝前方望去,不见一丝帆影,也看不见任何一只船的船身或冒出来的烟。只有从他船头下跃起的飞鱼,向两边逃去,还有一摊摊黄色的马尾藻。他连一只鸟也看不见。

他已经航行了两个钟点,在船艄歇着,有时候从大马林鱼身上撕下一点肉来咀嚼着,努力休息,保持精力,这时他看到了两条鲨鱼中首先露面的那一条。

"Ay,"他说出声来。这个词儿是没法翻译的,也许不过是一个响声,就像一个人觉得钉子穿过他的双手、钉进木头时不由自主地发出的声音。

"加拉诺鲨,"他说出声来。他看见另一个鳍在第一个的背后冒出水来,根据这褐色的三角形鳍和甩来甩去的尾巴,认出它们正是铲鼻鲨。它们嗅到了血腥味,激动起来,因为饿昏了头,激动得一会儿迷失了臭迹,一会儿又嗅到了。可是它们始终在逼近。

老人系紧帆脚索,卡住了舵柄。然后他拿起上面绑着刀子的桨。他尽量轻巧地把它举起来,因为他的双手痛得不听使唤了。然后他把手张开,再轻轻捏住了桨,让双手松弛下来。他紧紧地把手合拢,让它们忍受着痛楚而不致缩回去,一面注视着鲨鱼在过来。他这时看得见它们那又宽又扁的铲子形的头,和尖端呈白色的宽阔的胸鳍。它们是恶毒的鲨鱼,气味难闻,既杀害其他的鱼,也吃腐烂的死鱼,饥饿的时候,它们会咬船上的桨或者舵。正是这些鲨鱼,会趁海龟在水面上睡觉的时候咬掉它们的脚和鳍状肢,如果碰到饥饿的时候,也会在水里袭击人,即使这人身上并没有鱼血或黏液的腥味。

"Ay,"老人说,"加拉诺鲨。来吧,加拉诺鲨。"

它们来啦。但是它们来的方式和那条灰鲭鲨的不同。有一条鲨鱼转了个身,钻到小帆船底下不见了,等它用嘴拉扯着死鱼时,老人觉得这小帆船在晃动。另一条用它一条缝似的黄眼睛注视着老人,然后飞快地游来,半圆形的上下颚大大地张开着,朝鱼身上被咬过的地方咬去。它褐色的头顶以及脑子跟脊髓相连处的背脊上有道清清楚楚的纹路,老人把绑在桨上的刀子朝那交叉点扎进去,拔出来,再扎进这鲨鱼的黄色猫眼。鲨鱼放开了咬住的鱼,身子朝下溜,临死时还把咬下的肉吞了下去。

另一条鲨鱼正在咬啮那条鱼,弄得小帆船还在摇晃,老人就放松了帆脚索,让小帆船横过来,使鲨鱼从船底下暴露出来。他一看见鲨鱼,就从船舷上探出身子,一桨朝它戳去。他只戳在肉上,但鲨鱼的皮紧绷着,刀子几乎戳不进去。这一戳不仅震痛了他那双手,也震痛了他的肩膀。但是鲨鱼迅速地浮上来,露出了脑袋,老人趁它的鼻子伸出水面挨上那条鱼的时候,对准它扁平的脑袋正中扎去。老人拔出刀刃,朝同一地方又扎了那鲨鱼一下。它依旧紧锁着上下颚,咬住了鱼不放,老人一刀戳进它的左眼。鲨鱼还是吊在那里。

"还不够吗?"老人说着,把刀刃戳进它的脊骨和脑子之间。这时扎起来很容易,他感到它的软骨折断了。老人把桨倒过来,把桨片插进鲨鱼的两颚之间,想把它的嘴撬开。他把桨片一转,鲨鱼松了嘴溜开了,他说:"走吧,加拉诺鲨。溜到一英里深的水里去吧。去找你的朋友,也许那是你的妈妈吧。"

老人擦了擦刀刃,把桨放下。然后他摸到了帆脚索,帆鼓起来,他把小帆船顺着原来的航线驶去。

"它们一定把这鱼吃掉了四分之一,而且都是上好的肉,"他说出声来。"但愿这是一场梦,我压根儿没有钓上它。我为这事感到抱歉,鱼啊。这把一切都搞糟啦。"他顿住了,此刻不想朝鱼望了。它流尽了血,被海水冲刷着,看上去像镜子背面镀的银色,身上的条纹依旧看得出来。

"我原不该出海这么远的,鱼啊,"他说,"对你对我都不好。我感到抱歉,鱼啊。"

得了,他对自己说。留意看看那绑刀子的绳子,看看有没有断。然后把你的手弄好,因为还有鲨鱼要来。

"但愿有块石头可以磨磨刀,"老人检查了绑在桨把子上的刀子后说。"我原该带一块磨石来的。"你该带来的东西多着哪,他想。但是你没带来,老家伙啊。眼下可不是想你缺乏什么东西的时候。想想你用手头现有的东西能做什么事儿吧。

"你给了我多少忠告啊,"他说出声来。"我听得厌死啦。"

他把舵柄夹在胳肢窝里,把双手浸在水里,小帆船朝前驶去。

"天知道最后那条鲨鱼咬掉了多少鱼肉,"他说。"这船现在可轻多了。"他不愿去想那鱼残缺不全的肚子。他知道鲨鱼每次猛地撞上去,总要撕去一点肉,还知道鱼此刻给所有的鲨鱼留下了一道臭迹,宽得像条公路,穿过海面。

这条鱼可以供养一个人整整一冬,他想。别想这个啦。还是休息休息,把你的双手弄弄好,保卫这剩下的鱼肉吧。水里的血腥气这样浓,我手上的血腥气就算不上什么了。再说,这双手出的血也不多。给割破的地方都算不上什么。出了血也许能使我的左手不再抽筋。

我现在还有什么事可想?他想。什么也没有。我必须什么也不想,等待下一条鲨鱼来。但愿这真是一场梦,他想。不过谁说得准呢?也许结果会是圆满的。

接着来的鲨鱼是条单独的铲鼻鲨。看它的来势,就像一头猪直奔饲料槽,如果说猪能有这么大的嘴、你可以把脑袋伸进去的话。老人让它咬住了鱼,然后把桨上绑着的刀子扎进它的脑子。但是鲨鱼朝后猛地一扭,打了个滚,刀刃啪地一声断了。

老人坐定下来掌舵。他都不去看那条大鲨鱼在水里慢慢地下沉,它起先是原来那么大,然后渐渐小了,然后只剩一丁点儿了。这种情景总叫老人看得入迷。可是这会他看也不看一眼。

"我现在还有那根鱼钩,"他说,"不过它没什么用处。我还有两把桨和那个舵把和那根短棍。"

它们如今可把我打垮了,他想。我太老了,不能用棍子打死鲨鱼了。但是只要我有桨和短棍和舵把,我就要试试。

他又把双手浸在水里泡着。下午渐渐过去,快近傍晚了,他除了海洋和天空,什么也看不见。空中的风比刚才大了,他指望不久就能看到陆地。

"你累乏了,老家伙,"他说。"你骨子里累乏了。"

直到快日落的时候,鲨鱼才再来袭击它。

老人看见两片褐色的鳍正顺着那鱼必然在水里留下的很宽的臭迹游来。它们竟然不用到处来回搜索这臭迹。它们并肩笔直地朝小帆船游来。

他卡住了舵把,系紧帆脚索,伸手到船艄下去拿棍子。它原是个桨把,是从一支断桨上锯下的,大约两英尺半长。因为它上面有个把手,他只能用一只手有效地使用,于是便弯起了右手,好好攥住了它,同时望着鲨鱼在过来。两条都是加拉诺鲨。

我必须让第一条好好咬住了才打它的鼻尖,或者直朝它头顶正中打去,他想。

两条鲨鱼一齐紧逼过来,他一看到离他较近的那条张开嘴咬进那鱼的银色胁腹,就高高举起棍子,重重地打下去,砰的一声打在鲨鱼宽阔的头顶上。棍子落下去,他觉得好像打在坚韧的橡胶上。但他也感觉到坚硬的骨头,就趁鲨鱼从那鱼身上朝下溜的当儿,再重重地朝它鼻尖上打了一下。

另一条鲨鱼刚才窜来后就走了,这时又张大了嘴扑过来。它一头撞在鱼身上,闭上两颚,老人看见一块块白色的鱼肉从它嘴角漏出来。他抡起棍子朝它打去,只打中了头部,鲨鱼朝他看看,把咬在嘴里的肉一口撕下。老人趁它溜开去把肉咽下时,又抡起棍子朝它打下,可只打中了那厚实坚韧的橡胶般的地方。

"来吧,加拉诺鲨,"老人说。"再过来吧。"

鲨鱼冲上前来,老人趁它合上两颚时给了它一下。他结结实实地打中了它,是把棍子举得尽量高才打下去的。这一回他感到打中了脑子后部的骨头,于是朝同一部位又是一下,鲨鱼呆滞地撕下嘴里咬着的鱼肉,从鱼身边溜下水去。

老人守望着,等它再来,可是两条鲨鱼都没有露面。接着他看见其中的一条在海面上绕着圈儿游着。他没有看见另外一条的鳍。

我没法指望打死它们了,他想。我年轻力壮时能行。不过我已经把它们俩都打得受了重伤,它们中哪一条都不会觉得好过。要是我能用双手抡起一根棒球棒,我准能把第一条打死。即使现在也能行,他想。

他不愿朝那条鱼看。他知道它的半个身子已经被咬掉了。他刚才跟鲨鱼搏斗的时候,太阳已经落下去了。

"马上就要天黑了,"他说。"那时候我将看见哈瓦那的灯火。如果我往东走得太远了,我会看见一个新开辟的海滩上的灯光。"

我现在离陆地不会太远,他想。我希望没人为此大大地担心。当然啦,只有那男孩会担心。但我相信他一定会有信心。好多老渔夫也会担心的。还有不少别的人,他想。我住在一个好镇子里啊。

他不能再跟这鱼说话了,因为它给糟蹋得太厉害了。接着他头脑里想起了一件事。

"半条鱼,"他说。"你原来是条完整的。我很抱歉我出海太远了。我把你我都毁了。不过我们杀死了不少鲨鱼,你跟我一起,还打垮了好多条。你杀死过多少啊,好鱼?你头上长着那只长嘴,可不是白长的啊。"

他喜欢想这条鱼,想它要是在自由地游着,会怎样去对付一条鲨鱼。我应该砍下它这长嘴,拿来跟那些鲨鱼斗,他想。但是没有斧头,后来又弄丢了那把刀子。

但是,如果我把它砍下了,就能把它绑在桨把上,这该是多好的武器啊。这样,我们就能一起跟它们斗啦。要是它们夜里来,你该怎么办?你又有什么办法?

"跟它们斗,"他说。"我要跟它们斗到死。"

但是,在眼下的黑暗里,天际没有反光,也没有灯火,只有风在刮着那船帆在稳定地拉曳着,他感到说不定自己已经死了。他合上双手,感觉到掌心贴在一起。这双手没有死,他只消把它们开合一下,就能感到生之痛楚。他把背脊靠在船艄上,知道自己没有死。这是他的肩膀告诉他的。

我许过愿,如果逮住了这条鱼,要念那么许多遍祈祷文,他想。不过我现在太累了,没法念。我还是把麻袋拿来披在肩上。

他躺在船艄掌着舵,注视着天空,等着出现反光。我还有半条鱼,他想。也许我运气好,能把这前半条带回去。我总该多少有点运气吧。不,他说。你出海太远了,把好运给冲掉啦。

"别犯傻了,"他说出声来。"还是保持清醒,掌好舵。你也许还有很大的好运呢。"

"要是有什么地方卖好运,我倒想买一些,"他说。

我能拿什么来买呢?他问自己。能用一支弄丢了的鱼叉、一把折断的刀子和两只受了伤的手来买吗?

"也许能,"他说。"你曾想拿在海上的八十四天来买它。人家也几乎把它卖给了你。"

我不能胡思乱想,他想。好运这玩意儿,往往以许多不同的形式出现,谁认得准啊?可是不管什么形式的好运,我都要一点儿,要多少代价就给多少。但愿我能看到灯火的反光,他想。我的想望太多了。但眼下只想望这一个。他竭力坐得舒服些,好好掌舵,因为感到疼痛,知道自己并没有死。

看来在夜间十点左右,他看见了城市的灯火映在天际的反光。起初只能依稀看出,就像月亮升起前天上的微光。然后一步步地看清楚了,就在此刻正被越来越大的风刮得波涛汹涌的海洋的另一边。他驶进这反光的圈子,于是他想,要不了多久就能触及湾流的边缘了。

这下可结束了,他想。但它们也许还会再来袭击我。不过,一个人在黑夜里,没有武器,怎么能对付它们呢?

他这时身子僵硬、疼痛,在夜晚的寒气里,他的伤口和身上所有用力过度的地方都在作痛。我希望不必再斗了,他想。我真希望不必再斗了。

但是快到午夜时分,他又搏斗了,而这一回他明白搏斗也是徒劳。它们是成群袭来的,朝那鱼直扑,他只看见它们的鳍在水面上划出的一道道线,还有它们身上的磷光。他朝它们的头打去,听到上下颚啪地咬住的声音,还有它们在船底下咬住了鱼使这小帆船摇晃的声音。他看不清目标,只能感觉到,听到,就不顾死活地挥棍打去,他感到什么东西攫住了棍子,它就此丢了。

他把舵把从舵上猛地扭下,用它又打又砍,双手攥住了一次次朝下戳去。可是它们此刻都在前面船头边,一条接一条地蹿上来,成群地一起来,咬下一块块鱼肉,当它们转身再来时,这些鱼肉在水面下发亮。

最后,有条鲨鱼朝鱼头起来,他知道这下子完了。他把舵把朝鲨鱼的脑袋抡去,打在它咬住厚实的鱼头的两颚上,那儿的肉咬不下来。他抡了一次,两次,又一次。他听见舵把啪地断了,就把断下的把手向鲨鱼扎去。他感到它扎了进去,知道它很尖利,就把它再往里扎。鲨鱼松了嘴,一翻身就走了。这是来袭的这群鲨鱼中最末的一条。它们再也没有什么可吃的了。

老人这时简直喘不过气来,觉得嘴里有股怪味儿。这味儿带着铜腥气,甜滋滋的,他一时害怕起来。但是这味儿并不太浓。

他朝海里啐了一口说,"把它吃了,加拉诺鲨。做个梦吧,梦见你杀了一个人。"

他明白他如今终于给打垮了,没法补救了,就回到船艄,发现舵把的锯齿形断头还可以安在舵的狭槽里,让他用来掌舵。他把麻袋在肩头围围好,使小帆船顺着航线驶去。这时航行得很轻松,他什么念头都没有,什么感觉也没有。他此刻超脱了这一切,只顾尽可能出色而明智地把小帆船驶回他家乡的港口。夜里有些鲨鱼来咬这死鱼的残骸,就像人从饭桌上捡面包屑吃一样。老人不去理睬它们,除了掌舵以外他什么都不理睬。他只留意到船舷边没有什么沉重的东西,小帆船这时驶起来多么轻松,多么出色。

船还是好好的,他想。它是完好的,没受一点儿损伤,除了那个舵把。那是容易更换的。

他感觉到已经在湾流中行驶,看得见沿岸那些海滨住宅区的灯光了。他知道此刻到了什么地方,回家是不在话下了。

不管怎么样,风总是我们的朋友,他想。然后他加上一句:有时候是。还有那大海,海里有我们的朋友,也有我们的敌人。还有床,他想。床是我的朋友。正是床,他想。床将是一样了不起的东西。你给打垮了,倒感到舒坦了,他想。我从来不知道竟会这么舒坦。那么是什么把你打垮的,他想。

"什么也没有,"他说出声来。"只怪我出海太远了。"

等他驶进小港,露台饭店的灯光全熄灭了,他知道人们都上床了。海风一步步加强,此刻刮得很猛了。然而港湾里静悄悄的,他直驶到岩石下一小片卵石滩前。没人来帮他的忙,他只好跨出船来,独力把它尽量拖上岸滩,紧系在一块岩石上。

他拔下桅杆，把帆卷起，系住。然后他扛起桅杆往岸上爬。这时他才明白自己疲乏到了什么程度。他站住了一会儿，回头一望，看见那鱼的大尾巴在街灯的反光中直竖在小船的船艄后边。他看清它赤露的脊骨像一条白线，看清那带着突出的长嘴的黑糊糊的脑袋，而在这头尾之间却什么也没有。

他再往上爬，到了顶上摔倒在地，躺了一会儿，桅杆还是横在肩上。他想法爬起身来。可是太困难了，他就肩上扛着桅杆坐在那儿，望着大路。一只猫从路对面走过，去干它自己的事，老人注视着它。然后他只顾望着大路。

临了，他放下桅杆，站起身来。他再举起桅杆，扛在肩上，顺着大路走去。他不得不坐下歇了五次，才走到他的窝棚。

进了窝棚，他把桅杆靠在墙上。他摸黑找到一只水瓶，喝了一口水。然后他在床上躺下。他拉起毯子，盖住两肩，然后裹住了背部和双腿，脸朝下躺在报纸上，两臂伸得笔直，手掌向上。

早上，男孩朝门内张望时，他正熟睡着。风刮得正猛，那些漂网渔船不会出海了，男孩便睡了个懒觉，后来跟每天早上一样，到老人的窝棚来。男孩看见老人在喘气，跟着看见老人的那双手，就哭起来了。他悄没声儿地走出来，去拿点咖啡，一路上边走边哭。

许多渔夫围着那条小帆船，看着绑在船旁的东西，有一名渔夫卷起了裤腿站在水里，用一根钓索在量那死鱼的残骸。

男孩并不走下岸去。他刚才去过了，其中有个渔夫正在替他看管这条小帆船。

"他怎么啦？"一名渔夫大声叫道。

"在睡觉，"男孩喊着说。他不在乎人家看见他在哭。"谁都别去打扰他。"

"它从鼻子到尾巴有十八英尺长，"那量鱼的渔夫叫道。

"我相信，"男孩说。

他走进露台饭店，去要一罐咖啡。

"要烫，多加些牛奶和糖在里头。"

"还要什么？"

"不要了。过后我会弄清楚他想吃些什么。"

"多大的鱼呀，"饭店老板说。"从来没有过这样的鱼。你昨天捉到的那两条也蛮不错。"

"我的鱼，见鬼去，"男孩说，又哭起来了。

"你想喝点什么吗？"老板问。

"不要，"男孩说。"叫他们别去打扰圣地亚哥。我就回来。"

"跟他说我多么难过。"

"谢谢，"男孩说。

男孩拿着那罐热咖啡直走到老人的窝棚，在他身边坐下，等他醒来。有一回眼看他快醒过来了。可是他又沉睡过去，男孩就跨过大路去借些木柴来热咖啡。

【作者简介】

欧内斯特·米勒·海明威(1899—1961),出生于美国伊利诺伊州芝加哥市郊区奥克帕克,美国作家、记者,被认为是20世纪世界著名的小说家之一。

海明威的一生中曾荣获不少奖项。他在第一次世界大战期间被授予银制勇敢勋章;1953年,他以《老人与海》一书获得普利策奖;1954年《老人与海》又为海明威夺得诺贝尔文学奖。2001年,海明威的《太阳照样升起》(The Sun Also Rises)与《永别了,武器》两部作品被美国现代图书馆列入"20世纪100部最佳英文小说"中。

海明威一生中的感情错综复杂,先后结过四次婚,是美国"迷惘的一代(the Lost Generation)"作家中的代表人物。他的作品中对人生、世界、社会都表现出了迷茫和彷徨。他一向以文坛硬汉著称,他是美利坚民族的精神丰碑。海明威的作品标志着他独特创作风格的形成,在美国文学史乃至世界文学史上都占有重要地位。

【作品赏析】

《老人与海》中故事的背景是在20世纪中叶的古巴。主人公是一位名叫圣地亚哥的老渔夫,配角是一个叫马诺林的小孩。风烛残年的老渔夫一连八十四天都没有钓到一条鱼,但他仍不肯认输,而是充满着奋斗的精神,终于在第八十五天钓到一条身长十八英尺、体重一千五百磅的大马林鱼。大鱼拖着船往海里走,老人依然死拉着不放,即使没有水,没有食物,没有武器,没有助手,左手抽筋,他也丝毫不灰心。经过两天两夜之后,他终于杀死大鱼,把它拴在船边。但许多鲨鱼立刻前来抢夺他的战利品。他一一地杀死它们,到最后只剩下一支折断的舵柄作为武器。结果,大鱼仍难逃被吃光的命运,最终,老人筋疲力尽地拖回一副鱼骨头。他回到家躺在床上,只好从梦中去寻回那往日美好的岁月,以忘却残酷的现实。

老人每取得一点胜利都付出了沉重的代价,最后遭到无可挽救的失败。但是,从另外一种意义上来说,他又是一个胜利者。因为,他不屈服于命运,无论在怎么艰苦卓绝的环境里,他都凭着自己的勇气、毅力和智慧进行了奋勇的抗争。大马林鱼虽然没有保住,但他却捍卫了"人的灵魂的尊严",显示了"一个人的能耐可以到达什么程度",他是一个胜利的失败者,一个失败的英雄。这样一个"硬汉"形象,正是典型的海明威式的小说人物。

【思考练习】

(1) 海明威在《老人与海》中如何塑造"老人"的形象?代表哪一类人?

(2) 如果你是那位"老人",会选择怎样的生活方式?

(二) 欧·亨利《最后一片叶子》

在华盛顿广场西边的一个小区里,街道都横七竖八地伸展开去,又分裂成一小条一小条的"胡同"。这些"胡同"稀奇古怪地拐着弯子。一条街有时自己本身就交叉了不止一次。有一回一个画家发现这条街有一种优越性:要是有个收账的跑到这条街上,来催要颜料、纸张和画布的钱,他就会突然发现自己两手空空,原路返回,一文钱的账也没有要到!

所以,不久之后不少画家就摸索到这个古色古香的老格林尼治村来,寻求朝北的窗户、

18世纪的尖顶山墙、荷兰式的阁楼,以及低廉的房租。然后,他们又从第六街买来一些蜡酒杯和一两只火锅,这里便成了"艺术区"。

苏和琼西的画室设在一所又宽又矮的三层楼砖房的顶楼上。"琼西"是琼娜的爱称。她俩一个来自缅因州,一个是加利福尼亚州人。她们是在第八街的"台尔蒙尼歌之家"吃饭时碰到的,她们发现彼此对艺术、生菜色拉和时装的爱好非常一致,便合租了那间画室。那是5月里的事。到了11月,一个冷酷的、肉眼看不见的、医生们叫做"肺炎"的不速之客,在艺术区里悄悄地游荡,用他冰冷的手指头这里碰一下那里碰一下。在广场东头,这个破坏者明目张胆地踏着大步,一下子就击倒几十个受害者,可是在迷宫一样、狭窄而铺满青苔的"胡同"里,他的步伐就慢了下来。

肺炎先生不是一个你们心目中行侠仗义的老的绅士。一个身子单薄,被加利福尼亚州的西风刮得没有血色的弱女子,本来不应该是这个有着红拳头的、呼吸急促的老家伙打击的对象。然而,琼西却遭到了打击;她躺在一张油漆过的铁床上,一动也不动,凝望着小小的荷兰式玻璃窗外对面砖房的空墙。

一天早晨,那个忙碌的医生扬了扬他那毛茸茸的灰白色眉毛,把苏叫到外边的走廊上。

"我看,她的病只有十分之一的恢复希望,"他一面把体温表里的水银柱甩下去,一面说,"这一成希望就是她想要活下去的念头。有些人好像不愿意活下去,喜欢照顾殡仪馆的生意,简直让整个医药界都无能为力。你的朋友断定自己是不会痊愈的了。她是不是有什么心事呢?"

"她——她希望有一天能够去画那不勒斯的海湾。"苏说。

"画画?——真是瞎扯!她脑子里有没有什么值得她想了又想的事——比如说,一个男人?"

"男人?"苏像吹口琴似的扯着嗓子说,"男人难道值得——不,医生,没有这样的事。"

"能达到的全部力量去治疗她。可要是我的病人开始算计会有多少辆马车送她出丧,我就得把治疗的效果减掉百分之五十。只要你能想法让她对冬季大衣袖子的时新式样感到兴趣而提出一两个问题,那我可以向你保证把医好她的机会从十分之一提高到五分之一。"医生走后,苏走进工作室里,把一条日本餐巾哭成一团湿。后来她手里拿着画板,装做精神抖擞的样子走进琼西的屋子,嘴里吹着爵士音乐调子。

琼西躺着,脸朝着窗口,被子底下的身体纹丝不动。苏以为她睡着了,赶忙停止吹口哨。

她架好画板,开始给杂志里的故事画一张钢笔插图。年轻的画家为了铺平通向艺术的道路,不得不给杂志里的故事画插图,而这些故事又是年轻的作家为了铺平通向文学的道路而不得不写的。

苏正在给故事主人公,一个爱达荷州牧人的身上,画上一条马匹展览会穿的时髦马裤和一片单眼镜时,忽然听到一个重复了几次的低微的声音。她快步走到床边。

琼西的眼睛睁得很大。她望着窗外,数着……倒过来数。

"12,"她数道,歇了一会又说,"11,"然后是"10"和"9",接着几乎同时数着"8"和"7"。

苏关切地看了看窗外。那儿有什么可数的呢?只见一个空荡阴暗的院子,20英尺以外还有一所砖房的空墙。一棵老极了的常春藤,枯萎的根纠结在一块,枝干攀在砖墙的半腰上。秋天的寒风把藤上的叶子差不多全都吹掉了,几乎只有光秃的枝条还缠附在剥落的砖块上。"什么呀,亲爱的?"苏问道。

"6,"琼西几乎用耳语低声说道,"它们现在越落越快了。三天前还有差不多一百片。我数得头都疼了。但是现在好数了。又掉了一片。只剩下五片了。"

"五片什么呀,亲爱的。告诉你的苏娣吧。"

"叶子。常春藤上的。等到最后一片叶子掉下来,我也就该去了。这件事我三天前就知道了。难道医生没有告诉你?"

"哼,我从来没听过这种傻话,"苏十分不以为然地说,"那些破常春藤叶子和你的病好不好有什么关系?你以前不是很喜欢这棵树吗?你这个淘气孩子。不要说傻话了。瞧,医生今天早晨还告诉我,说你迅速痊愈的机会是,让我一字不改地照他的话说吧——他说有九成把握。噢,那简直和我们在纽约坐电车或者走过一座新楼房的把握一样大。喝点汤吧,让苏娣去画她的画,好把它卖给编辑先生,换了钱来给她的病孩子买点红葡萄酒,再给她自己买点猪排解解馋。"

"你不用买酒了,"琼西的眼睛直盯着窗外说道,"又落了一片。不,我不想喝汤。只剩下四片了。我想在天黑以前等着看那最后一片叶子掉下去。然后我也要去了。"

"琼西,亲爱的,"苏俯着身子对她说,"你答应我闭上眼睛,不要瞧窗外,等我画完,行吗?明天我非得交出这些插图。我需要光线,否则我就拉下窗帘了。"

"你不能到那间屋子里去画吗?"琼西冷冷地问道。

"我愿意待在你跟前,"苏说,"再说,我也不想让你老看着那些讨厌的常春藤叶子。"

"你一画完就叫我,"琼西说着,便闭上了眼睛。她脸色苍白,一动不动地躺在床上,就像是座横倒在地上的雕像。"因为我想看那最后一片叶子掉下来,我等得不耐烦了,也想得不耐烦了。我想摆脱一切,飘下去,飘下去,像一片可怜的疲倦了的叶子那样。"

"你睡一会吧,"苏说道,"我得下楼把贝尔门叫上来,给我当那个隐居的老矿工的模特儿。我一会儿就回来的。不要动,等我回来。"

老贝尔门是住在她们这座楼房底层的一个画家。他年过60,有一把像米开朗琪罗的摩西雕像那样的大胡子,这胡子长在一个像半人半兽的森林之神的头颅上,又鬈曲地飘拂在小鬼似的身躯上。贝尔门是个失败的画家。他操了四十年的画笔,还远没有摸着艺术女神的衣裙。他老是说就要画他的那幅杰作了,可是直到现在他还没有动笔。几年来,他除了偶尔画点商业广告之类的玩意儿以外,什么也没有画过。他给艺术区里穷得雇不起职业模特儿的年轻画家们当模特儿,挣一点钱。他喝酒毫无节制,还时常提起他要画的那幅杰作。除此以外,他是一个火气十足的小老头子,十分瞧不起别人的温情,却认为自己是专门保护楼上画室里那两个年轻女画家的一只看家狗。

苏在楼下他那间光线黯淡的斗室里找到了嘴里酒气扑鼻的贝尔门。一幅空白的画布绷在个画架上,摆在屋角里,等待那幅杰作已经25年了,可是连一根线条还没等着。苏把琼西的胡思乱想告诉了他,还说她害怕琼西自个儿瘦小柔弱得像一片叶子一样,对这个世界的留恋越来越微弱,恐怕真会离世飘走了。

老贝尔门两只发红的眼睛显然在迎风流泪,他十分轻蔑地嗤笑这种傻呆的胡思乱想。

"什么,"他喊道,"世界上真会有人蠢到因为那些该死的常春藤叶子落掉就想死?我从来没有听说过这种怪事。不,我才不给你那隐居的矿工糊涂虫当模特儿呢。你干吗让她胡思乱想?唉,可怜的琼西小姐。"

"她病得很厉害很虚弱,"苏说,"发高烧发得她神经昏乱,满脑子都是古怪想法。好,贝尔门先生,你不愿意给我当模特儿,就拉倒,我看你是个讨厌的老——老啰唆鬼。"

"你简直太婆婆妈妈了!"贝尔门喊道,"谁说我不愿意当模特儿?走,我和你一块去。我不是讲了半天愿意给你当模特儿吗?老天爷,琼西小姐这么好的姑娘真不应该躺在这种地方生病。总有一天我要画一幅杰作,我们就可以都搬出去了。

"一定的!"

他们上楼以后,琼西正睡着觉。苏把窗帘拉下,一直遮住窗台,做手势叫贝尔门到隔壁屋子里去。他们在那里提心吊胆地瞅着窗外那棵常春藤。后来他们默默无言,彼此对望了一会。寒冷的雨夹杂着雪花不停地下着。贝尔门穿着他的旧的蓝衬衣,坐在一把翻过来充当岩石的铁壶上,扮作隐居的矿工。

第二天早晨,苏只睡了一个小时的觉,醒来了,她看见琼西无神的眼睛睁得大大地注视拉下的绿窗帘。

"把窗帘拉起来,我要看看。"她低声地命令道。

苏疲倦地照办了。

然而,看呀!经过了漫长一夜的风吹雨打,在砖墙上还挂着一片藤叶。它是常春藤上最后的一片叶子了。靠近茎部仍然是深绿色,可是锯齿形的叶子边缘已经枯萎发黄,它傲然挂在一根离地二十多英尺的藤枝上。

"这是最后一片叶子。"琼西说道,"我以为它昨晚一定会落掉的。我听见风声的。今天它一定会落掉,我也会死的。"

"哎呀,哎呀,"苏把疲乏的脸庞挨近枕头边上对她说,"你不肯为自己着想,也得为我想想啊。我可怎么办呢?"

可是琼西不回答。当一个灵魂正在准备走上那神秘的、遥远的死亡之途时,她是世界上最寂寞的人了。那些把她和友谊极大地联结起来的关系逐渐消失以后,她那个狂想越来越强烈了。

白天总算过去了,甚至在暮色中她们还能看见那片孤零零的藤叶仍紧紧地依附在靠墙的枝上。后来,夜的到临带来了呼啸的北风,雨点不停地拍打着窗子,雨水从低垂的荷兰式屋檐上流泻下来。

天刚蒙蒙亮,琼西就毫不留情地吩咐拉起窗帘来。

那片藤叶仍然在那里。

琼西躺着对它看了许久。然后她招呼正在煤气炉上给她煮鸡汤的苏。

"我是一个坏女孩子,苏娣,"琼西说,"天意让那片最后的藤叶留在那里,证明我是多么坏。想死是有罪过的。你现在就给我拿点鸡汤来,再拿点掺葡萄酒的牛奶来,再——不,先给我一面小镜子,再把枕头垫垫高,我要坐起来看你做饭。"

过了一个钟头,她说道:"苏娣,我希望有一天能去画那不勒斯的海湾。"

下午医生来了,他走的时候,苏找了个借口跑到走廊上。

"有五成希望。"医生一面说,一面把苏细瘦的颤抖的手握在自己的手里,"好好护理你会成功的。现在我得去看楼下另一个病人。他的名字叫贝尔门——听说也是个画家。也是肺炎。他年纪太大,身体又弱,病势很重。他是治不好的了;今天要把他送到医院里,让他更舒服一点。"

第二天,医生对苏说:"她已经脱离危险,你成功了。现在只剩下营养和护理了。"

下午苏跑到琼西的床前,琼西正躺着,安详地编织着一条毫无用处的深蓝色毛线披肩。苏用一只胳臂连枕头带人一把抱住了她。

"我有件事要告诉你,小家伙,"她说,"贝尔门先生今天在医院里患肺炎去世了。他只病了两天。头一天早晨,门房发现他在楼下自己那间房里痛得动弹不了。他的鞋子和衣服全都湿透了,冻凉冰凉的。他们搞不清楚在那个凄风苦雨的夜晚,他究竟到哪里去了。后来他们发现了一盏没有熄灭的灯笼,一把挪动过地方的梯子,几支扔得满地的画笔,还有一块调色板,上面涂抹着绿色和黄色的颜料,还有——亲爱的,瞧瞧窗子外面,瞧瞧墙上那最后一片藤叶。难道你没有想过,为什么风刮得那样厉害,它却从来不摇一摇、动一动呢?唉,亲爱的,这片叶子才是贝尔门的杰作——就是在最后一片叶子掉下来的晚上,他把它画在那里的。"

【作者简介】

欧·亨利(O. Henry,又译奥·亨利,1862—1910),原名威廉·西德尼·波特(William Sydney Porter),美国短篇小说家、美国现代短篇小说创始人,其主要作品有《麦琪的礼物》《警察与赞美诗》《最后一片叶子》《二十年后》等。

1862年9月11日,欧·亨利生于美国北卡罗来纳州格林斯伯勒,曾当过银行职员、药剂师等。1896年2月,欧·亨利因受到盗用公款的指控入狱,后逃亡洪都拉斯。1898年再次入狱,期间开始发表作品。1902年,欧·亨利移居纽约,成为职业作家。1910年6月5日,欧·亨利因肝硬化在美国纽约去世。欧·亨利与契诃夫和莫泊桑并列世界三大短篇小说巨匠,曾被评论界誉为曼哈顿桂冠散文作家和美国现代短篇小说之父,他的作品有"美国生活的百科全书"之誉。

【作品赏析】

《最后一片叶子》是美国作家欧·亨利的作品。该作品描写一位老画家为患肺炎而奄奄一息的穷学生画最后一片常春藤叶子的故事。老画家贝尔门是一个在社会底层挣扎了一辈子的小人物,一生饱经风霜、穷困潦倒,却热爱绘画艺术,为挽救一个青年画家的生命而献出了自己的生命。

作者通过对穷苦朋友间友谊的描写,刻画出一个舍己为人的、以自己生命为代价创造真正杰作的画家形象,讴歌了以贝尔门为代表的普通人的高尚,体现了人们通过自己的深思而得到的重生。

(三)普希金《假如生活欺骗了你》

假如生活欺骗了你,

不要悲伤,不要心急!

忧郁的日子里需要镇静,

相信吧,快乐的日子将会来临!

心儿永远向往着未来;

现在却常是忧郁。

一切都是瞬息,一切都将会过去;

而那过去了的,就会成为亲切的怀恋。

【作者简介】

普希金(1799—1837),俄国伟大的诗人、小说家,19世纪俄国浪漫主义文学主要代表,同时也是现实主义文学的奠基人,现代标准俄语的创始人,被誉为"俄国文学之父""俄国诗歌的太阳",被认为是俄罗斯语言文学的创建者和新俄罗斯文学的奠基人。普希金还被高尔基誉为"一切开端的开端"。

普希金坚定地站在十二月党人一边,反对专制农奴制度,热爱、追求自由,因此遭到沙皇政府的迫害。普希金创作了不少形式多样、题材广泛的作品,如诗体小说《叶甫盖尼·奥涅金》,著名诗作《自由颂》《致大海》《致恰达耶夫》,小说《上尉的女儿》《黑桃皇后》等。

【作品赏析】

该诗写于1825年,正是普希金流放南俄敖德萨同当地总督发生冲突后,被押送到其父亲的领地米哈伊洛夫斯科耶村幽禁期间所作。1824年8月至1826年9月,是一段极为孤独寂寞的生活。那时俄国革命如火如荼,诗人却被迫与世隔绝。在这样的处境下,诗人仍没有丧失希望与斗志,他热爱生活,执著地追求理想,相信光明必来,正义必胜。

1825年俄历十二月,俄国爆发了反对沙皇残暴统治的武装起义——十二月党人起义,面对十二月党人起义前后剧烈动荡的社会风云,诗人不仅同火热的斗争相隔绝,而且与众多亲密无间的挚友、亲人相分离。幸亏夜晚有终生挚爱的奶妈相陪伴,讲故事为他消愁解闷;白天到集市上去,与纯朴的农人为友,和他们谈话,听他们唱歌。孤寂之中,除了读书、写作,邻近庄园奥西波娃一家也给诗人愁闷的幽禁生活带来了一片温馨和慰藉。这首诗就是为奥西波娃15岁的女儿即诗人的女友叶甫勃拉克西亚·尼古拉耶夫娜·伏里夫所写的,题写在她的纪念册上。诗人的这首诗后来不胫而走,成为诗人广为流传的作品。

诗人以普普通通的句子,通过自己真真切切的生活感受,向女友提出慰藉。这首诗以劝告的口吻和平等的语气娓娓写来,语调亲密和婉,热诚坦率;诗句清新流畅,热烈深沉,有丰富的人情味和哲理意味,表达了诗人真诚博大的情怀和坚强乐观的思想情怀。

开头是一个假设,"假如生活欺骗了你",这假设会深深伤害人们,足以使脆弱的人们丧失生活的信心,足以使那些不够坚强的人面临"灾难"。那的确是个很糟糕的事情,但诗人并不因为这而消沉、逃避和心情忧郁,不会因为被生活欺骗而去愤慨,做出出格的事情。诗中阐明了这样一种乐观坚强、积极向上的人生态度:当生活欺骗了你时,不要悲伤,不要心急。生活中不可能没有痛苦与悲伤,欢乐不会永远被忧伤所掩盖。正如诗中写到的那样,"忧郁的日子里需要镇静,/相信吧,快乐的日子就会来临!",生活往往是有曲折才会有更深刻的体会;失去了,才能知道拥有的可贵。

诗人在诗中提出了一种面向未来的生活观。"心儿永远向往着未来",尽管"现在却常是忧郁",现实的世界可能是令人悲哀的,可能会受到欺骗,但这是暂时的,不会停留在这儿,不会就在这儿止步。要用对立统一、变化发展的观点看待生活,理想与现实的矛盾,在生活中总会出现。正视理想与现实的矛盾,坚持美好的信念和进取的态度,才能更好地把握住现实,才能真切地感受到一切艰难险阻都是暂时的,因而那逝去的也就变得可爱,这才是值得提倡的生活态度,也是生活中的辩证思想。

最为经典的尾句"一切都是瞬息,一切都将会过去;/而那过去了的,就会成为亲切的怀恋",表明诗人积极的人生态度,并告诉人们,困难迟早是会成为过去的,而那些过去的将成为人生财富,这些经验将有助于人们领悟人生的真谛,走完人生的道路。当成功后,人们回首一望,这些就成了自己成功路上的足迹、见证。

这首诗的前四行侧重于安慰困苦悲伤中的某个人,这也许就是诗人自己,诗人生活在法国大革命精神在欧洲大陆产生广泛影响的时代。那时的俄国,一方面处于沙皇暴政的统治下,另一方面,人民的自由意识大大觉醒,起义和反抗此起彼伏。诗人出身贵族,有着强烈的自由民主意识。这些注定了诗人的生活会充满暗礁、漩涡、险滩和坎坷不平。诗人在面对困苦时坚定自己对生活的信心,诗人就靠着信心去战胜一个又一个暴力的压迫。而后四行则试图理性地解释悲伤和泪水有害无益。困境中的温和、平静是生活的大智慧,只要保持一颗乐观的心,机会永远在那里,逃避困境,回避现实都于事无补。无论灾难何时发生,都要学会豁达从容,积极勇敢地面对困难,精神抖擞地直面沮丧,怀着一颗谦卑的心去战胜困难,只有这样,希望才一直都在,才能看到雨后彩虹的绚烂,体会到重重磨难之后的人生幸福。

诗人对生活的假设,引起很多人的共鸣。正是这种生活观,这种对人生的信心,这种面对坎坷的坚强和勇敢使得这首诗流传久远。

(四)余华《活着》

请学生自行搜索本文并阅读。

【作者简介】

余华,1960年4月3日生于浙江杭州,当代作家。中国作家协会第九届全国委员会委员。

1977年中学毕业后,进入北京鲁迅文学院进修深造。1983年开始创作,同年进入浙江省海盐县文化馆。1984年开始发表小说,《活着》和《许三观卖血记》同时入选百位批评家和文学编辑评选的二十一世纪九十年代最具有影响的十部作品。1998年获意大利格林扎纳·卡佛文学奖。2005年获得中华图书特殊贡献奖。

【作品赏析】

《活着》讲述了在大时代背景下,随着"国共内战""三反五反""大跃进""文化大革命"等社会变革,徐福贵的人生和家庭不断经受着苦难,到了最后所有亲人都先后离他而去,仅剩下年老的他和一头老牛相依为命的故事。《活着》展现了一个又一个人的死亡过程,掀起一波又一波无边无际的苦难波浪,表现了一种面对死亡过程的可能的态度。活着本身很艰难,延续生命就得艰难地活着,正因为异常艰难,活着才具有深刻的含义。没有比活着更美好的事,也没有比活着更艰难的事。

从艺术心理学的角度来看,《活着》的材料与形式之间存在着内在的不一致,但是作者以精心布置的形式克服了题材的局限性,使作品达到了材料和形式的和谐统一,从而实现了情感的升华,使读者的灵魂在苦难中得到了净化,获得了艺术上的审美。

作者用类似新写实主义小说的叙事风格——零度介入的方式来展现《活着》的悲剧美。作者可以排除主体对苦难人生作明确的价值判断和情感渗透,好像站在"非人间的立场",客观冷静地叙述人间的苦难。客观中立的叙事立场、温情深沉的情感基调在文本中的运用,使得《活着》成为余华的风格的转型标志。

小说运用象征的手法,就是用死亡象征着活着。可能很少有人会遭遇白发人送黑发人的痛苦,而白发人将黑发人一一送走的事情可能只能在小说中可以看到。艺术的真实会让人相信世间不但有过活生生的福贵,而且将来还会有很多。

死亡的重复发生,既给人物心灵巨大打击,也给读者出乎意料的震撼。作者把重复发生的死亡事件镶嵌在日常琐碎的生活里,放大了"苦难"的广度和深度,使渺小而软弱的人物面对巨大的苦难形成的力量悬殊,从而产生一种强烈的命运感;同时,也放大了人物身上所具有的闪光的精神力量,从而使整部作品充满了艺术张力。作品中死亡的重复发生,除了福贵的父亲、母亲、妻子家珍的死存在合理的因素,其他人物的死亡无不出于偶然:儿子友庆死于抽血过多,女儿凤霞死于生孩子,女婿二喜死于建筑事故,外孙苦根吃豆子撑死,最后福贵所有的亲人都一个个死去,只剩下他一个孤零零的老头和一头同样年迈的老牛相伴,并且是那样乐观豁达地活着,完全出乎人的意料。小说通过这些出乎意料的死亡重复,更加彰显了活着的意义和难能可贵。

第七章 感恩宽容

一、导语

"六尺巷"的故事想必大家都很熟悉,据说清朝康熙年间,桐城张英官拜文华殿大学士,老家的宅子和邻居之间有一条一尺宽的小巷,邻居家翻盖新房要占用这条小巷,张家不同意,于是两家发生矛盾,张家写信给张英,张英以诗回信"千里家书只为墙,让他三尺又何妨?长城万里今犹在,不见当年秦始皇"。张家人见信后主动让出三尺,邻居受到感动,也让出三尺,于是就成了"六尺巷"。伟大的文学家、教育家叶圣陶先生说过:"以牙还牙,以眼还眼,这样'还'下去是没有了结的。"生活中不乏锱铢必较、睚眦必报的人,但他们始终活在权衡利弊得失的大喜大悲之中,恐怕生气的时候还在多数。有人说,生气就是拿别人的错误来惩罚自己,既如此,何不宽容一些,像有人说的那样,"既然我们都有缺点,何不彼此包容一点;我们都有优点,何不彼此欣赏一点;我们都有个性,何不彼此谦让一点;我们都有差异,何不彼此接纳一点;我们都有伤心,那就彼此安慰一点;我们都有快乐,可以彼此分享一点"。在生活中看到别人的长处,记得别人对自己的好,珍惜所拥有的一切,并心怀感恩,一时不难,长久不易。

二、阅读

(一)雨果《悲惨世界》(节选)

半夜,冉·阿让醒了。

冉·阿让生在布里的一个贫农家里。他幼年不识字。成人以后,在法维洛勒做修树枝的工人,他的母亲叫让·马弟,他的父亲叫冉·阿让,或让来,让来大致是诨名,也是"阿让来了"的简音。

冉·阿让生来就好用心思,但并不沉郁,那是富于情感的人的特性。但是他多少有些昏昏沉沉、无足轻重的味儿,至少表面如此。他在很小时就失去父母。他的母亲是因为害乳炎,诊治失当死的。他的父亲和他一样,也是个修树枝的工人,从树上摔下来死的。冉·阿让只剩一个姐姐,姐姐孀居,有七个子女。把冉·阿让抚养成人的就是这个姐姐。丈夫在世时,她一直负担着她小弟弟的膳宿。丈夫死了。七个孩子中最大的一个有八岁,最小的一岁。冉·阿让刚到二十五岁,他代行父职,帮助姐姐,报答她当年抚养之恩。那是很自然的事,像一种天职似的,冉·阿让甚至做得有些过火。他的青年时期便是那样在干着报酬微薄的辛苦工作中消磨过去的。他家乡的人从来没有听说他有过"女朋友"。他没有时间去想爱情问题。

他天黑回家,筋疲力尽,一言不发,吃他的菜汤。他吃时,他姐姐时常从他的汤瓢里把他食物中最好的一些东西,一块瘦肉,一片肥肉,白菜的心,拿给她的一个孩子吃。他呢,俯在桌上,头几乎浸在汤里,头发垂在瓢边,遮着他的眼睛,只管吃,好像全没看见,让人家拿。

在法维洛勒的那条小街上,冉阿让茅屋斜对面的地方,住着一个农家妇女,叫玛丽·克洛德,阿让家的孩子们,挨饿是常事,他们有时冒他们母亲的名,到玛丽·克洛德那里去借一勺牛奶,躲在篱笆后面或路角上喝起来,大家拿那奶罐抢来抢去,使那些小女孩子紧张到泼得身上、颈子上都是奶。母亲如果知道了这种欺诈行为,一定会严厉惩罚这些小骗子的。冉·阿让气冲冲,嘴里唠叨不绝,瞒着孩子们的母亲把牛奶钱照付给玛丽·克洛德,他们才没有挨揍。

在修树枝的季节里,他每天可以赚十八个苏,过后他就替人家当割麦零工、小工、牧牛人、苦工。他做他能做的事。他的姐也做工,但是拖着七个孩子怎么办呢?那是一群苦恼的人,穷苦把他们逐渐围困起来。有一年冬季,冉·阿让找不到工作。

家里没有面包。绝对没有一点面包,却有七个孩子。

住在法维洛勒的天主堂广场上的面包店老板穆伯·易查博,一个星期日的晚上正预备去睡时,忽听得有人在他铺子的那个装了铁丝网的玻璃橱窗上使劲打了一下。他赶来正好看见一只手从铁丝网和玻璃上被拳头打破的一个洞里伸进来,把一块面包抓走了。易查博赶忙追出来,那小偷也拼命逃,易查博跟在他后面追,捉住了他。他丢了面包,胳膊却还流着血。

那正是冉·阿让。

那是一七九五年的事。冉·阿让被控为"黑夜破坏有人住着的房屋入内行窃",送到当时的法院。他原有一支枪,他比世上任何枪手都射得好,有时并且喜欢私自打猎,那对他是很不利的。大家对私自打猎的人早有一种合法的成见。私自打猎的人正如走私的人,都和土匪相去不远。但是,我们附带说一句,那种人和城市中那些卑鄙无耻的杀人犯比较起来总还有天壤之别。私自打猎的人住在森林里,走私的人住在山中或海上。城市会使人变得凶残,因为它使人腐化堕落。山、海和森林使人变得粗野。它们只发展这种野性,却不毁灭人性。

冉·阿让被判罪。法律的条文是死板的。在我们的文明里,有许多令人寒心的时刻,那就是刑法令人陷入绝境的时刻。一个有思想的生物被迫远离社会,遭到了无可挽救的遗弃,那是何等悲惨的日子!冉·阿让被宣判服五年苦役。

一七九六年四月二十二日,巴黎正欢呼意大利前线[1]总指挥(共和四年花月二日执政内阁致五百人院咨文中称作Buona—Parte[2]的那位总指挥)在芒泰诺泰[3]所获的胜利。这同一天,在比塞特监狱中却扣上了一长条铁链。冉·阿让便是那铁链上的一个。当时的一个禁子,现在已年近九十了,还记得非常清楚,那天,那个可怜人待在院子的北角上,被锁在第四条链子的末尾。他和其余的犯人一样,坐在地上。他除了知道他的地位可怕以外好像完全莫名其妙。或许在他那种全无知识的穷人的混沌观念里,他多少也还觉得在这件事里有些过火的地方。当别人在他脑后用大锤钉着他枷上的大头钉时,他不禁痛哭起来。眼泪使他气塞,呜咽不能成声。他只能断续地说:"我是法维洛勒修树枝的工人。"过后,他一面痛哭,一面伸起他的右手,缓缓地按下去,这样一共做了七次,好像他依次抚摩了七个高矮不齐的头顶。我们从他这动作上可以猜想到,他所做的任何事全是为了那七个孩子的衣食。

  他出发到土伦去。他乘着小车,颈上悬着铁链,经过二十七天的路程到了那地方。在土伦,他穿上红色囚衣。他生命中的一切全消灭了,连他的名字也消灭了。他已不再是冉·阿让,而是二四六〇一号。姐姐怎样了呢?七个孩子怎样了呢?谁照顾他们呢?一棵年轻的树被人齐根锯了,它的一撮嫩叶怎样了呢?

  那是千篇一律的经过,那些可怜的活生生的人,上帝的创造物,从此无所凭借,无人指导,无处栖身,只得随着机缘东飘西荡,谁还能知道呵?或者是人各一方,渐渐陷入苦命人的那种丧身亡命的凄凉的迷雾里,一经进入人类的悲惨行列,他们便和那些不幸的黔首一样,一个接一个地消失了。他们背井离乡。他们乡村里的钟塔忘了他们,他们田地边的界石也忘了他们,冉·阿让在监牢里住了几年之后,自己也忘了那些东西。在他的心上,从前有过一条伤口,后来只剩下一条伤痕,如是而已。关于他姐姐的消息,他在土伦从始至终只听见人家稍稍谈到过一次。那仿佛是在他坐监的第四年末。我已经想不起他是从什么地方得到了那消息。有个和他们相识的同乡人看见过他姐姐,说她到了巴黎。她住在常德尔街,即圣稣尔比斯教堂附近的一条穷街。她只带着一个孩子,她最小的那个男孩。其余的六个到什么地方去了呢?也许连她自己也不知道。每天早晨,她到木鞋街三号,一个印刷厂里去,她在那里做装订的女工。早晨六点她就得到厂,在冬季,那时离天亮还很早。在那印刷厂里有个小学校,她每天领着那七岁的孩子到学校里去读书。只不过她六点到厂,学校要到七点才开门,那孩子只好在院里等上一个钟头,等学校开门。到了冬天,那一个钟点是在黑暗中露天里等过的。他们不肯让那孩子进印刷厂的门,因为有人说他碍事。那些工人清早路过那里时,总看见那小把戏沉沉欲睡坐在石子路上,并且常是在一个黑暗的角落里,他蹲在地上,伏在他的篮子上便睡着了。下雨时,那个看门的老婆子看了过意不去,便把他引到她那破屋子里去,那屋子里只有一张破床、一架纺车和两张木椅,小孩便睡在屋角里,紧紧抱着一只猫,可以少受一点冻。到七点,学校开门了,他便跑进去。以上便是冉·阿让听到的话。人家那天把这消息告诉他,那只是极短暂的一刹那,好像一扇窗子忽然开了,让他看了一眼他心爱的那些亲人的命运后随即一切又都隔绝了。从此以后,他再也没有听见人家说到过他们,永远没有得到过关于他们的其他消息,永远没有和他们再见面,也永远没有遇见过他们,并且就是在这一段悲惨故事的后半段,我们也不会再见到他们了。

  到了第四年末,冉·阿让有了越狱的机会。他的同伙帮助他逃走,这类事是同处困境中人常会发生的。他逃走了,在田野里自由地游荡了两天,如果自由这两个字的意义是这样的一些内容:受包围,时时朝后看,听见一点声音便吃惊,害怕一切,害怕冒烟的屋顶、过路的行人、狗叫、马跑、钟鸣、看得见东西的白昼、看不见东西的黑夜、大路、小路、树丛、睡眠。在第二天晚上,他又被逮住了。三十六个钟头以来他没有吃也没有睡。海港法庭对他这次过失,判决延长拘禁期三年,一共是八年。到第六年他又有了越狱的机会,他要利用那机会,但是他没能逃脱。点名时他不在。警炮响了,到了晚上,巡夜的人在一只正在建造的船骨里找到了他,他拒捕,但是被捕了。越狱并且拒捕,那种被特别法典预见的事受了加禁五年的处罚。五年当中,要受两年的夹链。一共是十三年。到第十年,他又有了越狱的机会,他又要趁机试一试,仍没有成功。那次的新企图又被判监禁三年。一共是十六年。到末了,我想是在第十三年内,他试了最后的一次,所得的成绩只是在四个钟头之后又被拘捕。那四个钟头换来了三年的监禁。一共是十九年。到一八一五年的十月里他被释放了。他是在一七九六年关进去的,为了打破一块玻璃,拿了一个面包。

此地不妨说一句题外的话。本书作者在他对刑法问题和法律裁判的研究里遇见的那种为了窃取一个面包而造成终身悲剧的案情,这是第二次。克洛德·格[4]偷了一个面包,冉·阿让也偷了一个面包。英国的一个统计家说,在伦敦五件窃案里,四件是由饥饿直接引起的。

冉·阿让走进牢狱时一面痛哭,一面战栗,出狱时却无动于衷;他进去时悲痛失望,出来时老气横秋。

这个人的心有过怎样的波动呢?

让我们试述一下。

社会必须正视这些事,因为这些事是它自己制造出来的。

我们已经说过,冉·阿让只是个无知识的人,并不是个愚蠢的人,他心里生来就燃着性灵的光。愁苦(愁苦也有它的光)更增加了他心里的那一点微光。他终日受着棍棒、鞭笞、镣铐、禁闭、疲乏之苦,受着狱中烈日的折磨,睡在囚犯的木板床上他扪心自问,反躬自省。

他自己组织法庭。

他开始审问自己。

他承认自己不是一个无罪的人,受的处分也没有过分。他承认自己犯了一种应受指摘的鲁莽的行为;假使当初他肯向人乞讨那块面包,人家也许不会不给;无论给与不给,他总应当从别人的哀怜或自己的工作中去等待那块面包;有些人说肚子饿了也能等待么?这并不是一种无可非难的理由;真正饿死的事根本就很少见到;并且无论是幸或不幸,人类生来在肉体上和精神上总是能长期受苦、多方受苦而不至于送命的;所以应当忍耐;即使是为那些可怜的孩子们着想,那样做也比较妥当些;像他那样一个不幸的贱人也敢挺身和整个社会搏斗,还自以为依靠偷窃,就可以解除困难,那完全是一种疯狂举动;无论怎样,如果你通过一道门能脱离穷困,但同时又落入不名誉的境地,那样的门总还是一扇坏门;总之,他错了。

随后他又问自己:

在他这次走上绝路的过程中,他是否是唯一有过失的人? 愿意工作,但缺少工作,愿意劳动,而又缺少面包,首先这能不能不算是件严重的事呢? 后来,犯了过失,并且招认了,处罚又是否苛刻过分了呢? 法律在处罚方面所犯的错误,是否比犯人在犯罪方面所犯的错误更严重呢? 天平的两端,在处罚那端的砝码是否太重了一些呢? 加重处罚绝不能消除过失;加重处罚的结果并不能扭转情势,并不能以惩罚者的过失代替犯罪者的过失,也并不能使犯罪的人转为受损害的人,使债务人转为债权人,使侵犯人权的人受到人权的保障,这种看法是否正确呢? 企图越狱一次,便加重处罚一次,这种做法的结果,是否构成强者对弱者的谋害,是否构成社会侵犯个人的罪行,并使这种罪行日日都在重犯,一直延续到十九年之久呢?

　　他再问自己:人类社会是否有权使它的成员在某种情况下接受它那种无理的不关心态度,而在另一种情况下又同样接受它那种无情的不放心态度,并使一个穷苦的人永远陷入一种不是缺乏(工作的缺乏)就是过量(刑罚的过量)的苦海中呢? 贫富的形成往往由于机会,在社会的成员中,分得财富最少的人也正是最需要照顾的人,而社会对他们恰又苛求最甚,这样是否合乎情理呢?

　　他提出这些问题,并作出结论以后,他便开始审判社会,并且判了它的罪。

　　他凭心中的愤怒判了它的罪。

　　他认为社会对他的遭遇是应当负责的,他下定决心,将来总有一天,他要和它算账。他宣称他自己对别人造成的损失和别人对他造成的损失,两相比较,太不平衡,他最后的结论是他所受的处罚实际上并不是不公允,而肯定是不平等的。

　　盛怒可能是疯狂和荒诞的,发怒有时也会发错的,但是,人,如果不是在某一方面确有理由,是不会愤慨的。冉•阿让觉得自己在愤慨了。

　　再说,人类社会所加于他的只是残害。他所看到的社会,历来只是它摆在它的打击对象面前自称为正义的那副怒容。世人和他接触,无非是为了要达到迫害他的目的。他和他们接触,每次都受到打击。从他的幼年,从失去母亲、失去姐姐以来,他从来没有听到过一句友好的言语,也从没有见过一次和善的嘴脸。由痛苦到痛苦,他逐渐得出了一种结论:人生即战争,并且在这场战争里,他是一名败兵。他除了仇恨以外没有其他武器。于是他下定决心,要在监牢里磨炼他这武器,并带着它出狱。

　　有些无知的教士在土伦办了一所囚犯学校,把一些必要的课程教给那些不幸人中的有毅力者。他就是那些有毅力者中的一个。他四十岁进学校,学习了读,写,算。他感到提高他的知识,也就是加强他的仇恨。在某种情况下,教育和智力都是可以起济恶的作用的。

　　有件事说来很可惜,他在审判了造成他的不幸的社会以后,他接着又审判创造社会的上帝。

　　他也定了上帝的罪。

　　在那十九年的苦刑和奴役中,这个人的心是一面上升,一面也堕落了。他一面醒悟,一面糊涂。

我们已经知道,冉·阿让并不是一个生性恶劣的人。初进监牢时他还是个好人。他在监牢里判了社会的罪后觉得自己的心狠起来了,在判了上帝的罪后他觉得自己成了天不怕地不怕的人了。

我们在这里不能不仔细想想。

人的性情真能那样彻头彻尾完全改变吗?人由上帝创造,生而性善,能通过人力使他性恶吗?灵魂能不能由于恶劣命运的影响彻底转成恶劣的呢?人心难道也能像矮屋下的背脊一样,因痛苦压迫过甚而蜷曲萎缩变为畸形丑态,造成各种不可救药的残废吗?在每个人的心里,特别是在冉·阿让的心里,难道没有一点原始的火星,一种来自上帝的素质,在人间不朽,在天上不灭,可以因善而发扬、鼓舞、光大、昌炽,发为奇观异彩,并且永远也不会完全被恶扑灭吗?

这是一些严重而深奥的问题,任何一个生理学家,他如果在土伦看见过这个苦役犯叉着两条胳膊,坐在绞盘的铁杆上休息(休息也就是冉·阿让思前想后的时刻),链头纳在衣袋里,以免拖曳,神情颓丧、严肃、沉默、若有所思;他如果看见过这个被法律抛弃的贱人经常以愤怒的眼光注视着所有的人,他如果看见过这个被文明排斥了的罪犯经常以严厉的颜色仰望天空,他也许会不假思索地对上面那些问题中最后的一个,回答说:"没有。"

……

当冉·阿让出狱时,他听见有人在他耳边说了这样一句奇特的话"你自由了",那一片刻竟好像是不真实的,闻所未闻的;一道从不曾有过的强烈的光,一道人生的真实的光突然射到他的心里。但是这道光,一会儿就黯淡下去了。冉·阿让起初想到自由,不禁欣然自喜,他以为得着新生命了。但他很快又想到,既然拿的是一张黄护照,所谓自由也就是那么一回事。

而且在这件事上也还有不少的苦情。他计算过,他的储蓄,按照他在狱中度过的岁月计算,本应有一百七十一个法郎。还应当指出,十九年中,礼拜日和节日的强迫休息大致要使他少赚二十四个法郎,他还忘了把那个数目加入他的账目。不管怎样,他的储蓄经过照例的七折八扣以后,已减到一百〇九个法郎十五个苏。那就是他在出狱时所领到的。

他虽然不了解这其中的道理,但他认为他总是吃了亏。让我们把话说明白,他是被人盗窃了。

出狱的第二天,他到了格拉斯,他在一家橙花香精提炼厂的门前,看见许多人在卸货。他请求加入工作。那时工作正吃紧,他们同意了。他便动起手来。他聪明、强壮、伶俐,他尽力搬运,主人好像也满意。正在他工作时,有个警察走过,注意到他,便向他要证件。他只好把那黄护照拿出来。警察看完以后,冉·阿让又去工作。他先头问过一个工人,做那种工作每天可以赚多少钱。那工人回答他说:"三十个苏。"到了晚上,他走去找那香精厂的厂主,请把工资付给他,因为他第二天一早便得上路。厂主没说一句话,给了他十五个苏。他提出要求。那人回答他说:"这对你已是够好的了。"他仍旧要。那主人睁圆了两只眼睛对他说:"小心黑屋子。"

那一次，他又觉得自己被盗窃了。

社会、政府，在削减他的储蓄上大大地盗窃了他一次，现在是轮到那小子来偷窃他了。

被释放并不等于得到解放。他固然出了牢狱，但仍背着罪名。

那就是他在格拉斯遇到的事，至于后来他在迪涅受到的待遇，我们已经知道了。

……

冉·阿让逃也似的出了城。他在田亩中仓皇乱窜，不问大路小路，遇着就走，也不觉得他老在原处兜圈子。他那样瞎跑了一早晨，没吃东西，也不知道饿。他被一大堆新的感触控制住了。他觉得自己怒不可遏，却又不知道怒为谁发。他说不出他是受了感动还是受了侮辱。有时他觉得心头有一种奇特的柔和滋味，他却和它抗拒，拿了他过去二十年中立志顽抗到底的心情来对抗。这种情形使他感到疲乏。过去使他受苦的那种不公平的处罚早已使他决心为恶，现在他觉得那种决心动摇了，反而感到不安。他问自己：以后将用什么志愿来代替那种决心？有时，他的确认为假使没有这些经过，他仍能和警察相处狱中，他也许还高兴些，他心中也就可以少起一些波动。当时虽然已近岁暮，可是在青树篱中，三三两两，偶然也还有几朵晚开的花，他闻到花香，触起了童年的许多往事。那些往事对他几乎是不堪回首的，他已有那么多年不去想它了。

因此，那一天，有许许多多莫名其妙的感触一齐涌上他的心头。

正当落日西沉、地面上最小的石子也拖着细长的影子时，冉·阿让坐在一片绝对荒凉的红土平原中的一丛荆棘后面。远处，只望见阿尔卑斯山。连远村的钟楼也瞧不见一个。冉·阿让离开迪涅城大致已有三法里了。在离开荆棘几步的地方，横着一条穿过平原的小路。

他正在胡思乱想，当时如果有人走来，见了他那种神情，必然会感到他那身褴褛衣服格外可怕。正在那时，他忽然听到一阵欢乐的声音。

他转过头，看见一个十岁左右的穷孩子顺着小路走来，嘴里唱着歌，腰间一只摇琴，背上一只田鼠笼子，这是一个那种嬉皮笑脸、四乡游荡、从裤腿窟窿里露出膝头的孩子中的一个。

那孩子一面唱，一面又不时停下来，拿着手中的几个钱，做"抓子儿"游戏，那几个钱，大致就是他的全部财产了。里面有一个值四十苏的钱。

孩子停留在那丛荆棘旁边，没有看见冉·阿让，把他的一把钱抛起来，他相当灵巧，每次都个个接在手背上。

可是这一次他那个值四十苏的钱落了空，向那丛荆棘滚了去，滚到了冉·阿让的脚边。

冉·阿让一脚踏在上面。

可是那孩子的眼睛早随着那个钱，他看见冉·阿让用脚踏着。

他一点也不惊慌，直向那人走去。

那是一处绝对没有人的地方。在视线所及的范围内，绝没有一个人在平原和小路上。他们只听见一群掠空而过的飞鸟从高空送来微弱的鸣声。那孩子背朝太阳，日光把他的头发照成缕缕金丝,用血红的光把冉•阿让的凶悍的脸照成紫色。

"先生,"那穷孩子用蒙昧和天真合成的赤子之心说,"我的钱呢?"

"你叫什么?"冉•阿让说。

"小瑞尔威,先生。"

"滚!"冉•阿让说。

"先生,"那孩子又说,"请您把我的那个钱还我。"

冉•阿让低下头,不答话。

那孩子再说:

"我的钱,先生!"

冉•阿让的眼睛仍旧盯在地上。

"我的钱!"那孩子喊起来,"我的白角子!我的银钱!"

冉•阿让好像全没听见。那孩子抓住他的布衫领,推他。同时使劲推开那只压在他宝贝上面的铁钉鞋。

"我要我的钱!我要我值四十个苏的钱!"

孩子哭起来了。冉•阿让抬起头,仍旧坐着不动。他眼睛的神气是迷糊不清的。他望着那孩子有点感到惊奇,随后,他伸手到放棍子的地方,大声喊道:

"谁在那儿?"

"是我,先生,"那孩子回答,"小瑞尔威。我!我!请您把我的四十个苏还我!把您的脚拿开,先生,求求您!"

他年纪虽小,却动了火,几乎有要硬干的神气:

"哈!您究竟拿开不拿开您的脚?快拿开您的脚!听见了没有?"

"呀!又是你!"冉•阿让说。

随后,他忽然站起来,脚仍旧踏在银币上,接着说:

"你究竟走不走!"

那孩子吓坏了,望着他,继而从头到脚哆嗦起来,发了一会呆,逃了,他拼命跑,不敢回头,也不敢叫。

但是他跑了一程过后,喘不过气了,只得停下来。冉•阿让在紊乱的心情中听到了他的哭声。

过一会,那孩子不见了。

太阳也落下去了。

黑暗渐渐笼罩着冉•阿让的四周。他整天没有吃东西,他也许正在发寒热。

他仍旧立着,自从那孩子逃走以后,他还没有改变他那姿势。他的呼吸,忽长忽促,胸膛随着起伏。他的眼睛盯在他前面一二十步的地方,仿佛在专心研究野草中的一块碎蓝瓷片的形状。

忽然,他哆嗦了一下,此刻他才感到夜寒。

他重新把他的鸭舌帽压紧在额头上,机械地动手去把他的布衫拉拢,扣上,走了一步,弯下腰去,从地上拾起他的棍子。

这时,他忽然看见了那个值四十个苏的钱,他的脚已把它半埋在土中了,它在石子上发出闪光。

这一下好像是触着电似的,"这是什么东西?"他咬紧牙齿说。他向后退了三步,停下来,无法把他的视线从刚才他脚踏着的那一点移开,在黑暗里闪光的那件东西,仿佛是一只盯着他的大眼睛。

几分钟过后,他慌忙向那银币猛扑过去,捏住它,立起身来,向平原的远处望去,把目光投向天边四处,站着发抖,好像一只受惊以后要找地方藏身的猛兽。

他什么也瞧不见。天黑了,平原一片苍凉。紫色的浓雾正在黄昏的微光中腾起。他说了声"呀",急忙向那孩子逃跑的方向走去。走了百来步以后,他停下来,向前望去,可是什么也看不见。

于是他使出全身力气,喊道:

"小瑞尔威!小瑞尔威!"

他住口细听。没有人回答。

那旷野是荒凉凄黯的。四周一望无际,全是荒地。除了那望不穿的黑影和叫不破的寂静以外,一无所有。

一阵冷峭的北风吹来,使他四周的东西都呈现出愁惨的景象。几棵矮树,摇着枯枝,带有一种不可思议的愤怒,仿佛要恐吓追扑什么人似的。

他再往前走,随后又跑起来,跑跑停停,在那寂寥的原野上,吼出他那无比凄惨惊人的声音:

"小瑞尔威!小瑞尔威!"

如果那孩子听见了,也一定会害怕,会好好地躲起来。不过那孩子,毫无疑问,已经走远了。

他遇见一个骑马的神甫。他走到他身边,向他说:

"神甫先生,您看见一个孩子走过去吗?"

"没有。"神甫说。

"一个叫小瑞尔威的?"

"我谁也没看见。"

他从他钱袋里取出两枚五法郎的钱,交给神甫。

"神甫先生,这是给您的穷人的。神甫先生,他是一个十岁左右的孩子,他有一只田鼠笼子,我想,还有一把摇琴。他是向那个方向走去的。他是一个通烟囱的穷孩子,您知道吗?"

"我确实没有看见。"

"小瑞尔威?他不是这村子里的吗?您能告诉我吗?"

"如果他是像您那么说的,我的朋友,那就是一个从别处来的孩子了。他们经过这里,却不会有人认识他们。"

冉·阿让另又拿出两个五法郎的钱交给神甫。

"给您的穷人。"他说。

随后他又迷乱地说:

"教士先生,您去叫人来捉我吧。我是一个窃贼。"

神甫踢动双腿,催马前进,魂飞天外似的逃了。

冉·阿让又朝着他先头预定的方向跑去。

他那样走了许多路,张望,叫喊,呼号,但是再也没有碰见一个人。他在那原野里,看见一点像是卧着或蹲着的东西,他就跑过去,那样前后有两三次,他见到的只是一些野草,或是露在地面上的石头,最后,他走到一个三岔路口,停下来。月亮出来了。他张望远处,做了最后一次的呼唤:"小瑞尔威!小瑞尔威!小瑞尔威!"他的呼声在暮霭中消失,连回响也没有了。他嘴里还念着:"小瑞尔威!"但是声音微弱,几乎不成字音。那是他最后的努力,他的膝弯忽然折下,仿佛他良心上的负担已成了一种无形的威力突然把他压倒了似的,他精疲力竭,倒在一块大石头上,两手握着头发,脸躲在膝头中间,他喊道:

"我是一个无赖!"

他的心碎了,他哭了出来,那是他第一次流泪。

冉·阿让从主教家里出来时,我们看得出来,他已完全摆脱了从前的那种思想。不过他一时还不能分辨自己的心情。他对那个老人的仁言懿行还强自抗拒。"您允诺了我做诚实人。我赎买了您的灵魂,我把它从污秽当中救出来交给慈悲的上帝。"这些话不停地回到他的脑子里。他用自己的傲气来和那种至高无上的仁德对抗,傲气真是我们心里的罪恶堡垒。他仿佛觉得,神甫的原有是使他回心转意的一种最大的迫击和最凶猛的攻势,如果他对那次恩德还要抵抗,那他就会死硬到底,永不回头;如果他屈服,他就应当放弃这许多年来别人种在他心里、也是他自鸣得意的那种仇恨。那一次是他的胜败关头,那种斗争,那种关系着全盘胜负的激烈斗争,已在他自身的凶恶和那人的慈善间展开了。

他怀着一种一知半解的心情,醉汉似的往前走。当他那样惝恍迷离往前走时,他对这次在迪涅的意外遭遇给他的后果是否有一种明确的认识呢?在人生的某些时刻,常有一种神秘的微音来惊觉或搅扰我们的心神,他是否也听到过这种微音呢?是否有种声音在他的耳边说他正在经历他生命中最严重的一刻呢?他已没有中立的余地,此后他如果不做最好的人,就会做最恶的人,现在他应当超过主教(不妨这样说),否则就会堕落到连苦役犯也不如,如果他情愿为善,就应当做天使,如果他甘心为恶,就一定做恶魔。

在此地,我们应当再提出我们曾在别处提出过的那些问题,这一切在他的思想上是否多少发生了一点影响呢?当然,我们曾经说过,艰苦的生活能教育人,能启发人,但是在冉·阿让那种水平上,他是否能分析我们在此地指出的这一切,那却是一个疑问,如果他对那些思想能有所体会,那也只是一知半解,他一定看不清楚,并且那些思想也只能使他堕入一种烦恼,使他感到难堪,几乎感到痛苦。他从所谓牢狱的那种畸形而黑暗的东西里出来后,主教已伤了他的灵魂,正如一种太强烈的光会伤他那双刚从黑暗中出来的眼睛一样。将来的生活,摆在他眼前的那种永远纯洁、光彩、完全可能实现的生活,使他战栗惶惑。他确实不知道怎么办。正如一只骤见日出的枭鸟,这个罪犯也因见了美德而目眩,并且几乎失明。

有一点可以肯定,并且是他自己也相信的,那就是他已不是从前那个人了,他的心完全变了,他已没有能力再去做主教不曾和他谈到也不曾触及的那些事了。

在这样的思想状况下,他遇到了小瑞尔威,抢了他的四十个苏。那是为什么?他一定不能说明,难道这是他从监牢里带来的那种恶念的最后影响,好比临终的振作,冲动的余力,力学里所谓"惯性"的结果吗?是的。也许还不完全是。我们简单地说说,抢东西的并不是他,并不是他这个人,而是那只兽,当时他心里有那么多初次感到的苦恼,正当他作思想斗争时,那只兽,由于习惯和本能作用,便不自觉地把脚踏在那钱上了。等到心智清醒以后,看见了那种兽类的行为,冉·阿让才感到痛心,向后退却,并且惊骇到大叫起来。

抢那孩子的钱,那已不是他下得了手的事,那次的非常现象只是在他当时的思想情况下才有发生的可能。

无论如何,这最后一次恶劣的行为对他起了一种决定性的效果。这次的恶劣行为突然穿过他的混乱思想并加以澄清,把黑暗的障碍置在一边,光明置在另一边,并且按照他当时的思想水平,影响他的心灵,正如某些化学反应体对一种混浊的混合物发生作用时的情况一样,它能使一种元素沉淀,另一种澄清。

最初,在自我检查和思考之先,他登时心情慌乱,正如一个逃命的人,狠命追赶,要找出那个孩子把钱还给他;后来等到他明白已经太迟,不可能追上时,他才大失所望,停了下来。当他喊着"我是一个无赖"时,他才看出自己是怎样一个人,在那时,他已离开他自己,仿佛觉得他自己只是一个鬼,并且看见那个有肉有骨、形象丑恶的苦役犯冉·阿让就立在他面前,手里拿着棍,腰里围着布衫,背上的布袋里装满了偷来的东西,面目果决而忧郁,脑子里充满卑劣的阴谋。

我们已指出过,过分的痛苦使他成了一个多幻想的人,那正好像是一种幻境,他确实看见了冉·阿让的那副凶恶面孔出现在他前面。他几乎要问他自己那个人是谁,并且对他起了强烈的反感。

人在幻想中,有时会显得沉静到可怕,继而又强烈地激动起来,惑于幻想的人,往往无视于实际,冉·阿让当时的情况,正是那样。他看不见自己周围的东西,却仿佛看见心里的人物出现在自己的面前。

我们可以这样说,他正望着他自己,面面相觑,并且同时通过那种幻景,在一种神妙莫测的深远处看见一点光,起初他还以为是什么火炬,等到他再仔细去看那一点显现在他良心上的光时,他才看出那火炬似的光具有人形,并且就是那位主教。

他的良心再三再四地研究那样立在他面前的两个人,主教和冉·阿让。要驯服第二个就非第一个不行。由于那种痴望所特具的奇异效力,他的幻想延续越久,主教的形象也越高大,越在他眼前显得光辉灿烂,冉·阿让却越来越小,也越来越模糊。到某一时刻他已只是个影子。忽然一下,他完全消失了。

只剩下那个主教。

他让灿烂光辉充实了那个可怜人的全部心灵。

冉·阿让哭了许久,淌着热泪,痛不成声,哭得比妇女更柔弱,比孩子更慌乱。

正在他哭时,光明逐渐在他脑子里出现了,一种奇特的光,一种极其可爱同时又极其可怕的光。他已往的生活,最初的过失,长期的赎罪,外貌的粗俗,内心的顽强,准备在出狱后痛痛快快报复一番的种种打算,例如在主教家里干的事,他最后干的事,抢了那孩子的四十个苏的那一次罪行,并且这次罪行是犯在获得主教的宥免以后,那就更加无耻,更加丑恶;凡此种种都回到了他脑子里,清清楚楚地显现出来,那种光的明亮是他生平从未见过的。他回顾他的生活,丑恶已极,他的心灵,卑鄙不堪。但是在那种生活和心灵上面有一片和平的光。

他好像是在天堂的光里看见了魔鬼。

他那样哭了多少时间呢?哭过以后,他做了些什么呢?他到什么地方去了呢?从来没有人知道。但有一件事似乎是可靠的,就是在那天晚上,有辆去格勒诺布尔的车子,在早晨三点左右到了迪涅,在经过主教院街时,车夫曾看见一个人双膝跪在下福汝主教大门外的路旁,仿佛是在黑暗里祈祷。

【注释】

[1] 当时欧洲联盟国的军队从意大利和莱茵河两方面进攻革命的法国,拿破仑从意大利出击,在意大利境内击溃奥地利军队以后,直趋维也纳,以一年时间,迫使奥地利求和。

[2] 拿破仑出生于科西嘉岛,该岛原属意大利,一七六八年卖给法国。他的姓,Bonaparte(波拿巴),按原来意大利文写法是 Buonaparte。此处所言咨文,将一字写成两字,盖当时其名未显,以致发生这一错误。

[3] 芒泰诺泰(Montenotte),意大利北部距法国国境不远的一个村镇。

[4] 克洛德·格(Claude Gueux),雨果一八三四年为穷苦人民呼吁的小说《克洛德·格》的主角。

【作者简介】

维克多·雨果(1802—1885),法国作家,19世纪前期积极浪漫主义文学的代表作家,人道主义的代表人物,法国文学史上卓越的资产阶级民主作家,被人们称为"法兰西的莎士比亚"。一生写过多部诗歌、小说、剧本、各种散文和文艺评论及政论文章,在法国及世界有着广泛的影响力。

1802年,雨果生于法国贝桑松,上有兄长二人。13岁时与兄长进入寄读学校就学,兄弟均成为学生领袖。雨果在16岁时已能创作杰出的诗句,21岁时出版诗集,声名大噪。1845年,法王路易·菲利普绥予雨果上议院议员职位,自此专心从政。1848年法国二月革命爆发,法王路易被逊位;雨果于此时期四处奔走鼓吹革命,为人民贡献良多,赢得新共和政体的尊敬,晋封伯爵,并当选国民代表及国会议员。3年后,拿破仑三世称帝,雨果对此大加攻击,因此被放逐国外。此后20年间雨果各处漂泊,此时期完成小说《悲惨世界》。1870年法国恢复共和政体(法兰西第三共和国),雨果亦结束流亡生涯,回到法国。1885年,雨果辞世。法国人民为这位伟大的诗人举行了国葬。

雨果的创作历程超过60年,其作品包括26卷诗歌、20卷小说、12卷剧本、21卷哲理论著,合计79卷。其代表作有长篇小说《巴黎圣母院》《九三年》和《悲惨世界》,短篇小说有《"诺曼底"号遇难记》等。

【作品赏析】

《悲惨世界》的主题是人类与邪恶之间不懈的斗争。人类本性是纯洁善良的,想走向幸福,但要经过苦难的历程。书中穿插当时法国革命动乱的背景和拿破仑滑铁卢战役的描写,以及当时法国社会的很多细节,比如俚语、下水道和女修道院等情况。

小说主人公冉·阿让一生的道路坎坷,几乎经历了各种非凡的事件。他是一个浪漫主义色彩浓厚的传奇性的主人公。这个人物的浪漫主义色彩,更多地表现在他的道德精神方面,他的精神历程也像史诗一样可歌可泣。他本是一个本性善良的劳动者,社会的残害、法律的惩罚、现实的冷酷使他"逐渐成了猛兽",盲目向社会进行报复,以致犯下了真正使他终身悔恨的错事,而这种悔恨却又导致一种更深刻的觉悟,成为他精神发展的起点,促使他的精神人格上升到了崇高的境界。

冉·阿让并不是一个抽象的人。从出身、经历、品德、习性各方面来说,他都是一个劳动者。他体现了劳动人民各种优秀的品质,他是被压迫、被损害、被侮辱的劳苦人民的代表。他的全部经历与命运,都具有一种崇高的悲怆性,这种有社会代表意义的悲怆性,使得《悲惨世界》成为表现劳苦大众在黑暗社会里挣扎与奋斗的悲怆史诗。

【思考练习】

(1) 是谁促使冉·阿让的内心发生了变化?为什么能发生这么大的变化?

(2) 了解《悲惨世界》整部小说的情节,概述故事内容。

(二) 季羡林《容忍》

请学生自行搜索本文并阅读。

【作者简介】

季羡林(1911—2009),山东省聊城人,字希逋,又字齐奘。国际著名东方学大师、语言学家、文学家、国学家、佛学家、史学家、教育家和社会活动家。历任中国科学院哲学社会科学部委员、聊城大学名誉校长、北京大学副校长、中国社会科学院南亚研究所所长,是北京大学的终身教授,与饶宗颐并称为"南饶北季"。

季羡林早年留学国外,通英文、德文、梵文、巴利文,能阅俄文、法文,尤精于吐火罗文(原始印欧语系中的一种独立语言),是世界上少有的精于此语言的学者之一,为"梵学、佛学、吐火罗文研究并举,中国文学、比较文学、文艺理论研究齐飞"。其著作汇编成《季羡林文集》,共24卷。生前曾撰文三辞桂冠:国学大师、学界泰斗、国宝。

【作品赏析】

求解季羡林先生一生的精神依归,可能还需要从他个人的文字里寻求答案。季羡林晚年留下大量随笔,不乏对时代和人生的感悟与反思。从这些文字可以看出,季羡林大半辈子所践行的人生哲学,主要是两个字:容忍。这两个字既是季羡林的处世方式,也是他学术人生的精神所在。这恰和胡适晚年提出的"容忍比自由更重要"的思想内涵,在一定程度上不谋而合。

(三)汪曾祺《继母》

请学生自行搜索本文并阅读。

【作者简介】

汪曾祺(1920—1997),江苏高邮人。1939年就读于西南联合大学,为沈从文先生的学生。约1940年开始发表散文及小说。大学时期受阿索林及弗吉尼亚·伍尔夫的影响,文字飘逸。以后备尝艰难辛苦,作品现实感渐强,也更致力于吸收中国文学的传统。毕业后曾做过中学教员,历史博物馆的职员。1949年以后,做了多年文学期刊编辑。曾编过《北京文艺》《说说唱唱》《民间文学》。1962年到北京京剧院担任编剧,直至离休。著有小说集《邂逅集》《晚饭花集》《菰蒲深处》《矮纸集》,散文集《蒲桥集》《晚翠文谈》《塔上随笔》《独坐小品》《旅食集》《逝水》等。

【作品赏析】

在我们民族旧有观念里,继母绝不只是一个身份、一个称谓那么简单,继母往往会在家庭成员关系上打上一个死结,该文就是打开这个死结做出的努力,是对人性坍塌的拯救。

第八章　责任承诺

一、导语

有一句话说:"哪有什么岁月静好,只因有人替你负重前行。"这个人,可能是父母、是师长、是亲友,也可能是生活中只有一面之缘、不知名姓的陌生人。危难之中恪尽职守的英雄们不辱使命,是尽职尽责的表现;平淡生活中为养育孩子不辞辛劳正当谋生的父母是在勇挑责任;在平凡工作岗位上做好本职工作的普通职员也一样是有责任有担当的人。不久的将来,我们将步入社会,扮演不同的人生角色,你会是一个有责任、有担当、演好自己角色的那个负重前行的人吗?

二、阅读

(一) 阿尔伯特·哈伯德《把信送给加西亚》

"到哪里能找到把信送给加西亚的人?"美国总统麦金莱问情报局局长阿瑟·瓦格纳上校。

上校迅速答道:"我有一个人——一个年轻的中尉,安德鲁·罗文。如果有人能把信送给加西亚,那么他就是罗文。"

"派他去!"总统下命令。

美国正在与西班牙交战,总统急切地希望得到有关情报。他认识到美国军队必须和古巴的起义军密切配合才能取得胜利。他需要掌握西班牙军队在岛上的部署情况,包括士气、军官尤其是高级军官的性格、古巴的地形、一年四季的路况,以及西班牙军队和起义军及整个国家的医疗状况、双方装备,等等。除此之外,还希望了解在美国部队集结期间,古巴起义军需要什么样的帮助才能困住敌人,以及其他许多重要情报。

总统的命令就三个字,如同上校的回答一样,干脆果断。当务之急就是找到把信送给加西亚的人。

一小时以后,时值中午,瓦格纳上校通知我下午一点钟到军部去。到了军部,上校什么也没说,带我上了一驾马车,车棚遮得严严实实的,看不清行驶的方向。车里光线幽暗,空气也很沉闷,上校首先打破了沉默,问道:"下一班去往牙买加的船何时出发呀?"

我迟疑了一分钟,然后回答他:"一艘名为安迪伦达克的轮船明天中午从纽约起航。"

"你能乘上这艘船吗?"上校显得很急切。

上校一向很幽默,我想他不过是在开玩笑,调节一下气氛,于是半开玩笑地回答:"是的!"

"那么就准备出发吧!"上校说。

马车停在一栋房子前,我们一起走到大厅。上校走进里面的一间屋子,过了一会儿,他走到门口,招手让我进去。在一张宽大的桌子背后,美国总统正坐在那里。

"年轻人,"总统说,"我选派你去完成一项神圣的使命——把信送给加西亚将军。他可能在古巴东部的一个地方等你。你必须把情报如期安全地送达,这事关美利坚合众国的利益。"

这时候,我才认识到瓦格纳上校并非开玩笑,活生生的事实摆在面前,我的人生正面临着一次严峻的考验。但是,一种军人的崇高荣誉感充满了我的胸膛,已经无法容纳任何的犹豫和疑问。我静静地站立在那里,从总统手中接过信——给加西亚将军的信。

总统说完了以后,瓦格纳上校补充说道:"这封信有我们想了解的一系列问题。除此之外,要避免携带任何可能暴露你身份的东西。历史上有太多这样的悲剧,我们没有理由冒险。大陆军的内森·黑尔、美墨战争中的里奇中尉都是因为身上带着情报而被捕的,不仅牺牲了生命,而且机密情报又被敌人破译了。我们绝不能失败,一定要确保万无一失。没有人知道加西亚将军在哪里,你自己得想办法去寻找他们,以后所有的事全靠你自己了。"

"下午就去做准备,"瓦格纳上校紧接着补充说,"军需官哈姆菲里斯将送你到金斯敦上岸。之后,如果美国对西班牙宣战,许多战略计划都将根据你发来的情报,否则我们将一无所从。这项任务全权交给你一个人去完成,你责无旁贷,必须把信交给加西亚。火车午夜离开,祝你好运!"

我和总统握手道别。

瓦格纳上校送我出门时还在叮嘱:"一定要把信送给加西亚!"

我一边忙着做准备,一边考虑这项任务的艰巨性,我了解其责任重大而且复杂。现在战争还没有爆发,甚至我出发时也不会爆发,到了牙买加之后仍不会有战争的迹象,但稍稍有闪失都会带来无法挽回的后果。如果宣战,我的任务反倒减轻了,尽管危险并没有减少。

当这种情况出现时,当一个人的荣誉甚至他的生命处于极度的危险之中,服从命令是军人的天职。军人的命运掌握在国家的手中,但他的名誉却属于自己。生命可以牺牲,荣誉却不能丧失,更不能遭到蔑视。这一次,我却无法按照任何人的指令行事,我得一个人负责把信送到加西亚的手中,并从他那里获得宝贵的情报。

和总统及瓦格纳上校的谈话,我不清楚秘书是否记录在案。但任务迫在眉睫,我已顾不了这么多了,脑海里一直在思考如何才能将信送给加西亚。

乘坐的火车中午12点零1分开车。我不禁想起一个古老的迷信,说星期五不宜出门。火车开车这天是星期六,但我出发时却是星期五。我猜想这可能是命运有意安排的。但一想到自己肩负的重任,就无暇顾及那么多了。于是,我的使命开始了。

牙买加是前往古巴的最佳途径,而且我听说在牙买加有一个古巴军事联络处,或许从那里可以找到一些加西亚将军的消息。于是,我乘上了阿迪伦达克号,轮船准时起航,一路上风平浪静。我尽量不和其他的乘客搭讪,沿途只认识了一位电器工程师。他教会了我许多十分有趣的东西。由于我很少和其他乘客交流,他们就善意地给我起了一个绰号"冷漠的人"。

轮船进入古巴海域,我意识到了危险的存在。我身上带有一些危险的文件,是美国政府写给牙买加官方证明我身份的信函。如果轮船进入古巴海域前战争已经爆发,根据国际法,西班牙人肯定会上船搜查,并且逮捕我,当做战犯来处理。而这艘英国船也会被扣押,尽管战前它挂着一个中立国的国旗,从一个平静的港口驶往一个中立国的港口。

想到问题的严重性,我把文件藏到头等舱的救生衣里,看到船尾绕过海角才如释重负。

第二天早上9点我登上了牙买加的领土,四处设法找到了古巴军人联络处。牙买加是中立国,古巴军人的行动是公开的,因此很快就和他们的指挥官拉伊先生取得了联系。在那里,我和他及其助手一起讨论如何尽快把信送给加西亚。

我于4月8日离开华盛顿,4月20日,我用密码发出了我已到达的消息。4月23日我收到密电:"尽快见到加西亚将军。"

接到密电几分钟后,我来到军人联络处的指挥部。在场的有几位流亡的古巴人,这些人我以前从未见过。当我们正在讨论一些具体问题时,一辆马车驶了过来。

"时候到了!"一些人用西班牙语喊着。

紧接着,我还没有来得及再说些什么,便被带到马车上。于是,一个军人服役以来最为惊险的一段经历开始了。

马车夫是一个沉默寡言的人,丝毫不理睬我,我说什么他都不听。马车在迷宫般的金斯敦大街上疯狂地奔驰,速度丝毫不减。我长时间没有与人说话,心里憋得难受。当马车穿过郊区离城市越来越远时,我实在憋不住了拍了拍马车,想和他搭讪,但是他似乎根本没听见。

也许他知道我将要送信给加西亚,而他的任务就是尽快地把我送到目的地。我三番五次想让他能听我讲话,都无济于事。于是只好坐在原来的位置,任凭他把马车驶向远方。

大约又走了4英里路,我们进入一片茂密的热带森林,然后穿过一片沼泽地,进入平坦的西班牙城镇公路,停在一片丛林边上。马车门从外面被打开了,我看到一张陌生的面孔,然后就被要求换乘在此等候的另一辆马车。

真是太奇怪了。一切似乎都早已安排好,一句多余的话也不用说,一秒钟都没耽搁。

一分钟之后我又一次踏上了征途。

第二位车夫和第一个一样沉默不语,他洋洋自得地坐在车驾上,任凭马车飞奔,我想和他说话的努力也是徒然。我们过了一个西班牙城镇,来到了克伯利河谷,然后再进入岛的中央,那里有条路直通圣安斯加勒比海碧蓝的水域。

车夫仍然默不做声。沿途我一直试图和他搭话,他似乎不懂我说的话,甚至连我做的手势也不懂。马车在飞奔。随着地势升高,我的呼吸更畅快了。太阳落山时,我们来到一个车站。

那些从山坡上向我滚落下来黑糊糊的东西是什么？难道西班牙当局预料到我会来，安排牙买加军官审讯我？一看到这幽灵般的东西出现，我就十分警觉。结果是虚惊一场。一位年长的黑人一瘸一拐走到马车前，推开车门，送来美味的炸鸡和两瓶巴斯啤酒。他讲着一口当地的方言，我只能隐隐约约听懂几个单词，但我懂得他是在向我表示敬意，因为我在帮助古巴人民赢得自由。他给我送来吃的喝的，是想表达自己的一份心意。

可车夫却像是一个局外人，对炸鸡、啤酒和我们的谈话毫无兴趣。

换上两匹新马，车夫用力地抽打着马。我赶紧向黑人长者告别："再见了，老人家！"顷刻间，我们便以飞快的速度消失在夜幕中。

虽然我充分认识到自己所担负的送信任务的重要性，要刻不容缓地赶路，但依然被眼前的热带雨林所吸引。这里的夜晚和白天一样美丽，所不同的是，阳光下的热带植物花香四溢，而夜晚则是昆虫的世界，处处引人入胜。最壮丽的景观当数夜幕刚刚降临时，转眼间落日的余晖被萤火虫的磷光所代替，这些萤火虫以自己怪异的美装点着树木。当我穿越森林看到这一独特景观时，仿佛进入了仙境。

一想到自己所肩负的使命，便无暇顾及眼前这些美丽的景色。马车继续向前飞奔，只是马的体力有些不支了。突然间，丛林里响起了刺耳的哨声。

马车停了下来，突然一伙人从天而降，我被一帮武装到牙齿的人包围了。在英国管辖的地方遭到西班牙士兵的拦截，我并不害怕，只是这突然的停车使我格外紧张。牙买加当局的行动可能使这次任务失败。如果牙买加当局事先得到消息，知道我违反了该岛的中立原则，就会阻止我前行。要是这些人是英国军人那该多好呀！

很快我的这种担心就消除了。在小声地交谈了一番之后，我们又被放行上路了。

大约1小时后，我们的马车停在了一栋房屋前，房间里闪烁着昏暗的灯光，等待我们的是一顿丰盛的晚餐。这是联络处特意为我们准备的。

首先为我们端上来的是牙买加朗姆酒。我已经记不得自己的疲倦，也感觉不到马车已经走了9个小时，行程70英里，人马换了两班，只感觉到朗姆酒的芳香。

接着又有指令传来。从隔壁屋里走出一个又高又壮的人，显得十分果断，留着长须，一个手指显然短了一截。他露出可靠的、忠诚的眼神，显示出其高贵的身份。他从墨西哥来到古巴，由于对西班牙旧制度提出质疑，被砍掉一个指头流放至此。他名叫格瓦西奥·萨比奥，负责给我做向导，直到把信送到加西亚将军手里。另外，他们还雇请当地人将我送出牙买加，这些人再向前走7英里就算完成任务了。只有一个人例外，那就是我的"助手"。

休息1小时后我们继续前行。离那座房子不到半小时的路程，又有人吹口哨，我们只好停下来，下了车，悄悄地走过一英里的荆棘之路，走进一个长满可可树的小果园。这里离海湾已经很近了。

离海湾50码的地方停着一艘渔船，在水面上轻轻晃动。突然，船里闪出一丝亮光。我猜想这一定是联络信号，因为我们是悄无声息地到达的，不可能被其他人发现。格瓦西奥显然对船只的警觉很满意,做了回应。

接着我和军人联络处派来的人匆匆告别,至此,我完成了给加西亚送信的第一段路程。

我们涉水来到小船旁。上船后我才发现里面堆放了许多石块用来压舱,长方形的一捆一捆的是货物,但不足以使船保持平稳。我们让格瓦西奥当船长,我和助手当船员。船里的巨石和货物占了很大的空间,坐在里面感到很不舒服。

我向格瓦西奥表达了这样的愿望,希望能够尽快走完剩下的3英里路程。他们提供的热情周到的帮助,使我深感过意不去。他告诉我船必须绕过海岬,因为狭小的海湾风力不够,无法航行。我们很快就离开了海岬,正赶上微风,险象环生的第二段行程就这样开始了。

毫不隐瞒地讲,我在与他们分别后,的确有过十分焦虑的时刻。在离牙买加海岸3英里以内的地方,如果我被敌人捉住,不仅无法完成任务,而且生命会危在旦夕。我唯一的朋友只有这些船员和加勒比海。

向北100英里便是古巴海岸,荷枪实弹的西班牙轻型驱逐舰经常在此巡逻。舰上装有小口径的枢轴炮和机枪,船员们都有毛瑟枪。他们的武器比我们先进,这一点是我后来了解到的。如果我们与敌人遭遇,他们随便拿起一件武器,就会让我们丧命。

但我必须成功,必须找到加西亚将军,亲手把信交给他。

我们的行动计划是,日落以前一直待在距离古巴海域3英里的地方,然后快速航行到某个珊瑚礁上,等到天明。如果我们被发现,因为身上没有携带任何文件,敌人得不到任何证据,即使敌人发现了证据,我们可以将船凿沉。装满砾石的小船很容易沉下去,敌人想找到尸体也会枉费心机。

清晨,海面空气清爽宜人。劳累一天的我正想小睡一会儿,突然格瓦西奥大喊一声,我们全都站了起来。可怕的西班牙驱逐舰正从几英里外的地方向我们驶来,他们用西班牙语下令我们停航。

除了船长格瓦西奥一个人掌舵,其余的人都躲到船舱里。船长懒洋洋地斜靠在长舵柄上,将船头与牙买加海岸保持平行。

"他们也许认为我是一个从牙买加来的'孤独的渔夫',也就过去了。"船长头脑非常冷静。

事情果然被他言中。当驱逐舰离我们很近时,那位冒失的年轻舰长用西班牙语喊着:"钓着鱼没有?"

船长也用西班牙语回答:"不,可怜的鱼今天早上就是不上钩!"

假如这位海军少尉——也许是别的什么军衔,稍稍动动脑子,他就会抓到"大鱼",我今天也就没机会讲这个故事了。

当驱逐舰远离我们一段距离后,格瓦西奥命令我们吊起船帆,并转过身来对我说:"如果先生累了想睡觉,那现在就可以放心地睡了,危险已经过去了。"

接下来的6个小时我睡了个安稳觉。要不是那些灼人的阳光晃眼,我也许还会在石头垫上多睡一会儿。

那些古巴人用他们颇感自豪的英语问候我："睡得好吗？罗文先生！"这里整天烈日炎炎，把整个牙买加都晒红了。绿宝石般的天空万里无云，岛的南坡到处是美丽的热带雨林，美不胜收，简直就是一幅美妙神奇的风景画，而岛的北部比较荒凉。一大块乌云笼罩着古巴。我们焦急地看着它，然而丝毫没有消失的迹象。风力越来越大，正好适宜航行。我们的小船一路前行，船长格瓦西奥嘴里叼着根雪茄烟，愉快地和船员开着玩笑。

大约下午4点，乌云散尽。金色的阳光洒在西拉梅斯特拉山上，使山更显得格外庄严美丽。如诗如画的风景使我们仿佛进入了艺术王国。这里花团锦簇、山海相依、水天一色，浑然天成，世界上再也找不到这样的地方了。在海拔8000英尺的山上，竟然有绵延数百英里的绿色长廊。

但我无暇观赏这些美景，格瓦西奥下令收帆减速，我不解其意。他们回答："我们离战区越来越近，我们要充分利用在海上的优势，避开敌人，保存实力。再往前走，被敌人发现，无疑是白白送命。"

我们急忙检查武器。我只带了史密斯-威森左轮手枪，于是他们发给我一支来复枪。船上的人，包括我的助手都有这种武器。水手们护卫着桅杆，可以随手拿起身边的武器。这次任务中最为严峻的时刻到了——到目前为止我们的行程是有惊无险。危急关头就要来临，被逮捕意味着死亡，给加西亚送信的使命也将功亏一篑。

离岸边大约有25英里，但看上去好像近在咫尺。午夜时分，船帆开始松动，船员开始用桨划船。正好赶上一个巨浪袭来，没有费多大力气，小船便被卷入一个隐蔽的小海湾。我们摸黑把船停在离岸上有50码的地方。我建议大家立即上岸，但格瓦西奥想得更加周到："先生，我们腹背受敌，最好原地不动。如果驱逐舰想打探我们的消息，他们一定会登上我们经过的珊瑚礁，那时候我们上岸也不晚。我们穿过昏暗的葡萄架，就可以光明正大地出入了。"

笼罩在天边的热浪逐渐散尽，我们可以看到大片葡萄、红树、灌木丛和刺莓，差不多都长到了岸边。虽然看得不是十分清楚，但给人一种朦胧的美。太阳照在古巴的最高峰，顷刻间，万象更新，雾霭消失了，笼罩在灌木丛的黑影不见了，拍打着岸边的灰暗的海水魔术般地变绿了。光明终于战胜了黑暗。

船员们忙着往岸上搬东西。看到我默默地站在那里似乎很疲倦，格瓦西奥轻声对我说："你好，先生。"其实那时我正在想着一位曾经看过类似景物的诗人写下的诗句："黑暗的蜡烛已熄灭/愉快的白天从雾霭茫茫的山顶上/踮着脚站了起来。"

在这样一个美妙的早晨，我伫立在岸边，不禁心潮起伏，仿佛在我的面前有一艘巨大的战舰，上面刻着我最崇拜的人——美洲的发现者哥伦布的名字，一种庄严的使命感油然而生。

很快我的美梦就结束了，货也卸完了，我被带到岸上，小船被拖到一个狭小的河口，扣过来藏到丛林里。一群衣衫褴褛的古巴人聚集在我们上岸的地方。他们从哪里来，如何知道我们是自己人的,对我来说一直是一个谜。他们扮成了装运工,但在他们身上能看到当兵的印记,一些人身上有毛瑟枪子弹射中的疤痕。

我们登陆的地方好像是几条路的交汇点,从那里可通向海岸,也可以进入灌木丛。向西走约1英里,可以看到从植被中突现的小烟柱和袅袅的炊烟。我知道这烟是从古巴难民熬盐用的大锅里冒出来的,这些人从可怕的集中营里逃出来,躲进了山里。

我的第二段行程就这样结束了。

如果说前面有惊无险的话,现在真正的危险来临了。西班牙军队正在残忍地进行大屠杀。这些毫无人性的刽子手见人就杀,从携带武器的军人到手无寸铁的难民,一个都不放过。余下的路程将更加艰难,但我却没有时间考虑这些,我必须立即上路!

这里的地形比较简单,通往北部的地方有一条绵延约1英里的平坦土地被丛林覆盖着。男人们忙着开路。古巴的路网就像迷宫。炎炎的烈日烘烤着我们。我真羡慕一起同行的伙伴,他们身上没有多余的衣裳。

我们继续前行。海和山遮住了我们的视线,浓密的叶子、曲折的小路、灼热的阳光,使我们每前进一步都要付出巨大的代价。这里到处是青翠的灌木丛,但离开岸边到达山脚下就看不到这样的景色了。我们很快就到了一个空旷的地方,并意外地发现几棵椰子树。椰子汁新鲜又凉爽,对口渴得要命的我们来说,简直是灵丹妙药。

此地不能久留,夜幕降临以前我们还要走几英里路。翻过几个陡峭的山坡,进入另一个隐蔽的空地,很快我们就进入了真正的热带雨林。这里的路比较平坦,微风吹过,尽管察觉不到,却也给人以心旷神怡的感觉。

穿过森林就进入波迪罗到圣地亚哥的"皇家公路"。当我们靠近公路时,我发现同伴们一个个消失在丛林里,只剩下我和格瓦西奥两人,正想转过身去询问他,却看到他将手指放到嘴边示意我不要出声,赶快拿起枪,然后他也消失在丛林里。

我很快明白了他的用意。耳边响起了马蹄声,西班牙骑兵的军刀声,以及偶尔发出的命令声。

如果没有高度的警惕性,也许早已走上公路,恰好与敌人短兵相接。

我敏捷地扳动来复枪的扳机,焦急地等待事情发生,等待听到枪声,但没有听到。我们的人一个个都回来了,格瓦西奥是最后一个。

"我们分散开,目的是麻痹敌人,不被他们发现。我们都分头行动,假如枪声响起,敌人一定会以为这是我们设下的埋伏。"格瓦西奥露出可惜的神色,"真想戏弄敌人一下,但任务第一,游戏第二!"

在起义军经常出没的地区,人们有个习惯,他们点起火用灰烤红薯,经过这里的人饿了就可以拿起来吃。烤熟的红薯一个个传给饥饿的战士,然后把火埋掉,继续前进。

在吃红薯时,我想起了古巴的英雄们。他们之所以在艰苦的条件下能取得一个又一个的胜利,是因为他们热爱自己的祖国。有一种发自内心的争取民族解放的强烈信念支撑着他们,与敌人展开不屈不挠的斗争。我们的先辈和他们一样,为了民族的尊严顽强奋战。想到自己所肩负的使命能够帮助这些爱国的志士们,作为我们国家的士兵,我感到无上光荣。

一天的行程结束了,我注意到一些穿着十分奇怪的人。

"他们是谁?"我问道。

"他们是西班牙军队的逃兵,"格瓦西奥回答,"他们从曼查尼罗逃出来,不堪忍受军官的虐待和饥饿。"

逃兵有时也有用,但在这旷野中,我对他们持怀疑态度。谁能保证他们当中没有奸细,不会向西班牙军队报告一个美国人正越过古巴向加西亚将军的营地进发?敌人难道不是在想方设法阻止我完成任务吗?所以我对格瓦西奥说:"仔细审问这些人,并看管好他们。"

"是,先生。"他回答。

为了确保任务万无一失,我下达了这个命令。实际证明我的这一想法是对的,有人的确想逃走去向西班牙人报告。这些人并不知道我的使命,但有两个人引起我的怀疑。他们是间谍,我险些被他们杀害了。那天晚上有两个人离开营地钻进灌木丛,想去给西班牙人报告有一个美国军官在古巴人的护送下来到这里。

半夜,我突然被一声枪响惊醒。我的吊床前突然出现了一个人影,我急忙站起来。这时对面又出现一个人影,很快第一个人被大刀砍倒,从右肩一直砍到肺部。这个人临死前供认,他们已经商量好,如果同伴没有逃出营地,他就杀死我,阻止我完成任务。哨兵开枪打死了这些人。

第二天晚些时候,我们才得到足够的马和马鞍。很长时间我们都无法行进,当时我十分焦急,但无济于事。马鞍有些硬,不好用。我有些不耐烦地问格瓦西奥,能不能不用马鞍行走。"加西亚将军正在围攻古巴中部的巴亚摩,"他回答道,"我们还要走很远才能到达他那里。"

这也就是我们到处找马鞍和马饰的原因。一位同伴看了一下分给我的马,很快为我安上了马鞍,我非常敬佩这位向导的智慧。我们骑马走了四天,假如没有马鞍,我的结局一定很惨。我要赞美这匹瘦马,它虎虎生风,美国平原上任何一匹骏马都难以和它相媲美。

离开了营地我们沿着山路继续向前走。山路弯弯,如果不熟悉道路,定然会陷入绝望的境地。但我们的向导似乎对这迂回曲折的山路了如指掌,他们如履平地般行进着。

我们离开了一个分水岭,开始从东坡往下走,突然遇到一群小孩和一位白发披肩的老人,队伍停了下来。族长和格瓦西奥交谈了几句,森林里出现了"万岁"的喊声,是在祝福美国,祝福古巴和"美国特使"的到来,真是令人感动的一幕。我不清楚他们是如何知道我的到来的。但消息在丛林中传得很快,我的到来使这位老人和这些小孩十分高兴。

在亚拉,一条河沿山脚流经这里,我意识到我们又进入了一个危险地带。这里建有许多战壕,用来保护峡谷。在古巴的历史上,亚拉是一个伟大的名字。这里是古巴1868—1878年"十年独立战争"的发祥地,古巴士兵时刻都在守着这些战壕。

格瓦西奥相信我的使命一定能完成。

第二天早晨,我们开始攀登西拉梅斯特拉山的北坡。这里是河的东岸,我们沿着风化的山脊往前走。这里很可能有埋伏,西班牙人的机动部队很可能把这里变成我们的葬身之地。

我们顺着河岸,沿着蜿蜒曲折的山路前行。在我的一生中,从未见过如此野蛮地对待动物,为了让可怜的马走下山谷,我们残酷地抽打它们。但我们也没有别的办法,信必须及时送给加西亚。战争期间,当成千上万人的自由处于危险中时,马遭点罪又有什么呢?我真想对这些牲畜说声"对不起",但我没有时间多愁善感。

我所经历的最为艰难的旅程总算告一段落。我们停在一个小草房前,周围是一片玉米地,位于基巴罗的森林边缘。椽子上挂着刚砍下的牛肉,厨师们正忙着准备一顿大餐,庆贺美国特使的到来。大餐既有鲜牛肉,又有木薯面包。我到来的消息传遍了这里的每个角落。

刚吃完丰盛的大餐,忽然听到一阵骚乱,森林边上传来说话声和阵阵马蹄声。原来是瑞奥将军派卡斯特罗上校代表他来欢迎我,而将军和一些训练有素的军官将在早上赶到。上校下马的姿势十分优美,动作十分敏捷,就像赛马运动员。他的到来使我确信,我又遇到了一个经验丰富的好向导。卡斯特罗上校赠送我一顶标有"古巴生产"的巴拿马帽。

第二天早上瑞奥将军到了。他被称做"海岸将军",皮肤黝黑,是印第安人和西班牙人的混血儿。他步履矫健,身姿挺拔;他足智多谋,多次成功地击退西班牙人的进攻;他擅长游击作战,与敌周旋,给敌人以沉重的打击;敌人多次想抓住他,但都无功而返。

这一次,瑞奥将军派两百人的骑兵部队护送我。这些骑兵训练有素,骑术相当高超。很快我们又重新进入了森林。森林里的小路太窄,时常被树干所阻碍,丛林里的常青藤经常刮破我们的脖子,我们不得不一边骑马一边清理障碍物。向导步伐稳健,着实让我感到惊奇。我通常的位置是在队伍的中部,有时真想追上他,观察他跋山涉水的英姿。他是一名黑人,皮肤像煤一样黑亮,名叫迪奥尼斯托·罗伯兹,是古巴军队的一名中尉。他善于骑马踏过荆棘,穿过茂密的森林。他手拿宽刃大刀,为我们开路,砍下一片片藤蔓,仿佛永远不知疲倦。

4月30日晚上,我们来到巴亚莫河畔的瑞奥布伊,离巴亚莫城还有20英里。这时格瓦西奥又出现了,脸上露出满意的微笑。

"先生,告诉你一个好消息,加西亚将军就在巴亚莫。西班牙军队已撤退到考托河一侧,他们的最后堡垒在考托。"

我急于与加西亚将军取得联系,于是建议夜行,但我的建议没有被采纳。

1898年5月1日是一个不寻常的日子。当我在古巴森林睡觉的时候,美国海军上将正率军冒着枪林弹雨进入马尼拉湾,向西班牙战舰发起进攻。就在给加西亚送信的途中,他们用大炮击沉了西班牙的战舰,形成对菲律宾首都巨大的威胁。

第二天凌晨我们踏上征途,从山坡上往下骑直达巴亚莫平原。沿途我看到饱经战火的乡村满目疮痍。这些被战火毁坏的废墟,是西班牙军队罪恶的铁证。我们骑马走了100英里,终于来到一片平原。我们经历了无数艰难险阻,顶着烈日,跨过无数荆棘,来到了这片美丽的土地，虽然它饱受战火煎熬，但依然是一片充满希望的热土。一想到我们即将到达目的地，所有的苦难都抛在脑后。任务即将完成，筋疲力尽的马也仿佛在分享我们急迫的心情。

我们来到曼占尼罗至巴亚莫的"皇家公路"，遇到了许多衣衫褴褛却兴高采烈的人们，他们正在朝城里冲去。唧唧喳喳的交谈声使我联想到自己在丛林中遇到的那些鹦鹉，他们终于可以返回到阔别已久的家园了。

巴亚莫原是一个拥有3万人口的城市，但现在却成了一个只有2000人的小村庄。在巴亚莫河两岸，西班牙人建了很多碉堡，首先映入眼帘的就是这些小要塞，里面的烟火还没有熄灭。当古巴人返回这曾经繁荣的城市时，他们便将这些碉堡付之一炬。

我们在河岸列队，在格瓦西奥和罗伯兹与士兵说完话后，我们就继续行进。我们停在河边，让马饮水，准备养精蓄锐，走完最后一段通往古巴指挥官营地的路程。

引用当天报纸发布的消息："古巴将军说罗文中尉的到来在古巴军队中引起巨大轰动。罗文中尉骑着马，在古巴向导的陪同下来到古巴。"

几分钟以后我来到了加西亚将军的驻地。

漫长而惊险的旅程终于结束了。苦难、失败和死亡都离我们远去。

我成功了！

我来到加西亚将军指挥部门前，看到古巴的旗帜在飘扬。我代表我国政府在这样的地方见到加西亚将军，感到十分兴奋。我们排成一队，纷纷下马。将军认识格瓦西奥，所以卫兵让格瓦西奥进去了。不一会儿，他和加西亚将军一同走出来。将军热情地欢迎我，并邀请我和助手进去。将军将我一一介绍给他的部下，这些军官全都穿着白色军装，腰间佩带武器。将军解释说："很抱歉我出来晚了，因为我在看从牙买加古巴军人联络处送来的信，这是格瓦西奥给我送来的。"

幽默无所不在。联络处送来的信中称我为"密使"，可翻译却把我翻译成"自信的人"。

早饭过后，我们开始谈论正事。我向加西亚将军解释说，我所执行的纯属军事任务，尽管离开美国时总统带来了书信。总统和作战部想知道有关古巴东部形势的最新情报（曾派来两名军官来到古巴中部和西部，但他们都没到达目的地）。美国有必要了解西班牙队占领区的情况，包括西班牙兵力的分布和人数、他们的指挥官特别是高级指挥官的性格、西班牙军队的士气、整个国家和每个地区的地形、路况信息，以及任何与美国作战部署有关的信息。其中最重要的一点是加西亚将军建议展开一场美军与古巴军队联合作战的战役。我还告诉将军我国政府希望能得到关于古巴军队兵力方面的信息，还有我是否有必要留下来亲自了解所有这些信息。加西亚将军沉思了一会儿，让所有的军官退下，只留下他的儿子加西亚上校和我。大约3点钟将军回来告诉我，他决定派3名军官陪我回美国。这3名军官都是古巴人，训练有素，经验丰富，知识渊博，了解自己的国家，他们完全有能力回答以上所有的问题。即便我留在古巴几个月，也不一定能做出一个完整的报告。因为时间紧迫，美国越早获得情报，对双方越有利。

他进一步解释说,他的部队需要武器,特别是大炮,主要用来摧毁碉堡,部队还缺少弹药及步枪,他希望能重新武装他的队伍。

克拉左将军,一位著名的指挥官,赫南得兹上校,约塔医生,非常熟悉这里的疾病特征,还有两名水手将一同随我返回。如果美国决定为古巴提供军事装备,他们在运送物资的远征中一定能发挥作用。

"你还有什么问题吗?"

在这长途跋涉的9天里,我的脑海里一直装着许多问题。我多么希望能踏遍古巴的土地,给总统一个满意的答案。但面对将军的问话,我毅然地回答:"没有!先生。"加西亚将军有着敏锐的洞察力。他的建议使我免除了几个月的劳累,为我们的国家争取了时间,也为古巴人民赢得了时间。

接下来的两个小时里,我受到了非正式的热情接待。正式的宴会在5点钟进行,宴会结束后,我被护送者送到大门口。我走到大街上,很惊奇没有看到原来的向导和原来的同伴。格瓦西奥想陪我回美国,但加西亚将军没有同意,因为南部海岸的战争还需要他,而我要从北部返回。我向将军表达了我对格瓦西奥和他的船员的感激之情。我以纯拉丁式的拥抱与将军告别,然后骑上马,与3个护卫者一起向北疾驰。

我终于把信交给了加西亚将军!

给加西亚送信的行程充满了危险,与我返回的行程相比也更重要得多。我见识了这个美丽的国度,一路上得到了很多人的帮助,他们给我做向导,勇敢地保护着我。但是战争还远远没有结束,西班牙的士兵还在到处巡逻,不放过每一个海岸,不放过每一个海湾,每一条船。他们随时都可能把我当作一个间谍,一旦被发现就意味着死亡。面对咆哮的大海,我在想,成功永远不是一次航行。

但是我们必须努力,只有努力才能成功,不然我的使命就会前功尽弃。

返程的路上,同伴们也和我一样担惊受怕。我们小心翼翼地越过了古巴,朝北行进,来到西班牙军队控制下的考托。这是一个河口,停泊着几艘小炮艇,对面有一个巨大的碉堡,里面装着大炮,瞄准河口。

如果被西班牙士兵发现,我们就全完了。但是艺高人胆大,勇敢成了我们的救星。最危险的地方往往是最安全的。敌人哪里会想到我们会在这种危险的地方上岸,去执行一项艰巨的任务。

我们所搭乘的是一只小船,体积只有104立方英尺。我们用这只船航行了150英里来到了北部的拿骚岛,西班牙的快速驱逐舰经常在此巡逻。

完成任务的使命感让我们无所畏惧。由于船无法承载6个人,约塔医生返回巴亚莫。我们5个人将冒着枪林弹雨,凭机智取胜。

就在我们准备出发的时候,风暴突然降临。在如此波涛汹涌的海上我们不能轻举妄动,但是即使原地等候也同样危险。现在是满月,假如飓风把云吹散,敌人就会发现我们的行踪。

但是,命运掌握在我们自己手中。

11点钟我们上了船,天空乌云密布,遮住了月亮,敌人无法发现我们。我们一人掌舵,四人划桨。渐渐地已看不见远去的要塞,或者更精确地说,要塞里的人没有发现我们。我们在水中艰难跋涉,总算没有听到大炮的轰鸣声和机枪的扫射声。我们的小船摇摇晃晃,像个蛋壳,有好几次差点颠覆。但水手们了解水性,装在船里的压船物经受住了考验,使我们得以继续航行。

极度的疲倦,无法摆脱的航行的单调,我们几乎要睡着了。

不久,一个巨浪袭来,差点把小船掀翻,小船浸满了水,大家不再有睡意。多么难熬的漫漫长夜啊!正在这时,太阳从远方的地平线上钻了出来。

"快看,先生!"舵手们在喊。一种警惕性使我们顿时焦虑不安。难道是一艘西班牙战舰?如果真是那样,我们又在劫难逃了。

舵手用西班牙语喊着,其他同伴应和着。

真是西班牙战舰?

不是,是桑普森海军上将的战舰,正向东航行去抗击西班牙战舰。

我们长长地松了一口气!

那一天真是酷热难耐,谁也睡不着。尽管美国战舰出现了,但是西班牙的炮艇很快就能追上我们,将我们逮捕。夜幕降临,我们5个人疲惫极了,几乎支撑不住了,但是我们丝毫不能懈怠。夜里刮起了风,风力很强劲,波涛汹涌。我们竭尽全力,使小船不至于倾覆。第二天早晨是5月7日,危险总算解除了。大约上午10点,我们来到巴哈马群岛安得罗斯岛的南端一个名叫克里基茨的地方。我们总算可以登陆,短暂地休息一下了。

当天下午,在13个黑人船员的协助下,我们彻底地检查和清理了小船。这些黑人操着古怪的语言,根本听不懂,但是手势语是通用的。小船里装着些猪肉罐头和手风琴。我虽然疲惫到了极点,但依然睡不着,刺耳的手风琴声使我无法入眠。

第二天下午,当我们向西航行时,被检疫官抓住,关到豪格岛上。他们怀疑我们得了古巴黄热病。

第二天,我得到美国领事麦克莱恩先生的口信。5月10日在他的安排下,我们获释了。5月11日,这只"无畏号"小船驶离码头。

航行到佛罗里达海域可就没那么幸运了。12日一整天无风,小船无法航行。直到夜晚微风吹动,才顺利到达基维斯特。

当晚我们乘火车到塔姆帕,又在那里换乘火车前往华盛顿。

我们按预定的时间到达。我向作战秘书罗塞尔·阿尔杰作了汇报。他认真听了我的讲述,并让我直接向迈尔斯将军报告。迈尔斯将军接到我的报告后,给作战部写了一封信。信中说:"我推荐美国第十九步兵部队的一等中尉安德鲁·罗文为骑兵团上校副官。罗文中尉完成了古巴之行,在古巴起义军和加西亚将军的协助下,为我国政府送来了最宝贵的情报。

这是一项艰巨的任务,我认为罗文中尉表现出了英勇无畏的精神和沉着机智的作风,他的精神将永载史册。"

我陪同迈尔斯将军参加了一次内阁会议。会议结束时我收到了麦金莱总统的贺信,他感谢我把他的愿望传达给加西亚将军,并高度评价了我的表现。

他信里的最后一句话是:"你勇敢地完成了任务!"而我则认为,我只不过是完成了一个军人应该完成的任务。

不要考虑为什么,只要服从命令。我已经把信送给了加西亚将军。

【作者简介】

阿尔伯特·哈伯德(1856—1915),美国著名出版家和作家。《菲士利人》《兄弟》杂志的总编辑,罗伊科罗斯特出版社创始人。

1856年7月19日,哈伯德出生于美国伊利诺伊州的布鲁明顿,父亲既是农场主又是乡村医生。他在塔福学院获得学士学位,又在芝加哥大礼堂获得法学博士学位。他曾经做过教师、出版商、编辑和演说家,1895年,在纽约东奥罗拉创立了罗伊克夫特公司,制造和销售各种手工艺品,随后又开设了一家印刷装订厂。

1899年,阿尔伯特·哈伯德创作了《把信送给加西亚》,在《菲士利人》杂志上发表后,引起了全世界的强烈轰动,这本小册子在世界各地广为流传,全球销量超过8亿册,成为有史以来世界上最畅销的读物之一,列入全球最畅销图书排行榜第6名。1908年,阿尔伯特·哈伯德在《把信送给加西亚》的基础上,又创作了内容更全面,思想更深刻的商业佳作《双赢规则》,更深入地阐述了主动、自信、敬业、忠诚、勤奋的伟大思想。该书是对《把信送给加西亚》一书思想的高度提炼和升华,是作者商业思想最完美的集合;同时,也是一本为人们带来成功与财富的神奇读物。近一个世纪以来,全世界无数的政府、企业、军队和学校,都将此读物作为公务员、职员、士兵和大学生的培训读本,影响了一代又一代人的思想。

【作品赏析】

本文的主人公安德鲁·萨默斯·罗文在接到麦金莱总统的任务——给加西亚将军送一封决定战争命运的信后,他没有提出任何疑问,而是以其绝对的忠诚、责任感和创造奇迹的主动性完成了一件看似"不可能完成的任务"。罗文中尉也因此获得杰出军人勋章,他的事迹在全世界广为流传,并在生前身后赢得了无数人的崇敬。而"送信"则早已成为一种象征,成为人们敬业、忠诚、主动和荣誉的象征。

贯穿全文的是一种全力以赴的、肯于付出的忠诚。没有过多的修饰(也没有限制任何与事实相关的叙述),作者详细介绍了麦金莱总统是如何把一封信交给了中尉罗文,让他送给加西亚将军的;几天后,罗文是如何驾驶一艘小船到达古巴海岸,然后潜上岸的;罗文是如何"消失在丛林中,3周后出现在小岛的另一端的",他徒步穿越了这个危险的岛国,然后把信送给了加西亚。这个不起眼的军事任务的细节引起了哈伯德的兴趣。让罗文获得大家狂热崇拜的,正是罗文在做这项工作时所展现出来的美德。

【思考练习】

(1) 你如何看待罗文这种精神？这种精神包含哪些特质？

(2) 你愿意做罗文这样的人吗？

(3) 以诚信、可靠为主题，分组进行演讲比赛。

(二) 爱因斯坦《我的世界观》(节选)

我们这些总有一死的人的命运多么奇特！我们每个人在这个世界上都只作一个短暂的逗留；目的何在，却无从知道，尽管有时自以为对此若有所感。但是，不必深思，只要从日常生活就可以明白：人是为别人而生存的——首先是为那样一些人，我们的幸福全部依赖于他们的喜悦和健康；其次是为许多我们所不认识的人，他们的命运通过同情的纽带同我们密切结合在一起。我每天上百次地提醒自己：我的精神生活和物质生活都是以别人(包括生者和死者)的劳动为基础的，我必须尽力以同样的分量来报偿我所领受了的和至今还在领受着的东西。我强烈地向往着俭朴的生活。并且时常发觉自己占用了同胞的过多劳动而难以忍受。我认为阶级的区分是不合理的，它最后所凭借的是以暴力为根据。我也相信，简单淳朴的生活，无论在身体上还是在精神上，对每个人都是有益的。

我完全不相信人类会有那种在哲学意义上的自由。每一个人的行为不仅受着外界的强制，而且要适应内在的必然。叔本华说："人虽然能够做他所想做的，但不能要他所想要的。"这句格言从我青年时代起就给了我真正的启示；在我自己和别人的生活面临困难的时候，它总是使我们得到安慰，并且是宽容的持续不断的源泉。这种体会可以宽大为怀地减轻那种容易使人气馁的责任感，也可以防止我们过于严肃地对待自己和别人；它导致一种特别给幽默以应有地位的人生观。

要追究一个人自己或一切生物生存的意义或目的，从客观的观点看来，我总觉得是愚蠢可笑的。可是每个人都有一些理想，这些理想决定着他的努力和判断的方向。就在这个意义上，我从来不把安逸和享乐看作生活目的本身——我把这种伦理基础叫做猪栏的理想。照亮我的道路，是善、美和真。要是没有志同道合者之间的亲切感情，要不是全神贯注于客观世界——那个在艺术和科学工作领域里永远达不到的对象，那么在我看来，生活就会是空虚的。我总觉得，人们所努力追求的庸俗目标——财产、虚荣、奢侈的生活——都是可鄙的。

我有强烈的社会正义感和社会责任感，但我又明显地缺乏与别人和社会直接接触的要求，这两者总是形成古怪的对照。我实在是一个"孤独的旅客"，我未曾全心全意地属于我的国家、我的家庭、我的朋友，甚至我最为接近的亲人；在所有这些关系面前，我总是感觉到一定距离而且需要保持孤独——而这种感受正与年俱增。人们会清楚地发觉，同别人的相互了解和协调一致是有限度的，但这不值得惋惜。无疑，这样的人在某种程度上会失去他的天真无邪和无忧无虑的心境；但另一方面，他却能够在很大程度上不为别人的意见、习惯和判断所左右，并且能够避免那种把他的内心平衡建立在这样一些不可靠的基础之上的诱惑。

我的政治理想是民主政体。让每一个人都作为个人而受到尊重，而不让任何人成为被崇拜的偶像。我自己一直受到同代人的过分的赞扬和尊敬，这不是由于我自己的过错，也不是由于我自己的功劳，而实在是一种命运的嘲弄。其原因大概在于人们有一种愿望，想理解我以自己微薄的绵力，通过不断的斗争所获得的少数几个观念，而这种愿望有很多人却未能实现。我完全明白，一个组织要实现它的目的，就必须有一个人去思考，去指挥、并且全面担负起责任来。但是被领导的人不应当受到强迫，他们必须能够选择自己的领袖。在我看来，强迫的专制制度很快就会腐化堕落。因为暴力所招引来的总是一些品德低劣的人，而且我相信，天才的暴君总是由无赖来继承的，这是一条千古不易的规律。就是由于这个缘故，我总强烈地反对今天在意大利和俄国所见到的那种制度。像欧洲今天所存在的情况，已使得民主形式受到怀疑，这不能归咎于民主原则本身，而是由于政府的不稳定和选举制度中与个人无关的特征。我相信美国在这方面已经找到了正确的道路。他们选出了一个任期足够长的总统，他有充分的权力来真正履行他的职责。另一方面，在德国政治制度中，为我所看重的是它为救济患病或贫困的人作出了可贵的广泛的规定。在人生的丰富多彩的表演中，我觉得真正可贵的，不是政治上的国家，而是有创造性的、有感情的个人，是人格；只有个人才能创造出高尚的和卓越的东西，而群众本身在思想上总是迟钝的，在感觉上也总是迟钝的。

讲到这里，我想起了群众生活中最坏的一种表现，那就是使我厌恶的军事制度。一个人能够洋洋得意的随着军乐队在四列纵队里行进，单凭这一点就足以使我对他鄙夷不屑。他所以长了一个大脑，只是出于误会；光是脊髓就可满足他的全部需要了。文明的这种罪恶的渊薮，应当尽快加以消灭。任人支配的英雄主义、冷酷无情的暴行，以及在爱国主义名义下的一切可恶的胡闹，所有这些都使我深恶痛绝！在我看来，战争是多么卑鄙、下流！我宁愿被千刀万剐，也不愿参与这种可憎的勾当。尽管如此，我对人类的评价还是十分高的，我相信，要是人民的健康感情没有遭到那些通过学校和报纸而起作用的商业利益和政治利益的蓄意败坏，那么战争这个妖魔早就该绝迹了。

我们所能有的最美好的经验是奥秘的经验。它是坚守在真正艺术和真正科学发源地上的基本感情。谁要体验不到它，谁要是不再有好奇心，也不再有惊讶的感觉，谁就无异于行尸走肉，他的眼睛便是模糊不清的。就是这样奥秘的经验——虽然掺杂着恐惧——产生了宗教。我们认识到有某种为我们所不能洞察的东西存在，感觉到那种只能以其最原始的形式接近我们的心灵的最深奥的理性和最灿烂的美——正是这种认识和这种情感构成了真正的宗教感情；在这个意义上，而且也只是在这个意义上，我才是一个具有深挚的宗教感情的人。我无法想象存在这样一个上帝，它会对自己的创造物加以赏罚，会具有我们在自己身上所体验到的那种意志。我不能也不愿去想象一个人在肉体死亡以后还会继续活着；让那些脆弱的灵魂，由于恐惧或者由于可笑的唯我论，去拿这种思想当宝贝吧！我自己只求满足于生命永恒的奥秘，满足于觉察现存世界的神奇结构，窥见它的一鳞半爪，并且以诚挚的努力去领悟在自然界中显示出来的那个理性的一部分，倘若真能如此，即使只领悟其极小的一部分，我也就心满意足了。

【作者简介】

阿尔伯特·爱因斯坦(1879—1955),出生于德国符腾堡王国乌尔姆市,毕业于苏黎世联邦理工学院,犹太裔物理学家。

1905年,爱因斯坦获苏黎世大学哲学博士学位,提出光子假设,成功解释了光电效应,因此获得1921年诺贝尔物理奖;1905年创立狭义相对论;1915年创立广义相对论。1955年4月18日,爱因斯坦去世,享年76岁。

爱因斯坦为核能开发奠定了理论基础,开创了现代科学技术新纪元,被公认为是继伽利略、牛顿以来最伟大的物理学家。1999年12月26日,爱因斯坦被美国《时代周刊》评选为"世纪伟人"。

【作品赏析】

此文最初发表在1930年出版的《论坛和世纪》(Forum and century)84卷,193—194页。当时用的标题是"我的信仰"(What I believe)。这里译自《思想和见解》8—11页和《我的世界观》英译本237－242页,许良英、赵中立、张宜三编译,选自商务印书馆《爱因斯坦文集第三卷》。

每个人的命运都是奇特的、与众不同的,名人有名人超凡的命运,有他极具个性的独特的世界观,而凡人却只有过着平淡生活的命运,有着似是"坐井观天"的世界观。但是,无论是凡人,抑或是名人,只要是人,都只是在这个世上作个短暂的逗留,人在世时所做所拥有的一切都能从日常生活体现出来。

一个人活着并非只是为自己而活;更重要的,人是为别人而活。正如爱因斯坦在文中提到的:"首先,是为那样一些人,他们的喜悦和健康关系着我们自己全部的幸福;然后是为许多我们所不认识的人,他们的命运通过同情的纽带同我们紧密连续在一起。"换句话说,人应该有两条命或有两次生命,一是为自己而活的命,一是为他人而活的命。人通常会较注意为自己而活的命,但一个自寻短见,被发现并获救的人呢?一个经历过由生而死,死而复生的人,相信最能体会到"人是为他人而生存的"。

爱因斯坦相信简单纯朴的生活对每个人都是有益的,这是他的世界观、人生观的基础和核心。

人是为他人而活着的,也就是说,人和社会是紧密联系在一起的。可以说我们的愿望和行动都同别人的存在密切联系在一起的:吃农夫种的粮,穿裁缝、纺织工人做的衣服,住泥土工人辛苦搭建的房子……个人之所以成为个人,以及他的生存之所以有意义,与其说是靠他个人的力量,不如说是由于他是伟大人类社会的一个成员,从生到死社会都支配着他的物质生活和精神生活。所以,人不能离开社会,离开他人而独自活着,人是为他人而存在的。

爱因斯坦说,叔本华"人虽然能够做到不想做的,但不能要他所想要的"这句话从青年时代起对他就是一个真正的启示,在生活困难时,使他得到安慰,并且永远是宽容的源泉。

人必须有宽容的精神,俗话说,"忍一时风平浪静,退一步海阔天空",这样人和人才能和

睦地相处,社会更趋于稳定。应尽量做自己想做的,保持乐观向上的态度,以笑容待人。

每个人都要有一定的理想,它决定着自己的努力和判断的方向。爱因斯坦从不把安逸和享乐看作生活目的本身。他的道路是追求真、善、美,他觉得追求财产、虚荣、奢侈的生活是可鄙的。

(三) 林则徐《赴戍登程口占示家人》其二

力微任重久神疲,再竭衰庸定不支。
苟利国家生死以,岂因祸福避趋之?
谪居正是君恩厚,养拙刚于戍卒宜。
戏与山妻谈故事,试吟断送老头皮。

【译文】

我能力低微而肩负重任,早已感到筋疲力尽。一再担当重任,以我衰老之躯,平庸之才是定然不能支撑了。

如果对国家有利,我将不顾生死。难道能因为有祸就躲避、有福就上前迎受吗?

我被流放伊犁,正是君恩高厚。我还是退隐不仕,当一名戍卒适宜。

我开着玩笑,同老妻谈起《东坡志林》所记宋真宗召对杨朴和苏东坡赴诏狱的故事,说你不妨吟诵一下"这回断送老头皮"那首诗来为我送行。

【作者简介】

林则徐(1785—1850),福建侯官人,字元抚,又字少穆、石麟,晚号俟村老人、俟村退叟、七十二峰退叟、瓶泉居士、栎社散人等,是清朝时期的政治家、思想家和诗人,官至一品,曾任湖广总督、陕甘总督和云贵总督,两次受命钦差大臣;因其主张严禁鸦片,在中国有"民族英雄"之誉。

1839年,林则徐于广东禁烟时,派人明察暗访,强迫外国鸦片商人交出鸦片,并将没收鸦片于1839年6月3日在虎门销毁。虎门销烟使中英关系陷入极度紧张状态,成为第一次鸦片战争、英国入侵中国的借口。

尽管林则徐一生力抗西方入侵,但对于西方的文化、科技和贸易则持开放态度,主张学其优而用之。根据文献记载,他至少略通英、葡两种外语,且着力翻译西方报刊和书籍。晚清思想家魏源将林则徐及幕僚翻译的文书合编为《海国图志》,此书对晚清的洋务运动乃至日本的明治维新都具有启发作用。

1850年11月22日,林则徐在普宁病逝。

【作品赏析】

1842年,林则徐被遣戍新疆伊犁,在西安与家人告别时,做了题为《赴戍登程口占示家人》七律二首。"苟利国家生死以,岂因祸福避趋之?"这联佳句是第二首的第二联。诗人气概昂扬,明确表示:纵是被贬遣戍,只要对国家有利,不论生死,也要去干;岂能因为个人祸福而避前趋后。此时此境,诗人深怀忧民之心,忠君之意,难忘报国。

第九章　智慧从容

一、导语

有几句话广为流传——"我们曾如此渴望命运的波澜,到最后才发现:人生最曼妙的风景,竟是内心的淡定与从容。我们曾如此期盼外界的认可,到最后才知道:世界是自己的,与他人毫无关系。"还有一句话叫做"人生不如意事十之八九",林清玄先生为这句话加了下句:"常想一二"。每个人在生活的不同阶段都面临着不同的烦恼:青春期的迷茫,感情上的挫折,工作上的琐事,身体上偶有的小疾,家庭生活中的繁杂小事……我们面对麻烦时,很多人总是表现得惊慌失措,想急于摆脱困境;然而,麻烦却如影随形,不离不弃。生活中的麻烦一个接一个,如歌中所唱,"一波还未平息,一波又来侵袭",难道等待我们的,只有"深深伤心"吗? 其实,这个世界是绝对变化的,没有任何事物是亘古不变的,生活中有麻烦,也有快乐,只不过快乐到来时,你会觉得时间过得太快而已。看看本章所选取的文章的作者们,又是如何理解、面对生活中的诸多不如意的呢?

二、阅读

(一)杨绛《人生实苦》

请学生自行搜索本文并阅读。

【作者简介】

杨绛(1911—2016),本名杨季康,江苏无锡人,中国女作家、文学翻译家和外国文学研究家,钱钟书夫人。

杨绛通晓英语、法语、西班牙语,由她翻译的《唐·吉诃德》被公认为最优秀的翻译佳作,到2014年已累计发行70多万册;她早年创作的剧本《称心如意》,被搬上舞台长达60多年,2014年还在公演;杨绛93岁出版散文随笔《我们仨》,风靡海内外,再版达100多万册;96岁出版哲理散文集《走到人生边上》;102岁出版250万字的《杨绛文集》八卷。2016年5月25日,杨绛逝世,享年105岁。

【作品赏析】

人生不如意事常八九,每个人心里都有本心酸账。既然怎样都挣脱不开烦恼和痛苦的锁链,那么将生活继续下去的意义何在呢? 杨绛先生在这篇文章里给了我们一个期盼已久的答案。

【思考练习】

(1)如何理解这句话:"一个人经过不同程度的锻炼,就获得不同程度的修养,不同程度的效益。好比香料,捣得愈碎,磨得愈细,香得愈浓烈。"

(2)你认可"人生实苦"这个观点吗?

(3)分组进行美文朗诵比赛,各组选取自己认为的古今中外优美散文,以单人读诵或者多人合诵的形式进行。

(二)钱钟书《论快乐》

请学生自行搜索本文并阅读。

【作者简介】

钱钟书(1910—1998),江苏无锡人,原名仰先,字哲良,后改名钟书,字默存,号槐聚,曾用笔名中书君,中国现代作家、文学研究家,与饶宗颐并称为"南饶北钱"。

1929年,考入清华大学外文系。1932年,在清华大学古月堂前结识杨绛。1937年,以《十七十八世纪英国文学中的中国》一文获牛津大学艾克赛特学院学士学位。1941年,完成《谈艺录》《写在人生边上》的写作。1947年,长篇小说《围城》由上海晨光出版公司出版。1958年创作的《宋诗选注》列入中国古典文学读本丛书。1972年3月,62岁的钱钟书开始写作《管锥编》。1976年,由钱钟书参与翻译的《毛泽东诗词》英译本出版。1982年,创作的《管锥编增订》出版。

1998年12月19日上午7时38分,钱钟书先生因病在北京逝世,享年88岁。

【作品赏析】

本文是一篇哲理意味浓厚、政论性也很强的随笔。思路奔放开阔,文意层层见深。作者从不同角度、不同层面反复阐述了对快乐的种种理解。比喻修辞手法的巧妙运用,不仅使得文章文采斐然,而且使得议论深入浅出,活泼灵动,通篇蕴含着浓郁的幽默情趣。可以说是作者以一种幽默的情趣,为之披上一件微笑的外衣,轻者令人莞尔,重者令人喷饭,笑过之后又让人沉思良久,再三咀嚼回味……

具体来说,在论述有关"快乐"的以下观点时,比喻的运用尤为出彩。

(1)快乐是人生永远存在的一种诱惑。

"快乐在人生里,好比引诱小孩子吃药的方糖,更像跑狗场里引诱狗赛跑的电兔子。"人在一生中要忍受许多痛苦,但是那几分钟或者几天的快乐就让我们活了一世,这里用"引诱小孩子吃药的方糖"和"跑狗场里引诱狗赛跑的电兔子"来比喻快乐对人生的诱惑作用,体现出作者对世事的达观、洞悉,形象鲜明,意蕴深刻。

"快乐的引诱,不仅像兔子和方糖,使我们忍受了人生,而且仿佛钓钩上的鱼饵,竟使我们甘心去死。"人活一世,虽然痛苦,却不悲观,因为可以始终抱着快乐的希望——死后有个天堂在等待我们。那快乐的希望就好像"鱼饵",而我们就好像明知钓钩有危险仍偏要去抢食饵料的鱼儿一般。所以作者才说"为了快活,我们甚至于愿意慢死"。这里的比喻体现出一种高卓的智慧,表达了作者对人生面对快乐的诱惑而无怨无悔的揶揄和嘲讽。

（2）快乐是属于精神的。

"那时刻的灵魂，仿佛害病的眼怕见阳光，撕去皮的伤口接触空气，虽然空气和阳光都是好东西。"一切快乐的享受都是属于精神的，尽管快乐的原因是肉体上的物质刺激。为了说明这一道理，作者首先借生活中常见的事例来分析："洗一个澡，看一朵花，吃一顿饭，假使你觉得快活，并非全因为澡洗得干净，花开得好，或者菜合你的口味，主要因为你心上没有挂碍，轻松的灵魂可以专注肉体的感觉，来欣赏，来审定。要是你精神不痛快，像将离别时的筵席，随它怎样烹调得好，吃来只是土气息、泥滋味。"对于离别，哪怕面对的是美味佳肴，精神也是痛苦的，这里用"害病的眼怕见阳光，撕去皮的伤口接触空气"来比喻内心的痛苦，透着灵性，寓意深刻，而又深入浅出，耐人寻味。

（3）精神可以使肉体痛苦变成快乐。

"精神的炼金术能使肉体痛苦都变成快乐的资料。"人生常常遭遇痛苦，但精神却可以改变它，使人乐观，使人能够苦中作乐。这时，精神就变成了炼金术，肉体的痛苦就可以变成精神上的快乐。所以，"烧了房子，有庆贺的人；一箪食，一瓢饮，有不改其乐的人；千灾百毒，有谈笑自若的人"。这里的比喻寓意深刻而又浅显易懂，体现出作者广博的知识，敏捷的思维。

（4）快乐能把忍受变为享受。

"病是教人学会休息的女教师。"疾病也是常常遭遇到的痛苦之一。患了病，当然是痛苦的；但如果换个角度来看，病了，可以从紧张忙碌的生活中停下来休息一下。此时，疾病就仿佛一位温柔的女教师，轻声教导我们要好好休息，这样我们就可以从病痛里滤出快活来，使健康的消失有种赔偿，从而使对病痛的忍受变为快乐的享受。这里的比喻新奇、贴切，灵性十足，趣味横生。

总之，作者充满智慧的语言令人拍案叫绝。特别是大量精彩的比喻，喻得机智、妥帖，喻得颇有趣味。它们以联想、想象为桥梁，浅显易懂，透着灵性，寓意深刻，俏皮而耐人寻味，是难得的语言典范。

（三）林语堂《中庸的哲学：子思》

请学生自行搜索本文并阅读。

【作者简介】

林语堂（1895—1976），福建龙溪（今漳州）人，原名和乐，后改玉堂，又改语堂，中国现代著名作家、学者、翻译家、语言学家，新道家代表人物。

早年留学美国、德国，获哈佛大学文学硕士，莱比锡大学语言学博士。回国后在清华大学、北京大学、厦门大学任教。1945年赴新加坡筹建南洋大学，任校长。曾任联合国教科文组织美术与文学主任、国际笔会副会长等职。林语堂于1940年和1950年先后两度获得诺贝尔文学奖提名。曾创办《论语》《人间世》《宇宙风》等刊物；作品包括小说《京华烟云》《啼笑皆非》，散文和杂文文集《人生的盛宴》《生活的艺术》，以及译著《东坡诗文选》《浮生六记》等。1966年定居台湾。1967年受聘为香港中文大学研究教授，主持编撰《林语堂当代汉英词典》。1976年在香港逝世,享年80岁。

【作品赏析】

对于作为"历史中间物"的许多中国现代作家来说,"矛盾"的体验于他们并不陌生。在《八十自叙》里,林语堂就曾云:"我只是一团矛盾而已,但是我以自我矛盾为乐。"这绝不是浮夸之辞,他一生确实处在各种矛盾之中,而且终其一生都在寻求内心矛盾的平衡,寻求心灵的归宿和精神的皈依。"中庸"作为林语堂文化思想中的一个重要组成部分,在他寻求心灵和谐的过程中起着十分重要的作用。林语堂的中庸指的是一种做人的根本法则,是最基本道理的体现,是一种人的宇宙意识。实际上中庸作为中国古代智慧的核心,本身就是人类智慧的结晶,是最大的常识,这种常识成为了林语堂用来关照世界的基本方法之一。因此,林语堂中庸内涵的完整表述就是:以回归人本性的近情、明理和常识精神来实现作为个体的人的幸福、和谐与平衡。中庸成为林语堂中国人文主义理想的理论基础。因此,林语堂要求人们都应具有近情的中庸精神,这样才能远离偏见,而接近实际,接近人性;才能最大限度地体现真人性。

(四) 陶渊明《饮酒·其五》

结庐在人境,而无车马喧。

问君何能尔?心远地自偏。

采菊东篱下,悠然见南山。

山气日夕佳,飞鸟相与还。

此中有真意,欲辨已忘言。

【译文】

居住在人世间,却没有车马的喧嚣。

问我为何能如此,只要心志高远,自然就会觉得所处地方僻静了。

在东篱之下采摘菊花,悠然间,那远处的南山映入眼帘。

山中的气息与傍晚的景色十分好,飞鸟结着伴儿归来。

这里面蕴含着人生的真正意义,想要辨识,却不知怎样表达。

【作者简介】

陶渊明(约365—427),字元亮(又一说名潜,字渊明),号五柳先生,私谥"靖节",东晋末至南朝宋初期诗人、文学家、辞赋家、散文家。汉族,浔阳柴桑(今江西省九江市)人。曾做过几年小官,后因厌烦官场辞官回家,从此隐居。田园生活是陶渊明诗的主要题材,其相关作品有《饮酒》《归园田居》《桃花源记》《五柳先生传》《归去来兮辞》等。

【作品赏析】

这首诗的意境可分为两层,前四句为一层,写诗人摆脱世俗烦恼后的感受。后六句为一层,写南山的美好晚景和诗人从中获得的无限乐趣。表现了诗人热爱田园生活的真情和高洁人格。

"结庐在人境,而无车马喧。"诗起首言诗人虽然居住在人世间,但并无世俗的交往来打扰。为何处人境而无车马喧的烦恼?因为"心远地自偏",只要内心能远远地摆脱世俗的束缚,那么即使处于喧闹的环境里,也如同居于僻静之地。陶渊明早岁满怀建功立业的理想,几度出仕正是为了实现匡时济世的抱负。但当他看到"真风告逝,大为斯兴"(《感士不遇赋》),官场风波险恶,世俗伪诈污蚀,整个社会腐败黑暗,于是便选择了洁身自好、守道固穷的道路,隐居田园,躬耕自资。

"问君何能尔?心远地自偏。""心远"是远离官场,更进一步说,是远离尘俗,超凡脱俗。排斥了社会公认的价值尺度,探询作者在什么地方建立人生的基点,这就牵涉到陶渊明的哲学思想。这种哲学可以称为"自然哲学",它既包含自耕自食、俭朴寡欲的生活方式,又深化为人的生命与自然的统一和谐。在陶渊明看来,人不仅是在社会、在人与人的关系中存在的,而且,甚至更重要的,每一个个体生命作为独立的精神主体,都直接面对整个自然和宇宙而存在。"结庐在人境"四句,就是写他精神上在摆脱了世俗环境的干扰之后所产生的感受。由于此四句托意高妙,寄情深远,因此前人激赏其"词彩精拔"。

这些道理,如果直接写出来,诗就变成论文了。所以作者只是把哲理寄寓在形象之中。诗人在自己的庭园中随意地采摘菊花,偶然间抬起头来,目光恰与南山相会。"悠然见南山",按古汉语法则,既可解为"悠然地见到南山",亦可解为"见到悠然的南山"。所以,这"悠然"不仅属于人,也属于山,人闲逸而自在,山静穆而高远。在那一刻,似乎有共同的旋律从人心和山峰中一起奏出,融为一支轻盈的乐曲。

"采菊东篱下,悠然见南山。""悠然"写出了作者那种恬淡闲适、对生活无所求的心境。"采菊"这一动作不是一般的动作,它包含着诗人超脱尘世,热爱自然的情趣。将"见"改为"望"不好。"见"字表现了诗人看山不是有意为之,而是采菊时,无意间,山入眼帘。

接下来,见南山之物有:日暮的岚气,若有若无,浮绕于峰际;成群的鸟儿,结伴而飞,归向山林。这一切当然是很美的。但这也不是单纯的景物描写。在陶渊明的诗文中,读者常可以看到类似的句子,如"云无心以出岫,鸟倦飞而知还"(《归去来辞》);"卉木繁荣,和风清穆"(《劝农》)等等。这都是表现自然,因其无意志、无目的、无外求,所以平静、充实、完美。人既然是自然的一部分,也应该具有自然的本性,在整个自然中完成其个体使命。这就是人与自然的和谐统一。

"山气日夕佳,飞鸟相与还。"这两句是景物描写。这时我们隐隐可知诗人不仅在勉励自己"还",含蓄寄托了与山林为伍的情意,还在规劝其他人。这两句虽是写景,实是抒情悟理。

"此中有真意,欲辨已忘言。"诗末两句,诗人言自己从大自然的美景中领悟到了人生的意趣,表露了纯洁自然的恬淡心情。诗里的"此中",我们可以理解为此时此地(秋夕篱边),也可理解为整个田园生活。所谓"忘言",实是说恬美安闲的田园生活才是自己真正的人生,而这种人生的乐趣,只能意会,不可言传,也无需叙说。这充分体现了诗人安贫乐贱、励志守节的高尚品德。这两句说的是这里边有人生的真义,想辨别出来,却忘了怎样用语言表达。

"忘言"通俗地说,就是不知道用什么语言来表达,只可意会,不可言传。"至情言语即无声",这里强调一个"真"字,指出辞官归隐乃是人生的真谛。

这首诗也是陶诗艺术风格的一个典范。它除了具有陶诗的一般特色之外,更富于**理趣**,诗句更流畅,语气更自然,情感更亲切。

第十章 社会人生

一、导语

社会是复杂的,人生是多变的。绝大多数人,都离不开与社会打交道,遇到形形色色的人,见到光怪陆离的事。然而,人终其一生,总难逃名、利、情三字,因了名利,有了贫富的差距、社会地位的悬殊,有了强弱之分。但是,强者不一定是高尚的,弱者也不一定是卑贱的,所见不一定即所得,这就是社会的复杂,就像曹雪芹在《红楼梦》中所说:"假作真时真亦假,无为有处有还无。"社会上既有温情送暖,也有暗箭伤人;既有"朱门酒肉臭",又有"路有冻死骨"。社会如此多姿多彩,有人流连忘返,深陷其中;社会又如此险象环生,有人心生畏惧,归隐山林。我们该怎样面对呢?尹建莉翻译的《小王子》中有一句很有名的话:"只有用心才能看到本质,最重要的东西眼睛是无法看到的。"这句话大概可以给行走社会的我们一点儿启发。

社会人生,就像一个蒙着面纱的女子,让人难以看清其真实面目;也像蒙娜丽莎的微笑,一千个人,会有一千种体悟。本章通过所选作品,试着向大家揭开这色彩斑斓的面纱一角,以一睹不同的社会人生之风采。

二、阅读

(一) 卡夫卡《变形记》

一天早晨,格里高尔·萨姆沙从不安的睡梦中醒来,发现自己躺在床上变成了一只巨大的甲虫。他仰卧着,那坚硬的像铁甲一般的背贴着床,他稍稍抬了抬头,便看见自己那穹顶似的棕色肚子分成了好多块弧形的硬片,被子几乎盖不住肚子尖,都快滑下来了。比起偌大的身躯来,他那许多只腿真是细得可怜,都在他眼前无可奈何地舞动着。

"我出了什么事啦?"他想。这可不是梦。他的房间,虽是嫌小了些,的确是普普通通人住的房间,仍然安静地躺在四堵熟悉的墙壁当中。在摊放着打开的衣料样品——萨姆沙是个旅行推销员——的桌子上面,还是挂着那幅画,这是他最近从一本画报上剪下来装在漂亮的金色镜框里的。画的是一位戴皮帽子围皮围巾的贵妇人,她挺直身子坐着,把一只套没了整个前臂的厚重的皮手筒递给看画的人。

格里高尔的眼睛接着又朝窗口望去,天空很阴暗——可以听到雨点敲打在窗槛上的声音——他的心情也变得忧郁了。"要是再睡一会儿,把这一切晦气事统统忘掉那该多好。"他想。但是完全办不到,平时他习惯于向右边睡,可是在目前的情况下,再也不能采取那样的姿态了。无论怎样用力向右转,他仍旧滚了回来,肚子朝天。他试了至少一百次,还闭上眼睛免得看到那些拼命挣扎的腿,到后来他的腰部感到一种从未体味过的隐痛,才不得不罢休。

"啊,天哪,"他想,"我怎么单单挑上这么一个累人的差使呢!长年累月到处奔波,比坐办公室辛苦多了。再加上还有经常出门的烦恼,担心各次火车的倒换,不定时而且低劣的饮食,而萍水相逢的人也总是些泛泛之交,不可能有深厚的交情,永远不会变成知己朋友。让这一切都见鬼去吧!"他觉得肚子上有点儿痒,就慢慢地挪动身子,靠近床头,好让自己头抬起来更容易些;他看清了发痒的地方,那儿布满着白色的小斑点,他不明白这是怎么回事,想用一条腿去搔一搔,可是马上又缩了回来,因为这一碰使他浑身起了一阵寒战。

他又滑下来恢复到原来的姿势。"起床这么早,"他想,"会使人变傻的。人是需要睡觉的。别的推销员生活得像贵妇人。比如,我有一天上午赶回旅馆登记取回订货单时,别的人才坐下来吃早餐。我若是跟我的老板也来这一手,准定当场就给开除。也许开除了倒更好一些,谁说得准呢。如果不是为了父母亲而总是谨小慎微,我早就辞职不干了,我早就会跑到老板面前,把肚子里的气出个痛快。那个家伙准会从写字桌后面直蹦起来!他的工作方式也真奇怪,总是那样居高临下坐在桌子上面对职员发号施令,再加上他的耳朵又偏偏重听,大家不得不走到他跟前去。但是事情也未必毫无转机;只要等我攒够了钱还清了父母欠他的债——也许还得五六年——可是我一定能做到。到那时我就会时来运转了。不过眼下我还是起床为妙,因为火车五点钟就要开了。"

他看了看柜子上滴滴答答响着的闹钟。天哪!他想到。已经六点半了,而时针还在悠悠然向前移动,连六点半也过了,马上就要七点差一刻。闹钟难道没有响过吗?从床上可以看到闹钟明明是拨到四点钟的;显然它已经响过了。是的,不过在那震耳欲聋的响声里,难道真的能安宁地睡着吗?嗯,他睡得并不安宁,可是却正说明他睡得不坏。那么他现在该干什么呢?下一班车七点钟开;要搭这一班车他得发疯似的赶才行,可是他的样品都还没有包扎好,他也觉得自己的精神不甚佳。而且即使他赶上这班车,还是逃不过上司的一顿申斥,因为公司的听差一定是在等候五点钟那班火车,这时早已回去报告他没有赶上了。那听差是老板的心腹,既无骨气又愚蠢不堪。那么,说自己病了行不行呢? 不过这将是最不愉快的事,而且也显得很可疑,因为他服务五年以来没有害过一次病。老板一定会亲自带了医药顾问一起来,一定会责怪他的父母怎么养出这样懒惰的儿子,他还会引证医药顾问的话,粗暴地把所有的理由都驳掉,在那个大夫看来,世界上除了健康之至的假病号,再也没有第二种人了。再说今天这种情况,大夫的话是不是真的不对呢?格里高尔觉得身体挺不错,只除了有些困乏,这在如此长久的一次睡眠以后实在有些多余,另外,他甚至觉得特别饿。

这一切都飞快地在他脑子里闪过,他还是没有下决心起床——闹钟敲六点三刻了——这时,他床头后面的门上传来了轻轻的一下叩门声。"格里高尔,"一个声音说,——这是他母亲的声音——"已经七点差一刻了。你不是还要赶火车吗?"好温和的声音!格里高尔听到自己的回答声时不免大吃一惊。没错,这分明是他自己的声音,可是却有另一种可怕的叽叽喳喳的尖叫声同时发了出来，仿佛是伴音似的，使他的话只有最初几个字才是清清楚楚的，接着马上就受到了干扰，弄得意义含混，使人家说不上到底听清楚没有。格里高尔本想回答得详细些，好把一切解释清楚，可是在这样的情形下他只得简单地说："是的，是的，谢谢你，妈妈，我这会儿正在起床呢。"隔着木门，外面一定听不到格里高尔声音的变化，因为他母亲听到这些话也满意了，就拖着步子走了开去。然而这场简短的对话使家里人都知道格里高尔还在屋子里，这是出乎他们意料之外的，于是在侧边的一扇门上立刻就响起了他父亲的叩门声，很轻，不过用的却是拳头。"格里高尔，格里高尔，"他喊到，"你怎么啦?"过了一小会儿他又用更低沉的声音催促道："格里高尔！格里高尔！"在另一侧的门上他的妹妹也用轻轻的悲哀的声音问："格里高尔，你不舒服吗？要不要什么东西？"他同时回答了他们两个人："我马上就好了。"他把声音发得更清晰，说完一个字过一会儿才说另一个字，竭力使他的声音显得正常。于是他父亲走回去吃他的早饭了，他妹妹却低声地说："格里高尔，开开门吧，求求你。"可是他并不想开门，所以暗自庆幸自己由于时常旅行，他养成了晚上锁住所有门的习惯。即使回到家里也是这样。

　　首先他要静悄悄地不受打扰地起床，穿好衣服，最要紧的是吃饱早饭，再考虑下一步该怎么办，因为他非常明白，躺在床上瞎想一气是想不出什么名堂来的。他还记得过去也许是因为睡觉姿势不好，躺在床上时往往会觉得这儿那儿隐隐作痛，及至起来，就知道纯属心理作用，所以他殷切地盼望今天早晨的幻觉会逐渐消逝。他也深信，他之所以变声音不是因为别的而仅仅是重感冒的征兆，这是旅行推销员的职业病。

　　要掀掉被子很容易，他只需把身子稍稍一抬被子就自己滑下来了。可是下一个动作就非常之困难，特别是因为他的身子宽得出奇。他得要有手和胳臂才能让自己坐起来；可是他有的只是无数细小的腿，它们一刻不停地向四面八方挥动，而他自己却完全无法控制。他想屈起其中的一条腿，可是他偏偏伸得笔直；等他终于让它听从自己的指挥时，所有别的腿却莫名其妙地乱动不已。"总是待在床上有什么意思呢。"格里高尔自言自语地说。

　　他想，下身先下去一定可以使自己离床，可是他还没有见过自己的下身，脑子里根本没有概念，不知道要移动下身真是难上加难，挪动起来是那样的迟缓；所以到最后，他烦死了，就用尽全力鲁莽地把身子一甩，不料方向算错，重重地撞在床脚上，一阵彻骨的痛楚使他明白，如今他身上最敏感的地方也许正是他的下身。

　　于是他就打算先让上身离床，他小心翼翼地把头部一点点挪向床沿。这却毫不困难，他的身躯虽然又宽又大，也终于跟着头部移动了。可是，等到头部终于悬在床边上，他又害怕起来，不敢再前进了，因为，老实说，如果他就这样让自己掉下去，不摔坏脑袋才怪呢。他现在最要紧的是保持清醒，特别是现在；他宁愿继续待在床上。

　　可是重复了几遍同样的努力以后，他深深地叹了一口气，还是恢复了原来的姿势躺着，一面瞧他那些细腿在难以置信地更疯狂地挣扎；格里高尔不知道如何才能摆脱这种荒唐的混乱处境，他就再一次告诉自己，待在床上是不行的，最最合理的做法还是冒一切危险来实现离床这个极渺茫的希望。可是同时他也没有忘记提醒自己,冷静地,极其冷静地考虑到最最微小的可能性还是比不顾一切地蛮干强得多。这时节,他竭力集中眼光望向窗外,可是不幸得很,早晨的浓雾把狭街对面的房子也都裹上了,看来天气一时不会好转,这就使他更加得不到鼓励和安慰。"已经七点钟了,"闹钟再度敲响时,他对自己说,"已经七点钟了,可是雾还这么重。"有片刻工夫,他静静地躺着,轻轻地呼吸着,仿佛这样一养神什么都会恢复正常似的。

可是接着他又对自己说:"七点一刻前我无论如何非得离开床不可。到那时一定会有人从公司里来找我,因为不到七点公司就开门了。"于是他开始有节奏地来回晃动自己的整个身子,想把自己甩出床去。倘若他这样翻下床去,可以昂起脑袋,头部不至于受伤。他的背似乎很硬,看来跌在地毯上并不打紧。他最担心的还是自己控制不了的巨大响声,这声音一定会在所有的房间里引起焦虑,即使不是恐惧。可是,他还是得冒这个险。

当他已经半个身子探到床外的时候——这个新方法与其说是苦事,不如说是游戏,因为他只需来回晃动,逐渐挪过去就行了——他忽然想起如果有人帮忙,这件事该是多么简单。两个身强力壮的人——他想到了他的父亲和那个使女——就足够了;他们只需把胳臂伸到他那圆鼓鼓的背后,抬他下床,放下他们的负担,然后耐心地等他在地板上翻过身来就行了,一碰到地板他的腿自然会发挥作用的。那么,姑且不管所有的门都是锁着的,他是否真的应该叫人帮忙呢?尽管处境非常困难,想到这一层,他却禁不住透出一丝微笑。

他使劲地摇动着,身子已经探出不少,快要失去平衡了,他非得鼓足勇气采取决定性的步骤了,因为再过五分钟就是七点一刻——正在这时,前门的门铃响了起来。"是公司里派什么人来了。"他这么想,身子就随之而发僵,可是那些细小的腿却动弹得更快了。一时之间周围一片静默。"他们不愿开门。"格里高尔怀着不合常情的希望自言自语道。可是使女当然还是跟往常一样踏着沉重的步子去开门了。格里高尔听到客人的第一声招呼就马上知道这是谁——是秘书主任亲自出马了。真不知自己生就什么命,竟落到给这样一家公司当差,只要有一点小小的差错,马上就会招来最大的怀疑!在这一个所有的职员全是无赖的公司里,岂不是只有他一个人忠心耿耿吗?他早晨只占用公司两三个小时,不是就给良心折磨得几乎要发疯,真的下不了床吗?如果确有必要来打听他出了什么事,派个学徒来不也够了吗——难道秘书主任非得亲自出马,以便向全家人,完全无辜的一家人表示,这个可疑的情况只有他自己那样的内行来调查才行吗?与其说格里高尔下了决心,倒不如说他因为想到这些事非常激动,因而用尽全力把自己甩出床外。砰的一声很响,但总算没有响得吓人。地毯把他坠落的声音减弱了几分,他的背也不如他所想象的那么毫无弹性,所以声音很闷,不惊动人。只是他不够小心,头翘得不够高,还是在地板上撞了一下;他扭了扭脑袋,痛苦而愤懑地把头挨在地板上磨蹭着。

"那里有什么东西掉下来了。"秘书主任在左面房间里说。格里高尔试图设想,今天他身上发生的事有一天也让秘书主任碰上了;谁也不敢担保不会出这样的事。可是仿佛给他的设想一个粗暴的回答似的,秘书主任在隔壁的房间里坚定地走了几步,他那漆皮鞋子发出了吱嘎吱嘎的声音。从右面的房间里,他妹妹用耳语向他通报消息:"格里高尔,秘书主任来了。""我知道了。"格里高尔低声嘟哝道;但是没有勇气提高嗓门让妹妹听到他的声音。

"格里高尔,"这时候,父亲在左边房间里说话了,"秘书主任来了,他要知道为什么你没能赶上早晨的火车。我们也不知道怎么跟他说。另外,他还要亲自和你谈话。所以,请你开门吧。他度量大,对你房间里的凌乱不会见怪的。""早上好,萨姆沙先生,"与此同时,秘书主任和蔼地招呼道。"他不舒服呢,"母亲对客人说,这时他父亲继续隔着门在说话,"他不舒服,先生,相信我吧。他还能为了什么原因误车呢!这孩子只知道操心公事。他晚上从来不出去,连我瞧着都要生气了;这几天来他没有出差,可他天天晚上都守在家里。他只是安安静静地坐在桌子旁边,看看报,或是把火车时刻表翻来覆去地看。他唯一的消遣就是做木工活儿。比如说,他花了两三个晚上刻了一个小镜框;您看到它那么漂亮一定会感到惊奇;这镜框挂在他房间里;再过一分钟等格里高尔打开门您就会看到了。您的光临真叫我高兴,先生;我们怎么也没法使他开门;他真是固执;我敢说他一定是病了,虽然他早晨硬说没病。"——"我马上来了,"格里高尔慢吞吞地小心翼翼地说,可是却寸步也没有移动,生怕漏过他们谈话中的每一个字。"我也想不出有什么别的原因,太太,"秘书主任说,"我希望不是什么大病。虽然另一方面我不得不说,不知该算福气还是晦气,我们这些做买卖的往往就得不把这些小毛病当作一回事,因为买卖嘛总是要做的。"——"喂,秘书主任现在能进来了吗?"格里高尔的父亲不耐烦地问,又敲起门来了。"不行。"格里高尔回答。这声拒绝以后,在左面房间里是一阵令人痛苦的寂静;右面房间里他妹妹啜泣起来了。

他妹妹为什么不和别的人在一起呢?她也许是刚刚起床,还没有穿衣服吧。那么,她为什么哭呢?是因为他不起床让秘书主任进来吗,是因为他有丢掉差使的危险吗,是因为老板又要开口向他的父母讨还旧债吗?这些显然都是眼前不用担心的事情。格里高尔仍旧在家里,丝毫没有弃家出走的念头。的确,他现在暂时还躺在地毯上,知道他的处境的人当然不会盼望他让秘书主任走进来。可是这点小小的失礼以后尽可以用几句漂亮的辞令解释过去,格里高尔不见得马上就给辞退。格里高尔觉得,就目前来说,他们与其对他抹鼻子流泪苦苦哀求,还不如别打扰他的好。可是,当然啦,他们的不明情况使他们大惑不解,也说明了他们为什么有这样的举动。

"萨姆沙先生,"秘书主任现在提高了嗓门说,"您这是怎么回事?您这样把自己关在房间里,光是回答'是'和'不是',毫无必要地引起您父母极大的忧虑,又极严重地疏忽了——这我只不过顺便提一句——疏忽了公事方面的职责。我现在以您父母和您经理的名义和您说话,我正式要求您立刻给我一个明确的解释。我真没想到,我真没想到。我原来还认为您是个安分守己、稳妥可靠的人,可您现在却突然决心想让自己丢丑。经理今天早晨还对我暗示您不露面的原因可能是什么——他提到了最近交给您管的现款——我还几乎要以自己的名誉向他担保这根本不可能呢。可是现在我才知道您真是执拗得可以,从现在起,我丝毫也不想袒护您了。您在公司里的地位并不是那么稳固的。这些话我本来想私下里对您说的,可是既然您这样白白糟蹋我的时间,我就不懂为什么您的父母不应该听到这些话了。近来您的工作叫人很不满意;当然,目前买卖并不是旺季,这我们也承认,可是一年里整整一个季度一点儿买卖也不做,这是不行的,萨姆沙先生,这是完全不应该的。"

"可是,先生,"格里高尔喊道,他控制不住了,激动得忘记了一切,"我这会儿正要来开门。一点儿小小的不舒服,一阵头晕使我起不了床。我现在还躺在床上呢。不过我已经好了。我现在正要下床。再等我一两分钟吧!我不像自己所想的那样健康。不过我已经好了,真的。这种小毛病难道就能打垮我不成!我昨天晚上还好好儿的,这我父亲母亲也可以告诉您,不,应该说我昨天晚上就感觉到了一些预兆。我的样子想必已经不对劲了。您要问为什么我不向办公室报告!可是人总以为一点点不舒服一定能顶过去,用不着请假在家休息。哦,先生,别伤我父母的心吧!您刚才怪罪于我的事都是没有根据的;从来没有谁这样说过我。也许您还没有看到我最近兜来的订单吧。至少,我还能赶上八点钟的火车呢,休息了这几个钟点我已经好多了。千万不要因为我而把您耽搁在这儿,先生;我马上就会开始工作的,这有劳您转告经理,在他面前还得请您多替我美言几句呢!"

格里高尔一口气说着,自己也搞不清楚自己说了些什么,也许因为有了床上的那些锻炼,格里高尔没费多大气力就来到柜子旁边,打算依靠柜子使自己直立起来。他的确是想开门,的确是想出去和秘书主任谈话的;他很想知道,大家这么坚持以后,看到了他又会说些什么。要是他们都大吃一惊,那么责任就再也不在他身上,他可以得到安静了。如果他们完全不在意,那么他也根本不必不安,只要真的赶紧上车站去搭八点钟的车就行了。起先,他好几次从光滑的柜面上滑下来,可是最后,在一使劲之后,他终于站直了;现在他也不管下身疼得像火烧一般了。接着他让自己靠向附近一张椅子的背部,用他那些细小的腿抓住了椅背的边。这使他得以控制自己的身体,他不再说话,因为这时候他听见秘书主任又开口了。

"你们听得懂哪个字吗?"秘书主任问,"他不见得在开我们的玩笑吧?""哦,天哪,"他母亲声泪俱下地喊道,"也许他病害得不轻,倒是我们在折磨他呢。葛蕾特!葛蕾特!"接着她嚷道。"什么事,妈妈?"他妹妹打那一边的房间里喊道。她们就这样隔着格里高尔的房间对嚷起来。"你得马上去请医生。格里高尔病了。去请医生,快点儿。你没听见他说话的声音吗?""这不是人的声音。"秘书主任说,跟母亲的尖叫声一比他的嗓音显得格外低沉。"安娜!安娜!"他父亲从客厅向厨房里喊道,一面还拍着手,"马上去找个锁匠来!"于是两个姑娘奔跑得裙子飕飕响地穿过了客厅——他妹妹怎能这么快就穿好衣服的呢?——接着又猛然打开了前门,没有听见门重新关上的声音;她们显然听任它大开着,什么人家出了不幸的事情就总是这样。

格里高尔现在倒镇静多了。显然,他发出来的声音人家再也听不懂了,虽然他自己听来很清楚,甚至比以前更清楚,这也许是因为他的耳朵变得能适应这种声音了。不过至少现在大家相信他有什么地方不太妙,都准备来帮助他了。这些初步措施将带来的积极效果使他感到安慰。他觉得自己又重新进入人类的圈子,对大夫和锁匠都寄予了莫大的希望,却没有怎样分清两者之间的区别。为了使自己在即将到来的重要谈话中声音尽可能清晰些,他稍微咳了咳嗓子,他当然尽量压低声音,因为就连他自己听起来,这声音也不像人的咳嗽。这时候,隔壁房间里一片寂静。也许他的父母正陪了秘书主任坐在桌旁,在低声商谈,也许他们都靠在门上细细谛听呢。

  格里高尔慢慢地把椅子推向门边,接着便放开椅子,抓住了门来支撑自己——他那些细腿的脚底上倒是颇有黏性的——他在门上靠了一会儿,喘过一口气来。接着他开始用嘴巴来转动插在锁孔里的钥匙。不幸的是,他并没有什么牙齿——他得用什么来咬住钥匙呢?——不过他的下颚倒好像非常结实;靠着这下颚总算转动了钥匙,他准是不小心弄伤了什么地方,因为有一股棕色的液体从他嘴里流出来,淌过钥匙,滴到地上。"你们听,"门后的秘书主任说,"他在转动钥匙了。"这对格里高尔是个很大的鼓励;不过他们应该都来给他打气,他的父亲母亲都应该喊:"加油,格里高尔。"他们应该大声喊道:"坚持下去,咬紧钥匙!"他相信他们都在全神贯注地关心自己的努力,就集中全力死命咬住钥匙。钥匙需要转动时,他便用嘴巴衔着它,自己也绕着锁孔转了一圈,好把钥匙扭过去,或者不如说,用全身的重量使它转动。终于屈服的锁发出响亮的咔嗒一声,使格里高尔大为高兴。他深深地舒了一口气,对自己说:"这样一来我就不用锁匠了。"接着就把头搁在门柄上,想把门整个打开。门是向他自己这边拉的,所以虽然已经打开,人家还是瞧不见他。他得慢慢地从对开的那半扇门后面把身子挪出来,而且得非常小心,以免背脊直挺挺地跌倒在房间里。

  他正在困难地挪动自己,顾不上作任何观察,却听到秘书主任"哦!"的一声大叫——发出来的声音像一股猛风——现在他可以看见那个人了,他站得靠近门口,一只手遮在张大的嘴上,慢慢地往后退去,仿佛有什么无形的强大压力在驱逐他似的。格里高尔的母亲——虽然秘书主任在场,她的头发仍然没有梳好,还是乱七八糟地竖着——她先是双手合掌瞧瞧他父亲,接着向格里高尔走了两步,随即倒在地上,裙子摊了开来,脸垂到胸前,完全看不见了。他父亲握紧拳头,一副恶狠狠的样子,仿佛要把格里高尔打回到房间里去,接着他又犹豫不定地向起坐室扫了一眼,然后把双手遮住眼睛,哭泣起来,连他那宽阔的胸膛都在起伏不定。

  格里高尔没有接着往起坐室走去,却靠在那半扇关紧的门的后面,所以他只有半个身子露在外面,还侧着探外面的头去看别人。这时候天更亮了,可以清清楚楚地看到街对面一幢长得没有尽头的深灰色的建筑——这是一所医院——上面惹眼地开着一排排呆板的窗子;雨还在下,不过已成为一滴滴看得清的大颗粒了。大大小小的早餐盆碟摆了一桌子,对于格里高尔的父亲,早餐是一天里最重要的一顿饭,他一边看各式各样的报纸,一边吃,要吃上好几个钟头,在格里高尔正对面的墙上挂着一幅他服兵役时的照片,当时他是少尉,他的手按在剑上,脸上挂着无忧无虑的笑容,分明要人家尊敬他的军人风度和制服。前厅的门开着,大门也开着,可以一直看到住宅前的院子和最下面的几级楼梯。

  "好吧,"格里高尔说,他完全明白自己是唯一多少保持着镇静的人,"我立刻穿上衣服,等包皮好样品就动身,您是否还容许我去呢?您瞧,先生,我并不是冥顽不化的人,我很愿意工作;出差是很辛苦的,但我不出差就活不下去。您上哪儿去,先生?去办公室?是吗?我这些情形您能如实地反映上去吗?人总有暂时不能胜任工作的时候,不过这时正需要想起他过去的成绩。而且还要想到以后他又恢复了工作能力的时候,他一定会干得更勤恳更用心。我一心想忠诚地为老板做事,这您也很清楚。何况,我还要供养我的父母和妹妹。我现在景况十分困难,不过我会重新挣脱出来的。请您千万不要火上加油。在公司里请一定帮我说几句好话。旅行推销员在公司里不讨人喜欢,这我知道。大家以为他们赚的是大钱,过的是逍遥自在的日子。这种成见也犯不着去纠正。可是您呢,先生,比公司里所有的人看得都全面,是的,让我私下里告诉您,您比老板本人还全面,他是东家,当然可以凭自己的好恶随便不喜欢哪个职员。您知道得最清楚,旅行推销员几乎长年不在办公室,他们自然很容易成为闲话、怪罪和飞短流长的目标。可他自己却几乎完全不知道,所以防不胜防。直待他精疲力竭地转完一个圈子回到家里,这才亲身体验到连原因都无法找寻的恶果落到了自己身上。先生,先生,您不能不说我一句好话就走啊,请表明您觉得我至少还有几分是对的呀!"

可是格里高尔才说头几个字,秘书主任就已经跟跄倒退,只是张着嘴唇,侧过颤抖的肩膀直勾勾地瞪着他。格里高尔说话时,他片刻也没有站定,却偷偷地向门口踅去,眼睛始终盯紧了格里高尔,只是每次只移动一寸,仿佛存在某项不准离开房间的禁令一般。好不容易退入了前厅,他最后一步跨出起坐室时动作好猛,真像是他的脚跟刚给火烧着了。他一到前厅就伸出右手向楼梯跑去,好似那边有什么神秘的救星在等待他。

格里高尔明白,如果要保住他在公司里的职位,不想砸掉饭碗,那就决不能让秘书主任抱着这样的心情回去。他的父母对这一点不太了然;多年以来,他们已经深信格里高尔在这家公司里要待上一辈子的,再说,他们的心里已经完全放在当前的不幸事件上,根本无法考虑将来的事。可是格里高尔却考虑到了。一定得留住秘书主任,安慰他,劝告他,最后还要说服他;格里高尔和他一家人的前途全系在这上面呢!只要妹妹在场就好了!她很聪明;当格里高尔还安静地仰在床上的时候她就已经哭了。总是那么偏袒女性的秘书主任一定会乖乖地听她的话;她会关上大门,在前厅里把他说得不再惧怕。可是她偏偏不在。格里高尔只得自己来应付当前的局面。他没有想到自己的身体究竟有什么活动能力,也没有想一想他的话人家仍旧很可能听不懂,而且简直根本听不懂,就放开了那扇门,挤过门口,迈步向秘书主任走去,而后者正可笑地用两只手抱住楼梯的栏杆;格里高尔刚要摸索可以支撑的东西,忽然轻轻喊了一声,身子趴了下来,他那许多只腿着了地。还没等全部落地,他的身子已经获得了安稳的感觉,从早晨以来,这还是第一次;他脚底下现在是结结实实的地板了;他高兴地注意到,他的腿完全听从指挥;它们甚至努力地把他朝他心里所想的任何方向带去;他简直要相信,他所有的痛苦总解脱的时候终于快来了。

可是就在这一刹那间,当他摇摇摆摆一心想动弹的时候,当他离开母亲不远,躺在她对面地板上的时候,本来似乎已经完全瘫痪的母亲,这时却霍地跳了起来,伸直两臂,张开了所有的手指,喊道:"救命啊,老天爷,救命啊!"一面又低下头来,仿佛想把格里高尔看得更清楚些,同时又偏偏身不由己地一直往后退,根本没顾到她后面有张摆满了食物的桌子;她撞上桌子,又糊里糊涂倏地坐了上去,似乎全然没有注意她旁边那把大咖啡壶已经打翻,咖啡也汩汩地流到了地毯上。

"妈妈,妈妈。"格里高尔低声地说道,抬起头来看着她。这时候已经完全把秘书主任撇在脑后;他的嘴却忍不住咂巴起来,因为他看到了淌出来的咖啡。这使他母亲再一次尖叫起来。她从桌子旁边逃开,倒在急忙来扶她的父亲的怀抱里。可是格里高尔现在顾不得他的父母;秘书主任已经在走下楼梯了,他的下巴探在栏杆上扭过头来最后回顾了一眼。格里高尔急走几步,想尽可能追上他;可是秘书主任一定是看出了他的意图,因为他往下蹦了几级,随即消失了;可是还在不断地叫嚷"噢!"回声传遍了整个楼梯。不幸得很,秘书主任的逃走仿佛使一直比较镇定的父亲也慌乱万分,因为他非但自己不去追赶那人,或者至少别去阻拦格里高尔去追逐,反而右手操起秘书主任连同帽子和大衣一起留在一张椅子上的手杖,左手从桌子上抓起一张大报纸,一面顿脚,一面挥动手杖和报纸,要把格里高尔赶回到房间里去。格里高尔的请求全然无效,事实上别人根本不理解;不管他怎样谦恭地低下头去,他父亲反而把脚顿得更响。另一边,他母亲不顾天气寒冷,打开了一扇窗子,双手掩住脸,尽量把身子往外探。一阵劲风从街上刮到楼梯,窗帘掀了起来,桌上的报纸吹得啪嗒啪嗒乱响,有几张吹落在地板上。格里高尔的父亲无情地把他往后赶,一面嘘嘘叫着,简直像个野人。可是格里高尔还不熟悉怎么往后退,所以走得很慢。如果有机会掉过头,他能很快回进房间的,但是他怕转身的迟缓会使他父亲更加生气,他父亲手中的手杖随时会照准他的背上或头上给以狠狠的一击的,到后来,他竟不知怎么办才好,因为他绝望地注意到,倒退着走连方向都掌握不了;因此,他一面始终不安地侧过头瞅着父亲,一面开始掉转身子,他想尽量快些,事实上却非常迂缓。也许父亲发现了他的良好意图,因此并不干涉他,只是在他挪动时远远地用手杖尖拨拨他。只要父亲不再发出那种无法忍受的嘘嘘声就好了。这简直要使格里高尔发狂。他已经完全转过去了,只是因为给嘘声弄得心烦意乱,甚至转得过了头。最后他总算对准了门口,可是他的身体又偏巧宽得过不去。但是在目前精神状态下的父亲,当然不会想到去打开另外半扇门好让格里高尔得以通过。他父亲脑子里只有一件事,尽快把格里高尔赶回房间。让格里高尔直立起来,侧身进入房间,就要做许多麻烦的准备,父亲是绝不会答应的。他现在发出的声音更加响亮,他拼命催促格里高尔往前走,好像他前面没有什么障碍似的;格里高尔听到他后面响着的声音不再像是父亲一个人的了;现在更不是闹着玩的了,所以格里高尔不顾一切狠命向门口挤去。他身子的一边拱了起来,倾斜地卡在门口,腰部挤伤了,在洁白的门上留下了可憎的斑点,不一会儿他就给夹住了,不管怎么挣扎,还是丝毫动弹不得,他一边的腿在空中颤抖地舞动,另一边的腿却在地上给压得十分疼痛——这时,他父亲从后面使劲地推了他一把,实际上这倒是支援,使他一直跌进了房间中央,汩汩地流着血。在他后面,门砰的一声用手杖关上了,屋子里终于恢复了寂静。

直到薄暮时分格里高尔才从沉睡中苏醒过来，这与其说是沉睡还不如说是昏厥。其实再过一会儿他自己也会醒的，因为他觉得睡得很长久，已经睡够了，可是他仍觉得仿佛有一阵疾走的脚步声和轻轻关上通向前厅房门的声音惊醒了他。街上的电灯，在天花板和家具的上半部投下一重淡淡的光晕，可是在低处他躺着的地方，却是一片漆黑。他缓慢而笨拙地试了试他的触觉，只是到了这时，他才初次学会运用这个器官，接着便向门口爬去，想知道那儿发生了什么事。他觉得有一条长长的、绷得紧紧的不舒服的伤疤，他的两排腿事实上只能瘸着走了。而且有一条细小的腿在早晨的事件里受了重伤，现在是毫无用处地曳在身后——仅仅坏了一条腿，这倒真是个奇迹。

他来到门边，这才发现把他吸引过来的事实上是什么：食物的香味。因为那儿放了一个盆子，盛满了甜牛奶，上面还浮着切碎的白面包皮。他险些儿要高兴得笑出声来，因为他现在比早晨更加饿了，他立刻把头浸到牛奶里去，几乎把眼睛也浸没了。可是很快又失望地缩了回来；他发现不仅吃东西很困难，因为柔软的左侧受了伤——他要全身抽搐地配合着才能把食物吃到口中——而且也不喜欢牛奶了，虽然牛奶一直是他喜爱的饮料，他妹妹准是因此才给他准备的；事实上，他几乎是怀着厌恶的心情把头从盆子边上扭开，爬回到房间中央去的。

他从门缝里看到起坐室的煤气灯已经点亮了，在平日，到这时候，他父亲总要大声地把晚报读给母亲听，有时也读给妹妹听，可是现在却没有丝毫声息。也许是父亲新近抛弃大声读报的习惯了吧，他妹妹在说话和写信中经常提到这件事。可是到处都那么寂静，虽然家里显然不是没有人。"我们这一家子过得多么平静啊。"格里高尔自言自语道，他一动不动地瞪视着黑暗，心里感到很自豪，因为他能够让他的父母和妹妹在这样一套挺好的房间里过着满不错的日子。可是如果这一切的平静、舒适与满足都要恐怖地结束，那可怎么办呢？为了使自己不致陷入这样的思想，格里高尔活动起来了，他在房间里不断地爬来爬去。

在这个漫长的夜晚，有一次一边的门打开了一道缝，但马上又关上了，后来另一边的门上也发生了这样的事；显然是有人打算进来但是又犹豫不决。格里高尔现在紧紧地伏在起坐室的门边，打算劝那个踌躇的人进来，至少也想知道那人是谁；可是门再也没有开过，他白白地等待着。清晨那会儿，门锁着，他们全都想进来；可是如今他打开了一扇门，另一扇门显然白天也是开着的，却又谁都不进来了，而且连钥匙都插到外面去了。

一直到深夜，起坐室的煤气灯才熄灭，格里高尔很容易就推想到，他的父母和妹妹久久清醒地坐在那儿，因为他清晰地听见他们蹑手蹑脚走开的声音。没有人会来看他了，至少天亮以前是不会了，这是肯定的，因此他有充裕的时间从容不迫地考虑他该怎样安排生活。可是他匍匐在地板上的这间高大空旷的房间使他充满了一种不可言喻的恐惧，虽然这就是他自己住了五年的房间——他自己还不大清楚是怎么回事，就已经不无害臊地急急钻到沙发底下去了，他马上就感到这儿非常舒服，虽然他的背稍有点儿被压住，他的头也抬不起来。他唯一感到遗憾的是身子太宽，不能整个藏进沙发底下。

他在那里整整待了一夜,一部分的时间消磨在假寐上,腹中的饥饿时时刻刻使他惊醒,而另一部分时间里,他一直沉浸在担忧和渺茫的希望中,但他想来想去,总是只有一个结论:那就是目前他必须静静地躺着,作忍耐和极度的体谅来协助家庭克服他在目前的情况下必然会给他们造成的不方便。

拂晓时分,其实还简直是夜里,格里高尔就有机会考验他的新决心是否坚定了,因为他的妹妹衣服还没有完全穿好就打开了通往客厅的门,表情紧张地向里张望,她没有立刻看见他,可是一等她看到他躲在沙发底下——说究竟,他总是待在什么地方,他又不能飞走,是不是?——她大吃一惊,不由自主就把门砰地重新关上。可是仿佛是后悔自己方才的举动似的,她马上又打开了门,踮起脚走了进来,似乎她来看望的是一个重病人,甚至是陌生人。格里高尔把头探出沙发的边缘看着她。她会不会注意到他并非因为不饿而留着牛奶没喝,她会不会拿别的更合他的口味的东西来呢?除非她自动注意到这一层,他情愿挨饿也不愿唤起她的注意,虽然他有一股强烈的愿望,想从沙发底下冲出来,伏在她脚下,求她拿点食物来。可是妹妹马上就注意到了,她很惊讶,发现除了泼了些出来以外,盆子还是满满的,她立即把盆子端了起来,虽然不是直接用手,而是用手里拿着的布,她把盆子端走了。格里高尔好奇地要命,想知道她会换些什么来,而且还作了种种猜测。然而心地善良的妹妹实际上所做的却是他怎么也想象不到的。为了弄清楚他的嗜好,她给他带来了许多种食物,全都放在一张旧报纸上。这里有不新鲜的一半腐烂的蔬菜,有昨天晚饭剩下来的肉骨头,上面还蒙着已经变稠硬结的白酱油;还有些葡萄干杏仁;一块两天前格里高尔准会说吃不得的乳酪;一块陈面包皮,一块抹了黄油的面包皮,一块洒了盐的黄油面包皮。除了这一切,她又放下了那只盆子,往里倒了些清水,这盆子显然算是他专用的了。她考虑得非常周到,生怕格里高尔不愿当她的面吃东西,所以马上就退了出去,甚至还锁上了门,让他明白他可以安心地随意进食。格里高尔所有的腿都嗖地向食物奔过去。而他的伤口也准是已经完全愈合了,因为他并没有感到不方便,这使他颇为吃惊,也令他回忆起,一个月以前,他用刀稍稍割伤了一个手指,直到前天还觉得疼痛。"难道我现在感觉迟钝些了?"他想,紧接着便对乳酪狼吞虎咽起来,在所有的食物里,这一种立刻强烈地吸引了他。他眼中含着满意的泪水,逐一地把乳酪、蔬菜和酱油都吃掉;可是新鲜的食物却一点儿也不给他以好感,他甚至都忍受不了那种气味,事实上他是把可吃的东西都叼到远一点的地方去吃的。他吃饱了,正懒洋洋地躺在原处,这时他妹妹慢慢地转动钥匙,仿佛是给他一个暗示,让他退走。他立刻惊醒了过来,虽然他差不多睡着了,就急急地重新钻到沙发底下去。

可是藏在沙发底下需要相当的自我克制力量,即使只是妹妹在房间里这短短的片刻,因为这顿饱餐使他的身子有些膨胀,他只觉得地方狭窄,连呼吸也很困难。他因为透不过气,眼珠也略略鼓了起来,他望着没有察觉任何情况的妹妹在用扫帚扫去不光是他吃剩的食物,甚至也包皮括他根本没碰的那些,仿佛这些东西现在根本没人要了,扫完后又急匆匆地全都倒进了一只桶里,把木盖盖上就提走了。她刚扭过身去,格里高尔就打沙发底下爬出来舒展身子,呼哧呼哧喘了几口气。

格里高尔就是这样由他妹妹喂养着,一次在清晨他父母和使女还睡着的时候,另一次是在他们吃过午饭,他父母睡午觉而妹妹把使女打发出去随便干点杂事的时候。他们当然不会存心叫他挨饿,不过也许是他们除了听妹妹说一声以外对于他吃东西的情形根本不忍心知道吧,也许是他妹妹也想让他们尽量少操心吧,因为眼下他们心里已经够烦的了。

至于第一天上午大夫和锁匠是用什么借口打发走的,格里高尔就永远不得而知了,因为他说的话人家既然听不懂,他们——甚至连妹妹在内——就不会想到他能听懂大家的话,所以每逢妹妹来到他的房间里,他听到她不时发出的几声叹息,和向圣者做的喁喁祈祷,也就满足了。后来,她对这种情形略为有点习惯了——当然,完全习惯是绝对不可能的——这时,她间或也会让格里高尔听到这样好心的或者可以作这样理解的话。"他喜欢今天的饭食。"要是格里高尔把东西吃得一干二净,她会这样说。但是遇到相反的情形,并且这种情形越来越多了,她就是有点忧郁地说:"又是什么都没有吃。"

虽然格里高尔无法直接得到任何消息,他却从隔壁房间里偷听到一些,只要听到一点点声音,他就急忙跑到那个房间的门后,把整个身子贴在门上。特别是在头几天,几乎没有什么谈话不牵涉到他,即使是悄悄话。整整两天,一到吃饭时候,全家人就商量该怎么办;就是不在吃饭时候,也老是谈这个题目,那阵子家里至少总有两个人,因为谁也不愿孤单单地留在家里,至于全都出去那更是不可想象的事。就在第一天,女仆——她对这件事到底知道几分还弄不太清楚——来到母亲跟前,跪下来哀求让她辞退工作,当她一刻钟之后离开时,居然眼泪盈眶感激不尽,仿佛得到了什么大恩典似的,而且谁也没有逼她,她就立下重誓,说这件事她一个字也永远不对外人说。

女仆一走,妹妹就帮着母亲做饭了;其实这事也并不太麻烦,因为事实上大家都简直不吃什么。格里高尔常常听到家里一个人白费力气地劝另一个人多吃一些,可是回答总不外是:"谢谢,我吃不下了。"或是诸如此类的话。现在似乎连酒也不喝了。他妹妹总是一次又一次地问父亲要不要喝啤酒,并且好心好意地说要亲自去买,她见父亲没有回答,便建议让看门的女人去买,免得父亲觉得过意不去,这时父亲断然地说一个"不"字,大家就再也不提这事了。

在头几天里,格里高尔的父亲便向母亲和妹妹解释了家庭的经济现状和远景。他常常从桌子旁边站起来,去取一些文件和账目,这都放在一个小小的保险箱里,这是五年前他的公司破产时保存下来的。他打开那把复杂的锁、窸窸窣窣地取出纸张又重新锁上的声音都一一听得清清楚楚。他父亲的叙述是格里高尔幽禁以来听到的第一个愉快的消息。他本来还以为父亲的买卖什么也没有留下呢,至少父亲没有说过相反的话;当然,他也没有直接问过。那时,格里高尔唯一的愿望就是竭尽全力,让家里人尽快忘掉父亲事业崩溃使全家沦于绝望的那场大灾难。所以,他以不寻常的热情投入工作,很快就不再是个小办事员,而成为一个旅行推销员,赚钱的机会当然更多,他的成功马上就转化为亮晃晃圆滚滚的银币,好让他当着惊诧而又快乐的一家人的面放在桌上。那真是美好的时刻啊,这种时刻以后就没有再出现过,至少是再也没有那种光荣感了,虽然后来格里高尔挣的钱已经够维持一家的生活,事实上家庭也的确是他在负担。大家都习惯了,不论是家里人还是格里高尔,收钱的人固然很感激,给的人也很乐意,可是再也没有那种特殊的温暖感觉了。只有妹妹和他最亲近,他心里有个秘密的计划,想让她明年进音乐学院,她跟他不一般,爱好音乐,小提琴拉得很动人,进音乐学院费用当然不会小,这笔钱一定得另行设法筹措。他逗留在家的短暂时间,音乐学院这一话题在他和妹妹之间经常提起,不过总是把它当作一个永远无法实现的美梦;只要听到关于这件事的天真议论,他的父母就感到沮丧;然而格里高尔已经痛下决心,准备在圣诞节之夜隆重地宣布这件事。

这就是他贴紧门站着倾听时涌进脑海的一些想法,这在目前当然都是毫无意义的空想了。有时他实在疲倦了,便不再倾听,而是懒懒地把头靠在门上,不过总是立即又得抬起来,因为他弄出的最轻微的声音隔壁都听得见,谈话也因此停顿下来。

"他现在又在干什么呢?"片刻之后他父亲会这样问,而且显然把头转向了门,这以后,被打断的谈话才会逐渐恢复。

由于他父亲很久没有接触经济方面的事,他母亲也总是不能一下子就弄清楚,所以他父亲老是一遍又一遍地反复解释,使格里高尔了解得非常详细:他的家庭虽然破产,却有一笔投资保存了下来——款子当然很小——而且因为红利没动用,钱数还有些增加。另外,格里高尔每个月给的家用——他自己只留下几个零用钱——没有完全花掉,所以到如今也积成了一笔小数目。格里高尔在门背后拼命点头,为这种他没料到的节约和谨慎而高兴。当然,本来他也可以用这些多余的款子把父亲欠老板的债再还掉些,使自己可以少替老板卖几天命,可是无疑还是父亲的做法更为妥当。

不过,如果光是靠利息维持家用,这笔钱还远远不够;这项款子可以使他们生活一年,至多两年,不能再多了。这笔钱根本就不能动用,要留着以备不时之需;日常的生活费用得另行设法。他父亲身体虽然还算健壮,但已经老了,他已有五年没做事,也很难期望他能有什么作为了;在他劳累的却从未成功过的一生里,他还是第一次过安逸的日子,在这五年里,他发胖了,连行动都不方便。而格里高尔的老母亲患有气喘病,在家里走动都很困难,隔一天就得躺在打开的窗户边的沙发上喘得气都透不过来,又怎能叫她去挣钱养家呢?妹妹还只是个十七岁的孩子,她的生活直到现在为止还是一片欢乐,关心的只是怎样穿得漂亮些,睡个懒觉,在家务上帮帮忙,出去找些不太花钱的娱乐,此外最重要的就是拉小提琴,又怎能叫她去给自己挣面包皮呢?只要话题转到挣钱养家的问题,最初格里高尔总是放开了门,扑倒在门旁冰凉的皮沙发上,羞愧与焦虑得心中如焚。

他往往躺在沙发上,通夜不眠,一连好几个小时在皮面子上蹭来蹭去。他有时也集中全身力量,将扶手椅推到窗前,然后爬上窗台,身体靠着椅子,把头贴到玻璃窗上,他显然是企图回忆过去临窗眺望时所感到的那种自由。因为事实上,随着日子一天天过去,稍稍远一些的东西他就看不清了;从前,他常常诅咒街对面的医院,因为它老是逼近在他眼面前,可是如今他却看不见了,倘若他不知道自己住在虽然僻静,却完全是市区的夏洛蒂街,他真要以为自己的窗子外面是灰色的天空与灰色的土地常常浑然成为一体的荒漠世界了。他那细心的妹妹只看见扶手椅两回都靠在窗前,就明白了;此后她每次打扫房间总把椅子推回到窗前,甚至还让里面那层窗子开着。

如果他能开口说话,感激妹妹为他所做的一切,他也许还能多少忍受她的怜悯,可现在他却受不住。她工作中不太愉快的那些方面,她显然想尽量避免;日子一天天过去,她的确逐渐达到了目的,可是格里高尔也渐渐地越来越明白了。她走进房间的样子就使他痛苦。她一进房间就冲到窗前,连房门也顾不上关,虽然她往常总是小心翼翼不让旁人看到格里高尔的房间。她仿佛快要窒息了,用双手匆匆推开窗子,甚至在严寒中也要当风站着做深呼吸。她这种吵闹急促的步子一天总有两次使得格里高尔心神不定;在这整段时间里,他都得蹲在沙发底下,打着哆嗦。他很清楚,她和他待在一起时,若是不打开窗子也还能忍受,她是绝对不会如此打扰他的。

有一次,大概在格里高尔变形一个月以后,其实这时她已经没有理由见到他再吃惊了,她比平时进来得早了一些,发现他正在一动不动地向着窗外眺望,所以模样更像妖魔了。要是她光是不进来格里高尔倒也不会感到意外,因为既然他在窗口,她当然不能立刻开窗了,可是她不仅退出去,而且仿佛是大吃一惊似地跳了回去,并且还砰地关上了门;陌生人还以为他是故意等在那儿要扑过去咬她呢。格里高尔当然立刻就躲到了沙发底下,可是他一直等到中午她才重新进来,看上去比平时更显得惴惴不安。这使他明白,妹妹看见他依旧那么恶心,而且以后也势必一直如此。她看到他身体的一小部分露出在沙发底下而不逃走,该是作出了多大的努力呀。为了使她不致如此,有一天他花了四个小时的劳动,用背把一张被单拖到沙发上,铺得使它可以完全遮住自己的身体,这样,即使她弯下身子也不会看到他了。如果她认为被单放在那儿根本没有必要,她当然会把它拿走,因为格里高尔这样把自己遮住又蒙上自然不会舒服。可是她并没有拿走被单,当格里高尔小心翼翼地用头把被单拱起一些看她怎样对待新情况的时候,他甚至仿佛看到妹妹眼睛里闪出了一丝感激的光辉。

在最初的两个星期里,他的父母鼓不起勇气进他的房间,他常常听到他们对妹妹的行为表示感激,而以前他们是常常骂她,说她是个不中用的女儿。可是现在呢,在妹妹替他收拾房间的时候,老两口往往在门外等着,她一出来就问她房间里的情形,格里高尔吃了什么,他这一次行为怎么样,是否有些好转的迹象。

过了不多久,母亲想要来看他了,起先父亲和妹妹都用种种理由劝阻她,格里高尔留神地听着,暗暗也都同意。后来,他们不得不用强力拖住她了,而她却拼命嚷道:"让我进去瞧瞧格里高尔,他是我可怜的儿子!你们就不明白我非进去不可吗?"听到这里,格里高尔想也许还是让她进来的好,当然不是每天都来,每星期一次也就差不多了;她毕竟比妹妹更周到些,妹妹虽然勇敢,总还是个孩子,再说她之所以担当这件苦差事恐怕还是因为年轻稚气,少不更事罢了。

　　格里高尔想见见他母亲的愿望很快就实现了。在大白天,考虑到父亲的脸面,他不愿趴在窗子上让人家看见,可是他在几平方米的地板上没什么好爬的,漫漫的长夜里他也不能始终安静地躺着不动,此外他很快就失去了对于食物的任何兴趣,因此,为了锻炼身体,他养成了在墙壁和天花板上纵横交错地爬来爬去的习惯。他特别喜欢倒挂在天花板上,这比躺在地板上强多了,呼吸起来也轻松多了,而且身体也可以轻轻地晃来晃去;倒悬的滋味使他乐而忘形,他忘乎所以地松了腿,直挺挺地掉在地板上。可是如今他对自己身体的控制能力比以前大有进步,所以即使摔得这么重,也没有受到损害。他的妹妹马上就注意到了格里高尔新发现的娱乐——他的脚总要在爬过的地方留下一种黏液——于是她想到应该让他有更多地方可以活动,得把碍路的家具搬出去,首先要搬的是五斗橱和写字台。可是一个人干不了;她不敢叫父亲来帮忙;家里的用人又只有一个十六岁的使女,女仆走后她虽说有勇气留下来,但是她求主人赐给她一个特殊的恩惠,让她把厨房门锁着,只有在人家特意叫她时才打开,所以她也是不能帮忙的;这样,除了趁父亲出去时求母亲帮忙之外,也没有别的法子可想了。老太太真的来了,一边还兴奋地叫喊着,可是这股劲头没等到她来到格里高尔房门口就烟消云散了。格里高尔的妹妹当然先进房间,她来看看是否一切都很稳妥,然后再招呼母亲。格里高尔赶紧把被单拉低些,并且把它弄得皱褶更多些,让人看了以为这是随随便便扔在沙发上的。这一回他也不打沙发底下往外张望了;他放弃了见到母亲的快乐,她终于来了,这就已经使他喜出望外了。"进来吧,他躲起来了。"妹妹说,显然是挽着母亲的手在领她进来。此后,格里高尔听到了两个荏弱的女人使劲把那口旧柜子从原来的地方拖出来的声音,他妹妹只管挑重活儿干,根本不听母亲叫她当心累坏身子的劝告。她们搬了很久。在拖了至少一刻钟之后,母亲提出相反的意见,说这口橱还是放在原处的好,因为首先它太重了,在父亲回来之前是绝对搬不走的;而这样立在房间的中央当然只会更加妨碍格里高尔的行动,况且把家具搬出去是否就合格里高尔的意,这可谁也说不上来。她甚至还觉得恰恰相反呢;她看到墙壁光秃秃,只觉得心里堵得慌,为什么格里高尔就没有同感呢,既然好久以来他就用惯了这些家具,一旦没有,当然会觉得很凄凉。最后她又压低了声音说——事实上自始至终她都几乎是用耳语在说话,她仿佛连声音都不想让格里高尔听到——他到底藏在哪儿她并不清楚——因为她相信他已经听不懂她的话了——"再说,我们搬走家具,岂不等于向他表示,我们放弃了他好转的希望,硬着心肠由他去了吗?我想还是让他房间保持原状的好,这样,等格里高尔回到我们中间,他就会发现一切如故,也就能更容易忘掉这其间发生的事了。"

　　听到了母亲这番话,格里高尔明白两个月不与人交谈以及单调的家庭生活,已经把他的头脑弄糊涂了,否则他就无法解释,他怎么会认真希望把房间里的家具清出去。难道他真的要把那么舒适地放满祖传家具的温暖的房间变成光秃秃的洞窟,好让自己不受阻碍地往四面八方乱爬,同时还要把做人的时候的回忆忘得干干净净作为代价吗?他的确已经濒于忘却一切，只是靠了好久没有听到的母亲的声音，才把他拉了回来。什么都不能从他的房间里搬出去；一切都得保持原状；他不能丧失这些家具对他精神状态的良好影响；即使在他无意识地到处乱爬的时候家具的确挡住他的路，这也绝不是什么妨碍，而是大大的好事。

不幸的是，妹妹却有不同的看法；她已经惯于把自己看成是格里高尔事务的专家了，自然认为自己要比父母高明，这当然也有点道理，所以母亲的劝说只能使她决心不仅仅搬走柜子和书桌，这只是她的初步计划，而且还要搬走一切，只剩那张不可缺少的沙发。她作出这个决定当然不仅仅是出于孩子气的倔强和她近来自己也没料到的，花了艰苦代价而获得的自信心；她的确觉得格里高尔需要许多地方爬动，另一方面，他又根本用不着这些家具，这也是不言而喻的。另一个原因也可能是她这种年龄的少女的热烈气质，她们无论做什么事总要迷在里面，这个原因使得葛蕾特夸大哥哥环境的可怕，这样，她就能给他做更多的事了。

对于一间由格里高尔一个人主宰的光有四堵空墙的房间，除了葛蕾特是不会有别人敢进去的。

因此，她不因为母亲的一番话而动摇自己的决心，母亲在格里高尔的房间里越来越不舒服，所以也拿不稳主意，旋即不作声了，只是竭力帮她女儿把柜子推出去。如果不得已，格里高尔也可以不要柜子，可是写字台是非留下不可的。这两个女人哼哼着刚把柜子推出房间，格里高尔就从沙发底下探出头来，想看看该怎样尽可能温和妥善地干预一下。可是真倒霉，是他母亲先回进房间来的，她让葛蕾特独自在隔壁房间攥住柜子摇晃着往外拖，柜子当然是一动也不动。母亲没有看惯他的模样；为了怕她看了吓出病来，格里高尔马上退到沙发另一头去，可是还是使被单在前面晃动了一下。这就已经使她大吃一惊了。她愣住了，站了一会儿，这才往葛蕾特那儿跑去。

虽然格里高尔不断地安慰自己，说根本没有出什么大不了的事，只是搬动了几件家具，但他很快就不得不承认，这两个女人跑过来跑过去，她们的轻声叫喊以及家具在地板上的拖动，这一切给了他很大影响，仿佛乱动从四面八方同时袭来，尽管他拼命把头和腿都蜷成一团贴紧在地板上，他也不得不承认他忍受不了多久了。她们在搬清他房间里的东西，把他所喜欢的一切都拿走；安放他的钢丝锯和各种工具的柜子已经给拖走了；她们这会儿正在把几乎陷进地板去的写字台抬起来，他在商学院念书时所有的作业就是在这张桌子上做的，更早的还有中学的作业，还有，对了，小学的作业——他再也顾不上体会这两个女人的良好动机了，他几乎已经忘了她们的存在，因为她们太累了，干活时连声音也发不出来，除了她们沉重的脚步声以外，旁的什么也听不见。

因此他冲出去了——两个女人在隔壁房间正靠着写字台略事休息——他换了四次方向，因为他真的不知道应该先拯救什么；接着，他看见了对面的那面墙，靠墙的东西已给搬得七零八落了，墙上那副穿皮大衣的女士的像吸引了他，格里高尔急忙爬上去，紧紧地贴在镜面玻璃上，这地方倒挺不错；他那火热的肚子顿时觉得惬意多了。至少，这张完全藏在他身子底下的画是谁也不许搬走的。他把头转向起坐室，以便两个女人重新进来的时候可以看到她们。

她们休息了没多久就已经往里走来了;葛蕾特用胳膊围住她母亲,简直是在抱着她。"那么,我们现在再搬什么呢?"葛蕾特说,向周围扫了一眼,她的眼睛遇上了格里高尔从墙上射来的眼光。大概因为母亲也在场的缘故,她保持住了镇静,她向母亲低下头去,免得母亲的眼睛抬起来,说道:"走吧,我们要不要再回起坐室待一会儿?"她的意图格里高尔非常清楚;她是想把母亲安置到安全的地方,然后再把他从墙上赶下来。好吧,让她来试试看吧!他抓紧了他的图片绝不退让。他还想对准葛蕾特的脸飞扑过去呢。

可是葛蕾特的话却已经使母亲感到不安了,她向旁边跨了一步,看到了印花墙纸上那一大团棕色的东西,她还没有真的理会到她看见的正是格里高尔,就用嘶哑的声音大叫起来:"啊,上帝,啊,上帝!"接着就双手一摊倒在沙发上,仿佛听天由命似的,一动也不动了。"唉,格里高尔!"他妹妹喊道,对他又是挥拳又是瞪眼。自从变形以来这还是她第一次直接对他说话。她跑到隔壁房间去拿什么香精来使母亲从昏厥中苏醒过来。格里高尔也想帮忙——要救那张图片以后还有时间——可是他已经紧紧地粘在玻璃上,不得不使点劲儿才能够让身子移动;接着他就跟在妹妹后面奔进房间,好像他与过去一样,真能给她什么帮助似的;可是他马上就发现,自己只能无可奈何地站在她后面。妹妹正在许许多多小瓶子堆里找来找去,等她回过身来一看到他,真的又吃了一惊。一只瓶子掉到地板上,打碎了;一块玻璃片划破了格里高尔的脸,不知什么腐蚀性的药水溅到了他身上;葛蕾特才愣住了一小会儿,就马上抱起所有拿得了的瓶子跑到母亲那儿去了;她用脚砰地把门关上。格里高尔如今和母亲隔开了,她就是因为他,也许快要死了;他不敢开门,生怕吓跑了不得不留下来照顾母亲的妹妹;目前,除了等待,他没有别的事可做;他被自我谴责和忧虑折磨着,就在墙壁、家具和天花板上到处乱爬起来,最后,在绝望中,他觉得整个房间竟在他四周旋转,就掉了下来,跌落在大桌子的正中央。

过了一小会儿。格里高尔依旧软弱无力地躺着,周围寂静无声;这也许是个吉兆吧。接着门铃响了。使女当然是锁在她的厨房里的,只能由葛蕾特去开门。进来的是他的父亲。"出了什么事?"他一开口就问;准是葛蕾特的神色把一切都告诉他了。葛蕾特显然把头埋在父亲胸口上,因为他的回答听上去闷声闷气的:"妈妈刚才晕过去了,不过这会儿已经好点了。格里高尔逃了出来。"

"果然不出我的所料,"他父亲说,"我不是告诉过你们吗,可是你们这些女人根本不听。"格里高尔清楚地感觉到他父亲把葛蕾特过于简单的解释想到最坏的方面去了,他大概以为格里高尔做了什么凶狠的事呢。格里高尔现在必须设法使父亲息怒,因为他既来不及也无法替自己解释。因此他赶忙爬到自己房间的门口,蹲在门前,好让父亲从客厅里一进来便可以看见自己的儿子乖得很,一心想立即回自己房间,根本不需要赶,要是门开着,他马上就会进去的。

可是父亲目前的情绪完全无法体会他那细腻的感情。"啊!"他一露面就喊道,声音里既有狂怒，同时又包含了喜悦。格里高尔把头从门上缩回来，抬起来瞧他的父亲。啊，这简直不是他想象中的父亲；显然，最近他太热衷于爬天花板这一新的消遣，对家里别的房间里的情形就不像以前那样感兴趣了，他真应该预料到某些新的变化才行。不过，不过，这难道真是他父亲吗？从前，每逢格里高尔动身出差，他父亲总是疲惫不堪地躺在床上；格里高尔回来过夜总看见他穿着睡衣靠在一张长椅子里，他连站都站不起来，把手举一举就算是欢迎。一年里有那么一两个星期天，还得是盛大的节日，他也偶尔和家里人一起出去，总是走在格里高尔和母亲的当中，他们走得已经够慢的了，可是他还要慢，他裹在那件旧大衣里，靠了那把弯柄的手杖的帮助艰难地向前移动，每走一步都先要把手杖小心翼翼地支好，逢到他想说句话，往往要停下脚步，让护卫的人靠拢来。难道那个人就是他吗？现在他身子笔直地站着，穿一件有金色纽扣的漂亮的蓝制服，这通常是银行的杂役穿的；他那厚实的双下巴鼓出在上衣坚硬的高领子外面；从他浓密的睫毛下面，那双黑眼睛射出了神气十足咄咄逼人的光芒；他那头本来乱蓬蓬的头发如今从当中整整齐齐一丝不苟地分了开来，两边都梳得又光又平。他把那顶绣有金字——肯定是哪家银行的标记——的帽子远远地往房间那头的沙发上一扔，把大衣的下摆往后一甩，双手插在裤袋里，板着严峻的脸朝格里高尔冲来。他大概自己也不清楚要干什么；但是他却把脚举得老高，格里高尔一看到他那大得惊人的鞋后跟简直吓呆了。不过格里高尔不敢冒险听任父亲摆弄，他知道从自己新生活的第一天起，父亲就是主张对他采取严厉措施的。因此他就在父亲的前头跑了起来，父亲停住他也停住，父亲稍稍一动他又急急地奔跑。就这样，他们绕着房间转了好几圈，并没有真出什么事；事实上这简直都不太像是追逐，因为他们都走得很慢。所以格里高尔也没有离开地板，生怕父亲把他的爬墙和上天花板看成是一种特别恶劣的行为。可是，即使就这样跑他也支持不了多久，因为他父亲迈一步，他就得动好多下。他已经感到气喘不过来了，他从前做人的时候肺也不太强。他跌跌撞撞地向前冲，因为要把精力全部集中在奔走上，连眼睛都几乎不睁开来；在昏乱的状态中，除了向前冲以外，他根本没有想到还有别的出路；他几乎忘记自己是可以随便上墙的，但是在这个房间里放着凸凸凹凹精雕细镂的家具，把墙挡住了——正在这时，突然有一样扔得不太有力的东西飞了过来，落在他紧后面，又滚到他前面去。这是一个苹果；紧接着第二个苹果又扔了过来；格里高尔惊慌地站住了；再跑也没有用了，因为他父亲决心要轰炸他了。他把碗橱上盘子里的水果装满了衣袋，也没有好好地瞄准，只是把苹果一个接一个地扔出来。这些小小的红苹果在地板上滚来滚去，仿佛有吸引力似的，都在互相碰撞。一个扔得不太用力的苹果轻轻擦过格里高尔的背，没有带给他什么损害就飞走了。可是紧跟着马上飞来了另一个，正好打中了他的背并且还陷了进去；格里高尔挣扎着往前爬，仿佛能把这种可惊的莫名其妙的痛苦留在身后似的；可是他觉得自己好像被钉住在原处，就六神无主地瘫倒在地上。在清醒的最后一刹那，他瞥见他的门猛然打开，母亲抢在尖叫着的妹妹前头跑了过来，身上只穿着内衣，她女儿为了让她呼吸舒畅好缓过气来，已经把她衣服都解开了，格里高尔看见母亲向父亲扑过去，解松了的裙子一条接着一条都掉在地板上，她绊着裙子径直向父亲奔去,抱住他,紧紧地搂住他,双手围在父亲的脖子上,求他别伤害儿子的生命——可是这时,格里高尔的眼光已经逐渐暗淡了。

格里高尔所受的重创使他有一个月不能行动——那个苹果还一直留在他的身上,没人敢去取下来,仿佛这是一个公开的纪念品似的——他的受伤好像使父亲也想起了他是家庭的一员,尽管他现在很不幸,外形使人看了恶心,但是也不应该把他看成是敌人,相反,家庭的责任正需要大家把厌恶的心情压下去,而用耐心来对待,只能是耐心,别的都无济于事。

虽然他的创伤损害了,而且也许是永久的损害了他行动的能力,目前,他从房间的一端爬到另一端也得花好多好多分钟,活像个老弱的病人——说到上墙在目前更是谈也不用谈——可是,在他自己看来,他的受伤还是得到了足够的补偿,因为每到晚上——他早在一两个小时以前就一心一意等待着这个时刻了,起坐室的门总是大大地打开,这样他就可以躺在自己房间的暗处,家里人看不见他,他却可以看到三个人坐在点上灯的桌子旁边,可以听到他们的谈话,这大概是他们全都同意的。比起早先的偷听,这可要强多了。

的确,他们的关系中缺少了先前那种活跃的气氛。过去,当他投宿在客栈狭小的寝室里,疲惫不堪,要往潮滋滋的床铺上倒下去的时候,他总是以一种渴望的心情怀念这种气氛的。他们现在往往很沉默。晚饭吃完不久,父亲就在扶手椅里打起瞌睡来;母亲和妹妹就互相提醒谁都别说话;母亲把头低低地俯在灯下,在给一家时装店做精细的针线活;他妹妹已经当了售货员,为了将来找更好的工作,在利用晚上的时间学习速记和法语。有时父亲醒了过来,仿佛根本不知道自己已经睡了一觉,还对母亲说:"你今天干了这么多针线活呀!"话才说完又睡着了,于是娘儿俩又交换一下疲倦的笑容。

父亲脾气真执拗,连在家里也一定要穿上那件制服,他的睡衣一无用处地挂在钩子上,他穿得整整齐齐,坐着坐着就睡着了,好像随时要去应差,即使在家里也要对上司唯命是从似的。这样下来,虽则有母亲和妹妹的悉心保护,他那件本来就不是簇新的制服已经开始显得脏了,格里高尔常常整夜整夜地望着纽扣老是擦得金光闪闪的外套上的一摊摊油迹,老人就穿着这件外套极不舒服却又是极安宁地坐在那里沉入了梦乡。

一等钟敲十下,母亲就设法用软言细语把父亲唤醒,劝他上床去睡,因为坐着睡休息不好,可他最需要的就是休息,因为六点钟就得去上班。可是自从他在银行里当了杂役以来,不知怎的得了犟脾气,他总想在桌子旁边再坐上一会儿,可是又总是重新睡着,到后来得花九牛二虎之力才能把他从扶手椅弄到床上去。不管格里高尔的母亲和妹妹怎样不断用温和的话一个劲儿地催促他,他总要闭着眼睛,慢慢地摇头,摇上一刻钟,就是不肯站起来。母亲拉着他的袖管,对着他的耳朵轻声说些甜蜜的话,他妹妹也扔下了功课跑来帮助母亲。可是格里高尔的父亲还是不上钩。他一味往椅子深处退去。直到两个女人抓住他的胳肢窝把他拉了起来,他才睁开眼睛,看看这个,又看看那个,而且总要说:"我过的是什么日子呀。这就算是我安宁、平静的晚年了吗?"于是就由两个人搀扶着挣扎站起来,好不费力,仿佛自己对自己都是一个沉重的负担,还要她们一直扶到门口,这才挥挥手叫她们回去,独自往前走,可是母亲还是放下了针线活,妹妹也放下笔,追上去再换他一把。

在这个操劳过度疲倦不堪的家庭里,除了做绝对必需的事情以外,谁还有时间替格里高尔操心呢?家计日益窘迫;使女也给辞退了;一个蓬着满头白发高大瘦削的老妈子一早一晚来替他们做些粗活;其他的一切家务事就落在格里高尔母亲的身上。此外,她还得做一大堆一大堆的针线活。连母亲和妹妹以往每逢参加晚会和喜庆日子总要骄傲地戴上的那些首饰,也不得不变卖了,一天晚上,家里人都在讨论卖得的价钱,格里高尔才发现了这件事。可是最使他们悲哀的就是没法从与目前的景况不相称的住所里迁出去,因为他们想不出有什么法子搬动格里高尔。可是格里高尔很明白,对他的考虑并不是妨碍搬家的主要原因,因为他们满可以把他装在一只大小合适的盒子里,只要留几个通气的孔眼就行了;他们彻底绝望了,还相信他们是注定了要交上这种所有亲友都没交过的厄运,这才是使他们没有迁往他处的真正原因。世界上要求穷人的一切他们都已尽力做了:父亲在银行里给小职员卖早点,母亲把自己的精力耗费在替陌生人缝内衣上,妹妹听顾客的命令在柜台后面急急地跑来跑去,超过这个界限就是他们力所不及的了。把父亲送上了床,母亲和妹妹就重新回进房间,他们总是放下手头的工作,靠得紧紧地坐着,脸挨着脸,接着母亲指指格里高尔的房门说:"把这扇门关上吧,葛蕾特。"于是他重新被关入黑暗中,而隔壁的两个女人就涕泗交流起来,或是眼眶干枯地瞪着桌子;逢到这样的时候,格里高尔背上的创伤总要又一次地使他感到疼痛难忍。

不管是夜晚还是白天,格里高尔都几乎不睡觉。有一个想法老是折磨他:下一次门再打开时他就要像过去那样重新挑起一家的担子了;隔了这么久以后,他脑子里又出现了老板、秘书主任、那些旅行推销员和练习生的影子,他仿佛还看见了那个奇蠢无比的听差、两三个在别的公司里做事的朋友、一个乡村客栈里的侍女,这是个一闪即逝的甜蜜的回忆;还有一个女帽店里的出纳,格里高尔殷勤地向她求过爱,但是让人家捷足先登了——他们都出现了,另外还有些陌生的或他几乎已经忘却的人,但是他们非但不帮他和他家庭的忙,却一个个都那么冷冰冰,格里高尔看到他们从眼前消失,心里只有感到高兴。另外,有的时候,他没有心思为家庭担忧,却因为家人那样忽视自己而积了一肚子的火,他自己也弄不清楚到底爱吃什么,却打算闯进食物储藏室去把本该属于他份内的食物叼走。他妹妹再也不考虑拿什么他可能最爱吃的东西来喂他了,只是在早晨和中午上班以前匆匆忙忙地用脚把食物拨进来,手头有什么就给他吃什么,到了晚上只是用扫帚一下子再把东西扫出去,也不管他是尝了几口呢,还是——这是最经常的情况——连动也没有动。她现在总是在晚上给他打扫房间,她的打扫不能更草率了。

墙上尽是一缕缕灰尘,到处都是成团的尘土和脏东西。起初格里高尔在妹妹要来的时候总待在特别肮脏的角落里,他的用意也算是以此责难她。可是即使他再蹲上几个星期也无法使她有所改进;她跟他一样完全看得见这些尘土,可就是决心不管。不但如此,她新近脾气还特别暴躁,这也不知怎的传染给了全家人,这种脾气使她认定自己是格里高尔房间唯一的管理人。他的母亲有一回把他的房间彻底扫除了一番,其实不过是用了几桶水罢了——房间的潮湿当然使格里高尔大为狼狈,他摊开身子阴郁地一动不动地躺在沙发上——可是母亲为这事也受了罪。那天晚上,妹妹刚察觉到他房间所发生的变化,就怒不可遏地冲进起坐室,而且不顾母亲举起双手苦苦哀求,竟号啕大哭起来,她的父母——父亲当然早就从椅子里惊醒站立起来了——最初只是无可奈何地愕然看着,接着也卷了进来;父亲先是责怪右边的母亲,说打扫格里高尔的房间本来是女儿的事,她真是多管闲事;接着又尖声地对左边的女儿嚷叫,说以后再也不让她去打扫格里高尔的房间了;而母亲呢,却想把父亲拖到卧室里去,因为他已经激动得不能控制自己了;妹妹哭得浑身发抖,只管用她那小拳头擂打桌子;格里高尔也气得发出很响的嗤嗤声,因为没有人想起关上门,省得他看到这一场好戏,听到这么些热闹。

可是,即使妹妹因为一天工作下来疲惫不堪,已经懒得像先前那样去照顾格里高尔了,母亲也没有自己去管的必要,而格里高尔倒也根本不会给忽视,因为现在有那个老妈子了。这个老寡妇的结实精瘦的身体使她经受了漫长的一生中所有最最厉害的打击,她根本不怕格里高尔。她有一次完全不是因为好奇,而纯粹是出于偶然打开了他的房门,看到了格里高尔,格里高尔吃了一惊,便四处奔跑了起来,其实老妈子根本没有追他,只是叉着手站在那儿罢了。从那时起,一早一晚,她总不忘记花上几分钟把他的房门打开一些来看看他。起先她还用自以为亲热的话招呼他,比如:"来呀,嗨,你这只老屎壳郎!"或者是:"瞧这老屎壳郎哪,吓!"对于这样的攀谈格里高尔置之不理,只是一动不动地待在原处,就当那扇门根本没有开。与其容许她兴致一来就这样无聊地滋扰自己,还不如命令她天天打扫他的房间呢,这粗老妈子!有一次,是在清晨——急骤的雨点敲打着窗玻璃,这大概是春天快来临的征兆吧——她又来啰嗦了,格里高尔好不恼怒,就向她冲去,仿佛要咬她似的,虽然他的行动既缓慢又软弱无力。可是那个老妈子非但不害怕,反而把刚好放在门旁的一张椅子高高举起,她的嘴张得老大,显然是要等椅子往格里高尔的背上砸去才会闭上。"你又不过来了吗?"看到格里高尔掉过头去,她一面问,一面镇静地把椅子放回墙角。

格里高尔现在简直不吃东西了。只有在他正好经过食物时才会咬上一口,作为消遣,每次都在嘴里嚼上一个小时,然后又重新吐掉。起初他还以为他不想吃是因为房间里凌乱不堪,使他心烦,可是他很快也就习惯了房间里的种种变化。家里人已经养成习惯,把别处放不下的东西都塞到这儿来,这些东西现在多得很,因为家里有一个房间租给了三个房客。这些一本正经的先生——他们三个全都蓄着大胡子,这是格里高尔有一次从门缝里看到的——什么都要井井有条,不光是他们的房间里得整齐,因为他们既然已经是这个家庭的一员了,他们就要求整个屋子所有的一切都得如此,特别是厨房。他们无法容忍多余的东西,更不要说脏东西了。此外,他们自己用得着的东西几乎都带来了。因此就有许多东西多了出来,卖出去既不值钱,扔掉也舍不得。这一切都"千流归大海",来到了格里高尔的房间。同样,连煤灰箱和垃圾箱也来了。凡是暂时不用的东西都干脆给那老妈子扔了进来,她做什么都那么毛手毛脚;幸亏格里高尔往往只看见一只手扔进来一样东西,也不管那是什么。她也许是想等到什么时机再把东西拿走吧,也许是想先堆起来再一起扔掉吧,可是实际上东西都是她扔在哪儿就在哪儿,除非格里高尔有时嫌碍路,把它推开一些,这样做最初是出于必须,因为他无处可爬了,可是后来却从中得到越来越多的乐趣,虽则在这样的长途跋涉之后,由于悒郁和极度疲劳,他总要一动不动地一连躺上好几个小时。

由于房客们常常要在家里公用的起坐室里吃晚饭,有许多个夜晚房门都得关上,不过格里高尔很容易也就习惯了,因为晚上即使门开着他也根本不感兴趣,只是躺在自己房间最黑暗的地方,家里人谁也不注意他。不过有一次老妈子把门开了一道缝,门始终微开着,连房客们进来吃饭点亮了灯的时候也是如此。他们大模大样地坐在桌子的上首,在过去,这是父亲、母亲和格里高尔吃饭时坐的地方,三个人摊开餐巾,拿起了刀叉。立刻,母亲出现在对面的门口,手里端了一盘肉,紧跟着她的是妹妹,拿的是一盘堆得高高的土豆。食物散发着浓密的水蒸气。房客们把头俯在他们前面的盘子上,仿佛在就餐之前要细细察看一番似的,真的,坐在当中像是权威人士的那一位,等肉放到碟子里就割了一块下来,显然是想看看够不够嫩,是否应该退给厨房。他做出满意的样子,焦急地在一旁看着的母亲和妹妹这才舒畅地松了口气,笑了起来。

家里的人现在都到厨房去吃饭了。尽管如此,格里高尔的父亲到厨房去以前总要先到起坐室来,手里拿着帽子,深深地鞠一躬,绕着桌子转上一圈。房客们都站起来,胡子里含含糊糊地哼出一些声音。父亲走后,他们就简直不发一声地吃他们的饭。格里高尔自己也觉得奇怪,他竟能从饭桌上各种不同的声音中分辨出他们的咀嚼声,这声音仿佛在向格里高尔示威:要吃东西就不能没有牙齿,即使是最坚强的牙床,只要没有牙齿,也算不了什么。"我饿坏了,"格里高尔悲哀地自言自语道,"可是又不能吃这种东西。这些房客拼命往自己肚子里塞,可是我却快要饿死了!"

就在这天晚上,厨房里传来了小提琴的声音——格里高尔蛰居以来,就不记得听到过这种声音。房客们已经用完晚餐了,坐在当中的那个拿出一份报纸,给另外两个人一人一页,这时他们都舒舒服服往后一靠,一面看报一面抽烟。小提琴一响他们就竖起耳朵,站起身来,蹑手蹑脚地走到前厅的门口,三个人挤成一堆,厨房里准是听到了他们的动作声,因为格里高尔的父亲喊道:"拉小提琴妨碍你们吗,先生们? 可以马上不拉的。""没有的事,"当中那个房客说,"能不能请小姐到我们这儿来,在这个房间里拉,这儿不是方便得多舒服得多吗?""噢,当然可以。"格里高尔的父亲喊道,仿佛拉小提琴的是他似的。于是房客们就回进起坐室去等了。很快,格里高尔的父亲端了琴架,母亲拿了乐谱,妹妹挟着小提琴进来了。妹妹静静地做着一切准备;他的父母从来没有出租过房间,因此过分看重了对房客的礼貌,都不敢在自己的椅子上坐下来了;父亲靠在门上,右手插在号衣两颗纽扣之间;纽扣全扣得整整齐齐的;有一位房客端了一把椅子请母亲坐,他正好把椅子放在墙角边,她也没敢挪动椅子,就在墙角边坐了下来。

格里高尔的妹妹开始拉琴了;在她两边的父亲和母亲用心地瞧着她双手的动作。格里高尔受到吸引,也大胆地向前爬了几步,他的头实际上都已探进了起坐室。他对自己越来越不为别人着想几乎已经习以为常了;有一度他是很以自己的知趣而自豪的。这样的时候他实在更应该把自己藏起来才是,因为他房间里灰尘积得老厚,稍稍一动就会飞扬起来,所以他身上也蒙满灰尘,背部和两侧都沾满了绒毛、发丝和食物的渣脚,走到哪里就带到哪里;他现在对一切都无动于衷,已经不屑于像过去有个时期那样,一天翻过身来在地毯上擦上几次了。尽管现在这么邋遢,他却老着脸皮地走前几步,来到起坐室一尘不染的地板上。

显然,谁也没有注意到他。家里人完全沉浸在小提琴的音乐声中;房客们呢,他们起先双手插在口袋里,站得离乐谱那么近,以致都能看清乐谱了,这显然对他妹妹是有所妨碍的,可是过不了多久他们就退到窗子旁边,低着头窃窃私语起来,使父亲向他们投来不安的眼光。的确,他们表示得不能再露骨了,他们对于原以为是优美悦耳的小提琴演奏已经失望,他们已经听够了,只是出于礼貌才让自己的宁静受到打扰。从他们不断把烟从鼻子和嘴里喷向空中的模样,就可以看出他们的不耐烦。可是格里高尔的妹妹琴拉得真美。她的脸侧向一边,眼睛专注而悲哀地追循着乐谱上的音符。格里高尔又向前爬了几步,而且把头低垂到地板上,希望自己的眼光也许能遇上妹妹的视线。音乐对他有这么大的魔力,难道因为他是动物吗?他觉得自己一直渴望着某种营养,而现在他已经找到这种营养了。他决心再往前爬,一直来到妹妹的跟前,好拉拉她的裙子让她知道,她应该带了小提琴到他房间里去,因为这儿谁也不像他那样欣赏她的演奏。他永远也不让她离开他的房间,至少,只要他还活着;他那可怕的形状将第一次对自己有用;他要同时守望着房间里所有的门,谁闯进来就啐谁一口;他妹妹当然不受任何约束,她愿不愿和他待在一起那要随她的便;她将和他并排坐在沙发上,俯下头来听他吐露他早就下定的要送她进音乐学院的决心,要不是他遭到不幸,去年圣诞节——圣诞节准是早就过了吧?——他就要向所有人宣布了,而且他是完全不容许任何反对意见的。在听了这样的倾诉以后,妹妹一定会感动得热泪纵横,这时格里高尔就要爬上她的肩膀去吻她的脖子,由于出去做事,她脖子上现在已经不系丝带,也没有高领子。

"萨姆沙先生!"当中的那个房客向格里高尔的父亲喊道,一面不多说一句话地指着正在慢慢往前爬的格里高尔。小提琴声戛然而止,当中的那个房客先是摇着头对他的朋友笑了笑,接着又瞪起格里高尔来。父亲并没有来赶格里高尔,却认为更要紧的是安慰房客,虽然他们根本没有激动,而且显然觉得格里高尔比小提琴演奏更为有趣。他急忙向他们走去,张开胳膊,想劝他们回到自己房间去,同时也是挡住他们,不让他们看见格里高尔。他们现在倒真的有点儿恼火了,也说不上来到底是因为老人的行为呢,还是因为他们如今才发现住在他们隔壁的竟是格里高尔这样的邻居。他们要求父亲解释清楚,也跟他一样挥动着胳膊,不安地拉着自己的胡子,万般不情愿地向自己的房间退去。格里高尔的妹妹从演奏突然给打断后就呆若木鸡,她拿了小提琴和弓垂着手不安地站着,眼睛瞪着乐谱,这时也清醒了过来。她立刻打起精神,把小提琴往坐在椅子上喘得透不过气来的母亲的怀里一塞,就冲进了房客们房间,这时,父亲像赶羊似地把他们赶得更急了。

可以看见被褥和枕头在她熟练的手底下在床上飞来飞去,不一会儿就铺得整整齐齐。三个房客尚未进门她就铺好了床溜出来了。老人好像又一次让自己的犟脾气占了上风,竟完全忘了对房客应该尊敬。他不断地赶他们,最后来到卧室门口,那个当中的房客都用脚重重地顿地板了,这才使他停下来。那个房客举起一只手,一边也对格里高尔的母亲和妹妹扫了一眼,他说:"我要求宣布,由于这个住所和这家人家的可憎的状况。"——说到这里他斩钉截铁地往地上啐了一口——"我当场通知退租。我住进来这些天的房钱当然一个也不给;不但如此,我还打算向您提出对您不利的控告,所依据的理由——请您放心好了——也是证据确凿的。"他停了下来,瞪着前面,仿佛在等待什么似的。这时他的两个朋友也就立刻冲上来助威,说道:"我们也当场通知退租。"说完为首的那个就抓住把手砰的一声带上了门。

格里高尔的父亲用双手摸索着跟跟跄跄地往前走了几步,跌进了他的椅子;看上去仿佛打算摊开身子像平时晚间那样打个瞌睡,可是他的头分明在颤抖,好像自己也控制不了,这证明他根本没有睡着。在这些事情发生前后,格里高尔还是一直安静地待在房客发现他的原处。计划失败带来的失望,也许还有极度饥饿造成的衰弱,使他无法动弹。他很害怕,心里算准这样极度紧张的局势随时都会导致对他发起总攻击,于是他就躺在那儿等待着。就连听到小提琴从母亲膝上、从颤抖的手指里掉到地上,发出了共鸣的声音,他还是毫无反应。

"亲爱的爸爸妈妈,"妹妹说话了,一面用手在桌子上拍了拍,算是引子,"事情不能再这样拖下去了。你们也许不明白,我可明白。对这个怪物,我没法开口叫他哥哥,所以我的意思是:我们一定得把他弄走。我们照顾过他,对他也算是仁至义尽了,我想谁也不能责怪我们有半分不是了。"

"她说得对极了。"格里高尔的父亲自言自语地说。母亲仍旧因为喘不过气来憋得难受,这时候又一手捂着嘴干咳起来,眼睛里露出疯狂的神色。

他妹妹奔到母亲跟前,抱住了她的头。父亲的头脑似乎因为葛蕾特的话而茫然不知所从了;他直挺挺地坐着,手指抚弄着他那顶放在房客吃过饭还未撤下去的盆碟之间的制帽,还不时看看格里高尔一动不动的身影。

"我们一定要把他弄走,"妹妹又一次明确地对父亲说,因为母亲正咳得厉害,根本连一个字也听不见,"他会把你们拖垮的,我知道准会这样。咱们三个人都已经拼了命工作,再也受不了家里这样的折磨了。至少我是再也无法忍受了。"说到这里她痛哭起来,眼泪都落在母亲脸上,于是她又机械地替母亲把泪水擦干。

"我的孩子,"老人同情地说,心里显然非常明白,"不过我们该怎么办呢?"

格里高尔的妹妹只是耸耸肩膀,表示虽然她刚才很有自信心,可是哭过一场以后,又觉得无可奈何了。

"如果他能懂得我们的意思。"父亲半带疑问地说;还在哭泣的葛蕾特猛烈地挥了一下手,表示这是不可思议的。

"如果他能懂得我们的意思,"老人重复说,一面闭上眼睛,考虑女儿的反面意见,"我们倒也许可以和他谈妥。不过事实上——"

"他一定得走,"格里高尔的妹妹喊道,"这是唯一的办法,父亲。你们一定要抛开这个念头,认为这就是格里高尔。我们好久以来都这样相信,这就是我们一切不幸的根源。这怎么会是格里高尔呢?如果这是格里高尔,他早就会明白人是不能跟这样的动物一起生活的,他就会自动地走开。这样,我虽然没有了哥哥,可是我们就能生活下去,并且会尊敬地纪念着他。可现在呢,这个东西把我们害得好苦,赶走我们的房客,显然想独霸所有的房间,让我们都睡到沟壑里去。瞧呀,父亲,"她立刻又尖声叫起来,"他又来了!"在格里高尔所不能理解的惊慌失措中她竟抛弃了自己的母亲,事实上她还把母亲坐着的椅子往外推了推,仿佛是为了离格里高尔远些,她情愿牺牲母亲似的。接着她又跑到父亲背后,父亲被她的激动弄得不知如何是好,也站了起来张开手臂仿佛要保护她似的。

可是格里高尔根本没有想吓唬任何人,更不要说自己的妹妹了。他只不过是开始转身,好爬回自己的房间去,不过他的动作瞧着一定很可怕,因为在身体不灵活的情况下,他只有昂起头来一次又一次地支着地板,才能完成困难的向后转的动作。他的良好的意图似乎给看出来了;他们的惊慌只是暂时性的。现在他们都阴郁而默不作声地望着他。母亲躺在椅子里,两条腿僵僵地伸直着,并紧在一起,她的眼睛因为疲惫已经几乎全闭上了;父亲和妹妹彼此紧靠地坐着,妹妹的胳膊还围在父亲的脖子上。

也许我现在又有气力转过身去了吧,格里高尔想,又开始使劲起来。他不得不时时停下来喘口气。谁也没有催他;他们完全听任他自己活动。一等他调转了身子,他马上就径直爬回去。房间和他之间的距离使他惊讶不已,他不明白自己身体这么衰弱,刚才是怎么不知不觉就爬过来的。他一心一意地拼命快爬,几乎没有注意家里人连一句话或是一下喊声都没有发出,以免妨碍他的前进。只是在爬到门口时他才扭过头来,也没有完全扭过来,因为他颈部的肌肉越来越发僵了,可是也足以看到谁也没有动,只有妹妹站了起来。他最后的一瞥是落在母亲身上的,她已经完全睡着了。

还不等他完全进入房间,门就给仓促地推上,闩了起来,还上了锁。后面突如其来的响声使他大吃一惊,身子下面那些细小的腿都吓得发软了。这么急急忙忙的是他的妹妹。她早已站起身来等着,而且还轻快地往前跳了几步,格里高尔甚至都没有听见她走近的声音,她拧了拧钥匙把门锁上以后就对父母亲喊道:"总算锁上了!"

"现在又该怎么办呢?"格里高尔自言自语地说,向四周围的黑暗扫了一眼。他很快就发现自己已经完全不能动弹了。这并没有使他吃惊,相反,他依靠这些又细又弱的腿爬了这么多路,这倒真是不可思议。其他他没有什么不舒服的地方了。的确,他整个身子都觉得酸疼,不过也好像正在减轻,以后一定会完全不疼的。他背上的烂苹果和周围发炎的地方都蒙上了柔软的尘土,早就不太难过了。他怀着温柔和爱意想着自己的一家人。他消灭自己的决心比妹妹还强烈呢,只要这件事真能办得到。他陷在这样空虚而安谧的沉思中,一直到钟楼上打响了半夜三点。从窗外的世界透进来的第一道光线又一次地唤醒了他的知觉。接着他的头无力地颓然垂下,他的鼻孔里也呼出了最后一丝摇曳不定的气息。

清晨,老妈子来了——一半因为力气大,一半因为性子急躁,她总把所有的门都弄得乒乒乓乓,也不管别人怎么经常求她声音轻些,别让整个屋子的人在她一来以后就睡不成觉——她照例向格里高尔的房间张望一下,也没发现什么异常之处。她以为他故意一动不动地躺着装模作样;她对他做了种种不同的猜测。她手里正好有一把长柄扫帚,所以就从门口用它来拨撩格里高尔。这还不起作用,她恼火了,就更使劲地捅,但是只能把他从地板上推开去,却没有遇到任何抵抗,到了这时她才起了疑窦。很快她就明白了事情的真相,于是睁大眼睛,吹了一下口哨,她不多逗留,马上就去拉开萨姆沙夫妇卧室的门,用足气力向黑暗中嚷道:"你们快去瞧,它死了;它躺在那踹腿了。一点气儿也没有了!"

萨姆沙先生和太太从双人床上坐起身体,呆若木鸡,直到弄清楚老妈子的消息到底是什么意思,才慢慢地镇定下来。接着他们很快就爬下了床,一个人爬一边,萨姆沙先生拉过一条毯子往肩膀上一披,萨姆沙太太光穿着睡衣;他们就这么打扮着进入了格里高尔的房间。同时,起坐室的房门也打开了,自从收了房客以后葛蕾特就睡在这里;她衣服穿得整整齐齐,仿佛根本没有上过床,她那苍白的脸色更是证明了这点。"死了吗?"萨姆沙太太说,怀疑地望着老妈子,其实她满可以自己去看个明白的,但是这件事即使不看也是明摆着的。"当然是死了。"老妈子说,一面用扫帚柄把格里高尔的尸体远远地拨到一边去,以此证明自己的话没错。萨姆沙太太动了一动,仿佛要阻止她,可是又忍住了。"那么,"萨姆沙先生说,"让我们感谢上帝吧。"他在身上画了个十字,那三个女人也照样做了。葛蕾特的眼睛始终没离开那个尸体,她说:"瞧他多瘦呀。他已经有很久什么也不吃了。东西放进去,出来还是原封不动。"的确,格里高尔的身体已经完全干瘪了,现在他的身体再也不由那些腿脚支撑着,所以可以不受妨碍地看得一清二楚了。

"葛蕾特,到我们房里来一下。"萨姆沙太太带着忧伤的笑容说道,于是葛蕾特回过头来看看尸体,就跟着父母到他们的卧室里去了。老妈子关上门,把窗户大大地打开。虽然时间还很早,但新鲜的空气里也可以察觉一丝暖意。毕竟已经是三月底了。

三个房客走出他们的房间,看到早餐还没有摆出来觉得很惊讶;人家把他们忘了。"我们的早饭呢?"当中的那个房客恼怒地对老妈子说。可是她把手指放在嘴唇上,一言不发很快地做了个手势,叫他们上格里高尔的房间去看看。他们照着做了,双手插在不太体面的上衣的口袋里,围住格里高尔的尸体站着,这时房间里已经大亮了。

卧室的门打开了。萨姆沙先生穿着制服走出来,一只手搀着太太,另一只手搀着女儿。他们看上去有点像哭过似的,葛蕾特时时把她的脸偎在父亲的怀里。

"马上离开我的屋子!"萨姆沙先生说,一面指着门口,却没有放开两边的妇女。"您这是什么意思?"当中的房客说,往后退了一步,脸上挂着谄媚的笑容。另外那两个把手放在背后,不断地搓着,仿佛在愉快地期待着一场必操胜券的恶狠狠的殴斗。"我的意思刚才已经说得很明白了。"萨姆沙先生答道,同时挽着两个妇女笔直地向房客走去。那个房客起先静静地坚守着自己的岗位,低了头望着地板,好像他脑子里正在产生一种新的思想体系。"那么咱们就一定走。"他终于说道,同时抬起头来看看萨姆沙先生,仿佛他既然这么谦卑,对方也应对自己的决定做出新的考虑才是。但是萨姆沙先生仅仅睁大眼睛很快地点点头。这样一来,那个房客真的跨着大步走到门厅里去了,好几分钟以来,那两个朋友就一直在旁边听着,也不再摩拳擦掌,这时就赶紧跟着他走出去,仿佛害怕萨姆沙先生会赶在他们前面进入门厅,把他们和他们的领袖截断似的。在门厅里他们三人从衣钩上拿起帽子,从伞架上拿起手杖,默不作声地鞠了个躬,就离开了这套房间。萨姆沙先生和两个女人因为不相信——但这种怀疑马上就证明是多余的——便跟着他们走到楼梯口,靠在栏杆上瞧着这三个人慢慢地然而确实地走下长长的楼梯,每一层楼梯一拐弯他们就消失了,但是过了一会儿又出现了;他们越走越远,萨姆沙一家人对他们的兴趣也越来越小,当一个头上顶着一盘东西的得意洋洋的肉铺小伙计在楼梯上碰到他们又走过他们身旁以后,萨姆沙先生和两个女人立刻离开楼梯口,回进自己的家,仿佛卸掉了一个负担似的。

他们决定这一天完全用来休息和闲逛;他们干活干得这么辛苦,本来就应该有些调剂,再说他们现在也完全有这样的需要。于是他们在桌子旁边坐了下来,写三封请假信,萨姆沙先生写给银行的管理处,萨姆沙太太给她的东家,葛蕾特给她公司的老板。他们正写到一半,老妈子走进来说她要走了,因为早上的活儿都干完了。起先他们只是点点头,并没有抬起眼睛,可是她老在旁边转来转去,于是他们不耐烦地瞅起她来了。"怎么啦?"萨姆沙先生说。老妈子站在门口笑个不住,仿佛有什么好消息要告诉他们,但是人家不寻根究底地问,她就一个字也不说。她帽子上那根笔直竖着的小小的鸵鸟毛,此刻居然轻浮地四面摇摆着,自从雇了她,萨姆沙先生看见这根羽毛就心烦。"那么,到底是怎么回事?"萨姆沙太太问了,只有她在老妈子的眼里还有几分威望。"哦,"老妈子说,简直乐不可支,都没法把话顺顺当当地说下去,"这么回事,你们不必操心怎么样弄走隔壁房间里的东西了。我已收拾好了。"萨姆沙太太和葛蕾特重新低下头去,仿佛是在专心地写信;萨姆沙先生看到她一心想一五一十地说个明白,就果断地举起一只手阻住了她。既然不让说,老妈子就想自己也忙得紧呢,她满肚子不高兴地嚷道:"回头见,东家。"急急地转身就走,临走又把一扇扇的门弄得乒乒乓乓直响。

"今天晚上就告诉她以后不用来了。"萨姆沙先生说,可是妻子和女儿都没有理他,因为那个老妈子似乎重新驱走了她们刚刚获得的安宁。她们站起身来,走到窗户前,站在那儿,紧紧地抱在一起。萨姆沙先生坐在椅子里转过身来瞧着她们,静静地把她们观察了好一会儿。接着他嚷道:"来吧,喂,让过去的都过去吧,你们也想想我好不好。"两个女人马上答应了,她们赶紧走到他跟前,安慰他,而且很快就写完了信。

于是他们三个一起离开公寓,已有好几个月没有这样的情形了,他们乘电车出城到郊外去。车厢里充满温暖的阳光,只有他们这几个乘客。他们舒服地靠在椅背上谈起了将来的前途,仔细一研究,前途也并不太坏,因为他们过去从未真正谈过彼此的工作,现在一看,工作都满不错,而且还很有发展前途。目前最能改变他们情况的当然是搬一个家,他们想找一所小一些、便宜一些、地址更适中也更易于收拾的公寓,要比格里高尔选的目前这所更加实用。正当他们这样聊着,萨姆沙先生和太太在逐渐注意到女儿的心情越来越快活以后,老两口几乎同时突然发现,虽然最近女儿经历了那么多的忧患,脸色苍白,但是她已经成长为一个身材丰满的美丽的少女了。他们变得沉默起来,而且不自然地交换了个互相会意的眼光,他们心里打定主意,该快给她找个好女婿了。仿佛要证实他们新的梦想和美好的打算似的,在旅途终结时,他们的女儿第一个跳起来,舒展了几下她那充满青春活力的身体。

【作者简介】

弗兰兹·卡夫卡(1883—1924),生活于奥匈帝国统治下的捷克德语小说家,本职为保险业职员。作品有:《美国》《城堡》《诉讼》《变形记》《判决》《饥饿艺术家》《中国长城的建造》等。

【作品赏析】

主人公格里高尔睡的床、所住的房间,象征着压迫、禁锢人们的社会——拥挤、狭小;格里高尔一夕之间变为甲虫后背上的壳则象征着人在社会生活中所承担的重压,如影随形,无法得到解脱,束缚着每个人的身心,使他们的生命弯成一种不自然的弧度,在天地间卑微地游离着,他们的一举一动丝毫不由自己,而想要挣脱这宿命的枷锁,无异于天方夜谭。小人物想要在这艰难时代求得生存,就必须蜷缩成顺从、服帖的姿态,在豪强巨富中间小心翼翼地讨得一点残羹剩饭,这样窘困的境况便是他们生活的常态,至死方休。这也是格里高尔最后死亡的象征意义。卡夫卡正是通过象征手法,让《变形记》在荒诞的情节中揭示出社会人生的现实。

在《变形记》中,卡夫卡描绘了一个寓言式的虚幻世界,象征着真实的现实世界。在这里,象征只是一种方式,揭示、暴露问题才是目的。这部作品真实地表现了黑暗的社会现实带给人的压力、重负,最后导致人的精神扭曲。

【思考练习】

(1)卡夫卡让主人公变成大甲虫,有什么象征意义?

(2)父亲、母亲、妹妹和格里高尔同为一家人,为什么变形的偏偏是格里高尔,而不是其他人?

(3)本文在艺术上有什么特点?

(4)写一篇读后感。

(二)培根《论嫉妒》

在人类的各种情欲中,有两种最为惑人心智,这就是爱情与嫉妒。这两种感情都能激发出强烈的欲望,创造出虚幻的意象,并且足以蛊惑人的心灵——如果真有巫蛊这种事的话。

所以,我们知道在《圣经》中把"嫉妒"叫作一种"凶眼",而占星术士则把它称作一颗"灾星"。这就是说,嫉妒能把凶险和灾难投射到它的眼光所注目的地方。不仅如上,还有人认为,嫉妒之毒眼伤人最狠之时,正是那被嫉妒之人最为春风得意之时。这一方面是由于这种情况促使嫉妒之心更加锐利;另一方面是由于在这种情况下,被嫉妒者最容易受到打击。

让我们来分析一下哪些人容易嫉妒,哪些人容易招来嫉妒,以及公妒与私妒有何不同。

无德者必会嫉妒有道德的人。因为人的心灵如若不能从自身的优点中取得养料,就必定要找别人的缺点作为养料。而嫉妒者往往是自己既没有优点,又看不到别人的优点的,因此他只能用败坏别人幸福的办法来安慰自己。当一个人自身缺乏某种美德的时候,他就一定贬低别人的这种美德,以求实现两者的平衡。

嫉妒者必须是好打听闲话的。他们之所以特别关心别人,并非因为事情与他们的切身利害有关,而是为了通过发现别人的不愉快,来使自己得到一种赏心悦目的愉快。

其实每一个埋头深入自己事业的人,是没有功夫去嫉妒别人的。因为嫉妒是一种四处游荡的情欲,能享有他的只能是闲人。所以古话说:"多管别人闲事必定没安好心。"

一个后起之秀是招人嫉妒的,尤其要受那些贵族元老的嫉妒,因为他们之间的距离改变了。别人的上升足以造成一种错觉,使人觉得自己仿佛被降低了。

有某种难以克服的缺陷的人——如残疾人、宦官、老年人或私生子,是容易嫉妒别人的。由于自己的缺陷无法补偿,因此需要损伤别人来求得补偿。只有当这种缺陷是落在一个具有伟大品格的人身上时才不会如此。那种品格能够让一种缺陷转化为光荣。负着残疾的耻辱,去完成一件大事业,使人们更加为之惊叹。像历史上的纳西斯[1]、阿盖西劳斯和铁木尔就曾如此。

经历过巨大的灾祸和磨难的人,也容易产生嫉妒。因为这种人乐于把别人的失败,看作对自己过去所历痛苦的抵偿。

虚荣心甚强的人,假如他看到别人在一件事业中总是强过于他,他也会为此产生嫉妒的。所以自己很喜爱艺术的阿提安皇帝[2],就非常嫉妒诗人、画家和艺术家,因为他们虽然在这些方面超过了他。

最后,在同事之间当有人被提升的时候,也容易引起嫉妒。因为如果别人由于某种优越表现而得到提升,就等于映衬出了其他人在这些方面的无能,从而刺伤了他们。同时,彼此越了解,这种嫉妒心将越强。人可以允许一个陌生人的发迹,却不能原谅一个身边人的上升。所以该隐只是由于嫉妒就杀死了他的亲兄弟亚伯[3]。

我们再来讨论一下哪些人能够避免嫉妒。

我们已懂得,嫉妒总是来自以自我与别人的比较,如果没有比较就没有嫉妒。所以皇帝通常是不被人嫉妒的,除非对方也是皇帝。一个有崇高美德的人,他的美德愈多,别人对他的嫉妒将愈少。因为他们的幸福来自他们的苦功。它是应得的。

所以出身于微贱的人一旦升腾必会受人嫉妒。直到人们习惯了他的这种新地位为止。而富家的一个公子也将招人嫉妒。因为他并没有付出血汗,却能坐享其成。

反之,世袭贵胄的称号却不容易被嫉妒。因为他们优越的谱系已被世人所承认。同样,一个循序渐进地高升的人,也不会招来嫉妒。因为这种人的提升被看做是自然的。

那种在饱经艰难之后才获得的幸福是不太招人嫉妒的。因为人们看到这种幸福是如此的来之不易,以至甚至产生了同情——而同情心总是医治嫉妒的一味良药。所以老谋深算的政治家,当他们处于高高在上的地位时,总是在向人诉苦,吟唱着一首"正在活受罪"的咏叹调。其实他们未必真的如此受苦,这只是钝化别人嫉妒锋芒的一种策略。

但是,只有当这种人的负担不是自己招揽上身时,这种诉苦才会真被人同情。否则,没有比一个出于往上爬的野心,而四外招揽事做的人更招人嫉妒的了。

此外,对于一个大人物来说,如果他能利用自己的优越地位,来保护他的下属们的利益,那么这也等于是筑起了一座防止嫉妒的有效堤防。

应当注意的是,那种骄傲自大的人物是最易招来嫉妒的。这种人总想在一切方面来显示自己的优越:或者大肆铺张地炫耀,或者力图压倒一切竞争者。其实真正的聪明人倒宁可给人类的嫉妒心留下点余地,有意让别人在无关紧要的事情占自己的上风。

然而另一方面也要看到,对于享有某种优越地位的人来说,与其狡诈地掩饰,莫如坦率诚恳地放开(只是千万不要表现出骄矜与浮夸),这样招来的嫉妒会小一些;因为对于前一种人,似乎更显示出他是没有价值因而不配享受那种幸福的,他们的作假简直就是在教唆别人来嫉妒自己了。

让我们归纳一下已经说过的吧。我们在开始时说过,嫉妒有点接近于巫术,是蛊惑人心的。那么要防止嫉妒,也就不妨采用点巫术,就是把那容易招来嫉妒的妖气转嫁到别人身上。正是由于懂得这一点,所以有许多明智的大人物,凡有抛头露面出风头的事情,都推出别人作为替身去登台表演,而自己则宁愿躲在幕后。这样一来,群众的嫉妒就落在别人身上了。事实上,愿意分演这种替人出风头角色的傻瓜天生是不会少的。

我们再来谈谈什么是公妒。

公众的嫉妒比个人的嫉妒多少有点价值。公妒对于大人物,正如古典希腊时代的流放惩罚一样,是强迫他们收敛与节制一种办法。

所谓"公妒",其实也是一种公愤。对于一个国家是具有严重危险性的一种疾病。人民一旦对他们的执政者产生了这种公愤,那么就连最好的政策也将被视为恶臭,受到唾弃。所以丧失了民心的统治者即使在办好事,也不会得到群众的拥护。因为人民将把这更看作是一种怯懦,一种对公愤的畏惧——其结果是,你越怕它,它就越要找上门来。

这种公妒或公愤,有时只是针对某位执政党个人,而不是针对一种政治体制的。但是请记住这样一条定律:如果这种民众的公愤已扩展到几乎所有的大臣身上,那么这个国家体制就必定将面临倾覆了。

最后再做一点总结吧。在人类的一切情欲中,嫉妒之情恐怕要算作最顽强,最持久的了。所以古人曾说过:"嫉妒是不懂休息的。"同时还有人观察过,与其他感情相比,只有爱情与嫉妒是最能令人消瘦的。这是因为没有什么能比爱与妒更具有持久的消耗力。

但嫉妒毕竟是一种卑劣下贱的情欲，因此它乃是一种属于恶魔的素质。《圣经》曾告诉我们，魔鬼所以要趁着黑夜到麦地里去种上稗子[4]，就是因为他嫉妒别人丰收呵！的确，犹如毁掉麦子一样，嫉妒这恶魔总是在暗地里，悄悄地去毁掉人间的好东西的！

【注释】

[1] 纳西斯(Narses，472—568)，东罗马帝国的将领。铁木尔，成吉思汗的儿子，蒙古名将。

[2] 阿提安(117—138)，古罗马皇帝。

[3] 该隐与亚伯的故事出于《圣经》。他们是兄弟俩。该隐由于嫉妒亚伯，遂杀其弟。

[4] 出自《马太福音》第13章第25节。

【作者简介】

弗朗西斯·培根(1561—1626)，第一代圣阿尔本子爵，英国文艺复兴时期散文家、哲学家。英国唯物主义哲学家，实验科学的创始人。培根是近代归纳法的创始人，又是给科学研究程序进行逻辑组织化的先驱。主要著作有《新工具》《论学术的发展和价值》以及《伟大的复兴》等。

培根12岁入剑桥大学，后担任女王特别法律顾问以及朝廷的首席检察官、掌玺大臣等。晚年，培根受宫廷阴谋被逐出宫廷，脱离政治生涯，专心从事学术研究和著述活动，写成了一批在近代文学思想史上具有重大影响的著作。另外，他以哲学家的眼光，思考了广泛的人生问题，写出了许多形式短小、风格活泼的随笔小品，集成《培根随笔》。1626年3月底，培根由于身体羸弱，在实验中遭受风寒，支气管炎复发，病情恶化，于1626年4月9日清晨病逝。

【作品赏析】

人性是多变的，嫉妒是人性之一，懂得了嫉妒，便懂得了人性。当我们被人嫉妒时，能够坦然面对；当别人胜于自己时，我们的嫉妒心能被欣赏和为之高兴所替代，就是人生境界的提升。余秋雨曾说："在较高的人生境界上，彼此都有人类互爱的基石，都有社会进步的期盼，即便再激烈的对峙也有终极性的人格前提，即便再深切的嫉妒也能被最后的良知所化解。"因此，说到底，对于像嫉妒这样的人类通病，也很难混杂了人品等级来讨论。我们宁肯承受君子的嫉妒，而不愿面对小人的拥戴。人类多一点奥赛罗的咆哮、林黛玉的眼泪、周公瑾的长叹怕什么？怕只怕那个辽阔的而又不知深浅的泥潭。

大学生课外阅读推荐书目

文学

[1]《诗经直解》,陈子展著,复旦大学出版社1983年版。

[2]《史记注译》,王利器著,三秦出版社1988年版。

[3]《唐宋词选》,夏承焘著,中国青年出版社1959年版。

[4]《古文观止》,〔清〕吴楚材、吴调侯选编,安秋平点校,中华书局1987年版。

[5]《儒林外史》,〔清〕吴敬梓著,张慧剑校注,人民文学出版社1958年版。

[6]《红楼梦》,〔清〕曹雪芹著,王曾点校,中州古籍出版社1994年版。

[7]《鲁迅全集》(第1、2卷),鲁迅著,人民文学出版社1981年版。

[8]《家》,巴金著,人民文学出版社1977年版。

[9]《骆驼祥子》,老舍著,人民文学出版社1985年版。

[10]《曹禺选集》,曹禺著,人民文学出版社1961年版。

[11]《边城》(沈从文文集第六集),沈从文著,花城出版社1983年版。

[12]《传奇》,张爱玲著,人民文学出版社1986年版。

[13]《围城》,钱钟书著,人民文学出版社1980版。

[14]《徐志摩选集》,徐志摩著,人民文学出版社1983年版。

[15]《射雕英雄传》,金庸著,广州出版社、花城出版社2003年版。

[16]《平凡的世界》,路遥著,华夏出版社1998年版。

[17]《活着》,余华著,南海出版公司1999年版。

[18]《史铁生作品集》,中国社会科学出版社1995年版。

[19]《神曲》,〔意〕但丁著,王维克译,人民文学出版社1997年版。

[20]《傲慢与偏见》,〔英〕简·奥斯丁著,王科一译,上海译文出版社1996年版。

[21]《悲惨世界》,〔法〕雨果著,李丹、方于译,人民文学出版社1992年版。

[22]《约翰·克利斯朵夫》,〔法〕罗曼·罗兰著,傅雷译,人民文学出版社1957年版。

[23]《追忆似水年华》,〔法〕马塞尔·普鲁斯特著,李恒基、徐继曾译,译林出版社1995年版。

[24]《忏悔录》,〔法〕卢梭著,周士良译,商务印书馆1963年版。

[25]《蒙田散文集》,〔法〕蒙田著,黄建华、黄迅译,浙江文艺出版社2000年版。

[26]《草叶集》,〔美〕惠特曼著,楚图南译,人民文学出版社1987年版。

[27]《飘》,〔美〕玛格丽特·米切尔著,戴侃译,外国文学出版社1990年版。

[28]《喧哗与骚动》,〔美〕福克纳著,李文俊译,上海译文出版社1984年版。

[29]《雪国》,〔日〕川端康成著,叶渭渠、唐月梅译,译林出版社2001年版。

[30]《安娜·卡列尼娜》,〔俄〕列夫·托尔斯泰著,高惠群、石国生译,上海译文出版社1998年版。

[31]《罪与罚》,〔俄〕陀思妥耶夫斯基著,岳麟译,上海译文出版社1996年版。

[32]《百年孤独》,〔哥〕加西亚·马尔克斯著,高长荣译,中国文联出版公司1994年版。

[33]《不能承受的生命之轻》,〔捷〕米兰·昆德拉著,许钧译,上海译文出版社2003年版。

社会科学

[34]《周易译注》,周振甫译注,中华书局1991年版。

[35]《论语评注》,杨伯峻译注,中华书局1980年版。

[36]《老子新译》(修订本),任继愈著,上海古籍出版社1985年版。

[37]《庄子今注今译》,陈鼓应著,中华书局1983年版。

[38]《孟子选译》,杨伯峻译注,人民文学出版社1988年版。

[39]《荀子选》,荀况著,张觉撰,方孝博选注,人民文学出版社1957年版。

[40]《西方文明史》,(美)罗伯特·E·勒纳著,商务印书馆1986年版。

[41]《理想国》,(希腊)柏拉图著,郭斌和、张竹明译,商务印书馆1985年版。

[42]《形而上学》,(希腊)亚里士多德著,吴寿彭译,商务印书馆1997年版。

[43]《国富论》,(英)亚当·斯密著,商务印书馆。

[44]《实践理性批判》,(德)康德著,蓝公武译,商务印书馆1960年版。

[45]《存在与时间》,(德)海德格尔著,陈嘉映、王庆节译,三联书店1999年版。

[46]《存在与虚无》,(法)让-保罗·萨特著,陈宣良译,三联书店1987年版。

[47]《精神分析引论》,(奥)弗洛伊德著,高觉敷译,商务印书馆1984年版。

[48]《小逻辑》,(德)黑格尔著,贺麟译,商务印书馆2003年版。

[49]《伦理学》,(荷)斯宾诺莎著,商务印书馆。

[50]《人性论》,(英)休谟著,商务印书馆。

[51]《社会契约论》,(法)卢梭著,何兆武译,商务印书馆1980年版。

[52]《情爱论》,(保)瓦西列夫著,赵永穆等译,当代世界出版社2003版。

[53]《经济学原理》,(美)曼昆著,梁小民译,三联书店出版社1999年版。

[54]《后工业社会的来临》,(美)丹尼尔·贝尔著,高铦、王宏周、魏章玲译,新华出版社1997年版。

[55]《在市场里交谈》,汪丁丁著,上海人民出版社2003年版。

[56]《第二性》,(法)西蒙娜·德·波伏娃著,陶铁柱译,中国书籍出版社1998年版。

[57]《新教伦理与资本主义精神》,(德)马克斯·韦伯著,彭强、黄晓京译,陕西师范大学出版社2002年版。

[58]《论法的精神》,(法)孟德斯鸠著,张雁深等译,商务印书馆1978年版。

[59]《历史研究》,(英)汤因比著,刘北成、郭小凌译,上海人民出版社2000年。

[60]《人生五大问题》,(法)莫罗阿著,傅雷译,三联书店1986年版。

[61]《文明的冲突与世界秩序的重建》,亨廷顿著,周琪等译,新华出版社2002年版。

[62]《马克思主义经典著作选读》,马克思、恩格斯著,人民出版社1999年版。

[63]《曾国藩家书》,曾国藩著,岳麓书社1986年版。

[64]《中国哲学简史》,冯友兰著,北京大学出版社1985年版。

[65]《中国文化要义》,梁漱溟,1987年版。

[66]《傅雷家书》,傅雷著,三联书店1981年版。

[67]《中国现代思想史论》,李泽厚著,安徽文艺出版社1994年版。

[68]《毛泽东选集》,毛泽东著,人民出版社1991年版。

[69]《邓小平文选》,邓小平著,人民出版社1993年版。

科技

[70]《科学史及其与哲学和宗教的关系》,(英)丹皮尔著,李衍译,商务印书馆1989年版。

[71]《世界史上的科学技术》,(美)詹姆斯·E.麦克莱伦第三、哈罗德·多恩著,王鸣阳译,上海科技教育出版社2003年版。

[72]《技术发展简史》,(美)乔治·巴萨拉著,复旦大学出版社。

[73]《科学革命的结构》,(美)库恩著,李宝恒、纪树立译,上海科学技术出版社1980年版。

[74]《科学的社会功能》,(英)J.D.贝尔纳著,商务印书馆1982年版。

[75]《院士思维》,卢嘉锡等主编,安徽教育出版社2001年版。

[76]《再创未来——世界杰出科学家访谈录》,(美)托马斯·A.巴斯著,李尧、张志峰译,三联书店1997年版。

[77]《科学是美丽的》,沈致远著,上海科教出版社2002版。

[78]《高科技·高思维》,(美)约翰·奈斯比特等著,尹萍译,科学出版社1979年版。

[79]《卡文迪什实验室:现代科学革命的圣地》,阎康年著,河北大学出版社1999年版。

[80]《生机勃勃的尘埃:地球生命的起源和进化》,(比)克里斯蒂安·德迪夫著,王玉山等译,上海科技教育出版社1999年版。

[81]《生命的线索》,(英)约翰·苏尔斯顿、乔治娜·费著,杨焕明译,中信出版社2003年版。

[82]《激情澎湃——科学家的内心世界》,(美)刘易斯·沃尔珀特、(英)艾利森·理查兹著,柯欣瑞译,上海科技教育出版社2000年版。

［83］《世界的终极镜像:反物质》,(英)戈登·弗雷著,江向东等译,上海科技教育出版社 2002 年版。

［84］《宇宙波澜——科学与人类前途的自省》,(美)F.J.戴森著,邱显正译,三联书店 1998 年版。

艺术

［85］《论绘画》,〔意〕列奥纳多·达·芬奇著,戴勉译,人民美术出版社 1979 年版。

［86］《美学》,〔德〕黑格尔著,朱光潜译,商务印书馆 1979 年版。

［87］《艺术哲学》,〔法〕丹纳著,傅雷译,人民文学出版社 1983 年版。

［88］《美学原理》,克罗齐著,朱光潜等译,外国文学出版社 1983 年版。

［89］《艺术问题》,〔美〕苏珊·朗格著,滕守尧等译,中国社会科学出版社 1983 年版。

［90］《审美价值的本质》,〔苏〕列·斯托洛维奇著,凌继尧译,中国社会科学出版社 1984 年版。

［91］《文心雕龙》,刘勰著,范文澜注,人民文学出版社 1958 年版。

［92］《新订＜人间词话＞ 广＜人间词话＞》,王国维原著,佛雏校辑,华东师范大学出版社 1990 年版。

［93］《西方美学史》,朱光潜著,人民文学出版社 1979 年版。

［94］《美学散步》,宗白华著,上海人民出版社 1981 年版。

［95］《中国艺术精神》,徐复观著,华东师范大学出版社 2001 年版。

［96］《谈艺录》,钱钟书著,中华书局 1984 年版。

［97］《论音乐的美》,〔奥〕爱德华·汉斯立克著,人民音乐出版社 1980 年版。

［98］《中国音乐美学史》,蔡仲德著,人民音乐出版社 1995 年版。

［99］《艺术视听觉心理分析》,埃伦茨维希著,中国人民大学出版社 1989 年版。

模块二
沟通交流

第十一章　口语表达及基础训练

一、口才概说

人人都希望自己有一个好的口才。口才不像相貌,它是可以通过后天练习,不断得到提升的。

人才是宝,口才是金,拥有口才,我们就离成功更近一步。讲台上的口若悬河,辩论场上的独领风骚,职场上的随机应变,交际场上的运筹帷幄,无不体现着口才的决胜作用。

(一) 口才史

1. 中国口才史

1) 春秋战国时期——中国口才发展的第一个高潮

(1) 盛行养士,论辩成风。

春秋战国时期群雄争霸,各路诸侯都寻求安邦治国之人一统天下,于是士(知识分子)阶层应运而生。礼贤下士,以求良才;名士游说,以投名主;养士招贤,惟才是养……是当时的社会风气。《苏秦以游说致富贵》《晏子使楚》《毛遂自荐》等名篇展现了众多士人充分发挥自己的聪明才智,以自己杰出的口才赢得胜利的风采,显示出自己超群的才华。

(2) 诸子百家,能言善辩。

孔子说过,"言之无文,行而不远"。

孔子还说:"质胜文则野,文胜质则史。文质彬彬,然后君子。"

孔子也说"一言可以兴邦""一言可以丧邦"。

可见,孔子认为话语、文章是关乎个人进德、修业的事,甚至能影响治国。

2) 封建社会时期——中国口才发展的低潮期

在我国漫长的封建社会时期,封建专制统治极大制约着人们的思想,使人们不敢畅所欲言。所谓的"病从口入""祸从口出""言多必失""笑莫露齿,言莫高声""君子讷于言而敏于行"等,极大地阻碍了口才的发展。

但是,封建社会时期也涌现出一批口才家:东方朔出语幽默、机智巧辩;东汉文学家扬雄提笔文采斐然,开口能滔滔雄辩,历来为人所称道;三国时期的诸葛亮凭三寸不烂之舌说服东吴,联吴抗曹,扶危定倾,其智激周瑜、舌战群儒更是成为具有说服力和雄辩口才的典范;还有东晋的陶渊明,北周的魏征,唐代的李白,宋代的苏轼,明代的唐伯虎,清代的郑板桥等,都有许多口才佳话传世。

3) "五四"时期——中国口才发展的第二个高潮

20世纪初,内忧外患的中国呼唤口才的崛起,日益觉醒的知识群体孕育了口才基础,科学与民主推动了口才的复兴,而启蒙与救亡的"五四"运动更成为口才兴起的重要契机。在这一时期,涌现了一批拥有良好口才的优秀人士,如李大钊、陈独秀等。

2. 西方口才史

1)古希腊时期——西方口才发展的第一个黄金时代

公元前6世纪至公元前4世纪的古希腊时期是西方口才史上的第一个黄金时代。这一时期,围绕着公民权与自由权问题的论辩不止,舌战不休,口语表达活动风靡全希腊。当时,几乎没有一位政治家不擅长演讲,没有一位演说家不热衷于政治。科拉克斯写出第一本有影响的口才术专著,最早建立起一套劝说的理论体系,被认为是"演讲术"的奠基人。其后,苏格拉底提出了"苏格拉底式"的谈话方式;柏拉图在著名的《文艺对话集》中提出了口语表达原则;亚里士多德在他的《修辞学》等名著中对演讲艺术进行了系统的概括和总结,阐述了演讲方式、听众心理、语言风格等演讲艺术的理论问题,奠定了演讲理论的科学基础。

公元前4世纪,雅典涌现了如安提芬、伊索克拉底、德摩西尼等十分优秀的演说家。

2)罗马时期——西方口才发展的第二个黄金时代

这一时期的著名口才家有加图、安东尼、克拉苏、西塞罗。其中,西塞罗是继德摩西尼之后最杰出的演讲大师,他的演讲实践使政治演讲和法庭演讲有了独创性发展。

西塞罗一生发表过多篇政治演说和诉讼演说,著有《论演说家》《论雄辩家》等,主要演讲有《为马尔塞鲁(Marcello)辩护》《反安东尼:首篇腓利比克(Philippic)之辩》等。他的演说文的风格被后代一些作家和演说家奉为榜样。

3)近代欧美口才艺术

(1)西方资产阶级演讲艺术迅速发展,出现了一大批演讲家,如让·雅克·卢梭、"铁舌头"威廉·皮特、帕特里克·亨利、亚伯拉罕·林肯、罗伯斯庇尔、乔治·华盛顿、富兰克林、罗斯福、丘吉尔等。

(2)无产阶级开创了口才艺术的新时代,造就了马克思、恩格斯、列宁等伟大的思想家。

(二)口才的重要性

口才在人际交往中的作用历来被人们所看重。早在第二次世界大战期间,一些美国人就把口才、金钱和原子弹看作生存和竞争的三大法宝。20世纪60年代以后,随着科学技术的不断进步,他们又把口才、金钱和计算机作为新的三大法宝,电脑代替了原子弹,而口才依然独冠"三宝"之首,足见口才的重要性。

我们常说一个人的成功20%取决于他的智商,而80%取决于他的情商。情商中最重要的一种能力就是人际关系的处理能力。具有好口才的人说出来的话大都能拨动人们的心弦,如同具有一种魔力,操纵着人们的情绪。好口才无疑是人际关系的润滑剂,是人生能获得成功的重要因素。现代人必须掌握的技能中,口才或沟通能力已经排在计算机、外语、开车之前,可见口才的重要性。

历史上,随处可见好口才的佳话:毛遂自荐,救赵于危;晏子使楚,不辱使命;墨翟陈辞,止楚攻宋;诸葛亮的隆中对策使天下三足鼎立,"舌战群儒"更是"力挽狂澜于既倒"的宏论雄辩。

当代社会,口才的重要性同样突出。周恩来的口才举世仰慕,他被世界公认为"钢嘴"。他机敏的应变,渊博的知识,侃侃而谈的修养,不紧不慢的风格,被当时的美国总统尼克松誉为"冠绝国际"。

这是一个越来越注重"说"的时代:竞争职位、应聘面试、推销业务、管理企业,甚至谈恋爱……都离不开"说"。社交的成功,往往是口才的产物。在日常生活中,我们每天都会遇到一些场合,需要我们说几句适当的话。这几句适当的话,能够帮我们很大的忙,解决我们生活当中大大小小的问题。口才好的人可以顺畅地表达自己的意图,别人听后也会乐意接受。因此好口才使得我们在人际交往中能够如鱼得水。

人们越来越清醒地认识到口才的重要性,各种口才培训机构也如雨后春笋般出现。人们都努力寻找一种口才训练方法来学习说话的技巧,提高口才。口才的重要性日益凸显。

(三)口才的基础

口才是一个人的思想、智慧、知识、见识、性格、气质等的综合反映,是一个人个性魅力的集中展现。口语表达能力实际上就是一个人的综合素质和综合能力的体现。根据口才的特点,我们可以把口才的内涵比作一座"金字塔":宽大厚实的塔底是知识积累,它包括知识储备、文化底蕴、思想理念、道德情操、人格修养和心理素质等;塔身是思维和记忆能力,它包括思辨和联想能力、想象和观察能力等;塔顶则是口语表达能力和口才技巧。在这"金字塔"的三个层次中,知识积累、思维和记忆能力都属于内在素质修养,这些都必须借助口语表达能力和口才技巧才能够得到充分的展示;而口语表达能力和口才技巧的提高,就必须从知识积累、思维和记忆能力两方面着手。只要这三个方面相互配合,好口才的练成就一定指日可待。

能够让听众"同意"的语言表达就是好的语言表达,这是好口才的重要标准。因此,好的口才需具有:① 吸引力;② 说服力;③ 控制力。

二、语音训练

(一)嗓音训练

想要拥有好的表达,首先要拥有好声音。那么好声音的标准是什么?有人天生具有好声音,这当然是一个很大的优势,但是通过后天的练习,养成好的说话习惯也是极其重要的。好声音必须满足以下两个标准。

(1)普通话标准。普通话是规范化的,是中国法定的全国通用语言。国家推广使用普通话。《中华人民共和国国家通用语言文字法》确立了普通话和规范汉字的"国家通用语言文字"的法定地位。

(2)音质清亮。声音清晰、音量适中、快慢合适,声音听起来让人觉得轻松、舒适。

那么我们如何练就悦耳动听的好声音？

好口才赢在基础。沙漠上建不起城堡，摩天大楼必须要有坚实的地基，嗓音训练也是这样，我们必须扎扎实实、一丝不苟地从基础训练做起，认真练好基本功。这些基本功包括呼吸训练、声带训练等。

1. 呼吸训练

经科学验证，讲话时采用胸腹式联合呼吸法（也称丹田呼吸法）发出的声音效果最佳。具体方法是，收缩小腹，以丹田的力量控制呼吸。这种方法全面调动了发声器官的能动作用，活动范围大，伸缩性强，对嗓子的保养也有一定的好处，是一种科学的方法。

2. 声带训练

科学研究发现，人类的声音源于声带振动，通过气流传播而被感知。声音的响度、音调和音色则是由声带的振动特性所决定的。一个人的声音是否动听，很大程度上取决于其声带的好坏。因此，在先天因素的基础上，对声带进行后天的训练和保护，是拥有一副好嗓子最直接和有效的方法。

（二）停顿训练

人们在说话或朗读时，常常在句子前、后或中间部分作或长或短的停顿。这一方面出于人的生理或句子结构的需要，停下来换口气或使句子层次分明；另一方面也是为了充分表达句子的思想感情，让听者有时间领会。

1. 停顿分类

1）语法停顿

（1）较显著的停顿在书面上一般都用标点符号表示出来。

① 句内的点号表示停顿，时间长短不一，顿号最短，逗号较长，分号又较逗号长。

② 句内的省略号和破折号也表示一定的停顿。

③ 句末点号（包括句号、问号、感叹号）表示的停顿要较分号长，章节段落之间的停顿还要更长一些。

④ 冒号是一种运用比较灵活的点号，它所表示的停顿一般较分号长，较句号短。

一般来说，根据标点符号采取不同的停顿时长，就能使说话顿挫有度，语意层次分明。

（2）有一些长句子内部没有标点，我们可以根据语法关系决定如何停顿。这种停顿多在主语、谓语之间，定语、状语、补语的前面。

2）逻辑停顿

为了突出某一事物，强调某一观点，表达某种感情，而在句中没有标点符号的地方作适当的停顿，这种停顿通常叫作逻辑停顿。

3）节拍停顿

节拍停顿主要用于显示诗文的节奏。节拍停顿可以是短暂休止，也可以采用拖腔。格律诗大都七言四拍，五言三拍。新诗的节奏有的比较严整，有的比较自由。在划分节拍时，一要考虑结构均匀,二要适当照顾语意。每句的节拍数可以相同,也可以相近。

2. 朗读中确定恰当的停顿

朗读的停顿与所读作品的文体及其所表达的思想感情有关。不同文体的作品所表达的思想感情的不同决定了朗读速度,因此也要求有不同的停顿。

一般来说,朗读议论文和说明文以中速为宜,根据需要适当停顿。朗读记叙文则依据情节的进展和感情表达的需要来安排停顿,如果内容表达的是激动、欢快、紧张的情绪,语言慷慨激昂、豪迈奔放,语速要相对快一些,停顿的次数要减少,停顿的时间也要短一些;如果内容表达的是痛苦、悲伤、低沉的情绪,语速就要慢一些,停顿的次数要多一些,停顿的时间也要长一些。

(三)重音训练

说话时的重音是指将某些词语刻意念得比较重,给予特别的强调,一般用增加声音的强度来体现。说话的轻重不同,给人的印象也就不同。口语交际中,无论对于说者还是听者来讲,学会重音的运用都是非常重要的。

一般而言,重音有语法重音和强调重音两种。

在不表示特殊的思想和感情的情况下,根据语法结构的特点,把句子的某些部分重读的,叫语法重音。

语法重音的位置比较固定,在日常交谈中我们通常不会十分注意它,而运用得较多的是强调重音。

所谓强调重音,指的是为了表示某种特殊的感情或强调某种特殊的意义而故意说得重一些的音,目的在于告知听者注意自己所要强调的部分。同一句话,强调重音不同,表达的意思也往往不同。

1. 词重音

词重音指词语里重读的音节。如词语"裤子"里的"裤"重读;"无限"里的"限"重读。

2. 语句重音

说话和朗读时,把句子中某些词语读得较重的现象,叫语句重音,可分为语法重音和逻辑重音。

1)语法重音

(1)谓语中的主要动词或某些形容词要重读。例如:"中国人民从此站起来了!"这里的"站"要重读;"小草绿了。"这里的"绿"要重读。

(2)表示性状和程度的状语常常要重读。例如:"你不要慌,慢慢地说。""大家要特别小心哪!"这里的"慢慢""特别"要重读。

(3)表示性状和强调的定语要重读。例如:"这是多么感人的场面哪!伟大的祖国在前进。"这里的"多么感人""伟大"要重读。

(4)表示结果和程度的补语要重读。例如:"这件衣服漂亮极了!""她跳得真高。"这里的"极""真高"要重读。

（5）疑问代词和指示代词要重读。例如："谁来了？""那可不行！"这里的"谁""那"要重读。

（6）句子中用作比喻的词常常要重读。例如："五彩缤纷的野花像天边的彩霞那么耀眼。"这里的"彩霞"要重读。

2) 逻辑重音

句子中的某些需要突出或强调的词语常常要重读。并且，为了表示特殊的思想感情、在不同的环境中使用时常常需要改变句中原来重读的词语。例如：

（1）"我知道你会弹钢琴。"这里的"我"重读表示"别人不知道你会弹琴"的意思。

（2）"我知道你会弹钢琴。"这里的"知道"重读表示"你不要瞒着我"的意思。

（3）"我知道你会弹钢琴。"这里的"你"重读表示"别人会不会我不知道"的意思。

（4）"我知道你会弹钢琴。"这里的"会"重读表示"你怎么说不会呢"的意思。

（5）"我知道你会弹钢琴。"这里的"弹钢琴"重读表示"会不会别的乐器我不知道"的意思。

（四）句调训练

句调又称语调，是指语句音调的高低升降。口语表达中，句调贯穿整个句子，只是在句末音节上表现得特别明显。句调根据表示的语气、感情和态度的不同，可分为四种类型：升调、降调、平调、曲调。

（1）升调：调子由平升高，常用来表示反问、疑问、惊讶等语气。例如：

① 难道我是个小孩？（反问）

② 他来了吗？（疑问）

③ 这件事，是你办的？（惊讶）

（2）降调：调子先平后降，常用于陈述句、感叹句、祈使句，表示感叹、请求等语气。例如：

① 我们一定要实现四个现代化。（陈述）

② 天安门多么雄伟啊！（感叹）

③ 王老师，您再给我讲个故事吧。（请求）

（3）平调：调子始终保持同样的高低，常用于不带特殊感情的陈述和说明，表示严肃、冷淡等语气。例如：

① 烈士的英明和业绩将永垂不朽！（严肃）

② 少说闲话。随你处理吧。（冷淡）

③ 大伙都说张老头是个厚道人。（叙述）

（4）曲调：调子升高再降，或降低再升，常用来表示含蓄、讽刺、意在言外等语气。例如：

哎呀呀，你这么大的力气，山都会被你推倒呢。（讽刺）

（五）音量与语速训练

1. 音量训练

音量是指声音的强弱、大小,其客观评价尺度是声音的振幅大小。不少人在朗诵中把握不好自己的音量,或大或小。音量过大对身体消耗太大,又不利于情感恰当的表达;音量过小会造成听众听不清,甚至听不见的现象。因此,音量的把握也需要必要的训练。在训练的过程中要注意以下几点。

（1）不论在何种场合,音量都要适中,不可太大或太小。

（2）要根据听众的多少和场所的空间大小来确定自己的音量,要使在场的所有听众都能毫不费力地听清。

（3）要根据朗诵的氛围和内容来确定音量的大小。比如:朗诵纪念、追悼性的内容,音量不宜太大;朗诵祝贺、声讨、动员性的内容,音量可以大一些。

（4）根据朗诵内容的长短来确定音量的大小。如果内容较短,一般来说,音量可以稍大;如果内容较长,一般来说,音量可以稍小,以免因为音量过大,持续时间较长,造成嗓音嘶哑。

2. 语速训练

语速是指说话或演讲时,单位时间内所包含的词汇容量。一般而言,语速包括两个方面,即每个音节的长短及音节之间连接的松紧度。我们在说话时,语速不能一成不变,否则容易使听者感到单调、枯燥,影响沟通和交流的效果。

（六）综合训练

许多口才培训实践告诉我们,绕口令训练和朗诵训练都是锻炼口才的好方法。

1. 绕口令训练

读绕口令,练的是"拗口"的连读时,唇、齿、舌的配合反应能力。经过长期不懈的绕口令练习,我们一定能变得伶牙俐齿。

训练要求:绕口令练习要由慢到快,循序渐进,以吐字清晰、字音准确为目的,不要盲目图快。

绕口令练习:

扁担长,板凳宽,扁担没有板凳宽,板凳没有扁担长。扁担绑在板凳上,板凳不让扁担绑在板凳上。

吃葡萄不吐葡萄皮儿,不吃葡萄倒吐葡萄皮儿。

大刀对单刀,单刀对大刀,大刀斗单刀,单刀夺大刀。

2. 朗诵训练

朗诵是艺术化的语言表达。朗诵必须酝酿感情,理解意境,配合肢体,投入表情,达到一种美的境界。通过朗诵,在重音、语速、节奏、表情等方面的把握,能够培养我们的语言修养,增强个人魅力。

通常一段朗诵需要练习15次以上。

三、口语表达形式

(一) 复述

1. 复述的定义

复述就是把读过、听过的材料通过语言重复一遍。

2. 复述的基本要求

(1) 忠实于原材料的内容和要点。

(2) 完整准确地体现原材料的中心和重点。

(3) 条理清楚,反映各部分内容的内在联系。

(4) 口语化,尤其要注意将书面语转化为口语。

3. 复述的类型

复述分为详细复述、概要复述、扩展复述、变式复述。

(二) 叙述

1. 叙述的定义

叙述是指把人物的经历或事情的发展变化讲出来。

2. 叙述的基本要求

(1) 抓住陈述对象的特征、内在关系或逻辑。

(2) 把握好叙述的语脉——说话时的思路。叙述清楚事情发生的时间、地点、人物、起因、经过、结果六要素;

讲究叙述的顺序、过渡;注意叙述过程中的人称,不要随意更换;注意内容裁减的详略得当,为中心服务。

(3) 叙述的语言简明、完整,符合逻辑,有中心。

(三) 描述

1. 描述的定义

描述是指把人物或事物的各种状态用生动、形象的口头语言具体地表现出来。

2. 描述的基本要求

(1) 抓住特征,绘声绘色,以声传神。

(2) 力求鲜明生动,多使用修辞手法和声音技巧。

(3) 恰如其分地运用拟声、双关语,可增加感染力。

(4) 选用带有较为鲜明的自然色彩与感情色彩的词汇,选用表现力丰富且修饰性较强的词汇来组句。

（四）解说

1. 解说的定义

解说是说明事理的一种口语表达方式。

2. 解说的基本要求

（1）用语准确，将深奥的道理通俗化，抽象的事理生动化，繁杂的程序简明化，静止的事物动态化，生硬的表现形象化，枯燥的东西趣味化。

（2）注意运用恰当的停顿、重音、吐字、语速等语言表达技巧。

（3）常用的解说方法：下定义、讲特征、分类、比较、分析、打比方、列纲目、举数字、引材料、用图表等。

3. 解说的类型

（1）从形式分：简约性解说、细致性解说。

（2）从功能分：阐明性解说、纲目性解说。

（3）从用语特点分：平实性解说、形象性解说、谐趣性解说。

（五）评述

1. 评述的定义

评述是对某事物、事情发表看法、阐明观点的一种口头表达方式。

2. 评述的基本要求

（1）实事求是，褒贬分明。

（2）语气中肯，简明达意，以理服人。

（3）观点鲜明，论据充分，论证符合逻辑。

3. 评述的类型

（1）重点评述：抓住事物给自己印象最深的某一方面进行评述，针对性强，重点突出，避免面面俱到、毫无重点。

（2）全面评述：针对某一事物从不同的侧面、不同的角度进行详细的评述。

四、思维训练

（一）思维训练概述

口语训练与思维训练必须有机结合。认知心理学研究认为，语言是思维的外化，思维离不开语言，语言导引形成思维，思维再导引形成语言。可见思维依傍语言，语言是思维的定型，两者关系密切。因此，口语表达能力的培养与思维训练密不可分。

"脑之管动言传，言传而体行""思而说，说而行"都说明了语言与思维间的关系，也就是说只有经过思考才能通过嘴进行语言表达。能说会道是因为能思会想，而经常有意识地进行口语训练也促使了大脑经常进行思维活动。因此，要进行口语训练就要对思维进行训练，使思维有一定的敏捷度，有一定的清晰度，有一定的深度和广度。通过思维训练，我们说话才能中心突出、内容正确、结构完整、条理清晰。

思维能力的训练是一种有目的、有计划的系统的活动。思维能力训练的主要目的是改善思维品质,提高思考能力,只要在实际训练中把握住重点,进行有的放矢的努力,就能顺利地坚持下去,最终卓有成效。思维并非神秘之物,尽管看不见摸不着,来无影去无踪,但它却是有特点的。

(二) 思维训练方法

1. 推陈出新训练法

当看到、听到或者接触到一件事情、一种事物时,应当尽可能赋予它们新的性质,摆脱旧有观点的束缚,运用新观点、新方法,从新角度思考,反映出自身思维的独创性。按照这个思路进行思维方法训练,往往能收到推陈出新的效果。

2. 聚合抽象训练法

此方法概括起来说就是,把所有感知到的对象依据一定的标准"聚合"起来,找到它们的本质。它能增强人的创造性思维。这个训练方法首先要对感知材料形成总体认识,从感觉上发现十分突出的共性特点;其次要从共性中进行分析,肢解成若干分析群,进而抽象出本质特征;再次,要对抽象出来的事物本质进行概括性描述,最后形成具有指导意义的理性成果。

3. 循序渐进训练法

循序渐进训练法能增强领导者的思维分析能力和预见能力,能够保证领导者事先对某个设想进行严密的思考,在思维上借助于逻辑推理的形式,从而把结果推导出来。

4. 生疑提问训练法

此训练法是指对某事物,或过去一直被人认为是正确的东西或某种固定的思考模式,敢于并且善于提出新观点和新建议,并能运用各种证据证明其结论的正确性的一种方法。首先,每当观察到一件事物或现象时,无论是初次还是多次,都要问"为什么",并且养成习惯;其次,每当遇到问题时,尽可能地寻求规律性,或从不同角度、不同方向观察同一问题,以免被知觉假象所迷惑。

5. 集思广益训练法

此训练法是指在一个组织起来的团体中,通过思考,大家彼此交流,集中众多人的智慧,广泛吸收有益意见,从而达到思维能力的提高。此方法有利于研究成果的形成。由于各人观察问题的角度不同,研究方式、分析问题的水平不同,往往会产生种种不同的观点和解决问题的办法,通过比较、思考、分析,个人的思维能力可得到潜移默化的提升。

五、体态语言训练

(一) 体态语言概述

体态语言是口语交际中常用的辅助手段,是通过体态、手势、表情、眼神等非语言因素传递信息的一种言语辅助形式，又称为态势语。

在各民族产生和形成各自的语言文字之前，人类一直在使用非语言的形式传递和交流信息。有了语言文字之后，人类也一直未停止使用各种非语言形式，只是长期以来没有引起人们的足够重视而已。1970年，美国学者朱利·法思特写了《人体语言》一书，这才使人们意识到以体态语言为主的非语言形式的重要性。研究人员发现，在信息的传递中，45%的信息通过有声语言传递，而55%的信息则是由体态语言传递的。但至今为止，尽管我们每天每时都在使用体态语言，大多数人对它的规律和功能仍缺乏了解。作为口才表达的重要组成部分，体态语言应成为一个人提高口才不可忽视的环节，应对体态语言进行相应的训练。

从下面的案例中可看到体态语言的妙处。

【案例1】

凯丽掩饰不了她的激动，这种激动在她的脚步上，在她温暖自信的笑容中，在她眼睛的光芒里，在她的一举一动中。她从交往了两年的男朋友那里新得到的戒指是她的欣喜的部分原因。前天，一个有名的、吸引求职者的广告公司——斯达集团的首席与她有力的握手，使她完全确信自己积极寻找的工作属于自己了，这可能也是对她起激励作用的部分原因。然而，最好的解释可能是她的学位帽上的穗子被从这边拨到了那边，这向世界宣布她已经从学生变成了毕业生。

【简评】

很有趣吧？凯丽一句话也没有说，但是每一个了解她的人都能知道她的感受。都会注意到她手上的新戒指，都能理解学位帽对学生们的意义和对他们今后社会身份的影响。这些都是相当普遍的非语言行为，对大多数人而言，它们也传达了特别的情感和思想。

（二）体态语言在口才表达上的作用

1. 辅助语言表达

在口语交际过程中，表达者的神情容貌、举手投足、身姿体态，始终伴随着有声语言来传递出相应的信息。在一般情况下，动态的、直观的、形象的体态语言与有声语言协调统一，会同时作用于听者的视觉器官与听觉器官，从而拓宽信息传输渠道，使听者印象深刻，对有声语言起到辅助作用。

【案例2】

英国首相丘吉尔在一次演讲中说："我们现在的生活水平比历史上任何时期都高，我们现在吃得很多。"讲到这里，他故意停了下来，看着听众好一会儿。然后，他盯着自己的大肚皮说："这是最有力的实证。"

【简评】

丘吉尔在这段演讲中首先妙用停顿，把听众的注意力吸引到他自己身上，然后巧妙运用"盯着自己的大肚皮"的体态语言辅助有声语言进行论证，妙趣横生、令人捧腹。

2. 代替有声语言

有时,巧妙运用体态语言,能起到"此时无声胜有声"的作用。

【案例3】

有一次,曾任美国第16届总统的林肯作为被告的辩护律师出庭。原告律师将一个简单的论据翻来覆去地陈述了两个多小时,听众很不耐烦了,好不容易才轮到林肯辩护。只见他走上讲台,一言不发,先把外衣脱下来,放在桌上,然后拿起玻璃杯喝了口水,接着重新穿上外衣,然后又喝水,这样的动作重复了五六次,逗得听众笑得前俯后仰。这时,林肯才在笑声中开始了他的辩护。

【简评】

林肯与其他听众一样,对原告律师啰啰嗦嗦、翻来覆去的发言极为不满,却又不便直言指责。于是,他上台之后,进行了一系列体态动作的表演,以此代替有声语言嘲弄原告律师,抒发自己心中的不满。此举胜过千言万语,收到了无声胜有声的表达效果。

3. 表达情感

体态语言还起着表达情感和情绪的作用,例如握手、拥抱。

【案例4】

吴敬梓的《儒林外史》中严监生病入膏肓,弥留之际不能说话,却伸出两个手指头,表示他对灯盏里的两根灯草不放心,要挑掉一根。这表现了他极其吝啬的性格特点。

【简评】

严监生病入膏肓,弥留之际不能说话,可是他却用他的体态语言表达了他弥留之际的愿望和情感,让读者理解了他要表达的意思,其吝啬的人物形象跃然纸上。

4. 了解对象

体态语言帮助我们在他人面前表现自己原本的形象,也可帮助我们表现出想在他人面前表现的形象。

【案例5】

有位小伙子谈到他和一位姑娘约会的情景。他描写道:

她是一位娴静、素雅的女孩。第一次和她约会,心里不免忐忑。和她并排走在校园的林荫路上,我局促得无话可说。语言这东西像千头万绪的丝线,乱七八糟地绞在一起,缠得我心慌意乱。路灯把我们的身影时而牵到前面,时而拉向背后,仿佛也在嘲笑我的懦弱。

两声简洁的见面问候之后,她便不再言语,一直沉默着,只传来稳重的脚步声。我们终于在花圃房的石凳上坐下来。我鼓足勇气想打破沉默,可我望着她,嗫嚅着,就是不知说点什么……

这时,一件分外显眼的小东西吸引住了我的目光。那是一枚雪白的胸花,别在她那深黑的衣服上,宛如夜空中一颗明星,令人赏心悦目。我立刻感觉我可以从这枚胸花说起……

她平时绝无装饰,以前从未见她佩戴过胸花。我悟出其中的奥秘:那是绝妙的暗示,它

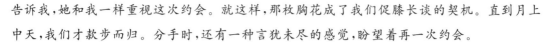

告诉我,她和我一样重视这次约会。就这样,那枚胸花成了我们促膝长谈的契机。直到月上中天,我们才款步而归。分手时,还有一种言犹未尽的感觉,盼望着再一次约会。

【简评】

恋爱时,双方都想知晓对方所要表达的是什么;其说话的目的如何;是否要求听者采取某些行动。约会中的小伙子如何打破沉默?怎样了解对方的感觉、态度?不是通过姑娘的语言,而是姑娘的暗示,即非语言信息所传达的效果。那枚漂亮的小胸花,就是打开他们话匣子的"钥匙",也是小伙子了解姑娘心理奥秘的见证。

理想的交谈,既可了解对方,也可正确传达自己的意思。唯有如此,沟通才算成功。这个事例也提醒人们,在交往谈话时,除了语言沟通外,别忘了彼此那些有意无意的暗示,它能告诉我们语言所传递不出的信息,可能是更深层次的内心秘密。

5. 帮助我们了解对方不愿表露的信息

当某人说他不害怕时,他的手却在发抖,那我们会认为他是在害怕。有时我们可以通过非语言信息更真实地了解对方。

【案例6】

第二次世界大战后,一个罪大恶极的纳粹分子潜逃在外,一直未落入法网,缉捕工作很艰难,时间也持续了很久。一次,在一个小餐馆里,一位特工在等候用餐。对面坐下了一个男子,一面静静地等候,一面用手指若无其事轻轻地敲击着桌面。礼帽下一副深茶色的眼镜,将他的目光隐隐遮住,样子很平和。"笃笃,笃笃,笃笃笃,笃",那位特工听着听着,突然心里一动:那男人轻轻的敲点声,竟然如此令他仇恨、恐惧和难以忍受,而他对此又是那样地熟悉。平时对音乐的喜爱此时帮了他的大忙,凭着他那颗警惕的心和特殊的感觉,他断定那男子正在发自内心地默默唱着纳粹分子的军歌。这个有顽固残暴本性的人,肯定就是一直被追捕的纳粹分子!结果正如特工分析的一样。纳粹分子由于这点小小的极难被人察觉的疏忽而暴露了原形。

【简评】

纳粹分子虽然一言未发,但特工凭着职业警觉,用灵敏的耳朵,快速的反应,察知对方隐蔽的深层次心理,分析、推断纳粹分子的非语言行为所传达的信息以及所表达的思想感情。

6. 调节互动

有意识地通过体态、手势、表情、眼神等间接传递信息,我们可以掌握口语交际中的主动权,维持和调节沟通的进行。

【案例7】

老师在给小学生讲解"麦粒长得很饱满"后,要求学生用"饱满"造句。学生只会用植物一类进行练习。为了扩大学生的知识视野,老师忽然走到教室门口,然后转过身,胸脯略微挺了一挺,头稍微扬了扬,两眼炯炯有神地问道:"你们看,老师今天精神怎么样?"学生异口同声地说:"老师精神饱满。"

【简评】

老师循循善诱,利用体态语言对学生进行心理暗示,和学生进行沟通,调节互动,成功地实现了教学目的。

(二) 体态语言运用技巧

几乎每一种体态、每一种动作都是一种特殊的语言,都在反映着一个人的内心世界。我们不仅要学会看懂这些体态语言,还要学会运用它们。

体态包括身体的全部,即从头到脚的各个部位的姿态,体态语言也就自然从身体的各个部位体现出来,大体可分为头部动作、面部表情、眼睛动作、手势、身体姿态等几个部分。下面列举常见的体态语言及其通常表示的含义。

1. 头部动作

头部端正:表示自信、严肃、正派、自豪、有勇气、有魄力的精神面貌。

头部向前:表示倾听、期望,有时也表同情或关心。

头部向后:表示惊奇、恐惧,有时也表退让或迟疑。

频频点头:表示答应、同情、理解和赞许。

不住摇头:表示否定、反对和不满意。

2. 面部表情

脸上泛红晕:表示羞涩、激动。

脸上发青发白:表示生气、愤怒或惊吓、紧张。

皱眉头:表示不同意、反感、烦恼、强忍盛怒。

扬眉毛:表示兴奋、喜悦、欢乐、庄重。

嘴唇闭拢:表示和谐宁静、端庄自然。

嘴唇半开:表示疑问、奇怪、惊讶。

嘴角向上:表示善意、礼貌、喜悦。

嘴角向下:表示痛苦悲伤、无可奈何。

嘴唇撅着:表示生气、不满意。

嘴唇紧绷:表示愤怒、对抗、决心已定。

3. 眼睛动作

眼睛正视:表示严肃、庄重、平和。

眼睛仰视:表示思索、盘算。

眼睛斜视:表示轻蔑、鄙视。

眼睛俯视:表示羞涩、含蓄。

4. 手势

手掌向上:表示诚实、肯定、希望、谦虚,没有任何强制性和威胁性。

手掌向下:表示否定、批判、轻蔑,也有强制和命令的意味。

双手绞紧:表示精神紧张。

摊开双手:表示坦率真诚。

用手抚摸下巴:表示老练、机智。

用手指敲打桌面:表示不耐烦、无兴趣。

5. 身体姿态

偏倚一侧站立或斜靠门、墙站立:表示漫不经心甚至轻浮。

收胸挺腹:表示没教养。

站应站直,不可摇来晃去、斜肩弓背。

坐应坐稳,不挪来动去,给人不稳重的印象。

(三) 体态语言运用过程中需要注意的几个问题

尽管体态语言的作用很大,不可或缺,但由于社会规范、工作环境和任务的需要、心理因素等存在差异,对于不同的人来说,其体态语言在流露、表述的层次、程度、方式上,也会各不相同,甚至截然相反。因此,体态语言的运用也须讲究一定的原则。

1. 自然

有的人说话时,动作生硬、刻板木讷;有的人则刻意表演,动作和姿态做作,像在"背台词"。这都会使人觉得不真实,也缺乏诚意。因此,才有"宁要自然的雅拙,不要做作乖巧"之说。体态语言的训练不应限定僵化的统一模式,应反对矫揉造作、故作姿态,应该是情之所至、自然大方、具有个性特点。但自然并不等于无意识的随意,要受口语交际目的的制约。

2. 简单精练

不必要的体态语言必须去掉。也就是说,举手投足要符合人们一般的生活习惯,简洁明了,易于被人们看懂和接受。体态语言如果烦琐复杂,不仅会喧宾夺主,妨碍有声语言的正常表达,也会使听者眼花缭乱,不知所措。

3. 适度得体

动作要适量,以不影响听者对本人说话的注意力为准;同时,动作必须与说话内容、气氛协调一致,不要故作姿态、故弄玄虚,甚至手口不一。动作的幅度、力度等受到有声语言的制约。动作幅度不宜过分夸张,力度要适中,频率不宜过高,形式不宜复杂,要有助于口语表达,而不要喧宾夺主。

4. 生动和谐

体态语言生动起来,才能艺术地表情达意,才能给人以美感,从而具有感染力和征服力。在日常人际交往过程中,多种体态语言也应相互配合,整体协调、连贯,从而表现出自然的风度美、气质美和韵致美,给听者留下良好的印象。

六、心理训练

要想拥有好口才,必须全面提升我们的心理素质,自信永远是拥有好口才的重要法宝。

很多人都害怕当众演讲,一走上台就会脸红、心跳,甚至大脑一片空白,上台后不知所措,非常紧张、尴尬。

口语交际对人的心理素质要求比较高,心理因素贯穿表达、沟通、交流的各个环节。从生理角度讲,一个人只要有正常的发音器官,说话能力应当是基本相近的,但事实并非如此。究其原因,口语交际与人的心理素质有很大的关系。因此,提高口语表达能力必须加强心理素质的训练。

1. 训练胆量

日本有一所学校,对学生的胆量训练非常严格,要求每个学生不能害怕当众出丑,要敢于做些让人尴尬的事,比如让学生穿着西装,在闹市大声唱歌。这种训练方法是有道理的。如果一个人在闹市高歌都无所顾忌,又怎么会害怕当众讲话呢?

2. 克服心理障碍

一个人要想获得成功,必须建立起自信心。自卑是一种消极的心态,是一种无所作为、什么都不敢尝试的心态,是阻碍自己成功的心理障碍。建立自信心应注意以下两点。

(1)要能够正确地和别人比较。要认识到自己的优点和缺点,不能笼统地去和别人比较,应该学会扬长避短。

(2)要学会进行积极的自我暗示。从心理学角度看,积极的心理暗示会对人的心理行为产生积极的影响。言语中的词语和句子都会在大脑中有所反应,都会有重要的启示。因此要适时对自己进行积极的自我暗示,鼓励自己。

3. 实践中练习

(1)平时多看书,"腹有诗书气自华"。知识累积多了,与人交流起来能说的内容自然也就多了,也就更自信。在日常生活中遇到大大小小的事,要多多思索,形成自己的见解。

(2)积极参加朗诵或辩论比赛,锻炼自己。

(3)抓住可以当众讲话的机会,鼓起勇气发表自己的观点。开始可能会说错,但时间长了,就慢慢克服了。要在实践中不断加强自己的心理训练,变得自信敢说。

第十二章　日常实用口语

一、演讲

(一) 演讲概述

演讲又叫讲演或演说,是指在公众场所,以有声语言为主要手段,以体态语言为辅助手段,针对某个具体问题或围绕某一主题,观点鲜明、完整地发表自己的见解和主张,阐明事理或抒发情感,进行宣传鼓动的一种语言交际活动。

演讲稿是一种直接面对听众,通过口头表达,进行宣传、教育、鼓动或思想交流的论说性文章。它是演讲者为演讲做准备的文稿或演讲内容的记录,是进行演讲的依据、规范和提示。广义的演讲稿还包括在各种会议场合上的讲话,如大会上的工作报告、述职报告、总结报告等。

(二) 演讲的种类

(1) 政治演讲:包括竞选演讲、就职演讲、述职演讲、政治动员等。

(2) 仪式演讲:包括开幕辞、闭幕辞、欢迎辞、祝酒辞等。

(3) 学术演讲:包括学术讲座、科研报告等。

(4) 教学演讲:包括教师讲课、学生论文答辩、校园里的各类演讲比赛等。

(5) 行业演讲:包括律师的法庭演讲、导游的景点介绍等。

(三) 演讲的特点

(1) 鼓动性:好的演讲具有一种激发听众情绪、赢得好感的鼓动性。要做到这一点,需要演讲稿的内容丰富、深刻,见解精辟,有独到之处,发人深思;更需要演讲者的语言表达形象、生动、富有感染力。

(2) 针对性:演讲的内容一般围绕某一主题或针对某一问题展开,且与听众关注的事物联系较紧密。

(3) 临场性:有时演讲的时间、地点、听众类型等因素临时有变,需要演讲者具有临场发挥的随机应变能力。

(四) 演讲评判标准

1. 内容

主题是否明确,内容是否充实、丰富。

2. 条理

条理是否清晰,是否有逻辑。

3. 语言

演讲者的语言是否生动、形象、富有感染力。

4. 仪态

演讲者的仪态(包括眼神、表情、服饰、动作、姿态等)是否大方、自然。

(五) 演讲稿设计

演讲稿的结构通常分为题目、开头、主体、结尾四部分。

1. 演讲稿题目

1) 选择题目的标准

(1) 题目要有积极性。

要选择那些光明、美好、有建设性的题目,使听众一听就充满希望。如《自学可以成才》就可鼓舞听众充满信心地走自学之路。

(2) 题目要有适应性。

要适应听众的实际情况,即要考虑听众的思想修养、文化水平、职业特点、阅历等,这样才能有的放矢。

要适应自己的身份,即要选择与自己所从事的工作性质、专业所具有的知识面相接近的题目,因为自己熟悉的东西容易讲深讲透,容易收到好效果。

要适应演讲的时间,即要按规定的时间选择题目。如果规定的时间长,题目涉及的范围就可大些;时间短,题目涉及的范围就可小些。

(3) 题目要有新奇性。

司空见惯、屡见不鲜的事物、人物,人们是不易关注的。比如《我的祖国》《青春在岗位上闪光》等,人们听得厌倦了,类似的题目很难吸引人。不妨看看鲁迅的演讲题目——"老而不死论""老调子已经唱完""象牙塔与蜗牛庐",这样新奇的题目怎会不吸引人呢?

(4) 题目要有情感性。

演讲者的演讲总是充满强烈的情感色彩,并把这种强烈的情感注入题目中,从而打动听众,有一种情感的导向作用和激发作用。

(5) 题目要有生动性。

演讲题目生动活泼,就能给人一种亲切感、愉悦感。如前面举的"老而不死论""象牙塔与蜗牛庐"等例子,都非常生动活泼。

2) 选择题目的误区

(1) 冗长:题目太长、不醒目,难以给听众留下印象。如"祖国儿女在为中华腾飞而拼搏"。

(2) 深奥:题目中使用生僻的词语,使听众难以理解,甚至产生厌恶心理。

(3) 宽泛:题目范围过大,让听众抓不住重点。如"我自信""理想篇""责任"等。

2. 演讲稿开头

开头分直入式、引用式、故事式、悬念式、幽默式、个人经历式几种。

(1) 直入式举例。

青春的风铃吹开了心扉,青春的彩笛吹动了梦想,青春的音符带动我们奔向希望。青春,这个美好的季节,正是我们播种希望的时候,珍惜它,把握它,让它在我们手中放出夺目的光彩。

——《把握青春》

大地宽容了花草、树木,使自己变得更加美丽;地球宽容了阳光,使自己得到了光明;海洋宽容了鱼儿,使自己变得更加有活力。

——《宽容》

(2) 引用式举例。

幸福是"临行密密缝,意恐迟迟归"的牵挂,是"春种一粒粟,秋收万颗子"的收获;幸福是"但愿人长久,千里共婵娟"的祝愿,是"常记溪亭日暮,沉醉不知归路"的回忆;幸福是"衣带渐宽终不悔,为伊消得人憔悴"的追求。

——《幸福是什么》

(3) 个人经历式举例。

读书真好!它使我足不出户便可以欣赏大漠孤烟,长河落日;欣赏高山流水,小桥人家。读书真好!它让我穿越历史隧道,走马塞上;看楚汉交兵、金戈铁马;看火烧赤壁,笑曹操败走华容道。读书真好!它让我徜徉于想象的时空,和李白举杯邀明月,与李商隐共剪西窗烛……

——《读书真好》

清晨,当不远处的高楼还朦朦胧胧隐在淡黑的天幕中时,一缕柔和的灯光照亮了一个亲切的身影——我的爸爸。他轻轻俯下身,用他那厚实的指头捏捏我的鼻子……

——《父亲的爱》

(4) 幽默式举例。

人生是一道"1+1=1"的数学题,不信你看:

一分耕耘+一份汗水=一分收获

一次跌倒+一次眼泪=一次教训

一份真诚+一份爱心=一份友情

一次历险+一段旅程=一个人生

……

人生是一条漫长的路,你要勇敢地去涉足,背上你的行囊,坚定地走你的路。人生的路上有坎坷、有荆棘,勇敢些向前去。当你经过自己的努力,到达光辉的顶峰的时候,你会自豪地说:"我获取了最灿烂的人生。"

——《获取人生》

3. 演讲稿主体

1) 演讲稿主体的常见结构

(1) 并列式:把主体内容分成并列的几个部分。如演讲稿《书——开启人类智慧大门的金钥匙》主体部分分为"藏书,我比较求多""读书,我比较求博""写书,我比较求精""用书,我比较求活"四个并列的层次,充分论证了主题。

(2) 递进式:几个层次之间是层层递进、层层深化的关系。

(3) 顺承式:按照时间先后安排内容,夹叙夹议。

2) 演讲稿主体写法

(1) 演讲时首先要有"我":观点要鲜明。例如,我要竞选上岗,就要摆出我的想法,我的条件,我的资格。一定要讲自己,最能打动听众的是自己的东西。

(2) 演讲者心里要有听众:内容要有针对性。演讲对象不同,演讲语言和方式自然也不同。选取听众感兴趣的人和事。

(3) 要用恰当的语言:语言要通俗,富有感染力。多用白话,少用文言。多用口语,少用书面语(如"菡萏")。多用短句子,少用或不用长句子。不但要多用短句,演讲稿整体也以简短为宜。假如还想用上修辞等技巧,宜多用比喻。

4. 演讲稿结尾

(1) 归纳法结尾:概括演讲的中心思想,总结强调主要观点。

我们是从哥白尼日心说中认识太阳的,我们又是从历史的迁徙中认识中国共产党的。八十年过去了,八十年斗转星移,日月变迁。太阳的辐射仍依托马列主义的热核放出它巨大的能量,从而去凝聚着属于它普照的民族和人民。月亮离不开地球,地球离不开太阳,人民离不开党。祖国的未来,中华的腾飞,需要中国共产党的领导,党就是永照华夏的太阳,也就是我们心中的太阳。

——《永照华夏的太阳》

这个结尾高屋建瓴,总揽全篇,巧妙地从自然界的太阳到华夏儿女心中的太阳的对比中,总结归纳出了"地球离不开太阳,人民离不开党"的结论。字里行间流露出对太阳的希望与向往,对共产党的歌颂与赞扬,给听众留下了深刻的印象。

(2) 引文法结尾:引用名言警句,升华主题、留下思考。

毅力是攀登智慧高峰的手杖;毅力是漂越苦海的舟楫;毅力是理想的春雨催出的鲜花。朋友,或许你正在向成功努力,那么,运用你的毅力吧。这法宝可以推动你不断地前进,可以扶持你度过一切苦难。记住:"顽强的毅力可以征服世界上任何一座高峰!"

——《谈毅力》

用名言式结尾,能给演讲者的思想提供有力的证明,增加演讲的可信度,使演讲显得更加优美、含蓄、睿智大气,具有较强的说服力和鼓舞作用。

(3) 反问法结尾:用问句引发听众思考和认同演讲者的观点。

我们的雷锋,在他短暂平凡的人生中,创造出了巨大的人生价值,给我们留下了无与伦比的精神财富,那么,亲爱的朋友们,在漫长而又短暂的人生之路上,我们将做些什么?创造些什么?留下些什么呢?

——《人生的价值》

这个结尾采取对比和提问的手法,令人深思,发人深省,叫人不得不扪心自问,给听众留下了哲理性的思索和回味。

此外,演讲稿的结尾也可以用表示感谢、决心、号召、感慨、祝贺等的语句,使演讲能自然收束,给人留下深刻印象。

【训练范例】

我有一个梦想(节选)

马丁·路德·金

今天,我高兴地同大家一起参加这次将成为我国历史上为争取自由而举行的最伟大的示威集会。

一百年前,一位伟大的美国人签署了解放黑奴宣言,今天我们就是在他的雕像前集会。这一庄严宣言犹如灯塔的光芒,给千百万在那摧残生命的不义之火中受煎熬的黑奴带来了希望。它的到来犹如欢乐的黎明,结束了束缚黑人的漫漫长夜。

然而一百年后的今天,黑人还没有得到自由。一百年后的今天,在种族隔离的镣铐和种族歧视的枷锁下,黑人的生活备受压榨。一百年后的今天,黑人仍生活在物质充裕的海洋中一个贫困的孤岛上。一百年后的今天,黑人仍然萎缩在美国社会的角落里,并且意识到自己是故土家园中的流亡者。今天我们在这里集会,就是要把这种骇人听闻的情况公之于世。

……

我并非没有注意到,参加今天集会的人中,有些受尽苦难和折磨,有些刚刚走出窄小的牢房,有些由于寻求自由,曾在居住地惨遭疯狂迫害的打击,并在警察暴行的旋风中摇摇欲坠。你们是人为痛苦的长期受难者。坚持下去吧,要坚决相信,忍受不应得的痛苦是一种赎罪。

让我们回到密西西比去,回到阿拉巴马去,回到南卡罗来纳去,回到佐治亚去,回到路易斯安那去,回到我们北方城市中的贫民区和少数民族居住区去,要心中有数,这种状况是能够也必将改变的。我们不要陷入绝望而不可自拔。

朋友们,今天我对你们说,在此时此刻,我们虽然遭受种种困难和挫折,我仍然有一个梦想,这个梦是深深扎根于美国的梦想中的。

我梦想有一天,这个国家会站立起来,真正实现其信条的真谛:"我们认为真理是不言而喻的:人人生而平等。"

我梦想有一天,在佐治亚的红山上,昔日奴隶的儿子将能够和昔日奴隶主的儿子坐在一起,共叙兄弟情谊。

我梦想有一天,甚至连密西西比州这个正义匿迹,压迫成风,如同沙漠般的地方,也将变成自由和正义的绿洲。

我梦想有一天,我的四个孩子将在一个不是以他们的肤色,而是以他们的品格优劣来评价他们的国度里生活。

我今天有一个梦想。

我梦想有一天,阿拉巴马州能够有所转变,尽管该州州长现在仍然满口异议,反对联邦法令,但有朝一日,那里的黑人男孩和女孩将能够与白人男孩和女孩情同骨肉,携手并进。

我今天有一个梦想。

我梦想有一天,幽谷上升,高山下降,坎坷曲折之路成坦途,圣光披露,满照人间。

这就是我们的希望。我怀着这种信念回到南方。有了这个信念,我们将能从绝望之岭劈出一块希望之石。有了这个信念,我们将能把这个国家刺耳的争吵声,改变成为一支洋溢手足之情的优美交响曲。有了这个信念,我们将能一起工作,一起祈祷,一起斗争,一起坐牢,一起维护自由;因为我们知道,终有一天,我们是会自由的。

在自由到来的那一天,上帝的所有儿女们将以新的含义高唱这支歌:"我的祖国,美丽的自由之乡,我为您歌唱。您是父辈逝去的地方,您是最初移民的骄傲,让自由之声响彻每个山岗。"

如果美国要成为一个伟大的国家,这个梦想必须实现!

让自由的钟声从新罕布什尔州的巍峨峰巅响起来!

让自由的钟声从纽约州的崇山峻岭响起来!

让自由的钟声从宾夕法尼亚州阿勒格尼山的顶峰响起来!

让自由的钟声从科罗拉多州冰雪覆盖的落基山响起来!

让自由的钟声从加利福尼亚州蜿蜒的群峰响起来!

不仅如此,还要让自由的钟声从佐治亚州的石岭响起来!

让自由的钟声从田纳西州的了望山响起来!

让自由的钟声从密西西比州的每一座丘陵响起来!

让自由的钟声从每一片山坡响起来。

当我们让自由的钟声响起来,让自由的钟声从每一个大小村庄、每一个州和每一个城市响起来时,我们将能够加速这一天的到来,那时,上帝的所有儿女,黑人和白人,犹太人和非犹太人,新教徒和天主教徒,都将手携手,合唱一首古老的黑人灵歌:"终于自由啦!终于自由啦!感谢全能的上帝,我们终于自由啦!"

【实践练习】

按下列步骤完成演讲练习:

(1) 分组进行,每组抽签选取演讲题目;

(2) 小组成员练习演讲;

(3) 同学点评打分;

(4) 老师对小组进行总结、点评、打分。

演讲主题参考：

(1) 描述一位你心目中的英雄，并诠释你心目中英雄的定义。

(2) 描述你心目中理想的爱情。

(3) 我最喜爱的一位明星。

(4) 假如今天是生命中的最后一天。

(5) 描绘二十年后的我。

(6) 我与网络游戏的故事。

(7) 如何规划我的课余生活。

(8) 我们这一批孩子。

(9) 你认为这个社会是看脸还是看实力。

(10) 我最喜欢的电影/电视剧/歌曲……

二、辩论

（一）辩论概说

辩论是人类社会一种常见的语言交际活动。我们日常生活中的法庭辩护、协商谈判、学术争鸣、报告演说乃至问题讨论等，都要用到辩论。

辩论指彼此用一定的理由来说明自己对事物或问题的见解，揭露对方观点中的矛盾，以便最后得到共同的认识和意见。

辩论包括两方面。论即证明，就是用一定的理由作论据来论证己方命题的正确性，目的在于"立"；辩即反驳，就是指出对方命题的谬误，目的在于"破"，为自己的"立"清除障碍。

（二）辩论分类

辩论可分为6大类，即日常辩论、决策辩论、专题辩论、学术辩论、法庭辩论、辩论比赛。其中，辩论比赛是一种具有表演性质的、侧重于展现人们言辞表达能力的比赛，被称为唇枪舌剑的竞赛。一般地说，辩论赛是把辩论队员分成两方（正方和反方），各方依一定的规则陈述自己的观点，并对对方的观点进行反驳，最后由评判团评出胜负的一种有组织的辩论活动。

（三）辩论的特点

(1) 对抗性。对抗性既表现在辩论双方所持的观点往往是针锋相对的，也表现在双方语言上的直接交锋、短兵相接，呈现出一种攻与守的对抗状态。

(2) 逻辑性。逻辑的力量在辩论中表现得最为显著，严密的推理具有强大的说服力，因而是"辩论的生命"。如在批驳对方时，能指出对方论证逻辑上的漏洞比任何否定都要彻底。

(3) 策略性。辩论又被称为论战，战则有术，术即谋划策略。辩论中要想捍卫自己的观点,并令他人信服,就需要讲究方式、方法,讲究策略。如怎样进攻,从哪几个方面进攻;怎样防守,对方可能从哪些方面进攻,己方如何防备等。并要设计一些方案、问题,出其不意反击对方,使己方观点得到承认。

(4) 应变性。辩论的进程是受到辩论双方制约的,任何一方都不能绝对左右辩论的内容和进展。虽然辩论之前可进行充分的准备,但对方的情况己方不可能估计得完全准确,只能在辩论现场听取了对方发言之后灵活处理、随机应变、临场发挥。

(四) 辩论的原则

(1) 正确对待辩论的胜负。因为辩论的话题本身往往没有一个绝对正确的结果,所谓的"胜负"不是哪一方掌握了真理,而是看谁能够在辩论中自圆其说,看谁能够表现出高超的辩论技巧、风趣幽默的语言、令人尊重的个人魅力。

(2) 尊重辩论对手的人格。辩论中唇枪舌剑是常事,但如果掌握不好分寸,往往演变成双方互相攻击和谩骂,甚至对对方进行人身攻击、人格否定。如果己方不尊重对方的人格,自然往往也会受到对方的人身攻击。因此,要想使自己的人格得到尊重,首先必须尊重他人的人格。

(3) 不得有任何干扰发言的行为。辩论中除发言者外,其他人不得高声谈话,不能有故作姿态或展示道具的行为。发言时,双方不得有任何干扰发言的行为,否则视为犯规。

(4) 不得断章取义。辩论中发言时不得断章取义,或故意歪曲对方语意;双方言论均不得涉及个人隐私,亦不得出现人身攻击和人格否定。

(5) 实事求是。实事求是原则要求双方在辩论中必须承认人类已经取得的真理性认识。某个辩题之所以能让双方展开辩论,是因为双方都拥有部分真理和部分谬误。辩论取胜的诀窍就在于捍卫自己真理性的一面,同时攻击对方谬误性的一面,而绝不能捍卫自己的谬误并攻击对方的真理。所以说,实事求是原则是辩论的重要原则。

(五) 辩论的方法(反驳)

(1) 坚持观点,不被对方牵着鼻子走。

新手一进入自由辩论阶段,最容易犯的错误就是忘记己方论点,被对方牵着鼻子走。不管是自由辩论还是陈述、问答,都是为了证明己方观点,驳斥对方观点,而且是以证明己方观点为主。千万不能忘记这一点,否则,一旦对方连续发问,你就会手足无措,只顾着应付对方的提问,就会非常被动了。

(2) 针对辩论中出现的问题,要在准备环节做预设。

自由辩论的问题大都是提前准备好的,如果认为那些精彩的问题,都是选手的临场发挥,那就大错特错了。这些问题,都是赛前充分准备、认真推敲、精心组织出的问题。准备的时候首先要自己尝试回答,能力允许还要推测对方可能怎么回答,再根据回答进一步发问。

(3) 回答对方的提问,要如拨云见日,不被对方迷惑。

首先要记住证明己方观点才是第一要务,回答的时候,也尽量使用己方的论证、论据。

其次要拨云见日,从根本上找对方问题的毛病。最后,实在觉得难以回答,千万不要纠缠,最后胜利才是关键。

(4) 找错。

揪出对方的漏洞,可能是辩论双方最喜欢干的事情了,乐趣无穷,往往也能博得满堂彩。

(5) 攻守平衡。

辩论犹如战斗,进攻和防守是一对基本的矛盾关系。在辩论中辩护是防守,反驳就是进攻。在辩论中经常出现两个极端:一是只讲防守,结果辩来辩去,战斗都在自己一方进行,对对方的观点根本构不成任何威胁,这样就不可能取得胜利;二是只讲进攻,对对方提出的证据和问题,不敢正面回答或进行辩护,在心理上首先已经胆怯,这样往往是还没有攻破对方的堡垒,自己却已经失去阵营。

(六) 辩论的技巧

1. 击中要害

只有抓住了要害,攻击才能见效。辩论中,掌握对方的观点后,要抓住对方观点中的要害,一攻到底,从理论上彻底地击败对方。

必要时要使用"避实就虚"的方法。当对方的问题己方无法回答时,不要勉强去回答,那样可能导致辩论的全盘失败。在这种情况下,就要机智地避开对方的问题,另外找对方的弱点进攻。

2. 利用矛盾,扩大矛盾

在辩论过程中出现观点间相互矛盾是不可避免的,即使是同一个人,在辩论中,也往往会出现自相矛盾的情况。一旦出现这样的情况,就应当马上抓住,竭力扩大对方的矛盾,扩大对方的观点"裂痕",迫使对方陷入窘境。以子之矛,攻子之盾。

3. "引蛇出洞"

在辩论中,如果正面进攻效果较差,可以采取迂回的方法,从看起来并不重要的问题入手,诱使对方乱说或者乱答,在对方的观点上找到了一个缺口后,立即进行猛烈进攻,瓦解对方的坚固防线,从而沉重打击对方。

4. "李代桃僵"

在辩论中,如果己方的观点或者证据有些不是强有力,可以充分运用"李代桃僵"的战术,就是在和对方辩论中使用模糊概念与对方周旋,把自己某些说不清楚或者模棱两可的观点隐蔽起来,使之不直接受到对方的攻击。

5. 两难问题

辩论中难免会碰到一些选择疑问句,如对方逼问己方"是A还是B?"此时,不管回答A还是B,都对己方不利。针对这类问题有两种回答方法:①是C(既不是A,也不是B);②既是A,又是B。

(七) 辩论的准备过程

辩论的准备阶段分为以下三个步骤。

1. 破题

破题是指深刻理解辩题的中心思想后,剖析辩题反映的核心问题。破题是个方向性问题,一旦理解错了,方向就错了,走得再快也是南辕北辙。

2. 立论

立论是指为了证明论点(己方观点)确立分论点,以支持己方观点。立论不能太少,否则根基不稳,独木难支;也不宜过多,否则战线太长,首尾难顾。一般三四个较好,形成鼎足之势。

3. 论证

论证是指运用论据并通过严密的推理充分证明观点的过程。论证要满足以下两个条件。

(1) 论据充分、有力。

事实论据就是客观发生的事实情况,道理论据就是得到充分认可的理论观点,就辩论赛而言,可以包括公理、善风良俗、名人名言、法律法规等。"充分"就是要有一定的量,当然也不是越多越好,但也不能太少;更重要的是"有力",什么是有力呢?直接——直截了当地证明观点;权威——包括两层含义,一是权威部门或人物的观点,二是得到大众长期认可的观点。

(2) 论证过程逻辑严密。

准确无误的数据往往起着十分重要的作用。在能用数字说明的地方要尽可能用数字,因为数字就是事实,对方往往无法反驳,也无法否定。

(八) 辩论赛的构成

辩论赛一般由开始、展开、终结三个阶段构成,如果缺少其中之一,都不是一场完整的辩论赛。

1. 开始阶段:陈词立论

无论是个人辩论还是团体辩论,都必须有一个陈述己方立场以及支持该立场的主要依据,以便为后面的辩论做好铺垫。

2. 展开阶段:双方辩论

在双方陈词的基础上,进行针锋相对的辩驳。在一般的辩论赛里又可分为"盘问"和"自由辩论"两个阶段。

3. 终结阶段:总结陈词

由双方的结辩手对全场的辩论进行总结,一方面系统归纳对方的矛盾与问题,并再一次全面地进行反驳;另一方面系统归纳己方的立论与依据,并在价值层面上予以提高。

【训练范例】

辩题:网络使人更亲近/网络使人更疏远(节选)

正方:马来亚大学 网络使人更亲近

反方:澳门大学 网络使人更疏远

主席:网络到底使人更亲近呢,还是更疏远呢?这也是我们今天的辩题。根据赛前抽签的结果,正方马来亚大学,他们所持的观点是"网络使人更亲近",反方澳门大学所持的观点是"网络使人更疏远"。下面首先要进入的是陈词立论阶段,双方的一辩各有3分钟的时间来陈述观点。首先有请正方一辩发言。(掌声)

正方一辩:从前人们是天涯海角各一方,而今人们却有网千里能相会。从前即使是小国寡民,人们也是老死不相往来,而今人们却可以千里姻缘一网牵。主席、评委,大家好!网络是由电子邮件组成的通信脉络,它的出现使人与人除了正面交谈以外,还多了一种通信方式。它的出现让人们的关心产生了量与质的改变,变得更亲近。从宏观而言,指的是全球人类之间减少了隔阂,增加了了解;从微观而言,它指的是人与人之间从无到有、从浅至深的一种情感转变。因此,今天对方必须论证网络的出现让人与人之间增加了隔阂,建立起了种种藩篱,并使得好朋友反目成仇,如此对方的立场方能成立呀。我方将从两个层面来论证网络使人更亲近。第一,网络的出现,使人们便于沟通。无论是文教还是科技,所有资讯,都可以在网上快速流通。这个时候,我们不禁要问,当所有的医学专家通过网络共享生机,为患病者朱丽做出友善努力工作的时候,对方辩友如何还能说是网络让人与人之间更疏远了呢?汶川地震中全球人类都通过网络发扬互助友爱的精神,互表关怀。在个人联系方面,网络让人类减少了时空的限制,让人类可以自由加强个人联系。今天我们留学在外,但是可以在弹指之间和家人取得联系。第二,网络提供了广大的交流空间,让人们呼朋唤友,无论是文教还是科技,人们都可以在网上寻找到知音。站在历史的角度上,站在历史的交接点之上,我们回首过去,看到的就是网络让人们更加亲近、更加熟识,而我们展望未来,还可以看到网络将使人类更加亲近。谢谢!(掌声)

主席:感谢何晓薇同学,谢谢!下面有请反方一辩张颖同学来陈述观点,时间也是3分钟。

反方一辩:主席、评委,大家好!首先,刚正方一辩告诉大家,我方的观点是"网络使人们更疏远",那么她要我们论证朋友如何反目成仇,这和疏远又有什么关系呢?请对方辩友不要夸大辩题。其次,对方辩友说她没有去过澳门,可以从网络上获得澳门的一些有关信息,可是对方辩友,我与你一面都没见过,你我之间如何通过网络亲近呢?刚才对方辩友洋洋洒洒,无非是向在座各位展示了网络在信息方面交流的快捷性和方便性。但是,人际关系学告诉我们,人们的交流主要有情感交流与信息交流两大类,而目前网络上的交流多数是信息交流;可是我们都知道,所谓亲近与疏远的问题,主要是指人际关系与思想感情的亲疏问题,而网络又怎么能千斤重担一肩挑呢?马克思说得好,"批判的武器当然不能代替武器的批判"。

网络只是人类发明的一种工具,它确实为人类的远距离沟通提供了方便。但是,我们不能就此成为网络的崇拜者,以为有了它,就获得了使人们亲近的灵丹妙药。从近年来网络对人们的影响来看,它不仅没有使人们更亲近,反而使人们更疏远。我方从未否认网络为人们的交流提供了便捷。但是,很多人沉迷于人机交流,而忽略了现实生活中直接的面对面的交流,而你的电子邮件怎能比得上你亲自为父母刷刷筷子洗洗碗,擦擦后背揉揉肩呢?网上友人们的分别怎能比得上"桃花潭水深千尺,不及汪伦送我情"的深情厚谊呢?网上恋人们的问候又怎能比得上"月上柳梢头,人约黄昏后"的诗情画意呢?(掌声)最后,从网络存在的问题来看,当今网络至今未形成一整套成熟的网络道德和网络法规对其进行约束和规范,很多人带着假面具上网,而所得到的也极可能是一个或很多假面人发出的信息。网络上流传着这样一条名言——"不知道你是一条狗"。这不就是对网络生活生动的写照吗?在不必负责任的互联网上什么都可以乱说,互联网简直成了胡粘网,怎么能使人更亲近呢?因此,我们必须更加清楚地认识到,缺乏人类理智约束的网络只能带给人们情感上的疏远。谢谢大家!(掌声)

主席:感谢张颖同学!下面这个环节,我想在座的各位和我们电视机前的观众朋友,会耳目一新。下面是我们这次辩论会特别开设的一个新的环节,为了使我们的辩论会更具攻击性,我们特别在4位辩手当中设立了一位自由人。所谓自由人,他不参与传统辩论会当中的陈述、攻辩、自由辩和总结陈词等阶段,而仅在发言和对话时间段中与对方的自由人进行交锋与交流。根据规则规定,下面这个环节是自由人的发言环节,在发言环节当中,自由人各有时间1分30秒,可以两次使用。现在,我们征询双方的自由人是否愿意利用这次的发言时间?(双方自由人表示愿意)好,那么根据原则规定,首先有请反方的自由人。(掌声)

反自由人:各位来宾,下午好!正方辩友反复说明的无非就是网络为远距离交流提供了方便,难道说时空距离的缩短就意味着心灵距离的必然拉近吗?谢谢大家!(掌声)

正自由人:对方刚刚提到的一点,就是说有人沉迷于网络,因此网络使人更疏远。但是有许许多多嗜好都有人沉迷。有人沉迷于读书,有人沉迷于钓鱼,难道这样就告诉我们读书和钓鱼也使人更疏远吗?这可是不符合现今的经验法则啊!谢谢!(掌声)

【实践练习】

分组模拟辩论以下辩题:

爱比被爱更幸福/被爱比爱更幸福

温饱是谈道德的必要条件/温饱不是谈道德的必要条件

人性本善/人性本恶

治愚比治贫更重要/治贫比治愚更重要

单身是贵族/单身是"狗"

现代社会男性比女性更需要关怀/现代社会女性比男性更需要关怀

猪八戒更适合当老公/孙悟空更适合当老公

生命的可悲在于它不能重来/生命的可喜在于它不能重来

三、求职口才

(一) 求职口才概说

求职就是选择、谋取职业。求职口才就是求职者在应聘面试过程中的言语表达能力;也是在求职过程中,求职者运用准确得体、恰当有力、生动巧妙、有效的口语表达策略,取得圆满的求职效果的口语表达艺术和技巧。

(二) 口才在求职中的重要性

现代社会人际交往与口才能力好不好,在很大程度上决定着一个人事业成功与否。一个人即使满腹经纶,如果不善于表现和"推销"自己,也可能失去很多的就业机会。因为不少企业都把应聘者的语言表达能力作为首要考核条件,对哑巴型人才亮起了红灯。为了能找到一份理想的职业,求职者不仅要敢说,更要说出新的方向,说出新的意境。

【案例1】

一位学历不高的女青年到一家大公司应聘管理人员的时候,一位考官突然提问:"请问,一加一是多少?"女青年先是一愣,略加思索后,便出其不意地反问考官:"请问,您说的是哪种场合下的一加一?如果是团队精神,那么一加一大于二;如果是单枪匹马,那么一加一就是小于二。所以,一加一是多少,就要看你想要多少了。"由于女青年采取了非常规性的应对方式,在众多面试者中,她便脱颖而出了。

(三) 求职口才的特点

求职口才既是一个人各种能力的外在标志,也是一个人综合素质的具体体现,是求职者能力的扩大和延伸,通常具有以下特点。

(1) 目的性:求职口才为应聘服务,通过简洁、有个性的语言,面试官可了解求职者;求职口才也可显示求职者的实力和价值,使其获得理想职位。

(2) 自荐性:求职的实质就是把自己推销出去,求职者要正确评估自己、有针对性地突出自己、恰如其分地推荐自己。自荐性强是求职口才区别于其他口才的一大特点。

(3) 艺术性:求职者运用求职语言艺术,随机应变,针对面试提问,既回答准确得体,又灵活巧妙。

(四) 求职口才的技巧

每一位求职者都希望通过自己的努力找到一份比较理想的工作,可是谋取工作,特别是谋取一份自己满意的工作并不是一件简单的事情,它需要求职者做好充分的准备工作,掌握一些求职技巧。

1. 自我介绍

1) 自我介绍的口才特点

简短性——超过了规定的时间,招聘者既不会给更多时间,也不见得会有兴趣继续听下去。

概括性——语言简明扼要,给招聘者整体印象。

重点性——详略得当,突出自己的核心优势。

条理性——层次清晰,合乎逻辑。

新颖性——突出亮点,给招聘者留下深刻印象。

2)自我介绍基本要求

(1)符合不同场合、不同岗位有针对性地自我介绍。

(2)语速要适中,太快、太慢都不好。

(3)禁忌:吞吞吐吐(说明求职者没有自信心);前言不对后语(说明所说内容不可信);话语太长(说明求职者心不在焉);满口套话(说明没有实战经验);过分自谦(说明底气不足或城府太深)。

2. 展示亮点

亮点就是自己的优势,"尺有所短,寸有所长""天生我材必有用",每个人都有自己的优势,只不过不同的优势适用的领域和用途各不相同而已。在求职中展示亮点就是增加胜数。

1)展示亮点的语言特点

(1)适用性。在展示亮点的过程中,所说的内容要对招聘企业有用,最好展示出对方迫切需要的实际能力。

(2)突出性。优势有大小的区别,何为大、何为小虽然不好具体界定,但一定要是求职人群中最突出的,或者是求职者身上最突出的,所展示出的亮点对于招聘企业而言,符合的项数越多越好。

(3)潜在性。在展示亮点的过程中,所说的内容要显示出求职者有发展的潜力。

(4)转化性。相关的优势之间常常可以相互转化。对于某些急需行业或技术而言,在一时找不到更理想的应聘者的前提下,聪明的招聘者往往会将这些可能转化的相关优势直接作为急需优势来加以吸纳、利用。因此,求职者应充分展示自己具备的相关亮点。

【案例2】

赵先生是某名牌高校的硕士研究生,一表人才。面试时,人力资源主管问他有什么特长,赵先生回答:"我的文学功底好,写作能力很强。"主管又问他:"能用毛笔写大幅标语吗?"赵先生回答:"我可以边干边学。"

这样的回答结果怎样?

企业最看重的是职业优势,并不需要太高深的写作知识,需要求职者的实能力,"边干边学"也不行。

2)展示亮点种类

(1)工作式——把在实际工作中发现的优势用生动、精确的语言陈述出来。

(2)技术式——把在应用技术中发现的优势准确、重点突出地描述出来。

(3) 生活式——把在生活中展露出的独特的本领,用讲故事的方式表达出来。

(4) 特殊式——把具备的某一项较为独特的本领表达出来。

(5) 发展式——把自己正在学的某项专业技能(如法语)作为一大优势,充满自信地表述出来。

3) 展示亮点的要求

(1) 亮点越多越好,越突出越好;亮点与所应聘的岗位关系越近越好,亮点表述得越生动、有趣越好。

(2) 从招聘单位或岗位职责中寻找并展示匹配的亮点,重点突出职业亮点,不是性格亮点。

(3) 不能无中生有或随意夸大,以免经不起招聘者的考验;与自我介绍不能前后矛盾,不能让对方怀疑其真实性;不能把职业亮点和性格亮点混为一体,使职业亮点的分量太低,引不起招聘者的兴趣。

4. 解释弱项

"金无足赤,人无完人",每个人都有自己的短板,如何化短为长,赢得招聘者的好感,是需要一些技巧的。

1) 解释弱项的语言特点

(1) 同情性——求职者所展示的弱项最好是能使人产生同情的弱项。

(2) 可塑性——招聘者对求职者同情的目的并不是欣赏,而是希望能够亲手给予改变,这种改变往往能够激发他的成就感和自豪感。

(3) 无害性——所展示出来的弱项必须是安全的,对他人和团队不会产生任何妨碍(包括物质与精神等),否则,招聘者即使想同情也不敢去同情了。

(4) 缘由性——展示的弱项是有缘由的,如生活经历、成长环境、家庭经济状况等。必须符合现实的因果关系,必须让人理解并看到可改变的前景。

2) 解释弱项的种类

(1) 性格式——暴露某一方面的性格弱点。这个性格弱点最好对应聘的工作无重大影响。

(2) 技术式——显示个人技术上的弱项,说明这个弱项的改进可能和对将要应聘的岗位的影响。

(3) 知识式——显示自己某一方面的知识缺陷,同样也应正视这个缺陷的弥补可能,以及说明对将应聘的工作岗位的可能影响。

(4) 心理式——暴露自己在气质、心理上的弱点,分析自己的气质类型、心理定势等,重点是它们形成的原因。

3) 解释弱项的基本要求

(1) 说话要注意客观性,一分为二或一分为三,掌握好弱项与岗位、职业的关系,无关的弱项一般不必说出,要在综合分析的基础上展示弱项,让人觉得可信却不可怕。

(2) 亮点为主,弱项居次。所展示的弱项一定不能构成对岗位和职业的危害,具有可补性。

(3) 禁忌:完全不展示弱项(给人言过其实之感),夸大弱项或弱项太多(让人感到害怕);弱项明显对工作或团队有害,而且无法克服、更改。

5. 应对尴尬

从某种意义上来说,面试过程是一个智力较量的过程,招聘者提出的问题多种多样,其中最让求职者感到棘手的就是一些令人尴尬的问题,而这些问题最能帮助招聘者发现问题,检测求职者的性格特征、心理素质等。那么,求职者如何应对尴尬问题呢?

1) 尴尬问题的特点

(1) 检验性——从求职者的应对中检验并发现潜藏在求职者内心深处的,平时难以显露的性格或心理特质。

(2) 诱导性——诱导出求职者本能地反映内心深处最隐秘,且在平时刻意隐藏的一些东西。

(3) 差错性——在紧急时刻最容易检验一个人做事的差错率,尴尬时刻常常也就是紧急时刻。

(4) 超常性——在紧急状态下,容易检验出一个人在某一方面的能力。

(5) 紧急性——有些突发事件(尴尬问题)一般都需要紧急处理,同时也就检验出了一个人的镇定、沉稳程度。

2) 应对尴尬的方法

(1) 承受尴尬——求职者经受极端情况的锻炼,学会冷静、平静地应对尴尬问题,创造出"柳暗花明又一村"的境界。

(2) 急中生智——在紧急状态下快速反应,力求在最短的时间内做出合理的选择,拿出较科学的正确的应对办法。

3) 应对尴尬的基本要求

(1) 镇定不慌乱,一乱就容易出错,或者不知所措。

(2) 礼貌有态度,记住求职口才的"二十四字法则"——有备而来、有的放矢;巧问妙答,谦虚自信;表现能力,展示风度。

(3) 禁忌:临阵慌乱,茫然不知所措;强词夺理,引发争执,显得太蛮横。

(五) 求职面试的注意事项

1. 面试的形式和种类

(1) 问题式面试:招聘人员按照事先拟好的提纲对求职者提问,考核其知识,判断其解决问题的能力。

(2) 压力式面试:招聘人员有意识地对求职者施加压力,就某一事进行一连串的发问,详细具体且追根问底,甚至让求职者无以对答;主要观察求职者在特殊压力下的反应、思维敏捷程度及应变能力。

(3) 随意式面试:招聘者与求职者无主题地进行交谈、气氛轻松活跃、无拘无束,各自发表见解;在闲聊中,招聘者观察求职者的谈吐、举止、知识、能力、气质和风度等综合素质。

(4) 情景(或虚拟)式面试:招聘者事先设定一个情景,提出一个问题、一项计划,请求职者进入角色模拟完成,其目的在于考核求职者分析问题、解决问题的能力。

(5) 综合(全方面)式面试:招聘者通过多种方式考察求职者的综合能力,如外语交谈、即时作文、即席演讲、写一段文字、操作计算机等。

2. 面试的基本内容

1) 一般性提问

(1) 关于求职动机:常见的问题如下。

为什么选择我们公司?

对公司工作的预期(工作条件、目标、薪酬等)是什么?

(2) 关于人格品行:常见的问题如下。

你择业考虑的主要问题是什么?

个人未来职业生涯的预期是什么?

如何理解幸福的人生和成功事业?

目的:了解求职者的价值观、抱负、生活理念等。

(3) 关于敬业精神:常见的问题如下。

谈一件你的经历中最值得自豪的事件,你是如何获得成功的?

你的职业态度是什么?

目的:考察求职者以往的业绩、职业态度、责任感、进取精神、开拓精神。

(4) 关于专业知识特长经验:常见的问题如下。

简单描述一下你的教育经历(学历和培训)。

如何使你对公司更有价值?

目的:从专业的角度了解求职者的特长及知识的深度与广度。

(5) 自知力和自控力:常见的问题如下。

你最大的优点是什么?最大的缺点是什么?

如何发挥优点和克服缺点?

你遇到压力时的处理方式?

目的:考察求职者能否客观地进行自我了解和自我剖析。

(6) 表达能力:考察求职者面谈过程中口头表达的准确性、发音的准确性,观察其口才、语言感染力。

(7) 未来发展能力:常见的问题如下。

如果工作需要实行计算机自动化办公,你认为你能适应吗?

假设公司未来几年获得高速发展,你将如何适应工作环境的变化?

目的:考核求职者的知识面、自我学习能力、身体状况、对未来的预期等。

2)假设性提问

常见的问题如下。

如果你负责的一项工作不能按时完成,你会怎么办?

如果你最好的同学告诉你,在考试时他严重违反校纪(未被发现),你会怎么办?

3)求职者的问题

求职是一个双向选择过程,求职者可对招聘者提出自己关心的问题,常见的如下。

(1)这份工作的详细情况怎么样?

(2)这份工作的责任是什么?

(3)我会面对什么样的问题?

(4)将来有什么就职与培训计划?

(5)公司的长远目标是什么?员工应怎样配合以达到目标?

3. 求职面试需注意的问题

作家柳青有句名言:"人生的道路虽然漫长,但紧要处常常只有几步,特别是当人年轻的时候。"招聘工作中的笔试、面试,无疑是求职者人生道路上的紧要一步。所以求职者除了要做好文化及专业知识的准备,还要加强口才的训练,努力过好面试关。

(1)克服自卑心理,表现出自信与沉着。在才能和智慧不相上下的人群中,求职者若具有充分的信心,拥有更高的热情,则能在更大的程度上把握住机会,取得成功。

(2)听清问题,发挥自己的专业特长和优势。集中注意力,让招聘者看到自己的认真与重视,沉着冷静地展现自己的专业特长和优势。

【训练范例】

紧张的克服和自信的树立

张同学大学求职意向首选是国际四大会计师事务所,经过层层筛选,他如愿进入普华永道和安永华明的最后一轮面试,也就是要去见事务所的合伙人。能在数千大军中杀出重围并见到合伙人已经实属不易。然而,在见合伙人的时候,他特别紧张。在见普华永道的合伙人时,他叫错了合伙人的名字,并且临走时把包忘在了合伙人的办公室里;在见安永华明的合伙人时,由于是英文面试,他重复一个英文单词数遍,唯恐对方听不清楚,直至那位合伙人打断他并说明已经明白了他的意思,他才明白该适可而止。结果是两家国际一流的会计师事务所都在最后面试后将他拒之门外。

【简评】

从上面的范例中可以看出张同学精神紧张,缺乏自信,跌倒在自己最想去的公司前。要想在面试中脱颖而出,给招聘者留下深刻的印象,就要克服紧张,建立自信。要想自信,就必须知己知彼,对自己和应聘企业都有客观的认识。求职应聘,是一个了解自己,了解应聘企业,向应聘企业展示自己能力与素质的面对面的机会。只有做好了充分的准备,才能用自己的亮点和真才实学为自己铺就成功之路。

【实践练习】

情景模拟实践:将班上同学分为几个小组。以小组为单位,由同学分角色扮演招聘者、求职者,按下列问题模拟面试。

1. 为什么选择来本公司应聘?
2. 你的优点是什么?/我们为什么要录用你?
3. 过去有无相关工作经历?/你有与这项工作相关的经历或品质吗?
4. 你找工作时最主要的考虑因素是什么?
5. 你对我们公司了解多少?
6. 你的同事/同学怎么评价你?
7. 你认为曾经取得的最大成就是什么?
8. 你最大的缺点是什么?
9. 除了我们公司,你还应聘了其他哪些公司呢?
10. 你愿意去公司派你去的××地方吗?
11. 你的期望待遇是多少?
12. 你何时可以上班?
13. 如果我们录用你,你会在这个岗位上待多久?
14. 到目前为止,你认为对你影响最大的人是谁?
15. 你还有什么问题吗?
16. 你能严格遵守我公司的规章制度吗?
17. 你希望在什么样的领导手下做事?
18. 你的英语水平怎么样?
19. 你对计算机了解多少?
20. 你能谈谈学习/工作中受挫的经验吗?

【应对技巧】

1. 这是所有求职者都可能遇到的问题,应以积极、正面的答案回答,除说明公司的待遇、福利等条件吸引人之外,更要进一步说明该工作可活用自己的专长。

2. 该问题测试求职者能否客观分析自己,并显示其语言表达与组织能力。除自我评价外,加上亲友师长的观点可增加说服力,应避免抽象的陈述,可以具体的事例进行说明,使内容更具吸引力。

3. 该问题欲了解求职者对工作的胜任能力,可尽量提出所有实习、打工或兼职的经验,甚至曾义务帮助过学校、其他团体或亲朋好友的工作经验皆可补充,最好能具体说明工作的内容及时长,并进一步说明在该职位上所扮演的角色,若有实际的成果可一起说明。

4. 企业需要能够真正有所作为、并将公司推向更高境界的人,所以可回答"该工作能够让我发挥所长并不断成长"。当然,适当提及企业其他的吸引自己的优势(如知名度、待遇、发展前景等)会显得更真诚。

5. 该问题要求求职者对面试企业多加了解,让对方感受到求职者的决心与信心。

6. 回答既应真诚得体,又需扬长避短。

7. 面试前应准备一两个自己成功的小故事,回答时只需娓娓道来。若能与应聘工作所需的能力相契合则更好。

8. 若缺点无伤大雅,并不会给工作带来不便,应真诚作答;若缺点较突出,应把重点放在自己如何克服它上面。

9. 据实回答,并简单说明理由。但如果应聘的企业多而杂,最好慎重选择几个,不能给招聘者"病急乱投医"的感觉。

10. 最好说"愿意",被录用后还可就这一问题与企业谈判。但如果企业一开始就明确必须去某地,而求职者有特殊原因不想去,则应陈述自己的困难或请求延期。

11. 客观归纳个人年龄、经验、能力,再依产业类别、公司规模等客观资料,提出合理的数字范围,而附带说明提高待遇的理由是必要的。语气自信但不可自负,职场新人甚至应该表示适当的谦虚。

12. 根据自身情况如实作答。

13. 公司都喜欢稳定的员工,所以求职者应表现出对该企业和工作的喜爱与向往。

14. 该问题可考察求职者的人生观、价值观,答案可以是师长、友人,也可是名人等,应该简单解释理由。

15. 可问的问题有:录用通知大概什么时候下来?如果我被录用,我会接受何种培训?参加培训,对我本人有什么要求?我的主要责任是什么?您能描绘一下在这一职位上典型的工作日的情形吗?为了做好这份工作,我还需在哪些方面努力?我的第一份工作项目可能是什么?

16. 答案肯定是"能",同时辅以求职者在校或原单位遵规守纪方面的情况、表现加以证明。

17. 对领导的要求折射出求职者个人的工作态度、事业心等,一般可从"知人善用""有远见,能纳谏"等方面去说明。

18、19. 据实回答,并辅以证书、奖励之类的证明。

20. 每一位干练的工作者,都不免接受挫折的挑战。挫折容忍力是面试中常常考察的一项,回答应是积极的,例如从挫折中学到的教训,取得了进步等。

四、社交口才

所谓社交口才,就是指人与人之间在社会交往活动中所表现出的语言艺术或才能,即善于用准确、贴切、生动的口语表达自己思想、意愿的一种能力。

随着社会的不断发展,人与人之间的沟通交往愈来愈频繁、密切,口才在社交中的运用也愈显重要。可以说,有口才的人,讲话时闪烁出真知灼见,给人以睿智、风趣之感,他们也必然成为社交场上的佼佼者。

我国是有五千年悠久历史的文明古国,一些先哲圣人、文人学士给后代子孙留下了许多处世之道、言行举止方面的名言警句和经验,当然也包括社交和雄辩口才。在历史上,我国的口才家、雄辩家群星灿烂。例如,盘庚可算是我国历史上有文字记载的第一个演讲家,他就是用巧舌之辞,说服臣民们拥护其迁都,挽救了政治危机。又如,战国时代的苏秦凭雄辩之才,挂起六国相印;三国时代的诸葛亮机智善变,舌战群儒。在近现代也曾涌现了如闻一多、鲁迅、周恩来、郭沫若、邓小平等一批能言善辩的巨擘。无数事实说明,善于言辞的人,在社交场合中能游刃有余、事半功倍,并能极大地提升自身的魅力。

当今社会的信息交流更为频繁、广泛。就实际而言,信息无非靠三种方式传递——语言、文字、图表,口头语言更是最常用、最方便的传递方式。因此,没有口才的人是难以适应现代发展需要的。西方资本主义国家早已把口语表达能力作为衡量人才的重要标准。我国对口才的重视也表现得越来越明显。

所谓"良言一句三冬暖,恶语伤人六月寒","一句话可把人说笑,一句话也可以把人说跳"。人们在日常工作与生活中,要进行各种各样的社会交际活动,更是一刻也离不开口头语言。可以说,只有善于言辞的人,才能使别人乐于倾听与接受,并能在现实中使许多大大小小的问题地以顺利解决。

(一)社交口才基本技巧

社交口才是社交能力的重要一环,是最为神奇的公关密码。社交中受人欢迎、具有魅力的人,一定是掌握社交口才技巧的人。社交口才的基本技巧主要表现在适时、适量、适度三个方面。

1. 适时

适时即掌握说话的正确时机。现实中有的人在社交中该说时不说,比如见面时不及时问候,分手时不及时告别,失礼时不及时道歉。反之,有的人不该说时唠唠叨叨,言语不止,比如在别人悲伤忧郁时玩笑嘻嘻,在别人心绪不安时仍滔滔不绝。

试想,假如我们在社交中遇见了上面这种人,会对他产生什么样的印象呢?

2. 适量

适量即不要喋喋不休、啰啰嗦嗦。如果这样,势必给人以厌烦之感。因此说话适量也是具有良好社交口才的基本要求之一。

应该指出的是,适量并不是指任何时候都少说为佳,更不是指那种语量没有变化的"老和尚念经",适量的标准就是以说话达到目的为宜。

适量的社交口才还包括声音大小适量。喧闹的环境中说话音量宜大一点;私人拜访交谈时音量宜适中;如果是密友、情人间交谈,小声则可以表现亲密无间、情意绵绵,给人一种亲切感。这些都是在社交场合中与人交谈时应该掌握的。

3. 适度

适度即把握分寸,主要是指根据不同对象把握言谈的深浅度,根据不同场合把握言谈的得体度,根据不同的身份把握言谈的分寸度。并且体态语言也应恰到好处。

(二) 社交口语常用情境

1. 拜访

拜访是一种联络感情、拓宽社交范围的礼节性口语交谈形式。这种交谈要注意运用礼貌的语言和热情谦虚的姿态,使交谈从一开始就形成愉悦的气氛;交谈过程中要坚持"对方中心"的原则,以听为主,答语简明而有分寸;谈自己的见解时可以以对方的某些话为起点,先顺承,然后转向自己的认识,争取认同。拜访交谈应尽量避免争论,这就要注意话题的选择和控制。

2. 采访

美国著名新闻记者约翰·布雷迪认为,采访是一种取得信任并获得信息的质朴和直觉的科学。这说明,采访的针对性、目的性很强,应当对被采访对象有多方面的了解,但为了达到采访目的,必须"取得信任"。要建立相互信任的关系,前提是以自己的坦诚和热情感染对方,这样才能获得信息。对于采访中的提问,可先拟一个提纲,注意问题的可回答性,尽量将问题大化小、整化零、连成串。

3. 劝说

劝说是通过交谈说服对方改变观点、立场态度的口语交际形式。成功的劝说不是理性的征服,而应当是晓之以理、动之以情、导之以行的过程。劝说者要平等、不急不躁地与对方交流,从观点相近的话题入手,避实就虚,逐步迁移到正题,有时可以正面接触敏感的内容,而用模糊语言或作间接暗示,以促其自省;有时也可以适当刺激对方,促其自觉地对自己原有的观点、立场、态度做出否定性的评价。

4. 洽谈

洽谈是向对方提出要求,通过交谈期望得到协作或支持的口语交际形式。洽谈的目标明确,在良好的气氛中提出要求以后,关键是突破障碍,促使对方同意,以取得洽谈的成功。这方面有以下几个可供选择的技巧。

(1) 选择商量的语气,提出要求时,以假设为前提,如"如果可能的话……就……"。

(2) 先摆出对方无可退避的事实,当对方做出肯定以后,再提出要求。

(3) 先提出自己准备承担的义务,或准备给对方的补偿,然后提出具体的要求。

(4) 先提出对方不易推脱的低要求,然后利用对方"帮人帮到底"的惯性心理,将要求提高一点,争取洽谈的成功。

(5) 先提出一个较大的会被拒绝的要求,然后利用对方维护公众形象的心理,将要求降低,促使洽谈的成功。

5. 拒绝

在社会交往中,有求必应是每个人追求的理想目标,但是,由于主客观条件的限制,我们不可能任何时候都能做到有求必应,拒绝别人最简单的办法就是说"不",但这样做通常会显得生硬。因此,当对方有求于我们,而我们既不想伤害对方的自尊心,又想对方对我们谅解、接受拒绝,就需要讲究拒绝的方法和技巧。

（1）不要立刻就拒绝：立刻拒绝，会让对方觉得我们是冷漠无情的人，甚至怀疑我们对他有成见。

（2）不要在盛怒之下拒绝：盛怒之下拒绝别人，容易在语言上伤害别人，让人觉得我们一点同情心都没有。

（3）不要随便地拒绝：太随便地拒绝，别人会觉得我们并不重视他，容易造成反感。

（4）不要无情地拒绝：无情地拒绝往往表情冷漠、语气严峻、毫无通融的余地，会令人难堪，甚至造成反目成仇。

（5）不要傲慢地拒绝：一个盛气凌人、态度傲慢不恭的人，任谁也不会喜欢亲近他。

（6）要婉转地拒绝：真正有不得已的苦衷时，如能委婉地说明，以婉转的态度拒绝，或者提供一个其他的方法来帮助对方，可能对方不仅会接受我们的拒绝，还会感动于我们的诚恳。

（7）对一些实在不合理或者无法接受的要求，应该直截了当地拒绝，不能含糊其词，模棱两可，这样容易使对方产生误解，抱有不切实际的期待。不过在拒绝时语气要诚恳，要向对方耐心地解释，请求对方谅解。

（三）社交场合交流注意事项

1. 避免不必要的争辩

争辩很容易伤害别人的自尊心，对方会因此对我们产生反感。一般来说，在没有必要的情况下，争辩是不可取的。许多主张、计划等，并不一定是用争辩的方法获得的。

2. 不要用质问式的语气

质问式的语气，往往或多或少地带有一定的火药味。有些人爱用质问的语气来纠正别人的错误，这足以破坏双方的感情。被质问的人往往会被弄得不知所措，自尊心受到极大的打击。尊敬别人，是谈话艺术必需的条件。为难对方一下，图一时的快感，于人于己皆无好处。

3. 学会赞美

对方言语中不妥当的部分，需加以指正，但妥当部分也需要加以显著的赞扬，对方会因我们的公平而心悦诚服。要改变对方的主张时，最好能设法把自己的意思暗暗移植给他，让他觉得是自己的修正，而不是由于我们的批评。对于那些无可挽救的过失，站在朋友的立场，应当给予恳切的指正，而不是严厉的责问，让他知过而改。纠正对方时，最好用请教式的语气,用命令的口吻则效果不好,要注意维护对方的自尊心。

4. 真诚以待

对于我们不知道的事情,不要冒充内行。不懂装懂是一种不老实的自欺欺人的行为,知道多少,就说多少,没有人要求我们做一个"百科全书"。即使一个很有学问的人,也会有所不知。所以,坦白地承认自己对于某些事情的无知,这绝不是一种耻辱。相反,对方会认为与我们的谈话有值得考虑的价值。

5. 谦虚谨慎

不要对陌生人夸耀自己的个人生活,如个人的成就等;不要在公共场合把朋友的缺点和失败当作谈资;不要老是重复同样的话题;不要到处诉苦和发牢骚,诉苦和发牢骚并不是值得鼓励的争取同情的手段。

【训练范例】

意大利科学家伽利略年轻时立志学习哲学,可是他父亲却不同意。

一次,伽利略又为这件事找父亲谈。

伽利略:爸爸,我想问你一件事,是什么促成了你同母亲的婚事?

父亲:我看上她了。

伽利略:那你没娶过别的女人?

父亲:没有的事,孩子,老天在上,家里人要我讨一位富有的太太,可我只对阿纳蒂姑娘钟情,我追求她就像一个梦游者,要知道你母亲从前是一位姿艳动人的姑娘……

伽利略:这倒确实,现在也还看得出来。你知道,我现在也面临同样的处境。除了哲学以外,我不可能选择别的职业。哲学是我唯一的需要,我对它的爱犹如对一位美貌女子的倾慕。

父亲终于同意了他的要求。

【简评】

伽利略如果直接讲明自己的志向,很容易使本来就不同意此事的父亲产生一道心理防线,不利于进一步劝说父亲接受他的意见,伽利略从父亲对母亲的感情谈起,以父亲对母亲的倾慕和深爱来类比自己对哲学的深爱,终于使父亲同意了他的请求。

【实践练习】

(1)假如你是一个学生社团的负责人,你有一个非常得力的助手,给你的支持很大,但因他的人际关系不太好,与其他同学闹了一些矛盾,为此,他郑重提出了辞职的请求,你怎样劝说他不走呢?

(2)某大学生为一家服务公司做"大学生校园服饰调查"的调查员,采用即答即收的问卷方法。因此调查员要到校园说服同学协助完成。填写调查表是义务的,此时正是期末考试前夕,调查员应用怎样真诚得体的语言和非语言来表达自己的情感,说服对方帮助自己填写调查表?

（3）以临时指定的学生为采访对象，在课内外做模拟采访练习。采访内容为对校内外某一热门话题的见解。采访完以后在课堂上交流体会，侧重交谈话题的提出、展开、控制和转移的技巧，最后由教师归纳总结。

（4）请一位同学作为拜访对象，在教室接受其他同学的模拟拜访，然后进行评议。

第十三章　有效沟通

一、沟通概述

沟通是人们分享信息、交流思想和表达感情的过程。这种过程不仅包含口头语言和书面语言,也包含体态语言。

在日常生活中,谋求合作与支持、协调关系、扫除相应关系中的障碍,都与有效的沟通密不可分。纵观当代社会,沟通已是我们这个时代的重大主题。为了获得一份工作,我们需要通过良好的沟通以在面试中给人留下好印象;与家人之间,我们也需要进行有效沟通;面对上级领导、办公室同事、其他部门人员、下属以及合作伙伴,我们更需要沟通。沟通技巧对我们的事业成功与否产生重要影响。沟通是一种快乐,沟通是一种幸福,沟通是一种成功。在当今的社会中,最有价值的技能之一就是沟通技能。沟通不是万能的,但没有沟通是万万不能的。

要想与他人进行有效的沟通就必须了解沟通的基本知识,学习相关的倾听技巧,掌握交谈的艺术,并能将体态语言恰到好处地在沟通中加以运用。

(一) 沟通的定义

两水开沟使其相通叫沟通,这是沟通最初的含义。学者们对沟通下了不同的定义,大概有以下几种。

(1) 共享说:沟通是传播者与接受者之间对信息的分享。

(2) 交流说:强调沟通的双向活动。

(3) 影响说:强调沟通是传播者对接受者的影响行为。

(4) 符号说:强调沟通是信息的流动。

在生活中,沟通是我们每天都在做的事情。一般而言,沟通包含以下三层含义:

(1) 信息的传递;

(2) 信息的理解;

(3) 信息的互动反馈。

(二) 沟通的作用

为什么要沟通,这个问题乍听起来,好像问别人"为什么要吃饭"或"为什么要睡觉"一样愚蠢。吃饭是因为饥饿,睡觉是因为困倦。同样,沟通是一种自然的、必需的、无所不在的活动。

通过沟通,我们可以交流信息,获得感情与思想。在我们工作、娱乐、居家时,都需要通过交流、合作、达成协议等来达到目的。

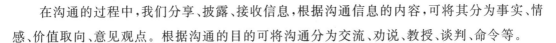

在沟通的过程中,我们分享、披露、接收信息,根据沟通信息的内容,可将其分为事实、情感、价值取向、意见观点。根据沟通的目的可将沟通分为交流、劝说、教授、谈判、命令等。

综上所述,沟通的作用主要有如下两个。

(1) 传递和获得信息。信息的采集、传递、整理、交换,无一不是沟通的过程。通过沟通,交换有意义、有价值的各种信息,生活中的大小事务才得以开展。

掌握低成本的沟通技巧、了解如何有效地传递信息能提高我们的办事效率,从而积极地获得信息,提高竞争优势。好的沟通者可以一直保持注意力,随时抓住内容重点,找出所需要的重要信息,并节省时间和精力,获得更高的执行力。

(2) 改善人际关系。社会是由人们互相沟通所维持的关系组成的网,人们相互交流是因为需要同周围的社会环境相联系。

沟通与人际关系是相互促进、相互影响的。有效的沟通可以赢得和谐的人际关系,而和谐的人际关系又使沟通更加顺畅。相反,人际关系不良会使沟通难以开展,而不恰当的沟通又会使人际关系变得更坏。

(三) 有效沟通的条件

(1) 高情商是必要条件:要提高沟通能力首先要提高自己的情商。

(2) 良好的文化素养是前提:人格魅力源于良好的文化素养,良好的沟通者往往具有人格魅力,而人格魅力实际上就是内在涵养的外在表现。

(3) 语言表达能力是基础:沟通主要通过语言来完成,因此想拥有良好的沟通能力,必须具备良好的语言表达能力。

(四) 沟通的类型

按照不同的分类标准,沟通可分为不同的类型。

(1) 按照对媒介的依赖程度,沟通可分为直接沟通(如谈话)、间接沟通(如信件)。

(2) 按照沟通使用的符号,沟通可分为语言沟通(如谈话)、非语言沟通(如体态语言)。

(3) 按照沟通的组织程度,沟通可分为正式沟通(如会议讨论)、非正式沟通(如小道消息)。

(4) 按照信息有无反馈,沟通可分为单向沟通(如报告)、双向沟通(如谈判)。

二、沟通原则

要想进行有效沟通,除了要具备前面所讲的基本条件外,还必须掌握一些基本原则,常见的沟通原则如下。

(一) 尊重的原则

根据马斯诺需求层次理论,第一层次是生理上的需要,包括食物、水、呼吸、睡眠、生理平衡等;第二层次是安全上的需要,包括人身安全、健康保障、道德保障等;第三层次是情感和归属的需要,包括友情、爱情等;第四层次是尊重的需要,包括自我尊重、被他人尊重等;第五层次是自我实现的需要,包括创造力、自觉性等。其中,第四和第五层次是高级需要,而尊重的态度是建立成功的相互信赖的沟通关系的基本要素。当一个人受到尊重时,就意味着他受到了平等对待,他的存在价值得到了别人的承认和肯定。当我们在沟通中尊重对方时,就如同向对方传递了这样的信息——"我尊重你""你对我很重要""我珍视同你的交往"。

(二) 理解的原则

要懂得"你要别人怎样对待你,你就得怎样对待别人";要懂得"己所不欲,勿施于人";要懂得"得到朋友的最好办法是使自己成为别人的朋友";要懂得别人是别人而不是自己,因此不能强求,与朋友相处时应求大同,存小异。总之,在沟通的过程中,要学会换位思考,换位思考也就是"同理心",是沟通与协调的最大助力。

(三) 赞扬的原则

心理学家认为,赞扬能释放一个人身上的能量,调动人的积极性。赞扬能使羸弱的身体变得强壮,能给恐怖的内心以平静与依赖,能让受伤的神经得到休息和力量,能给身处逆境的人获得成功的决心。一位欧洲妇女出门旅行,她学会了用数国语言讲"谢谢你""你真好""你真是太棒了"等,所到之处,都受到热情接待。可见真心真意、适时适度地表达自己对别人的赞扬,能够获得别人的善意。

(四) 真诚的原则

真诚是指真实诚恳和真心诚意。真诚的感情基础是爱心,是与人为善。没有爱心和与人为善之意,便不会有真诚。不能简单地把真诚与"心直口快""实话实说"等同起来。有的人不管对方感觉如何,很随意地表现出自己的冲动,自以为怎么想就怎么说才是真诚的,甚至无意中把自己的想法和感情强加于人。尽管他说的是"真话",但并不等于真诚,因为这样做可能使对方感到不快,甚至受到伤害。真正的真诚,必须从爱心出发,替对方着想,应尽最大的努力避免伤害对方。

(五) 宽容的原则

所谓宽容,不仅指表面待人宽厚,更指内心里原谅别人、理解别人。这不仅显示出一个人的礼仪风貌,也突显出一个人的道德境界。因此宽容是一种胸怀,一种自信,一种修养,一种人生境界,宽容是建立良好人际关系的法宝。

(六) 互动的原则

有互动和反馈,沟通才得以进行。互动使沟通双方对沟通的目的和内容更专注,因此在沟通中要注意与对方的互动。

【课堂练习】

一组同学上台,每人都赞美其中一人,每人的赞美语句不能相同,每人的赞美必须是真诚和自然的,活动结束后被赞美者谈谈自己的感受。

三、沟通障碍

所谓沟通障碍,是指信息在传递和交换过程中,由于信息意图受到干扰或误解,而导致沟通失真的现象。人们在沟通过程中,常常会受到各种因素的影响和干扰,从而导致沟通受到阻碍。

沟通障碍主要来自三个方面:发送者、接受者和信息传播通道。

1. 发送者

在沟通过程中,信息发送者的情绪、情感倾向、个人感受、表达能力、判断力等都会影响信息的完整传递。障碍主要表现在:表达能力不佳;信息传送不全;信息传递不及时或不适时;知识经验的局限;对信息的过滤。

2. 接受者

从信息接受者的角度看,影响信息沟通的因素主要表现在以下几个方面:信息译码不准确;对信息的筛选不正确;对信息的承受力欠佳;心理上的障碍;过早地评价对方的情绪。

3. 信息传播通道

信息传播通道存在问题也会影响到沟通的效果。信息传播通道障碍主要表现在以下几个方面。

(1)选择沟通媒介不当。比如,对于重要的事情,口头传达效果较差,因为接受者会认为"口说无凭",对"随便说说"的事不重视。

(2)几种媒介相互冲突。当信息采用几种形式传播时,如果它们之间相互不协调,会使接受者难以理解传递的信息内容。如领导表扬下属时面部表情很严肃甚至皱着眉头,就会让下属感到迷惑。

(3)信息传播通道过长。如组织机构庞大,内部层次多,从最高层传递信息到最低层,从低层汇总情况到最高层,中间环节太多,容易使信息损失较大。

(4)外部干扰。信息沟通过程中经常会受到自然界各种物理噪声、机器故障等影响,也会因双方物理距离太远而沟通不便,影响沟通效果。

四、倾听艺术

国际倾听协会定义倾听的概念为"对各种听觉和视觉刺激的接收、注意和解读的过程"。

倾听虽然以听到声音为前提,但更重要的是,我们对声音必须有所反应。倾听必须是主动参与的过程,在这个过程中,人必须思考、接收、理解,并做出必要的反馈。同时,倾听的对象不仅仅局限于声音,还包含别人的语言、手势和面部表情等。在此过程中,我们绝不能闭上眼睛只听别人说话的声音,还要注意别人的眼神及感情表达方式。

倾听是解构一个信息,并将之再聚集的过程。如果说雄辩可以"得天下",那么倾听可以"守天下"。了解别人最好的方式就是倾听,倾听也是一种艺术。

(一) 倾听障碍

在倾听的过程中，如果我们不能集中自己的注意力，真实地接受信息，主动地进行理解，就会产生倾听障碍。这在人际沟通中，就会造成信息失真，影响倾听效率。常见的倾听障碍如下。

1. 环境干扰

环境对人的听觉与心理活动有重要影响，环境中的声音、气味、光线以及色彩、布局等，都会影响人的注意力与感知。布局杂乱、声音嘈杂的环境将会导致信息接收的缺损。

2. 信息质量低下

双方在试图说服、影响对方时，并不一定总能发出有效信息，有时会有一些过激的言辞、过度的抱怨，甚至出现对抗性的态度。现实中我们经常看到满怀抱怨的顾客，心怀不满的员工，剑拔弩张的争论者……在这样的情况下，信息发出者受自身情绪的影响，很难发出有效的信息，从而会影响倾听的效率。

信息质量低下的另一个原因是，信息发出者不善于表达或缺乏表达的愿望。例如，当我们面对比自己优越或地位高的人时，害怕言多必失给对方留下坏印象，因此不愿意发表自己的意见，或尽量少说。

3. 倾听者主观障碍

在沟通的过程中，造成沟通效率低下的最大原因就在于倾听者本身。研究表明，信息的失真主要是在理解和传播阶段，归根到底在于倾听者的主观障碍。

（1）个人偏见。即使是声称思想最无偏见的人也不免心存偏见。例如：在一次国际会议上，以色列代表团的成员们在阐述其观点时，用了非常激烈的方式，他们抱怨泰国代表对会议不表示任何兴趣或热情，因为他们"只是坐在那里"，而泰国代表则认为以色列教授非常愤怒，因为他们"用了那么大的嗓门"。所以，在团队中成员的背景多样化时，沟通的最大障碍就在于倾听者自己对信息传播者存在偏见，而无法获得准确的信息。

（2）先入为主。先入为主在行为学中被称为"首因效应"，它是指在进行社会知觉的过程中，对象最先给人留下的印象，它会对以后的社会知觉产生重大影响。也就是我们常说的，"第一印象往往决定了将来"。人们在倾听过程中，对对方最先提出的观点印象最深刻，如果对方最先提出的观点与倾听者的观点大相径庭，倾听者可能会产生抵触的情绪，而不愿意继续认真倾听下去。

（3）自我中心。人们习惯于关注自我，总认为自己才是对的。在倾听过程中，过于注意自己的观点，喜欢听与自己观点一致的意见，对不同的意见置若罔闻，这样往往错过了聆听他人观点的机会。

(二) 倾听艺术

掌握倾听的艺术并非很难，只要克服心中的障碍，从小事做起，肯定能够成功。以下是一些提高倾听能力的技巧。

(1) 创造有利的倾听环境,尽量选择安静、平和的环境,使沟通双方均处于身心放松的状态。

(2) 在同一时间既讲话又倾听,这是不可能的事情。在对方表达观点时,应立即停止讲话,认真倾听,并注意对方的讲述方式等。

(3) 显出有兴趣的样子。这是让对方相信自己在认真聆听的最好方式。

(4) 观察对方。端详对方的脸、嘴和眼睛,尤其要注视对方的眼睛,将注意力集中在对方的体态语言上。

(5) 关注中心问题,不要让自己的思维混乱。

(6) 保持平和的心态,沟通中不要将其他的人或事牵扯进来。

(7) 注意克服自己的偏见,倾听中只针对信息而不是传递信息的人。诚实面对、承认自己的偏见,并能够容忍对方的偏见。

(8) 抑制争论的念头。沟通双方只是在交流信息,而非进行辩论赛,争论对沟通没有好处,只会引起不必要的冲突。要学习控制自己的情绪,抑制自己想争论的冲动,放松心情。

(9) 保持耐性,让对方完整讲述,不要打断他的谈话。

(10) 不要臆测。臆测几乎总是会引导我们远离真正目标,所以要尽可能避免对对方的话语做臆测。

(11) 不宜过早得出结论或判断。我们往往会在听完对方的话语后立即下结论,而当我们心中对某事已做了判断时,就不会再倾听他人的意见,沟通就被迫停止。我们要保留对他人的判断,直到事情讲清楚再下结论。

(12) 做笔记。做笔记不但有助于聆听,而且可以使沟通紧紧围绕主题,并让对方感到愉快。如果有人重视你所说的话并做笔记,你不会受宠若惊吗?

(13) 不要以自我为中心。在沟通中,只有把注意力集中在对方身上,才能够进行倾听。但很多人习惯把注意力集中在自己身上,不太注意别人,这容易造成倾听过程的混乱和矛盾。

(14) 适当互动。用眼神、点头或摇头等身体语言鼓励对方传递信息,并能适时对沟通内容给出反馈,使沟通顺畅进行。

(三) 好的和差的倾听者的特征

倾听方面的研究者迈克尔·普尔迪曾对900名年龄在17岁至70岁的大学生和军队学员之间进行了相关调查,该调查显示了好的和差的倾听者的特征。

1. 好的倾听者的特征

(1) 适当地使用目光接触。

(2) 对讲话者的语言和非语言行为保持注意和警觉。

(3) 容忍并且不打断(等待讲话者讲完)。

(4) 使用语言和非语言表达来回应。

(5) 用不带威胁的语气提问。

(6) 解释、重申和概述讲话者所说的内容。

(7) 提供建设性(语言和非语言)的反馈。

(8) 移情(起理解讲话者的作用)。

(9) 显示出对讲话者的兴趣。

(10) 表示出关心,并愿意倾听的态度。

(11) 不批评、不判断。

(12) 敞开心扉。

2. 差的倾听者的特征

(1) 打断讲话者(不耐烦)。

(2) 不保持目光接触(眼睛四处张望)。

(3) 心烦意乱(坐立不安),不注意讲话者。

(4) 很少给讲话者反馈(语言和非语言)或根本没有反馈。

(5) 随意改变主题。

(6) 随意做判断。

(7) 思想封闭,拒绝与自己不一致的观点。

(8) 谈论自己或自己感兴趣的事太多。

(9) 给不必要的忠告。

(10) 忙其他事情。

可见,倾听是一种修养,是一种美德。要想别人成为自己的听众,自己应首先学会倾听,敞开自己的心扉,接纳别人,给予最温暖的关心。同时,应有最起码的保守他人秘密的道德,不要把别人的知心话当作与他人闲聊时的谈资,否则,伤害了一个人的自尊,就失去了一份弥足珍贵的情感。

【课堂练习】

1. 根据下面的内容填表。

考场上安静极了,只能听见"唰唰唰"写字的声音。监考老师静静地站在前面微笑地看着他心爱的同学们。

忽然他发现坐在最后排的张明停下笔,正在抓头皮……而他前面的李敏却抬起头看着老师,眼光是那么明显地亮了一下,又赶忙埋头飞快地写起来。

那个淘气的王方手忙脚乱地一会儿写上去,一会儿又用橡皮擦掉,擦掉又写,已经反复三次了……赵宁却趴在桌上一动不动,好像是睡着了。赵宁前面的刘群已经答完了,好像正在检查,可是他为什么把卷子举起来了?老师忙过去用手指在课桌上点了两下。

请填写表13-1。

表 13-1 考场上的表现

人名	动作	对动作的理解
张明		
李敏		
王方		
赵宁		
刘群		
老师		

2. 以四人小组为单位，进行良好倾听行为训练。

以四人小组为单位，一人扮演倾诉者，一人扮演倾听者，其余两人扮演观察员观察倾听者的行为，看他有没有做出良好的倾听行为，并且在倾听结束后，马上给出评价，然后四人依次轮换，每个人都要扮演三种角色：倾诉者、倾听者和观察员。

请几组同学自愿做示范汇报，其余同学做观察员。

五、交谈艺术

（一）交谈的内容

1. 适合的谈话内容

既定的主题：如商务交往双方事先约定的主题。

高雅的主题：如文学、艺术、历史、哲学等。这些主题的前提是忌讳不懂装懂，以免贻笑大方。

轻松的主题：如文艺演出、旅游观光、风土人情、流行时尚等。

擅长的主题：如自己是从事文化相关的工作，在和文艺工作者交谈的时候，可以谈谈文学创作等。

2. 不适合的谈话内容

商务交往双方一般都是因公而谈，所以有关年龄、收入、婚恋、宗教信仰、住址、个人经历等，如果不是对方主动提出来或是工作需要了解的内容，最好不要谈论。而且谈话内容一般不要涉及疾病、死亡等不愉快的话题，不谈荒诞离奇、耸人听闻或黄色淫秽的事情。另外，有关错误倾向的话题，如违背社会伦理、生活堕落、政治错误等，也不适合交谈。

（二）交谈的注意事项

（1）交谈时要注意到双方由于年龄、身份、性别、文化程度，甚至民族、国籍等的不一样，其对信息的接受和理解就会有差别。同时交谈前要了解对方的个性特征，对待具有不同个性的人可以考虑不同的谈话方式，如对方是感性的人，则交谈以感情为主；对方是理性的人，则交谈以事情本身为主；对方是虚荣的人，则交谈过程中多赞美对方；对方是冷傲孤僻的人，则交谈过程中多关心对方;对方是心胸狭窄的人,则交谈过程中应表现得谦恭,不能太出众;对方是性情急躁的人,则交谈过程中语气应尽量平和,多用的商量的语气以避免对方激动。

（2）交谈时要善于揣摩对方的心理状态。学会察言观色,洞悉对方心理,以便有效沟通。不同的心理状态可以考虑不同的交谈方式。如果对方心情苦闷,则以倾听为主;如果对方心情高兴,则以助谈为主;如果对方心情悲伤,则以安慰为主。

（3）交谈时要考虑周围环境。任何话语对所处环境都有一定的依附性,也就是说同样的话,在不同的时间、场合及对象面前,其含义大不一样。交谈时要选择恰当的场合,讲话的内容必须适合所处的场合。例如丧葬场合,任何喜庆、玩笑的话都是不适宜的。

【课堂练习】

展开话题练习。

你的一位同学来自贫困地区,家境贫寒,生活拮据,平时总以为别人瞧不起自己。这位同学自尊心很强,也很敏感,喜欢把自己封闭起来,不大愿意和别人交往。大家都说她性格孤僻,为人有点古怪。一次班级组织春游,她没有报名,老师让你找她谈谈,动员她参加这次活动。你在校园里遇见她,你打算从哪里谈起?

模块三
应用写作

第十四章 应用文

写作是人们用文字、符号把感受、认识主观世界和客观世界的思维结果有选择地记录、表述出来的精神活动。

应用写作是写作学科的一个重要分支。应用写作以应用文书为学习和研究对象,与社会实践紧密联系,是以实用性为明确目的的写作。应用写作是写作主体运用书面语言和图表符号最直接、最有效地表达思维、交流思想、传播信息、实行管理、处理事务、解决问题、指导实践的写作活动。

一、应用文概述

应用文是应用写作活动的产物,它是机关、团体、企事业单位和个人,在日常生活、生产、学习中,办理公私事务所使用的、具有直接实用价值和一定惯用文章体式的文字材料。

一般来说,人们按照应用文的使用功能把它分为通用和专用两大类。通用类指人们在办公或办事中普遍使用的文书,它又可分为三类:一是行政公文类,它指的是《国家行政机关公文处理办法》中规定的文种,包括命令、决定、公告、通告、通知、通报、议案、报告、请示、批复、指示、函和会议纪要等;二是通用事务类,包括调查报告、工作总结、述职报告、简报、计划、规章制度等;三是个人事务类,如信函、启事、祝词、悼词等。专用类指某种特定行业使用的专业性较强的文书,含科技类的,如学术论文、实验报告等;财经类的,如市场预测报告、经济合同、审计报告等;司法类的,如上诉状、辩护词、公证书、判决书等;传播类的,如消息、广告等。

二、应用文的基本特征

(1) 写作目的明确:应用文是为实现特定目的服务的,因此其写作目的十分明确。

(2) 语言表达规范:应用文主要使用规范的现代汉语,适当采用一些古语词汇,文章的语言庄重、简洁、严密,这一点和文学作品相比具有鲜明的差异。

(3) 格式、体例稳定:大多数应用文已经形成了稳定的通用格式和体例,这体现了其规范性和严肃性,写作主体在拟文时必须遵守格式、体例的要求。

(4) 时间要素明确:应用文所针对的事务一般是在一定时期内存在的,因此执行时间、有效期和成文日期等时间要素非常明确。

三、应用文主旨与材料

(一) 应用文主旨

主旨是写作主体通过文章内容表达出的统帅全文、贯穿始终的基本思想。

应用文的主旨要做到正确、鲜明、集中。

突出主旨的方法如下。

(1) 精拟标题,以题见旨。应用文的标题与主旨关系密切,大多数应用文的标题能直接揭示主旨。如《关于增拨科研经费的请示》《狠抓技术改造、实现扭亏增盈》,就都在标题中将主旨明确表达出来了。

(2) 按语提要,文前明旨。在文章之前,或加按语,或写提要,将该文主旨概括点明,是应用文写作,特别是印发重要材料常用的方法。这种方法使读者先对全文主旨有鲜明印象,再细心研读,深入领会,从而大大增强文章的表达效果。

(3) 开宗明义,篇首陈旨。在文章开头部分点明主旨,以统摄全篇,再作具体阐述,可收到开门见山的效果。通知、通告、学术论文常采取此方法。

(4) 设小标题,合理托旨。篇幅较长的文章,可划分为几个部分,各部分用小标题概括该部分旨意。全部小标题联系起来,就能鲜明地将全文主旨显现出来。

(5) 提炼领句,段首显旨。当条款或段落较长时,可将该条(段)旨意概括为一两句话,置于条(段)开头处,起提领全条(段)的作用。

(6) 篇末作结,卒章显旨。文章前面叙述事实,进行分析,文末给出结论,全篇主旨于末尾展现。

(二) 应用文材料

材料是形成主旨的基础,是表达主旨的谋篇布局的物质条件,是应用文文体构成要素之一。

材料的搜集与整理:直接观察,处处留心;深入实际,调查研究;查阅文档,网上下载等。

三、应用文思路与结构

(一) 应用文思路

应用文思路是作者以主旨为纲,对材料进行分析、概括,对内容、层次的安排进行思考的过程和结果。

(二) 应用文结构

应用文结构具体而言就是文章的谋篇布局和层次构架。

应用文结构的特点:定型性、严密性、条理性。

应用文通常由标题、正文、落款(署名与成文日期)组成。正文又常分为开头、主体、结尾三大部分。应用文各组成部分的基本形成如下。

1. 标题的基本形式

常用的标题形式如下。

(1) 公文式标题,如《国务院关于做好防洪抢险工作的通知》《××大学教学工作总结》。

(2) 论文式标题,如《21世纪秘书工作的发展趋势》。

(3) 新闻式标题。

2. 开头的基本形式

常用的开头形式如下。

(1) 目的式:起句或直接说明行文目的(常用"为""为了"领起),或交代有关情况后用"……为此"转入下文("为此"之前即目的的具体内容)。

(2) 根据式:以说明行文依据开篇,常用"根据""依据""遵照""××决定"等领起下文。

(3) 原因式:以写作原因入题。

(4) 意义式:阐明开展某项工作或活动的意义与目的,开启下文。

(5) 背景介绍式:开篇简明扼要交代工作或活动开展的背景,常用"在……下"句式领起,再转入对工作或活动情况的陈述。

(6) 引述式:先引述来文、来函的标题或主要内容,再写明己方的意见,表明态度。

(7) 设问式:开篇设问,提示文章将要评述、讨论的问题,引人深思。

3. 主体的基本形式

常用的主体结构如下。

(1) 简单贯通式结构。这是内容单一、篇幅短小、写作格式相对固定的应用文(如命令、公告、介绍信等)常用的结构形式。全文通常只有一两个段落,说明"什么事""怎么样"即可。

(2) 纵式结构。这是一种思路朝纵向展开的结构形式,分为直叙式、递进式、因果式。

(3) 横式结构。这种结构或按空间分布安排,或按事物组成部分安排,或按问题性质安排。

(4) 纵横交叉式结构。这种结构常用于内容丰富、篇幅较长、层次较多的应用文。

4. 结尾的基本形式

常用的结尾形式如下。

(1) 结论式:在前面展开论述的基础上,收篇点题,托出主旨,总结全文。与此相仿,还有一种结尾,即主旨在前面已经说明,结尾时再略作重申("综上所述""总之"),以加深读者印象。

(2) 说明式:对与主体内容有关但性质不同的问题或事项作补充交代、说明,以保证内容的完整性,如公文末尾交代实施日期、执行范围、传达对象、与该文规定不符的原有规定如何处置等。此外,学术论文常于结尾处说明尚未解决而应另作讨论的问题。

(3) 强调式:一是对全文内容的意义、重要性进行强调,进一步引起读者重视;二是对该文(多为公文)本身进行告白式强调,如"特此通告""特此函告"等。

(4) 责令式:多用于下行公文,即向下级提出贯彻执行要求,如"以上各点,希遵照办理""望认真执行";也有责令性不强的要求,如"请研究执行"等。

(5) 祈请式:请求指示、批准或给予帮助、指导。多用于请示、报告、议案、请求函等公文和学术论文结尾。

(6) 建议式:针对主体所述情况、问题提出意见或建议。

(7) 祝愿式:表达祝贺、颂扬、慰问。

(8) 表明态度式:针对主体内容表明态度、决心,陈说今后打算(报告类常用);向行文对象表明自身的立场、态度和告诫(外事文书、申明等常用)。

(9) 期望号召式:提出希望,发出号召,展望未来,指明方向,激励读者。

(10) 自然收束式:若结尾内容已融入主体或主体已言尽意明,则自然收束,无须专门结尾。

四、应用文语言与表达

(一) 应用文语言

应用文以书面语言为主,特别讲究语言的庄重与典雅,如公告、公报、命令、决议等。此外,大量使用模式化与专门化词语。常见用语如下。

(1) 开端用语:为了、由于、遵照、根据、兹有、奉、近来等。

(2) 承启用语:为此、鉴于、总之、综上所诉、特作如下通知等。

(3) 引叙用语:收悉、前接、欣闻、兹就等。

(4) 称谓用语:本、我、你、贵、该等。

(5) 经办用语:经、业经、现将、责成、查照等。

(6) 征询用语:当否、妥否、是否可行、意见如何等。

(7) 期请用语:希、望、期、盼、请、恳请、提请等。

(8) 表态用语:可行、不可、不得、应、原则同意等。

(9) 呈递用语:呈上、转呈、奉上、送上、递交等。

(10) 结尾用语:当否,请批示;以上报告,请审核;特此通知;现予公告;特此函达;此致敬礼;为荷、为要、为宜等。

应用文在语法上也有特定或惯用的要求。

(1) 句类上主要使用陈述句和祈使句,直截了当地阐明内容,提出要求,便于理解、接受、办理。

(2) 句型上较多使用无主句,如《××省人民政府关于维护交通运输安全的通告》主体部分共列了十条规定,除第一条用了"旅客……其他人员……"这一主谓句外,其余九条以"严禁""不准"开头,均省略了主语,意思十分清楚,文字简洁有力。

(3) 句子成分中,大量使用介宾短语作状语、定语,如用"为……"表目的,"根据……"表发文依据,"于……"表时间、地点等。公文的标题中更是常用"关于……"来表达公文的主要内容。

应用文语言运用的要求:准确、鲜明、简洁、得体。

(1) 准确。

内容的表达上,无论事实、数据、细节都要作切实无误的反映。

词语的选择上,应仔细辨析词义,精选中心词,用准修饰语,恰如其分地反映客观事物。如下行文中提出执行要求的惯用语:"以上各点,应严格遵照执行""希认真贯彻执行""请研究执行""可参照执行"。这些句子就准确地表达了不同程度的落实要求。尤其要注意同义词、近义词的细微差别,如"罚款"不同于"罚金",行政机关可以"罚款",却不能收"罚金";"订金"也不同于"定金":购买商品房预付两万元"订金",但房地产公司的收据上写成"定金",如果将来不想要房子,"订金"也退不回来了。

巧用模糊性语言。应用文达意,应主要使用含义精确的词语,力避歧义,但在特定的语境中,恰当地使用模糊性语言,能增加行文的灵活性和分寸感,使意思的表达更准确,如"近年来""各地""有关部门""大部分""条件许可时"等。

(2) 鲜明。应用文语言要态度鲜明、是非清楚,提倡什么、反对什么,要十分明确,不能模棱两可,转弯抹角。

(3) 简洁。用最少的文字表达尽量多的内容,做到"文约而事丰"。

如国家旅游局等部门《关于进一步发展假日旅游的若干意见》中的一段话:"由于供给不足以及对出现的新情况估计不够,应对措施跟不上等原因,假日旅游也暴露出一些问题:民航、铁路、公路运力相对不足,旅游出行受到制约;重点景区旅游者爆满,景区、景点容量和配套设施严重不足;许多地方中低档旅游住宿设施短缺,致使一些旅游者露宿街头;一些地区不同程度地存在旅游服务质量不高、哄抬物价、欺客宰客等问题。"这段文字非常简洁、准确地概括出 2000 年"五一"黄金周中假日旅游出现的问题。

做到简洁的关键:删除一切套话、空话、意思重复的话;注意语句的提炼,杜绝堆砌修饰语现象;适当使用缩略语;恰当运用文言词语及短句。

(4) 得体。应用文种类繁多,不同的文体呈现不同的语言风格,如公文要庄重,调查总结须平实,学术文章应严谨,礼仪文书宜典雅且有较浓的感情色彩等。如"你们局发来的信件收到了,内容也知道了",公文中就应写成"你局来函收悉"。

(二) 应用文表达

应用文的表达方式有叙述、说明、讨论、描写、抒情五种。应用写作中常用的是前三种,一般不进行描写、抒情。例如:

今年 2 月 25 日至 28 日,我石油站××油库先后进了 1500 吨汽油,因输油管线第一次进油发生爆裂,造成漏油 250 余吨的重大漏油事故。油库领导积极组织人员,一方面抢修输油管线,一方面回收漏油 15 吨,减少了损失,但仍造成直接经济损失 300 余万元。

这一叙述完整地交代了事故的概况,语言简洁、清晰。

第十五章 日常应用文书写作

一、日常应用文书概述

日常应用文书是一个内涵十分广泛的概念,一般是指人们处理日常事务、进行礼仪社交所使用的各种实用性文书,相对行政公文而言,日常应用文书是实用性、事务性、规范性较强的一种文书。尽管不属于正式公文,但它比正式公文使用的范围广、频率高,且更加灵活、方便。

随着社会的进步和人类文明的发展,特别是随着人们交往活动的日渐频繁,联系的日趋密切,应用文书的使用也越来越广泛。就拿个人来说,在大学中,我们需要制订学习计划,撰写学习总结、读书笔记、书信、请假条等;临近毕业,我们需要撰写毕业论文、毕业设计、求职信、个人简历等;工作后,我们需要撰写通知、请示、报告,甚至参与制定规章制度等。

日常应用文书种类繁多,形式多样,但也有一些共同特点,如实用性、真实性、规范性、简明性等。日常应用文书通常具有沟通协调、凭证依据、规范行为等作用。

如何提高日常应用文书的写作能力呢?可以采取以下途径和方法:首先,学习并掌握日常应用文书的写作知识;其次,多阅读和鉴赏相关的日常应用文书范文;最后,多写多改日常应用文书,在实践中逐步提高。

二、学术论文/毕业设计

(一)学术论文

1. 学术论文的含义

通常而言,学术论文是对自然科学和社会科学某一专业领域中具有学术价值或亟待解决的问题进行探讨和研究,并提出有独创性见解的一种议论文。毕业论文,实际上也属于学术论文。

2. 学术论文的特点

学术论文的特点主要为学术性,即科学性。学术论文是建立在深厚的学理和实践的基础上的理论。它要求揭示本质、得出符合客观实际的结论。学术论文具有独创性,独创性是学术论文的生命。它要求作者能够提出新理论、新见解或新假说,独立创作。一篇专业论文能够体现作者的专业水平及综合素质,反映作者综合思维能力、创造能力、研究方法和文字表达水平等。

3. 学术论文的类型

从作者的身份看,学术论文可以分为两大类型:一是专业论文,专业论文是各专业领域里的从事专业科研的人员所撰写的学术论文;二是学业论文,学业论文是高等学校在校学生撰写的学术论文,学年论文、学位论文和毕业论文等都属于学业论文。

4. 学术论文写作的一般过程和方法

学术论文写作一般需经过三个步骤:确定选题、编制提纲、撰写。

1) 确定选题

论文价值与选题有关,一般来说,通常包括以下三种选题类型。开创性类型,即前人没研究过、没解决过的课题。延伸性类型,即前人虽已做过研究,但还有发展、补充或修正空间的课题。综合归纳性类型,即把别人的研究成果,加以综合归纳的课题。

确定选题所需的资料可通过多种方式搜集,包括充分利用图书馆,进行文献查阅;筛查网络资源,上网搜索;进行实地调查,调查的方法有普遍调查、典型调查、抽样调查等;也可以利用座谈会调查、访问调查、问卷调查等;进行科学实验和科学观察,即通过实验和观察,以获得第一手事实资料,实验方法有定量法、定性法、对照法、模拟法等。

2) 编制提纲

论文起草前绝不可缺少的步骤是编制提纲。拟提纲可以实现下列目的:初步确定论文的标题;确定论文的中心思想,写出论文摘要;确定论文的总体框架,安排有关论点的主次等。通常拟写提纲可用标题法、句子法。标题法指以标题形式把内容概括出来。句子法是用一个句子概括一个部分的内容。

3) 撰写

(1) 标题:以最恰当、最简明概括的语词、短语反映论文的内容,如《行业高职院校校企合作机制研究》《大学生就业问题研究——以四川大学生就业调查为例》等。

(2) 摘要:精确提示论文的基本观点、成果及意义等内容的文字,一般不超过300字。

(3) 关键词:提示论文主题和内容的词汇或术语。

(4) 绪论:又称前言、引言、引论等,这是论文的开头部分,写作内容一般包括提出问题,说明选题的缘由、意义、研究方法或论证方法等。

(5) 本论:主体部分,是展开分析问题,证明观点,全面、详尽、集中地表述研究成果的部分;在层次段落之前,或使用小标题,或使用数字标示。

学术论文本论通常采用的结构形式有以下三种。

并列式——横式结构:即围绕总论点并列分出几个分论点,从不同角度、不同侧面对总论点进行阐释、论证。

递进式——纵式结构:由浅入深,一层一层地对总论点进行阐释、论证,后一个层次是前一个层次的深化,后一部分是前一部分的发展。

混合式——综合式结构:或者大层次为并列式,而小层次中又采用递进式结构;或者大层次为递进式,而小层次中又采用并列式结构;或者并列式和递进式分散用在本论的不同部分。

不管采用何种结构形式,都是为了展开论证过程,即运用论据说明观点、证明观点,通俗地说,就是摆事实、讲道理。

学术论文的论证方法通常有下列几种。

例证法:又叫举例法,运用归纳推理进行论证的一种方法,就是用典型的事例作论据来证明论点的方法。

引证法:又叫引用法,运用一些权威性的理论作论据来证明论点的方法。

比较法:通过事物之间的比较来证明论点的方法。

比喻法:用具体的事物、道理作比喻,来说明不易理解的深奥的抽象事物或道理的方法。

因果法:通过分析,揭示论点和论据之间的因果关系以证明论点的方法。

(6)结论:又叫结尾,一般需对本论中的观点作归纳,表明总的看法和意见,或者强调某些要点等。结论应写得简明扼要。并非每篇论文都需要结尾,有的论文本论一写完,全文就结束了。

(7)致谢:感谢帮助过自己的有关单位和个人。也有的学术论文不写"致谢"内容。

(8)注释或参考文献:在文后列出引文出处和有关参考文献。

5. 撰写学术论文的注意事项

(1)正确选题:选择有价值的、难易适中,自己又比较感兴趣的论题。

(2)充分占有选题范围内的资料:做好资料的分类、鉴别和取舍工作。

(3)编制好提纲后,要趁热打铁,集中精力和时间投入写作,初稿尽可能一气呵成,对初稿不要求精美。

(4)初稿写成后最好马上查查材料有无遗漏,趁记忆尚清晰,马上修改或重写一遍。斟酌论点新不新、论证是否合乎逻辑、结构是否需要调整。每一篇定稿的论文,一般都要经过多次反复认真的修改。

(二) 毕业设计

1. 工科毕业设计报告的含义和用途

工科毕业设计报告,又叫工科毕业设计说明书,是工科专业大学生综合运用所学知识对其工程设计进行解释和说明的科技文书,主要考核其是否具有工程设计的初步能力。

2. 工科毕业设计报告的特点

应用科技性:应用所学过的科技知识进行工程设计或解决工程难题。

解释说明性:解释、说明成果的原理、应用范围、技术参数、工作流程等,体现设计者的设计能力及综合素质。

3. 工科毕业设计报告的类型

工科专业类型多,毕业设计报告类型也多。比较常见的类型有下列两种。

发明型毕业设计报告:毕业设计的产品或成果乃现实生活中的首创。

改革(造)型毕业设计报告:毕业设计产品或成果的类型在现实中已经存在。

4. 工科毕业设计报告的结构和写法

(1) 标题。

标题一般由设计项目加"设计"或"毕业设计说明书"构成,如《××商业大厦空调系统毕业设计说明书》。

注:标题下一行写学生的专业、班级和姓名,再下一行写"指导老师"及其姓名。

(2) 前言(导言)。

前言主要涉及四个方面的内容:设计项目的性质;设计项目的目的、效益;设计项目的原理;设计过程。

(3) 主体。

主体内容主要涉及以下五个方面。

设计原理与设计方案的论证:利用什么原理进行工程或产品设计(工程或产品遵循什么样的工作原理);设计方案是怎样的,是否可行。一般利用图示和文字解释结合的方式。

主要技术参数:选择哪些技术参数,技术参数的计算公式与结果。如大厦空调系统设计,技术参数有年均气温、相对湿度、太阳辐射负荷强度等。

工作流程及技术性能:工作流程即工作过程;技术性能包括设计的工程或产品的型号、容量、生产率、动力等。这部分内容多用图纸(图纸是产品制造的蓝图)说明、模型展示或实验结果的验证加以说明。

适用范围:一般以文字作出说明。若涉及安装等问题,则需以图文结合的方式说明。

资金预算:对完成该设计或实现产品生产所需的资金进行预算,以表明该设计的可行性。

需着重说明的是对于以上主体 5 个方面的内容,不同专业、不同类型的工科毕业设计报告将有所取舍,或各有侧重,内容结构顺序也不尽相同。

(4) 结尾。

结尾通常综述上述设计报告的内容,或对有关技术问题进行补充。有些前言部分内容较完备的工科毕业设计报告,可不写结尾。

(5) 致谢。

感谢指导和帮助过自己的老师、有关单位及个人。

(6) 注释及参考文献。

列出主要的参考资料、文献等。

5. 注意事项

写作重点应放在技术性强的部分或设计的关键部分,切忌平均用力。注重解释、说明的技巧,充分利用图形说明和图文结合式说明。工科毕业设计报告应加上封面,装订成册,注意装帧设计的质量。

三、一般信件

（一）求职信

1. 求职信的含义和用途

求职信是指求职者向自己想谋求职业的单位介绍自己的基本情况，提出供职请求的书信。

2. 求职信的特点

（1）针对用人单位的实际情况和招聘条件而写；

（2）反映自己的实际情况，恰当介绍自己。

3. 求职信的结构和写法

（1）称谓。

对国有企事业单位的称谓：单位名称或单位的人事处。

对民营、私营或合资、独资企业的称谓：公司老板或人事部负责人。

（2）正文。

导言：求职、应聘的缘由。也有的求职信不写导言。

主体内容：通常包括个人的学历、年龄、专长、经历、业绩；个人的志向、兴趣、性格；求职的工种、职位；待遇要求（也可不写）；通信地址、电话、电子邮箱等。

结尾：诚恳表达希望被录用的愿望，如"希望领导给我一次面试的机会""盼望答复""静候佳音"等。结尾可与主体衔接在一起写，也可另起一段。

注意：结尾应写上附件名称，附件一般是证书和有关材料的复印件等。

（3）敬语。

敬语按信函的格式写，如"此致""敬礼"。

（4）落款。

落款写上个人姓名、日期。

4. 注意事项

多写自己的优势，展示以往的业绩和个人能力。可适当说明自己求职注重的是某个职位更适合发挥个人的才能，为单位的发展做出贡献，而不只是考虑经济上的收入等。

应聘式求职信，应依据招聘条件逐条如实地表述。要表现出自信、恳切，尊重对方，有礼貌，不卑不亢。

【例文1】

求 职 信

尊敬的××公司总经理先生：

首先，为我的冒昧打扰向您表示真诚的歉意。在即将毕业之际，我怀着对贵公司的无比信任与仰慕，斗胆投石问路，希望能成为贵公司的一员，为贵公司服务。

我是××职业技术学院计算机软件专业 15 级学生,将于今年 7 月毕业。在大学学习期间,我努力学习各门基础课及专业课,并取得了良好的成绩(成绩单见附表),英语已通过六级考试(证书见附件)。本人不仅能熟练掌握学校所教课程的有关知识(AutoCAD R14、FrontPage 98、FoxPro 2.5、C 语言等),而且还自学了 Photoshop 5.0、Visual FoxPro 等软件,专业能力强,曾获学校计算机软件设计比赛一等奖。

作为新世纪的大学生,我非常注意各方面能力的培养,积极参加社会实践,曾在平安保险做过业务员,在肯德基做过星级训练员,还在龙腾信息科技有限公司做过网络技师,爱好广泛,有责任感,能吃苦耐劳。

本人期盼能成为贵公司的一员,从事计算机服务等工作。诚然,我尚缺乏丰富的工作经验,如果贵公司能给我机会,我会用我的热情、勤奋来弥补,用我的知识、能力来回报贵公司的赏识。

盼望您能给我一次面试的机会。随信附上简历、英语等级证书、获奖证书等。

此致

敬礼!

××敬上
2018 年 5 月 20 日

联系地址:××职业技术学院计算机系软件专业 15 级 1 班

联系电话:××××××××

【提示】

这封求职信正文导言谦恭有礼,说明"投石问路"的缘由。主体分为三部分:第一部分介绍自己的学业情况,重点介绍了自己的学习成绩和自学能力;第二部分突出自己注重参加社会实践,表明了自己的爱好、责任感和吃苦耐劳的精神;第三部分用恳切的言辞表达了自己的求职愿望和决心。附件为信函提供了旁证。全文言辞恳切,谦恭得体,不卑不亢,可供借鉴。

【思考与训练】

给自己认为适合自己事业发展的某公司的人事部写一封求职信。要求:格式规范,内容齐备,语言得体。(事先并不知道该公司对聘用人员有何要求。)

(二)感谢信

1. 感谢信的含义和用途

感谢信是在得到有关单位或个人给予的关心、支持或帮助后,向对方表示感谢的信函。

2. 感谢信的特点

确指性:被感谢者是特定的单位或个人。

事实性:写感谢信缘由为已成事实,时间、地点和事件真实。

感激性:包含对对方的感激之情。

3. 感谢信的常见类型

普发性感谢信:对众多的单位或大众表示感谢。

专指性感谢信:被感谢者为特定的单位或个人。

4. 感谢信的结构和写法

(1) 标题。

一般有三种写法:第一种即写文种"感谢信";第二种由受文单位和文种组成,如"致×××的感谢信";第三种由发文机关、受文单位和文种组成,如"××总公司致×××商场的感谢信"。

(2) 称谓。

一般写被感谢的单位名称或个人姓名,后缀"先生(女士)"或职务(职称)。

(3) 正文。

一般写两个方面的内容:一是简述事迹,说明经对方帮助产生的效果;二是对对方的品德作评价和颂扬,表示感谢和向对方学习的态度、决心。

(4) 敬语。

一般按信函格式写上"此致敬礼"一类敬语。

(5) 落款。

在正文右下方署上写感谢信的单位名称或个人姓名和时间。

5. 注意事项

叙事要简洁,内容要真实,有关人物、事件、时间、地点、原因等要交代清楚。对对方良好的行为及品德的评价和颂扬要有高度,又要适度。情感要真挚,文字要精练。

【例文 2】

感 谢 信

××公司:

×月×日下午我公司业务员××和×××到天府广场购买物品,不慎丢失皮包一个,内有人民币 5000 余元、工作证一个及发票单据若干张。当我们发现后正在焦急寻找时,贵公司职工×××女士主动将捡到的皮包送到我公司。我们再三感谢并表示要赠送纪念品,×××女士却说:"这是我应当做的!"一再表示不能接受纪念品。她这种拾金不昧的高尚品德,使我公司员工深受感动,纷纷表示要向×××女士学习!在此特对贵公司×××女士和贵公司深表谢意,并建议对×××的高尚行为予以表扬。

　　此致

敬礼!

××××公司
××××年×月×日

【提示】

这份感谢信正文虽短,但内容分两部分。第一部分简述丢失钱物的时间、地点和心情,接着简述×××女士拾金不昧的表现;第二部分颂扬和评价对方的高尚品德,表示向对方学习,在向对方表示深深感谢的同时,还建议对方公司对×××予以表扬。全文格式规范,语言简练,情感真挚,值得借鉴。

【思考与训练】

下文的结构和事由与例文相似,却是一篇病文。请指出其毛病,并进行修改。

感 谢 信

××出租汽车公司:

5月3日下午,我公司经理张大山乘坐贵公司"×××××"号出租车时,不慎将皮包丢失。内有人民币8万余元、身份证一个、护照一本、空白支票三张及各种票据若干张。在我们焦急万分之时,贵公司司机×××先生主动将捡到的皮包送至我公司,使我公司避免了一次重大损失。为此,我们再三表示感谢并拿出1万元作为酬谢,但×××先生却说:"这是我应当做的",表示不能接受。在此特致函贵公司,深表谢意。

×××公司
2018 年 5 月 20 日

【解析】

本文的毛病如下:

(1) 只简述了事迹,说明了在对方帮助下产生的效果,但没有对对方的品德作出评价和颂扬;

(2) 文中说"在此特致函贵公司,深表谢意",但究竟是对贵公司深表谢意呢,还是对贵公司司机×××先生表示感谢,并不明确;

(3) 缺写表示向×××先生学习的态度和决心的文字;

(4) 缺写敬语"此致敬礼"。

【修改稿】

感 谢 信

××出租汽车公司:

5月3日下午,我公司经理张大山乘坐贵公司"×××××"号出租车时,不慎将皮包丢失。内有人民币8万余元、身份证一个、护照一本、空白支票三张及各种票据若干张。在我们焦急万分之时,贵公司司机×××先生主动将捡到的皮包送至我公司,使我公司避免了一次重大损失。为此,我们再三表示感谢并拿出1万元作为酬谢,但×××先生却说"这是我应当做的",坚决不接受。×××先生这种拾金不昧的高尚品德,使我们公司的员工深受感动,纷纷表示要向×××先生学习!在此特对贵公司×××先生和贵公司深表谢意,并建议对×××先生的高尚行为予以表扬。

  此致

敬礼!

×××公司
2018 年 5 月 20 日

(三) 倡议书

1. 倡议书的概念

倡议书指的是由某一组织或社团拟定、就某事向社会提出建议或提议社会成员共同去做某事的书面文章,是为倡议、发起某项活动而写的具有号召性、公开提议性的专用书信。

2. 倡议书的结构和写法

倡议书一般由标题、称呼、正文、结尾、落款五部分组成。

倡议书标题一般由文种名单独组成,即在第一行正中用较大的字体写"倡议书"三个字。另外,标题还可以由倡议内容和文种名共同组成,如"垃圾分类的倡议书"。

称呼一般顶格写在第二行开头。倡议书的称呼可依据倡议的对象而适当选用,如"广大的青少年朋友们""广大的妇女同胞们"等。有的倡议书也可不用称呼,而在正文中指出。

正文包括发出倡议的背景(根据)、原因、目的,倡议书的发出贵在引起广泛的响应,只有交代清楚倡议活动的原因,以及当时的各种背景事实,并申明发布倡议的目的,人们才会理解和信服,才会自觉行动。具体内容和具体事项,是正文的重点部分。倡议的内容一定要具体化。开展怎样的活动,都做哪些事情,具体要求是什么,它的价值和意义都有哪些等均需一一列写。倡议的具体内容一般是分条列出的,这样往往清晰明确,一目了然。

结尾写出倡议书的决心、期望和建议。

落款是署名和日期。

【例文 3】

"垃圾分类,从我做起"倡议书

尊敬的老师、亲爱的同学们:

有人的地方就有垃圾,我们每个人每天都会扔出许多垃圾,它们通常先被送到堆放场,然后再送去填埋。而垃圾填埋的费用相当高昂,处理 1 吨垃圾的费用为 200 元至 300 元人民币。

也许我们无法阻止垃圾的产生,但我们却可以减少垃圾给我们的环境和生活带来的危害,而实行垃圾分类回收和处理就可化害为利、变废为宝,如:每回收 1 吨废纸,可制造用纸 850 公斤,节省木材 3 立方米,比等量生产减少污染 74%……如此既可节约资源,又能维护环境整洁。

我们学校每天也会产生大量垃圾,其中以废纸、饮料瓶为主,基本都属于可回收垃圾,却没有进行正确的分类回收,非常浪费和不环保。特此,向同学们提出以下倡议:

一、每个班级设置两个垃圾桶,实行垃圾分类投放,一个用来装不可回收垃圾,另一个用来装可回收垃圾,以便回收利用。

二、人人养成不随手乱扔垃圾的习惯,将废纸、塑料瓶、易拉罐等进行分类回收,班级做好记录。

三、我校在校园已设置各类别的分类垃圾箱,请同学们准确投放。

四、认真学习环保知识,增强垃圾分类意识,树立环境道德,形成良好的环保行为习惯,对有损校园环境的行为予以坚决制止。

为了更好地保护我们赖以生存的地球环境,请让我们立即行动起来吧!从正确分类、投放垃圾开始,让我们的学校更加清洁美丽,让我们的校园生活更加环保美好!

××学校环保小组
××××年×月×日

(四)表扬信

1. 表扬信的含义及特点

表扬信是以书信的形式,对在生活、工作、学习的某一个方面做出了成绩、发扬了风格的个人和集体加以表彰的实用性文书。它既有感谢、表扬的目的,又有宣传并倡导学习的目的。表扬信有以上级组织名义表扬其所属单位或个人的,有群众之间相互表扬的。表扬信应把表扬的对象写清楚,事迹写具体。表扬信可用信封装好交给受表扬者的领导,也可用红纸书信公开张贴。

2. 注意事项

表扬信的结构与一般的书信相同。表扬信叙事要实事求是。对被表扬的人和事的叙述一定要准确无误,既不夸大,也不隐瞒。评价要实事求是,恰如其分。要用事实说理。要充分反映出对方的可贵品质。写动人事迹要做到见人、见事、见精神。不要以空泛的说理代替动人的事迹。表扬信语气要热情、恳切,文字要朴素、精炼,篇幅要短小精悍。表扬信可以组织名义写,也可以个人名义写。信中除已给予的表扬外,也可以建议有关部门给予表扬。

【例文 4】

××物业公司:

我家住幸福小区3号楼,搬来时间不长,但我感到小区管理很好,住在这个小区很安全。由于我不时忘记锁自行车,在去年11月下旬,我早晨出来发现自行车丢了,很是着急。后来发现是上夜班的保安××同志把我的自行车推到他值班室的门口以帮我看管,我很感动。自行车不值多少钱,但丢了很不方便。在去年12月上旬,我孙女的自行车也忘锁了,保安××同志也给推到了值班室大门口给看着。还有,××同志对工作认真负责,在去年8月份有很多孩子在草坪上踢球,不爱护花草树木,××同志过去和他们讲道理,还差点挨打,但最终还是把他们说服了,从此这些孩子再也不到草坪上踢球了。总之,在小区北门值班的保安们工作都很负责,特此提出,望贵公司给予他们奖励和表扬。

业主:×××
2018年1月28日

四、申请书

1. 申请书的含义及特点

申请书是个人或集体向组织表达愿望,向机关、团体、单位领导提出请求时写的一种书信。申请书应把申请的事项写清楚,但要注意精练。申请书一般是一事一书,如"入团申请书""开业申请书"等。

2. 注意事项

申请的事项要写清楚、具体,涉及的数据要准确无误。理由要充分、合理,实事求是,不能虚夸和杜撰,否则难以得到上级领导的批准。语言要准确、简洁,态度要诚恳、朴实。

3. 申请书的结构和写法

(1) 标题:有两种写法,一是直接写"申请书";二是在"申请书"前加上内容,如"调换工作申请书"等,一般采用第二种。

(2) 称谓:顶格写明接收申请书的单位、组织或有关领导。

(3) 正文:正文部分是申请书的主体,首先提出要求,其次说明理由。理由要写得客观、充分,事项要写得清楚、简洁。

(4) 结尾:写明惯用语"特此申请""恳请领导帮助解决""希望领导研究批准"等,也可用"此致敬礼"等礼貌用语。

(5) 署名、日期:个人申请要写明申请者姓名,单位申请要写明单位名称并加盖公章;注明日期。

【例文 5】

申请补办学生证

教务处:

　　我是××系××专业××班学生×××,不慎将学生证遗失,多方寻找仍无下落。特提出申请,请求补办学生证,希望批准。

　　此致

敬礼!

申请人:×××
××××年×月×日

【例文 6】

尊敬的××××(公司名)领导:

　　我系××××大学××专业的毕业生,于××××年××月××日到××××(公司名)工作,第一年做××工作,第二年做××××工作,目前已经积累了一定的基层工作经验,得到了基层工作的锻炼,对这些工作的具体职责等都已经有了较为全面的了解,并且对××××(公司名)有了很深的感情。现在我想发挥我专业的特长更好地服务公司。因此,特向领导提出调动到××部工作的申请。

　　请批准为盼。

申请人:×××
××××年×月×日

五、邀请函、请柬

1. 邀请函、请柬的含义和用途

邀请函、请柬,分别是单位、团体或个人邀请有关单位或人员出席重要会议、典礼或重要活动所用的礼仪信函或信柬。邀请函与请柬相似。

2. 邀请函、请柬的特点

(1)确指性:发送对象是特定的单位或个人。

(2)礼仪性:邀请函和请柬具有表达尊重、联络情感的作用,且具有礼仪性。

3. 邀请函、请柬的类型

按用途分,有会议类邀请函、请柬;也有活动类邀请函、请柬,通常用于典礼仪式、活动宴请等。

4. 邀请函、请柬的写法

(1)标题。

居中标明"邀请函"或"请柬"字样。有的邀请函采用公文式标题。

(2)称谓。

顶格写被邀请对象。单位名称需用全称。姓名后缀职务、职称或"先生""女士""小姐"。

(3)正文。

正文交代会议或活动的目的、内容、性质、时间、地点,文末写"敬请光临""恭候光临"等礼貌用语。

(4)落款。

签署发文单位名称或个人姓名。标明日期。

5. 注意事项

措词与邀请对方参与的活动风格要相适应。一般来说,邀请函和请柬都要求文辞典雅、得体,宜用谦敬、期盼性语言,以表诚邀之心。被邀请单位或个人的称谓、活动时间和地点不得有误。

【例文7】

请　　柬

尊敬的××先生:

敝公司定于2018年5月25日至6月5日8:00—17:00在成都××大厦×号楼展览大厅举办现代家具贸易洽谈会。

恭候光临。

××××公司
2018年5月20日

【提示】

这是一份邀请对方参加贸易洽谈会的请柬。时间、地点具体明确,内容简洁,语言谦恭得体。

【思考与训练】

下面是一篇病文,请写出修改稿。

请　　柬

×××先生(小姐):

　　在您的帮忙下,我厂生产的笔记本电脑在今年全国质量评比中获奖。现在确定于2018年6月10日在××饭店开个庆功会,邀您赴会!

××电视机厂厂长(签字)
2018年6月5日

【修改稿】

请　　柬

×××先生(小姐):

　　在您及各方的长期关心和鼎力支持下,敝厂生产的××牌××型号笔记本电脑在今年的全国电视产品质量评比中荣获金奖。

　　谨定于2018年6月10日12时在××饭店××厅举行庆功宴会,恭请光临!

××电视机厂厂长(签字)
2018年6月5日

六、条据

(一) 请假条

1. 请假条的含义

请假条是申请人请求领导或老师等准假不参加某项工作、学习、活动等的文书。

2. 请假条的写法

(1) 标题:于第一行居中写明"请假条"。

(2) 称呼:于第二行顶格写,后用冒号。

(3) 正文:另起一行空两格写请假内容,交代请假原因、请假起止时间,"请求准假"等。

(4) 署名和日期。

3. 注意事项

(1) 格式要正确。

(2) 语言要简洁明了,要把原因和请假时间写清楚。

(3) 理由要充分,情况要真实。若有相应的证据,如医生开具的证明等,可随请假条附上。

【例文8】

请 假 条

×老师：

  我因患急性肠炎,需今晚去医院就诊,不能到学校上课,请准假两天(3月16、17日)。

  此致

敬礼!

学生:××
2018年3月15日

(二)收条、领条、借条和欠条

1.含义

收条是收到别人钱物时写给对方的凭证性条据。

领条是个人和组织从相关团体、组织或个人处领取物品时写给对方的凭证性条据。

借条是借到集体或个人的钱物时写给对方的凭证性条据。

欠条是指人们在经济交往中,因不能及时结清钱物手续而写给对方的凭证性条据。

2.格式和写法

这几种条据的格式基本相同,通常包括标题、正文、结语、署名和日期几部分。

(1)标题:于第一行居中以稍大字体写出"收条""领条"等字样。

(2)正文:于第二行空两格书写正文。应写清楚什么人,什么东西(钱或物),具体数量。

(3)结语:在正文后另起一行空两格书写"此据"字样。也可省略不写。

(4)署名和日期:在右下方位置写上立据者姓名,并在姓名下方写上立据日期。

【例文9】

收　条

  今收到××老师所归还显微镜壹台,天平壹架,完好无损。

  此据。

××
2018年3月17日

【例文10】

领　条

  今领回本人丢失的票夹壹只,内有本人学生证壹本,借书证壹张,人民币伍拾陆元柒角整。

  此据。

××
2018年3月17日

【例文 11】

借　条

为参加艺术节,我班借用学校体育组运动服捌套,演出后(3月18日)即归还。

此据。

经手人:××系××班 ××
2018 年 3 月 17 日

【例文 12】

欠　条

因购书款未带足,尚欠新华书店人民币 320 元(叁佰贰拾元整),两天内归还。

此据。

××小学 ××
2018 年 3 月 17 日

3. 注意事项

写这几种条据须注意以下三点:第一,所涉及的钱物要当面点清,察看仔细,确定无误后再写条据;第二,钱款或者物品的名称要规范、准确,数量必须大写,钱款要写清币种,如"人民币""港元"等,末尾要加"整"字;第三,条据上的数字不能改动,如必须改动,需签字并加盖印章,以示负责。

第十六章 公文写作

一、公文概述

文书是人类在社会生活中,由于处理事务的需要而形成和使用的、依据特定程序制作而成的各种记录材料,是人们在社会实践活动中用以记载、公布、传递和凭证的一种书面记录,包括公务文书和私人文书。前者统称公文,一般称文件,它是各类机关在进行工作活动、处理公务中形成和使用的,如请示、通知、命令、报告、函等文字材料;后者指个人或家庭、家族在自己的活动中形成和使用的,如私人书信、日记、自传、家谱、著作手稿以及房契、地契等有关私人产权的各种文字材料。

公文是习惯意义上的"文书"。公文个性鲜明,使用广泛,作用突出。了解公文的类型、文体、体式与结构等是公文处理的前提条件,按照《党政机关公文处理工作条例》规定,现行公文主要包括以下15种,决议、决定、命令(令)、公报、公告、通告、意见、通知、通报、报告、请示、批复、议案、函、纪要。

(一) 公文的分类

1. 依据来源划分

按照来源进行划分,公文包括发文、收文和内部公文三种。这是公文最常见、最基本的一种划分方法,有助于文书处理工作的开展和文书的分类保管。

发文即外发公文,是由本机关或本单位制发的、用来表明本机关或本单位意图的,发向外机关或外单位的公文。

收文即外来公文,是外机关或外单位制发的、用来传达该机关或该单位意图的、发送到本机关或本单位的公文。

发文和收文通常是相对而言的,同一份公文从不同的角度看,既可以是发文,也可以是收文。如下级机关发给上级机关的请和报告,从下级机关的角度来看是发文,而从上级机关的角度来看是收文。

内部公文是本机关或本单位制作的、不外发而只在本机关或本单位内部流通和使用的公文,如本机关或本单位的工作计划、规章制度、会议记录和电话记录等,只对内部成员有重要的参考价值和使用价值。

2. 依据行文方向划分

公文的制发机关和收文机关在工作关系上存在着领导与被领导或者不相隶属的关系,当一份公文由一个机关或单位发送至另一个机关或单位时,就存在着上级机关对下级机关、平行机关或不相隶属机关之间、下级机关对上级机关三种行文去向,也即行文方向。因此,公文按照行文方向可以分为上行文、平行文和下行文三种。

上行文是下级被领导机关发给它所属的上级领导机关的公文,其方向是自下而上。上行文通常用于下级机关向上级机关汇报工作、反映问题、请示事项、请求工作指导或回复上级提问等。

平行文是同级机关或者不相隶属机关之间往来的公文,其方向没有上下之分。平行文主要用于没有领导与被领导关系或隶属关系的机关之间相互咨询、告知事项、商洽工作、寻求支持、请求批准或答复等。

下行文是上级领导机关发给其所属的下级机关的公文,其方向是自上而下。下行文通常用于上级机关对下级机关安排工作、做出指示、下达命令、宣布决定、制定规章、褒奖批评或提出要求等。

按照行文方向划分公文是从收发文机关的整体系统来考虑的。

3. 依据内在属性和效用划分

公文按照内在属性和效用可以划分为规范性公文、指令性公文、指导性公文、知照性公文、商洽性公文、报请性公文、记录性公文等。

规范性公文是指国家权力机关、国家行政机关等依据宪法规定的权限,制定的法律、法令、行政法规、规章、条例等。法规性公文的制发主体级别较高,覆盖范围较广,内容具有明显的强制性,需要收文机关的硬性遵守或执行。

指挥性公文是向所属下级机关传达党和国家领导机关及其领导人的命令、方针、政策、措施和对下级机关的业务活动进行指导时制发的公文。指挥性公文的目的是体现领导机关的意图,要求下级机关按照指示执行,其内容具有明显的指令性、指导性和指示性。

知照性公文是指向收文机关宣布消息、通告情况、发出通知、提出邀请、号召动员等的公文。其目的是让收文机关知晓或者了解某些事项,不一定需要强制遵守或执行,这是知照性公文的显著特点。

商洽性公文是指同级机关或者不相隶属机关之间就某个需要对方支持、协作或提供意见的事项制发的具有商量性质的公文。商洽性公文的制发、接收主体间没有领导与被领导的关系,内容没有强制性和约束力,通常需要收文机关的回复。

报请性公文大多是上行文,凡向上级机关汇报工作、反映情况、请求批准、提出建议、请求指导、咨询法规政策等的公文都属于报请性公文。报请性公文有需要批复和无需批复两种,这要根据具体内容而定。

记录性公文常在机关单位内部使用,是指真实、详细地记载和归纳会议、重要活动、重大事件的内容与背景等的公文。记录性公文的显著特点是真实性、客观性和完整性,不能随意加入记录人的主观思想和看法。

4. 依据机密程度划分

公文是国家秘密的一种存在形式,为了确保国家安全和利益,制发公文时需要划定密级,明确每份公文的发送范围和阅读范围。根据国家相关保密制度和法规,国家秘密的等级分为绝密、机密、秘密三种,公文的密级与国家秘密的等级对应,由此公文可以分为绝密公文、机密公文、秘密公文和普通公文四种。

绝密公文是指由国家保密行政部门确定的,内容涉及党和国家的重大机密,只能在极为有限的范围内传递和阅读的公文。绝密公文是国家秘密最重要的组成部分,包括国家政治、经济、科技、军事、航天等方面的重要情报,一旦泄露出去有可能对国家安全和利益造成无法挽回的损失。

机密公文是指经由省、自治区、直辖市人民政府保密行政部门审定的,内容涉及党和国家的重要秘密,传阅范围比较有限的公文。机密公文是国家秘密的重要组成部分,涉及国家政治、经济、科技、军事、外交、航天等方面的重要秘密,一旦泄露会对国家安全和利益带来严重损害。

秘密公文是指由县级和县级以上以及其他同级机关确定的,内容在一定程度上反映了党和国家的秘密,需要在一定时间内限定传阅范围的公文。秘密文件也是国家秘密的一部分,同样需要保护。

普通公文是指内容上基本不涉及国家秘密,无须特殊限定传递和阅读的时间与范围的公文。普通公文按照公布的范围大小可以分为内部性公文和公布性公文,公布性公文可以向人民群众公开发布。

一般来说,公文的秘密等级不是一成不变的,随着时间的推移和形势的变化,有些公文的密级会逐渐降低,甚至解密。

5. 依据紧急时限划分

紧急时限是指公文送达和办理的时间要求。在文书工作中,根据紧急程度,紧急公文应当分别标注"特急""加急"。

以上分类是公务文书工作中常见的几种分类方法,除此之外,公文还可以按照使用范围划分为通用公文和专用公文两大类;按照载体划分为纸质公文和感光介质公文等;按照发文机关的多寡划分为单独制发公文和联合制发公文;按照内容划分为单一公文和复合公文;按照制作的规范程度划分为规范性公文和非规范性公文;按照制发机关及机关性质进行划分,包括党的公文、行政公文和法规公文等。

(二) 公文写作要求

公文是国家行政机关、企事业单位和社会组织在行政管理过程中形成的具有法定效力和规范体式的文书,是依法行政和进行公务活动的重要工具。公文的写作,或称公文的起草、拟稿,是机关制发公文的第一步,在机关整个文书工作中占着非常重要的地位。一个机关,无论是发文给其他机关通报情况、表达意图,还是答复其他机关的来文,都要拟稿。公文写作是一项政策性、思想性和业务性很强的工作,体现了制发机关领导的政策水平、业务能力、领导艺术、工作作风和工作效率。

公文是宣传和传达党和国家方针政策的工具,一切法律法令和规定都是党和国家方针政策的体现。因此,撰写公文必须符合党和国家的方针政策、法律法令,符合上级机关的有关规定,与本机关其他现行有效文件保持一致,不能有丝毫的抵触。

写作公文是为了切实有效地开展机关公务活动,保证机关工作的正常运行。公文只有准确地表达发文意图,才能成为处理政务的有效工具。公文写作人员必须认真领会机关或领导人的授意,把握其立场、观点、态度,充分掌握制发公文的意图,将其完整、准确地表达出来。同时,公文写作也必须实事求是,从实际情况出发,符合机关客观实际及工作规律。如请示性公文要有切实的客观针对性,有利于解决实际问题;报告性公文要忠实地反映情况和问题;指示性公文的判断要合乎实际,所指示的解决问题的方法措施应切实可行,具有可操作性,使公文真正发挥其应有的作用。

公文有统一的体式要求,公文写作必须符合《党政机关公文处理工作条例》等要求,保证公文实用、醒目、庄重的文体形态。公文需要通过下行文、上行文和平行文反映行文关系。公文写作首先要根据行文目的、发文机关的职权和与主送机关的行文关系,来确定选用何种文种。再根据文种的不同,选择准确的写法、用词、语气等,以保证公文的权威性和有效性。

公文是一种办事的工具,它不需要像文学作品那样进行细腻的描写,也不需要像学术论著那样长篇大论,而需要忌讳空话、大话、套话,要写得平实得体、简洁明了、便于阅读。为此,公文的撰写要注意文字简练,条理清晰,叙事说明简明扼要,篇幅力求紧缩,不要冗长累赘。尽量用最简洁的文字,顺畅而有条理地明确表达充实丰富的内容,做到言简意赅。准确是公文写作中非常重要的要求,它主要包括以下几个方面。

(1) 准确使用文种。办什么事,用什么文种要选用准确。文种不同,用法不同,不应随便使用,不可张冠李戴。如把一件事告诉对方或公众,可以使用通知、通报、公告等,但这三者的用法并不相同。若是国家机关或部门对公众发布带有约束力的通知,就得用通告。写作公文时,要弄清各种公文的性质、制发目的和使用范围等,准确地使用公文。

(2) 准确书写。第一,准确使用语言,做到文如其事、恰如其分。如基本上、大体上、普遍、个别、一定、比较、适当等最常用的表示程度高低的词语,使用时要以事物的实际数量和具体程度为准,把握分寸,准确反映客观实际,做到无可争议,不能模棱两可、含糊其辞。第二,准确引用。公文中引用的部分通常用作判断、处理事物的依据,因此引用时必须反复核实查证,准确无误才能引用。尤其是事例、数据、人名、地名、时间等,务必核对准确。如果引用其他文件的原文,不可随意改动;如需改动,必须注明出处,以便核对。第三,标题、内容、观点和结论要相符,大小标题、内涵外延要准确。准确运用公文的程式、格式和标点符号。

(3) 完成时间准确。公文具有很强的时效性。要使公文充分发挥作用,就要求撰写者必须在很短的时间内完成写作任务,并且及时传达下去,及早执行,以便用以指导当前的工作,解决现有的问题,发挥公文应有的实际效用。为此,公文撰写者平时应注意收集写作材料,精通行业知识和相关工作常识,掌握丰富的材料,以便随时能用。

（三）公文写作常见问题

在公文写作过程中，经常碰到不同的问题，从而易犯错误。限于篇幅，本书对公文写作过程中的易犯错误做一些简单介绍。

1. 主旨不明

主旨不明是指公文主旨表达不符合单一、鲜明、确切的要求。例如，公文中表达了多层意思，但未明确真正的主旨；拟文者的态度不明，肯定、否定或表扬、批评时模棱两可；文稿拟定的意见、主张等虽然正确，但不讲究分寸，未注意相近句义及词义的区别选择，或所指的人员、事件和范围不清楚，针对性不强等。例如，《关于粮食局××××年亏损指标问题的报告》中写道："市财办提出××××年财政弥补粮食局亏损数×××万元。上一年度粮食局亏损×××万元。按亏损基数计算，今年亏损指标是××，一方面包括了上一年的亏损数，另一方面考虑到今年增加了粮食销售，相应地增加了亏损。"这篇文稿到底想说明什么问题，无法弄清。因此，在草拟公文之前，首先要确定主旨，将主旨直截了当、准确地表达清楚，并尽可能地通过标题清晰地表达行文主旨，以引起受文单位的重视。

2. 层次不清

在安排公文结构时，应当按不同文种的要求和特点，采用恰当的结构方式，并注意对相同的部分加以集中，不同的部分加以区分。而不应该各种问题混作一团，"胡子眉毛一把抓"，弄得层次不清，条理不明。如某一请示中，反映"基本情况"的部分中含有需解决问题的建议，而在"有关意见或建议"的部分中又阐述存在的问题及解决该问题的必要性等，"请示事项"与其他内容糅杂在一起，未作为相对独立的部分分别明确表述，使上级单位在办理过程中，需要重新归纳，影响了办公效率。

3. 逻辑混乱

有的公文在写作中或概念不清，或前后矛盾，或前后文联系不紧密，造成行文的逻辑混乱。如某一通知中有这样的内容："本公司自成立以来，在有关部门的大力扶持下，各方面工作开展很顺利。但有些工作由于经费不足、人手不够，已经处于瘫痪状态。"显然，"各方面工作开展顺利"与"处于瘫痪状态"前后矛盾。

4. 语言不当

公文写作中常见的语言不当问题主要体现在以下几个方面。

（1）表意不清。例如，某一通知中这样写道："各镇镇长，接到本通知后，请携带有关文件，于 5 月 20 日前来县政府办公室报到。"文中对时间的表述很不清楚，需要具体明确。

（2）词性误用。例如，某一生产报告中写道："我厂出品的零件，2017 年已经打入国际市场。""出品"是动词误用，应改为"出产""生产"。

（3）搭配不当。例如，某一工作报告中提到："县领导通过深入实际、现场办公，圆满解决了群众的要求和难题。"这里"要求"和"解决"搭配不当，"要求"只能用"满足"，"问题"才能用"解决"。

(4) 语序颠倒。例如,"我公司于9月30日召开了表彰先进个人和先进集体大会,董事长和其他公司的领导同志出席了这次会议"。这种表达容易使人误认为是另行邀请了其他公司的人员出席会议,"其他"应移至"公司的"之后。

(5) 滥用简称。例如,"我厂文件学习,轰轰烈烈地开展了'五四三'活动,单位的面貌大为改观"。这里的"五四三"不知所云,如果改成"五讲四美三热爱",不仅内容明确,而且显得庄重。

(6) 语不对体。例如,一封公函中有这样的表述:"你们收到此函后,务必于12月15日前派员前来洽谈,不得有误,否则一切后果我们不负责。"文中的"务必""不得有误"等词语带有命令式的语气,不适于不相隶属的部门之间的公文往来。

(7) 随意修辞。例如,某县粮食保管问题的报告中写道:"蜘蛛在我县粮库的每一地方张灯结彩,老鼠看见人来依然在游行示威,麻雀在屋顶、粮仓门前尽情唱歌跳舞,蛀虫集结队伍不甘示弱地在大米上显示它的力量。"这则文稿用了夸张、拟人等修辞手法,像文学作品创作,这是不符合公文的语言要求的。

(8) 句子成分残缺。例如,某文件中写道:"通过开展'三讲'教育,使该县广大党员的思想政治素质有了极大的提高。"该句中使用"使"字导致句子缺少主语。有时,写作过程中也可能出现缺少谓语、宾语、定语、状语或中心词等语病。

(9) 标点符号错用。例如,某份公文中写道:"这次重点整治了背街巷道、基建工地、城乡人口,和铁路沿线两侧的环境卫生。"其中,连词"和"前面不应该加上标点符号。

(10) 同一名词在同一公文中不同地方出现时的表述不一致,甚至随意用简称、别称。

5. 文体格式错误

(1) 眉首部分的错误。常见错误:发文字号中的年份全称未用六角括号扩入,而用中括号括入;用虚位编号方式编序号,如"1"编为"001",或在序号前加"第"字,如"×工商[2009]第0023号"(正确格式应为"×工商〔2009〕23号")。

(2) 标题中的错误。

标题要素不全。例如,标题"××市工商行政管理局报告"有发文机关,有文种,缺乏事由。

标题不准确、简明。例如,标题为"××市工商行政管理局关于加强管理的通知"的公文中,标题事由部分是"关于加强管理",其内容"大"而"空",没有反映出事由的性质。又如"××市工商行政管理局关于认真贯彻省局关于贯彻党的十七大精神,重点抓好产品质量和食品安全监管等工作的意见",题目冗长,需要精练。

标题不合语法规范。例如,"××市工商行政管理局2006年工作报告"忽略了公文的标题中文种应该是中心词、发文机关和事由是限制词的语法要求,将发文机关、事由、文种并列其中。又如,"××市工商行政管理局关于做好2004年度表彰先进单位优秀工作者的通知"的事由部分应该是一个动宾结构的短语,但是实际情况是有动词,却没有动词的宾语部分

"工作",属语法结构不完整。

文种混用。文种混用存在两种情况:一种是报告、请示不分,公告、通报、通告不分,函、请示不分,通知、批复不分;另一种是一个公文标题中出现两个文种。例如,"××县工商行政管理局关于购置三台公务用车的请示报告""××县关于'网吧'清理整顿工作的通报通知""××大学关于申请2008年度公费医疗补助费的报告"等。

（3）标识错误。一般地,主送机关位于标题的下方、正文的上方,顶格排印,后面加冒号。决定、意见、会议纪要等公文,主送机关如果也放在正文上方,就是错误的,应该标注在主题词之后、抄送之前,或者标注在正文之后。

（4）称谓不当。称谓过简,如将"××市工商行政管理局"称谓用"市局",或将"××市人民政府"称为"市府";或者行文中前后称谓不一致,如将"××局"一会儿称为"××局",一会儿称为"××部门",一会儿又称为"××单位"等;或者沿用旧称,如称"××市工商行政管理局"为"××地区工商行政管理局"等。

（5）联合行文中机关排序错误。例如,一份关于少数民族经济发展的政策规定的通知中,其联合行文机关为××省计划生育委员会、××省财政局、××省税务局、××人民政府扶贫救灾领导小组、××省民族事务委员会、中国人民银行××分行。显然,主办单位××省民族事务委员会应该排在前面。

（6）主送机关不明。行文规则和行文关系模糊造成主送机关不明确,或者将主送机关弄错,或者有多个主送机关。如××高校车辆更新问题,按上级规定应主送市教委,抄报市财政局和市机关事务管理局,行文时,主送机关应为"××市教委",而不能将主送机关定为"××市教委、市财政局、市机关事务管理局"。

（7）成文日期错误。文件的成文日期,一般以会议通过之日或领导人签发日期为准,联合行文以最后一位领导人签发的时间为准。如果文件还没签发,就把成文日期打印在正文的后面,这是错误的。

（8）数字表述混乱。① 汉字与阿拉伯数字使用不当。例如,"通过考试全市共有一百四十人获得计算机一级证书""18年全局查办案件共270件,案件总值六百万元",这些数字的表述方式是错误的。② 数字标准不准确。例如,"35岁以上的70人,35岁以下的25人",遗漏了对35岁人员的统计。③ 滥用倍数、若干、无数、几十倍、数以百计等表述。例如,混淆"增加为""提高至""上升到"与"增加了""提高了""上升了"的区别。

（9）结尾表达欠妥。① 每一个文种都有特定的结尾方式。例如,答复报告常用"专此报告"的结尾,情况报告用"特此报告",递送报告用"请审阅"或"请收阅";请示用"妥否,请批示"或"当否,请指示""以上请示妥否,请批复";发函的结尾用"特此函达""请函复"或"盼复",复函用"特此函复"或"此复"。② 乱用结尾语言、语气,会影响公文的整体表达效果,如在函中用"以上内容请在三天内回复,否则我方不承担后果",这种盛气凌人的结尾,已经违背了函应有的商榷语气了。

另外,附件未标识附件说明、发文机关与落款不一致、印章位置不正确等,这些做法都是不对的。

党的机关公文具有法定的权威性、特定的效用、规范的体式、严格的程序等特点。因此,一定要以严肃认真的态度撰写好公文,避免常识性的错误。公文写作的质量直接影响机关的管理效能和办事效率,必须高度重视公文的规范化写作,严格按照规定写作和处理公文。

表 16-1 列出了公文常用特定用语。

表 16-1 公文常用特定用语简表

类别	用语名称	作用	常用特定用语
1	开端用语	主要用于文章开头,表示发语、引据	为、为了、为着、查、接、顷接、根据、据、遵照、依照、按照、按、鉴于、关于、兹、兹定于、今、随着、由于
2	称谓用语	用于表示人称或对单位的称谓	第一人称:我、我单位、本人、本公司、我们、敝单位。 第二人称:你、你局、贵公司、贵方。 第三人称:他、该公司、该项目
3	递送用语	用于表示文、物递送方向	上行:报、呈。 平行:送。 下行:发、颁发、颁布、发布、印发、下达
4	引叙用语	用于复文引据	悉、接、顷接、据、收悉
5	拟办用语	用于审批、拟办	拟办、责成、交办、试办、办理、执行
6	经办用语	用于表明进程	经、业经、已经、兹经
7	过渡用语	用于承上启下	鉴于、为此、对此、为使、对于、关于、如下
8	期请用语	用于表示期望请求	上行:请、恳请、拟请、特请、报请。 平行:请、拟请、特请、务请、如蒙、即请、切盼。 下行:希、望、尚望、切望、请、希予、勿误
9	结尾用语	用于结尾表示收束	上行:当否,请批示;可否,请指示;如无不当,请批转;如无不妥,请批准;特此报告;以上报告,请批转;以上报告,请审核。 平行:此致敬礼;为盼;为荷;特此函达;特此证明;尚望函复。 下行:为要;为宜;为妥;希遵照执行;特此通知;此复;为……而努力;……现予公布
10	谦敬用语	用于表示谦敬	惠允、不胜感激、鼎力相助、蒙、承蒙
11	批转用语	用于上级对下级来文的批转处理	批转、转发
12	征询用语	用于征请、询问对有关事项的意见、态度	当否、妥否、可否、是否妥当、是否同意、如无不当、如无不妥、如果可行等

(四) 公文的格式

1. 版头

(1)份号。

份号,又称份数序号,是指将同一文稿印制若干份时每份公文的顺序编号。

(2)密级和保密期限。

密级即秘密等级,是指公文内容涉及秘密程度的等级。密级分为"绝密""机密""秘密"三级。秘密标志为★,如"机密★5年"。

(3)紧急程度。

紧急程度是指送达和办理公文的时限要求,分"特急""急件"。

(4)发文机关标志。

发文机关标志由发文机关全称或规范化简称后加"文件"二字组成。

(5)发文字号。

发文字号又称发文号、文号、文件字号。发文字号是指某一公文在发文机关一个年度内发文总号中的实际顺序号。发文字号由发文机关代字、年份、序号三部分组成。发文字号中三个部分的书写顺序:先写发文机关代字,接着是年份,最后是序号。

(6)签发人。

上报的公文需在首页标识签发人姓名。签发人是指批准发出公文的机关领导人,由"签发人"三字加全角冒号和签发人姓名组成,居右空一字,编排在发文机关标志下空二行位置。

2. 主体

(1)标题。

公文标题是公文内容和作用的高度概括。完整的公文标题由发文机关名称、公文事由(或公文主题)、公文种类三部分组成。公文标题中除法规、规章名称加书名号外,一般不用标点符号。公文标题的三个组成部分,一般要写完整,也有部分省略的情况:一是单位内部使用的公文,标题可省略发文单位;二是省略事由,如"××房地产公司通知"。

(2)主送机关。

主送机关是指公文的主要受理机关。主送机关不止一个时,各机关名称间的标点用法为同类型、相并列的机关之间用顿号间隔,不同类型、非并列关系的机关之间用逗号间隔,最后用冒号。普发性下行文,主送机关较多,一般使用泛称,如"校各直属单位"。上行文的主送机关一般是一个。请示、批复、意见、函的主送机关只能是一个。一些行文方向不定,没有特指主送机关的公布性公文,如公告、通告及一部分通知,则不写主送机关。

(3)正文。

正文表述公文的具体内容,是公文的核心部分,公文首页必须显示正文。正文内容一般分开头(又称缘由或引据)、事项、结尾三部分。

(4)附件。

附件是正文的补充说明或参考材料。附件主要有随文发送的文件、报表、材料等。不是所有公文都需附件,根据具体情况而定。附件必须写所附内容的标题或名称。附件若不止一个,则应标序号。序号使用阿拉伯数字(如"附件:1.××××")。附件名称后不加标点符号。"附件"写在正文下空一行,左空二字,加冒号。对于被批转、转发的文件来说,不必再标之为"附件"。

(5) 发文机关。

发文机关，是公文的作者或发出单位。发文机关要写全称或规范化简称。若是联合行文(不加盖印章的公文)，主办机关排列在前。

(6) 签署。

签署是指签发文件的领导人在公文正文落款处的签字或盖章。

(7) 成文日期。

成文日期，一般文件以领导人签发的日期为准；联合行文以最后签发机关领导人的签发日期为准；会议通过的公文，以通过日期为准；法规性公文，以批准日期为准，或以专门规定的具体生效、开始执行的日期为准。成文日期中的数字用阿拉伯数字将年、月、日标全，年份应标全称，月、日不编虚位。

(8) 印章。

成文日期一般右空四字编排，印章用红色，不得出现空白印章。

单一机关行文时，一般在成文日期之上、以成文日期为准居中编排发文机关署名，印章端正、居中下压发文机关署名和成文日期，使发文机关署名和成文日期居印章中心偏下位置，印章顶端应当上距正文(或附件说明)一行之内。

联合行文时，一般将各发文机关署名按照发文机关顺序整齐排列在相应位置，并将印章一一对应、端正、居中下压发文机关署名，最后一个印章端正、居中下压发文机关署名和成文日期，印章之间排列整齐、互不相交或相切，每排印章两端不得超出版心，首排印章顶端应当上距正文(或附件说明)一行之内。

3. 版记

(1) 抄送机关。

抄送机关指除主送机关外需要执行或知晓公文内容的其他机关，应当使用全称或规范化简称、统称。抄送机关在印发机关和印发日期之上一行、左右各空一字编排。"抄送"二字后加全角冒号和抄送机关名称，回行时与冒号后的首字对齐，最后一个抄送机关名称后标句号。

(2) 印发机关和印发日期。

印发机关即印发公文的机关，要写全称。印发日期以公文付印的日期为准。印发机关和印发日期编排在末条分割线之上，印发机关左空一字，印发日期右空一字，用阿拉伯数字将年、月、日标全，年份应标全称，月、日不编虚位，后加"印发"二字。

二、常见公文种类

(一) 通知

通知的一般格式分标题、主送机关(发文对象)、正文、落款四部分。

1. 标题

标题一般包括发文单位、事由、文种三个要素。如"××学院关于开展校庆活动的通知","××学院"是发文单位,"开展校庆活动"是事由,"通知"是文种。

2. 主送机关

通知的发文对象比较广泛,因此要注意主送机关排列的规范性。

3. 正文

通知的正文一般由缘由、主体和结尾构成。

缘由要写明发出通知的原因、目的和依据。

主体即通知的主要内容。批示性通知的主体部分主要是批语,写明批转单位对批转来文的态度和原则要求,阐明来文已研究同意,提出贯彻执行的具体要求等。指示性通知和事务性通知的主体部分一般是通知事项和执行要求,写明布置什么工作,有什么具体指示,包括工作任务、基本措施、原则要求与注意事项等内容。会议通知的主体部分写明开什么会、会议时间、地点、内容、与会人选及材料要求等具体事项。任免通知要写明任免事由和任免内容等。

结尾常用"特此通知""望遵照执行"等习惯用语。有附件转发的要写明名称。

4. 落款

落款为发文单位、日期,并加盖公章。

通知门类较多,使用较广,写各类通知要注意以下问题:

(1) 指示性通知要注意把指示写具体、明确,以免含糊其辞,不知所云;

(2) 批转性通知应注意标题不要层层套转,避免出现"关于……关于……""……通知的通知"等,以免结构混乱,繁复冗长;

(3) 会议通知要注意通知事项的周全,否则会误人误事。

【例文1】
关于第四期语言文字应用研究优秀中青年学者研修班学员名单的通知

教语信司函〔2018〕38号

各省、自治区、直辖市教育厅(教委)、语委,相关高校、研究机构:

今年3月,我司印发《关于开展语言文字应用研究优秀中青年学者培训工作(第四期)的通知》(教语信司函〔2018〕12号)后,各地及相关高校、研究机构积极开展优秀中青年学者的推荐工作。经遴选,确定了参加本次培训的学员名单(附件1)。现将培训相关事项通知如下:

一、培训时间:7月23日(周一)至27日(周五)

二、培训地点:武汉大学

三、报到:7月22日(周日)13:00~22:00,武汉大学国际学术交流中心

四、联系人及电话：

教育部语言文字信息管理司

李强　010-66096726

武汉大学

辛海霞　027-68752425,13871322588

覃业位　027-68752425,18171926811

附件：1.学员名单
　　　2.武汉大学国际学术交流中心交通指南

教育部语言文字信息管理司

2018年5月30日

（二）报告

报告主要由标题、主送机关、正文、落款组成。

1. 标题

标题通常由事由和文种组成，如"关于组织经济较发达地区与经济欠发达地区开展扶贫协作的报告"。

2. 主送机关

主送机关一般为发文机关的直属上级领导机关。

3. 正文

在正文中首先写明报告引据，即用简明扼要的语言交代全文的主要内容或基本情况，也可陈述有关的背景或缘由。然后用过渡语"现将有关情况报告如下"等开启下文。正文的主体部分要准确简要、条理清晰地将有关工作或事件的情况表述出来。知照性报告要写明工作的进展、成绩、经验或教训，改进的方法、处理问题的意见和建议、今后的设想等；答复性报告要针对上级的询问答复，有问必答，不问不答。最后，以"特此报告""以上报告如有不妥，请指示"等作为结语。

4. 落款

落款为发文单位、日期。

撰写报告时需要注意的问题如下。

（1）报告内容要真实。报告是制定各种方针、政策的依据，是领导指挥工作，进行决策的基础。所以报告内容一定要真实可靠，切忌无中生有，虚构夸张等。

（2）报告文字应简明。要多陈述，少论述，不能写空话、套话，以提高办事的效率。

（3）报告工作要及时。抓紧时机，及时写报告是推动工作顺利发展的保证，错过时机，时过境迁，报告以及根据报告做出的决定都会失去意义。

（4）报告里不得写请示事项。在报告里不得夹带请示事项。

(5) 切实把握报告写作的通用规则,即人们通常所讲的"三段式"。主要有:情况—做法—问题;情况—问题—今后意见;情况—原因—处理意见;情况—问题—建议等,但并不是所有报告都必须用"三段式"。

(三) 请 示

请示包括如下部分。

1. 标题

标题由发文机关、事由、文种构成。有文头的请示可以不写发文机关,只写事由加文种,如"关于成立××公司的请示"。

2. 主送机关

请示的主送机关是指负责受理和答复该文件的直属上级机关。同一请示文件只能写一个主送机关,不能有多个主送机关。

3. 正文

正文一般含缘由、请示事项和结语。缘由即陈述请示的原因,扼要写明问题的背景和依据。请示事项是请示的主体部分,应提出请示的具体事项内容,并做出分析,陈述切实可行的处理意见与办法,或说明请求批准的理由和依据。结语主要是用习惯用语提出对上级的要求,如"以上请示请审批""上述请示,如无不当请批准"等。

4. 落款

落款写明发文单位、日期,并加盖公章。

请示写作时要做到:文字简短,一文一事;意见明确,用语贴切,注意行文关系,符合行文规范;逐级上送,不越级请示;应在问题发生或处理前行文,不可先斩后奏。

【例文 2】

关于要求进口一台复印机的请示

××局:

我公司从去年5月成立以来,国内外商务活动日益增多,经常有许多文件、合同、契约、外事资料、技术资料需要复印,而且时间要求很急,为便于工作,我们拟用局留存外汇购买一台复印机。恳请给予批准,并请代向机械出口委办理有关进口手续。

可否,请批复。

××局服务公司(章)
××××年×月×日

(四) 函

函包括如下部分。

1. 标题

标题一般由事由和文种组成。

2. 主送机关

主送机关即受文并办理来函事项的机关、单位。

3. 正文

正文一般由缘由、事项、结语组成。商洽函要写明商洽缘由、事项;询问函要写明询问的目的、内容;答复函要告知情况,写明答复意见;告知函要写明告知缘由、事项等内容。结语中一般用"特此函询""专此函告""敬请复函""特此函复"等习惯语作结。

4. 落款

落款写明发文单位、日期。

函在同级机关之间使用,交际性较强,要注意谦敬用语的使用,掌握好分寸,态度诚恳,叙事清楚,有理有节。

【例文3】

关于商洽代培文秘人员的函

××大学中文系:

获悉您系将于今年9月开办秘书业务进修班,系统讲授有关秘书业务以及公文写作与处理的基本理论和方法。自机构改革以来,我局所属单位的文秘人员调整较大,不少新的文秘人员由于没有经过专业培训,业务素质较差。现在你们开办进修班,为这些同志提供了一个非常难得的学习机会。我局拟派5名文秘人员随班学习,委托你们代培。有关代培所需的一切费用,我局将如数拨付。

可否,请函复。

××市××局(章)
××××年×月×日

【例文4】

关于建设单位为动迁户建房问题的复函

××省分行:

××××年建字××号函收到。关于为动迁户建房问题,经与国家计委研究,现答复如下:

一、建设单位因新迁工程拆迁场地房屋后,需要为动迁户新建房屋时,其投资和建筑面积应按照设计文件规定的指标纳入基本建设计划。原有企业拆除房屋后,按原有规模进行建设。经当地计委同意后,可以不列入基本建设计划,但应按照有关规定,加强计划管理。

二、用建设单位支付的迁移补偿费重建房屋时,是否按原规定再编制基建计划,可由省计委根据具体情况决定。但这部分基建投资应通过建设银行拨款,按照指定用途使用。

特此函复。

中国人民建设银行(章)
××××年×月×日

(五)会议纪要

会议纪要主要包括如下部分。

1. 标题

会议纪要的标题通常由会议名称和文种构成,如"全国农村爱国卫生运动现场经验交流会纪要"。有的标题还可以加上召开会议的单位名称,有的标题由正标题和副标题构成,正标题反映会议主要精神和内容,副标题写会议名称和文种,如"探讨新时期文学的发展——中国当代文学研究会第二次学术讨论会纪要"。

2. 正文

会议纪要的正文由导言、主体和结尾三部分组成。

导言是会议纪要的开头部分,一般是概括会议的基本情况,包括会议名称、目的、内容、时间、地点、规模、参加人员、主要议题和会议成果等。

主体是会议纪要的核心部分,它根据会议的中心议题,写出会议决定的事项、提出的任务和要求等。一般有以下三种写法。

一是条项式,就是把主体内容按主次一条条列出来,使其条理化,这样可使内容清楚,重点突出,一目了然。

二是综合式,就是把会议内容进行综合概括,分成若干部分,写作时要注意结构的逻辑性,分清主次,详略得当。

三是摘要式,就是把会议发言人具有典型性、代表性的意见、要点整理摘录出来,便于反映发言人的不同看法和风格。

结尾多写会议的要求和希望,也可以不写专门的结尾。

会议纪要的写作要求掌握会议的全部情况,抓住重点,突出会议主题;文字要简明扼要,准确恰当,层次分明,条理清楚。

【例文5】

××局办公会议纪要

时间:2018年5月16日下午3点

地点:215会议室

参加人员:×××、×××、×××、×××、×××、××

缺席人员:×××

主持人:×××(签名)

记录人:×××(签名)

会议议程:

1. ×××同志汇报市场动态和安排意见

2. ××同志传达国务院××号文件精神

主持人发言:

×××:(略)

与会者发言:

×××:(略)

×××:(略)

×××:(略)

……

决议事项:

一、当前的市场供应问题和物价问题不单纯是经济问题,还是政治问题,是直接关系到改革的大问题。全体干部要认清形势,统一认识,保持清醒的头脑,千方百计把工作做好。

二、会议同意计划处提出的对市场形势的分析和安排意见,认为是可行的,要求在近期内提出具体措施,组织落实。并及时汇报落实情况和效果。

(本会议记录共×页)

【思考训练】

1. 公文的分类有哪几种?

2. 公文写作需要注意哪些问题?

3. 以某单位开放游泳池为主旨,撰拟一份通知。

4. 以某学校建立校友会组织为主旨,撰拟一份请示。

5. 以某单位召开年终总结大会为主旨,撰拟一份会议纪要。

第十七章 事务文书写作

一、事务文书概述

事务文书是机关、团体、企事业单位在处理日常事务时用来沟通信息、安排工作、总结得失、研究问题的实用文体,是应用写作的重要组成部分。

事务文书,或拟订计划,或制定规范,或调研总结,或拟会议材料,都是为了解决工作中的实际问题,因此必须实事求是,要解决的问题具有科学的可行性。一般而言,事务文书对领导决策具有参考作用,对工作具有规定约束作用。

事务文书的格式虽然不像行政公文那样程式化,但许多文种的格式也有约定俗成的共同特点。在结构方面,事务文书要求开门见山、突出重点、层次分明;在语言方面,事务文书要求用语准确,尤其是规章类文书,更讲究炼词炼句,不能出现歧义,表述不能模糊。

撰写任何一种事务文书,都需要深入调查研究,了解实际情况,尽可能多地搜集、积累材料。没有充分的材料,就找不出规律,得不出正确的结论,也就达不到指导工作的目的。

二、常见事务文书

(一)计 划

1. 概念和特点

计划是对未来一定时期的工作预先做出安排时使用的通用事务文书,主要依据党和国家的方针、政策以及上级的指示精神,对未来的工作任务拟订目标,设想其步骤、方法等,是组织实施行动的纲领。计划是一个大范畴,工作中经常使用的规划、方案、安排、设想、打算、要点等都属于计划。

(1)规划是具有全局性的、较长时期的长远设想。

(2)方案是从目的、要求、方式、方法到工作步骤等一一做出全面部署与安排的计划。方案一般适合专项性工作,其实施往往须经上级批准。

(3)安排是对短期内工作进行具体布置的计划。

(4)设想是初步的草案性的计划。

(5)打算是一种粗线条的、想法不太成熟的非正式计划。

(6)要点是列出工作主要目标的计划。

计划具有科学的预见性、行动的约束性和明确的目的性。从不同的角度可以对其进行不同的分类:按内容不同,可分为工作计划、生产计划、科研计划、教学计划、学习计划等;按时长不同,可分为长期计划和短期计划等;按范围不同,可分为国家计划、系统计划、单位计划、部门计划等;按效力不同,可分为指令性计划和指导性计划;按形式不同,可分为文字表述式计划、表格表述式计划等。

2. 结构和写法

计划一般由标题、正文、落款三部分组成。

标题通常由单位名称、时限、计划内容、文种组成,如"诚意律师事务所2018年工作计划"。有时也可以由单位名称、事由、文种或时间、事由、文种组成。

正文包括前言、主体、结尾三部分。前言主要点明制订计划的指导思想和对基本情况的说明分析。主体是计划的主要部分,主要由计划的目标、措施、步骤三部分组成,简称计划的"三要素"。目标要素要求写清目标、任务和要求,具体说明"做什么""做到什么程度"或"什么时候完成",使任务既有质的规定,又有量的要求,做到目标明确、任务具体、要求清楚。措施要素指围绕计划目标而设计的一系列实施办法,具体点明实现目标需要的方法和手段。步骤要素指实现计划目标的程序和安排,包括对每一阶段的每个工作环节做出全局性的统筹安排等。有些综合性工作不便分步骤时,可以不写。结尾是计划的总结部分,应简明扼要地发出号召并提出希望,或描述计划实施后的前景,或强调任务的重点和工作的主要环节等。

落款:需要在正文右下方写明制订计划的单位和日期。

【例文1】

××房地产销售个人工作计划(节选)

一、业务的精进

1.加强团体的力量

在与同事们两个月的相处中,我发现我和××在性格上有很多的共同处,同时也有很多的不同,其中有许多是我要学习加强的,这种性格上的互补,在具体的工作中可以帮助我们查漏补缺,在团体中能够更好地发挥自身的能力,提升自己。

2.熟识项目

销售最重要的是对自己所从事项目的深度了解。我在年前散发传单不断与人接触的过程中,对本项目有了一定的了解,但在接待顾客的过程中,还是不断有新问题出现,让我无法流利地回答顾客的提问,其主要原因是我对项目及相关房地产知识的了解不够,在新年之后,对项目的学习,对房地产知识的了解,是熟识项目的首要。

3.确立自己的目标

有目标才会有方向,有方向才会有动力。在每个月的月初都要给自己确立目标,先从小的目标开始,即独立、顺畅地完成基本任务,然后再一步步完成具有奖励的销售任务,直到超额完成任务。

二、自身素质的提升

销售的产品可以不同,但销售的目的相同,都是为了把自己的产品卖出去。因为我之前没有销售经验,所以在推销技巧和方式上有很多不足。为了提升自己的销售能力,我计划先对自身素质进行提升。首先,书籍是获得知识最有利的途径,新年后我要大量阅读有关销售及销售技巧的书籍,同时不断关注房地产方面的消息,及时充实自己,汲取理论知识。其次,实践出真知,所有的理论只有与实践相结合,才能被自身很好地吸收,要从基础做起,重新对销售流程进行学习,在演练中深度了解项目内容;同时熟记并理解顾客关心的合同条款,了解最新的法律法规知识;在与顾客的交流中,不断发现问题,依靠团队力量和自己的努力解决问题。

最后,感谢公司所有的领导和同事,因为我个人的进步离不开大家的帮助和支持。

×××

××××年×月×日

(二) 总结

1. 概念及特点

总结是对一个阶段内的工作、学习或思想中的各种情况进行分析研究,做出有指导性的结论的一种事务文书。

2. 结构与写法

总结一般由标题、正文、落款三部分组成。

总结标题常见的有公文式标题、新闻式标题两种形式。公文式标题一般用于工作总结,由单位名称、事由、时间、文种四要素组成,也可以由单位、事由、文种或事由、文种组成。新闻式标题常用于专题总结。总结标题还可分为单标题和复式标题(双标题)两种形式。

正文包括前言、主体、结尾三部分。前言通常用以概述情况,或对工作背景和开展工作的条件进行简要交代。主体的重点是阐述工作的成绩与经验、问题和教训等。成绩与经验部分是总结的主要内容,要写明做了哪些工作,采取了怎样的措施、方法、步骤,取得了哪些成绩,有什么经验、体会等。这部分要用翔实的材料,最好有关键性的实例和数字,从中找出规律性的东西。问题与教训部分要实事求是地把工作中的失误和问题写明,并深刻分析产生失误和问题的原因,指出应当吸取的教训。不同的总结对主体的侧重点处理不同,若是反映问题的总结,则这部分是重点。结尾一般是在总结经验教训的基础上,针对存在的问题,提出改进措施,或说明今后的打算。有的总结最后展望前景,表明决心。这部分内容要言简意赅,也可以不写。

落款包括署名和日期。

【例文2】

××公司研发咨询部2017年度工作总结

一、2017年部门工作完成情况

1. 培训业务支撑工作

(1) 2017年支撑培训项目收入共计××万元,同比增长××%。

(2)支撑培训项目与咨询类业务合计收入接近××万元,同比增长××%。

(3)支撑公司安全类培训收入突破××万元,达到××万元。

2.咨询类业务经营情况

(1)2017年研发咨询部共完成××个咨询服务项目,咨询类项目收入××万元,同比增长××%;

(2)互联网教育类培训支撑总收入近××万元;智慧家庭智能组网技术服务收入达到××万元。工程、维护交付与服务管理咨询收入超过××万元。

二、部门工作创新及亮点

1.聚焦市场,提升产品快速策划与运营能力

聚焦公司改革,将业务能力转化为产品,形成智慧家庭咨询服务、互联网教育开发服务、交付与运营能力建设服务、行动学习式实战队伍建设等方面产品与服务,有力地促进了市场推广与业务开拓。例如,互联网课程开发与运营收入超过××万元;2016年10月在领导指导下启动安全培训策划与研发工作,支撑业务部门在2017年度实现安全培训收入突破××万元,达到××万元。

2.聚焦重点客户业务与绩效战略需求,创新服务与运行模式

聚焦重点客户业务与绩效战略需求,创新服务与运行模式。例如,为电信运营商开展了宽带装维人员互联网教育进修服务项目,支撑四川电信提升队伍学历水平,形成收入××万元。又如,为西藏电信提供智慧家庭与智能组网技术服务,提供业务规划、产品设计、设备选型、业务流程梳理优化、技术与营销队伍建设、现场业务实战辅导等一体化服务,形成解决方案,受到客户欢迎,收入达××万元。

3.聚焦团队能力建设,整合内外部资源集成交付

聚焦队伍能力建设和领军人物建设。围绕焦点业务领域,通过师带徒和资源分配倾斜等方式,实施责任制,责权利匹配,逐步塑造出领域内带头人,有力地支撑了业务发展。

三、存在的主要问题及解决措施

公司在决策层改革举措中进行着艰难但日新月异的变化,思想观念、经营理念、执行能力与运营管理等方面都在进行着改革,取得了良好的进展。结合部门在改革中的要求与发展需求,公司还存在以下问题。

(1)思想观念还需要进一步解放。下一步"树立双创思想,开展双创行动"。快速建立起市场经营理念、商业与市场理念要深入普及,为真正公司化运营而努力。

(2)产品市场策划、业务整合、对外合作等差距很大。下一步从市场与客户关系经营、重点业务与客户需求及解决方案整合、外部资源合作等方面快速行动。利用公司内外多渠道开展产品推广。

(3)运营管理与交付管理、客户服务管理专业化管理水平需要大幅度提高。下一步在公司管理大框架下细化和落实好运营管理与交付管理规范化、标准化建设。把研发咨询部

执行多年的"五化管理（业务流程化、标准化；人员专业化、职业化；管理制度化）"进行改革创新。

（4）队伍专业能力和管理整合能力需要大幅提升。下一步完善量化考核，用项目主管责任制推动人员活力提升、用行动学习推进能力提升。

四、2018年度重点工作及举措

1. 大力推进事业部制改革落实工作

一是年底前完成部门间业务协作及结算标准的梳理；二是改革完善事业部部门内部员工考核责权利关系；三是建立完善日常基础管理、交付管理、运营管理、开发管理等标准化流程制度。

2. 实施"创新创业双创活动"支撑公司改革创新

努力建立一支内外结合的、具有创新创业激情和团结的创新研发队伍。通过研讨、交流、外部学习等解放思想，摆脱"等靠要""旱涝保收"等落后思维模式，建立自主经营、自负盈亏等奋斗思想，激发创业激情与活力；通过行动学习等提升创新热情与活力。设立创新、奋斗等专门奖项激励。

3. 提升传统业务效率与效益，重点聚焦业务产品与模式创新

一是通过标准化交付运营、配合公司运管部改革创新等，大力改革传统技术培训学习模式，提升传统技术培训等效率，利用新技术新手段降低成本，增强传统业务等客户黏度与客户关系贡献度。

二是通过嵌入客户、整合企业专家、将外部资源融入解决方案等模式创新，聚焦智慧家庭、政企客户、营销与基础管理、技术管理等需求领域，提升产品创新和交付能力，转型升级。

三是完善技术流程规范、提升设计理念，在互联网教育培训、企业学习生态圈建设、绩效改进合作伙伴等方面努力拓展。在大数据、AI分析、VR等新技术、新内容模式方面进行探索。

4. 配合支撑学校优质高质建设，做好社会服务能力提升项目

认真支撑高水平人才培养培训基地建设、校企协同创新中心建设两个建设子任务。大胆创新，与职能部门和教学方紧密协作，把校企协同创新中心建设真正落实到位，支撑建设任务顺利推进。

研发咨询部
2017年12月20日

（三）述职报告

1. 述职报告的含义及用途

述职报告是各级机关、企事业单位、社会团体的各级各类机关工作人员，向组织人事部门、上级主管机关或本单位的员工陈述自己在任职期间履行岗位职责情况的书面报告。述职报告有助于考核、评价报告人，有利于提高报告人的素质、能力。

2. 述职报告的特点

自述性：报告人自述履行岗位职责的情况。

自评性：依据岗位规范、职责，对自己进行自我回顾、评价、鉴定。

自评内容：任期内德、能、勤、绩、廉等情况。

报告性：报告人是以被考核、接受评议的身份做履行职责的报告，应把握好角色分寸。

3. 述职报告的类型

从内容上划分，述职报告分为综合性述职报告、专题性述职报告。

从时间上划分，述职报告分为任期述职报告、年度述职报告、临时述职报告。

4. 述职报告的结构和写法

标题：通常有两种写法，一种由述职人和文种构成，如"我的述职报告"；另一种直接用文种做标题，即"述职报告"。

称谓：面对的对象或呈报的部门，如"各位领导""董事会""组织人事处"等。

正文：概述现任职务、任职时间、岗位职责、工作目标及对自己工作的总体评价。主体包括履行岗位职责的情况、工作思路、工作指导思想、工作成效、经验、存在的主要问题、失误、改正措施、努力方向等，注重介绍典型工作实绩，并写明起止时间。

结尾：通常写的话语有"以上报告，请领导和同志们指正""以上是我的述职报告，谢谢各位"。

5. 述职报告写作中的注意事项

内容要客观，自评须实事求是，全面准确。处理好成绩与问题、个人与团队的关系。重点要突出。不能写成"流水账"，要写好典型实绩，突出自己的特点、独特贡献。语言要诚恳、得体、简洁且注意避免口语化。

注意述职报告与工作总结的区别。

工作总结：可以是单位的、集体的，也可以是个人的，写作角度是全方位的；突出的工作业绩，出现的问题、经验或教训，今后的工作设想都可以写，基本上是做了什么就总结什么，要上升到理论高度，概括经验和体会。

述职报告：侧重展示个人履行岗位职责的思路、过程和自己的能力，重点回答称职与否，不重点表现本部门、本单位的总体业绩、问题。

【例文3】

述职报告（节选）

各位领导、同志：

我于××××年×月任××市××机床厂厂长，在市委、机械局党委的领导下，按照厂长岗位职责做了自己应该做的工作。现在向领导和同志们作如下汇报。

一、党、政、工、团齐抓共管，改变厂容厂貌

××××年我上任后，首先提出：实行各级一把手责任制，把各单位的工作做得好坏与

考核干部政绩直接挂钩。不能限期达标的,一把手就地免职。筹措经费5万元,用来改善环境、整顿厂容厂貌。广大职工利用业余时间,奋战50天,彻底改变了脏、乱、差的工厂面貌。

……

二、抓好职工的思想政治工作教育

在深化改革中,有些职工信心不足,有的干部有畏难情绪。我深入宿舍进行走访,先后与12名工程技术人员、老工人促膝谈心,引导职工树立跑步竞争意识,用厂里先进人物的事例启发、引导干部克服畏难情绪,使广大职工树立起坚定的改革开放的信念。

……

三、注重现场生产管理

我厂从生产管理的高度,提出了"强化生产管理,创建文明生产"的奋斗目标。抓岗位工序控制,严格工艺纪律和质量管理,组建厂"文明生产""工艺纪律""产品质量"监督组,日检查、月评比、季总结。实施季度奖、考核奖等奖惩制度,调动了职工的积极性,各项经济技术指标创造了良好成绩。

……

四、改善职工的劳动条件

保护职工在劳动生产中的安全和健康,是我们党和国家的一贯方针政策。为翻砂车间安装了通风排尘设备,各车间为女工设立了更衣室,为生产工人提供了较为全面的劳动保护条件。

……

五、建立健全质量管理机制,提高产品质量

设立质量监督站,坚持每批产品出厂前做抽检、抽检不合格则不予出厂的制度。在抽检的35台机床中,34台达到部颁标准,1台部分指标未达到部颁标准,予以返工。这确保了我厂在市场中的信誉。年终总结评比产品质量,与去年相比提高了9.6%,产值、实现利税、出口创汇与去年相比,分别增长了16.4%、18.2%、21.3%

……

六、试行承包责任制

把现场管理纳入各单位承包责任制的考核内容。生产第一线工人的工时单价与现场管理好坏挂钩,浮动工资与总额奖金挂钩。××××年上半年,全厂因出现废品造成的损失,比我厂规定允许的考核指标减少21.42万元。

……

七、开展新工艺、加速国产化

我厂以加速数控机床国产化为目标,注意横向联合,带动了一批协作配套厂的发展。

(以下略去八至十四条的内容)

任职一年来,我尽职尽责地做了一些应该做的工作,取得了一些成绩,这是在上级党委、厂党委领导的关心下、全厂职工的努力支持下共同取得的。我认为自己是称职的。

今后,我仍然要全心全意依靠广大职工、特别是技术人员,出主意想办法,大胆改革,锐意进取。继续提高产品质量。开发新产品,扩大产品销路,力争××××年创利税1000万元,以优异的成绩向同志们汇报。

××市××机床厂厂长:××

××××年12月20日

【提示】

这是一位厂长任职满一年的述职报告。正文导言简述了所任职务、任职时间及"做了自己应该做的工作"。主体部分分十四条介绍了自己的工作思路、工作内容、取得的成绩、存在的主要问题和下一步的工作设想。

本文能很好地突出述职报告的自述性。报告目的明确,思路清晰,对成绩善用具体的数字加以说明。有了这些自述性的材料,推出"我认为自己是称职的"这一自我评价,显得水到渠成,颇富说服力。

本文语言通俗,富于节奏感,适合口述。在写法上用了十四个小标题,将履行岗位职责的情况分条报告,层次分明,给人留下清晰的印象。

【思考与训练】

假设你是一名学生会干部,尝试撰拟一篇述职报告。

(四) 简报

1. 含义及特点

简报是机关、团体、企事业单位内部使用的一种简要的报告或情况报道,用来反映情况、沟通信息和交流经验,又称为"情况交流""简讯""内部参考"等。简报有不同的分类,如综合情况类简报、专项工作类简报、会议类简报、经验类简报、社会动态类简报、思想动态类简报;也可分成工作简报、会议简报、信息简报。另外,按编写方式,还可将简报分为专题式、综合式、信息报送式、经验总结式、转发式五类。

简报具有以下特点。第一,时效性。简报类似新闻报道中的"快讯"。简报错过了时机,它的作用就会大大降低。第二,简明性。简,不仅是指文字少、篇幅短,更主要的是用少量的文字概括出事实的精髓和意义。第三,新颖性。简报只有努力反映新情况、新动向、新问题、新经验,才能发挥它应有的作用。新颖是其价值所在。第四,机密性。不同内容的简报,传阅的范围和机密程度也不相同。

2. 结构与写法

简报式样类似小报,由报头、报核(体)、报尾三部分组成。报头又称版头,内容包括:简报名称,期数,编发单位,印发日期,密级,份号。报核(体)由按语、标题、正文、背景四项组成。报尾在简报的最后一页的末尾,用横线将报尾隔开,写上发送单位名称和印制份数。

第十八章 经济应用文书写作

一、经济应用文书概述

经济应用文书是应用文书写作的一个重要分支,是以经济活动为主要内容的应用文书,是反映经济情况,处理经济事务,研究、解决经济实用问题的一种具有特定格式的专业应用文书。

经济应用文书特点:以科学理论为指导,直接体现国家方针政策的政策性;解决经济领域发现和提出的实际问题的实用性;文、事、数三者相符的真实性;专业性、效益性以及程式和语言的规范性。

二、常见经济应用文书

(一) 市场调查报告

1. 市场调查报告的含义及适用范围

调查报告是针对某一现象、某一事件或某一问题进行深入、细致的调查,对获得的材料进行认真分析、研究,发现其本质特征和基本规律之后写成的书面报告。在经济领域,运用得最多的调查报告是市场调查报告。

市场调查是一种运用科学方法,通过对市场供需情况的历史和现状进行分析和调查研究,对未来一定时期内的市场供求变化的趋势做出分析、推测和判断的活动。把这一分析研究过程及成果用书面的形式表达出来的文件就是市场调查报告。它以调查为前提,以科学的分析研究为方法,以正确的经济原理为指导。

市场调查报告为决策者提供依据,可以避免工作的盲目性。市场调查报告的写作要求目标明确,层次清晰;材料确凿,数据完整;建议具体,切实有效。

2. 市场调查报告的结构和写法

市场调查报告基本由标题、导言、主体、结尾四部分构成。

标题没有严格的格式。一般带有"调查"二字,并指出调查的对象或内容、范围,如"××小区消费水平情况调查"。

市场调查报告的正文包括导言、主体和结尾三部分。

导言主要说明调查的缘起、目的、对象、范围、内容、方法、时间和地点等。

主体由情况、分析和建议三部分组成。情况部分包括叙述调查得来的材料,有时可加图表说明;必要时还应对市场背景资料,如地理、气候、政治、经济、文化、社会的变化趋势,政策、法律法规等做出说明。分析部分表述对调查所得材料的看法,介绍撰写人对情况的分析归纳,从调查中发现了哪些问题,得出了哪些结论等。情况部分和分析部分也可混在一起写,边介绍情况边进行分析,有事实、有数据、有分析的写法,较有说服力。建议部分依据调查材料及分析,提出解决问题的方法、措施或对策等。

结尾通常没有特定的格式。一般是概括全文的观点,写出总结式的意见,或说明调查中存在的问题及与主要情况倾向不同的情况,预测可能遇到的风险和相应对策等。有的写完分析和建议则自然收束,不另加结尾。供决策者参考的调查报告,应署上撰写人姓名、部门和完成日期。受委托为他人撰写的调查报告,则应写清楚委托方、调查方。

3. 注意事项

调查报告写作要实事求是。坚持实事求是地进行市场调查,是写好市场调查报告的可靠保证。一定要亲自参加调查,对于重要的数据要反复核实、测算,做到确凿无误,有对自己观点不利、相左的材料,也应附带提及,或加以分析,或录以备考。

注意观点和材料的统一。不能满足于材料的堆积和数字的罗列,必须既有材料,又有观点,观点统帅材料,材料说明观点。在反映情况的基础上提出分析意见和建议。

要突出重点。一份市场调查报告,一般以回答一两个重要问题为宜,切忌面面俱到。如果调查涉及的内容过多,可以分专题写几份报告。

正确把握文体性质和表达方式。市场调查报告兼有说明文、记叙文、议论文的一些特点,应选用较全面、系统、完整的事实、数据以叙述说明问题,运用议论的表达方式提出措施建议。语言要准确、简练、朴实。各小标题应简洁、醒目、匀称。

要讲究时效。根据过时的信息不可能做出准确的预测和科学的决策,甚至产生负效应。文中最好写明调查时间。

【例文1】

关于当代青年消费问题的调查报告

中国青少年研究中心联合北京、上海、广州、山东、辽宁、黑龙江等省市的青少年研究所,最近在全国9个省、市、自治区对青年人的消费观念、消费现状与趋势、消费结构进行了大规模调查。

一、青年消费观念变化

如今青年人的消费观念正发生变化,以往视"粗茶淡饭""勤俭持家"为美德的观念淡化了。许多青年注重:"吃要讲营养,穿要讲式样,玩要讲多样,用要讲高档。"因此,在调查中问及青年对这个"四讲"问题怎样评价?来自青年的反馈是:认为"符合现代生活方式"的占42.5%,认为"不合中国国情"的占21.3%,认为"助长好逸恶劳"的占7.2%,认为"容易引入高消费误区"的占23.9%,回答"说不清"的占5.1%。这表明当今相当多青年的消费观念已经发生变化,有42.5%的人向往"四讲"的生活方式,但对"四讲"的生活方式持怀疑和否定态度的人数也多达52.4%。

二、消费现状与趋势

1. 饮食日益注重营养。在"你对饮食最注重的是什么?"一问的回答中,"讲究营养"的占

40.4%,"方便省事"的占25.3%,"吃饱就行"的占23.4%……

2. 穿着注重"方便舒适"和"体现个性"。在"你对服饰穿着最注重的是什么?"一问的回答中,"方便舒适"占46.6%,"体现个性"占30.5%,"款式新颖"占16.5%,"讲究名牌时髦"占6.4%。

3. 住宅舒适被列为改善生活的主要目标。在对"你认为改善生活的主要目标是什么?"一问的回答中,多达55.9%将"住宅舒适"列为改善生活的主要目标,其次才是"旅游",占21.9%,"家用电器齐全"占16.1%……在被调查的青年人中,约有1/3的人想买房,但当前许多人却买不到房,有的则认为房价过高。

4. 沿海地区青年人买大件消费品趋向高档化……

三、消费结构失衡

在调查中发现,现在青年人的消费结构有两个失衡之处:一是物质消费增长很快,精神消费则严重滞后;二是在精神消费中重娱乐消遣,轻读书学习。消费结构失衡,不利于青年一代健康成长。因此,结合加强爱国主义教育,鼓励和引导青年多读书、读好书,应当受到社会各界的关注。

【提示】

这是一篇有借鉴价值的市场调查报告,正文的概要部分写调查的发起者、调查地区和调查对象。主体部分采用三个并列横式结构,分别写调查情况或结论。大结论多套小结论,结论多以数字作说明,数字与结论互相联系,观点与材料水乳交融,是本文作者写作的突出思路。本文没有专门的结尾。语言简洁,观点鲜明,有理有据,令人信服。

(二)合同

1. 含义及分类

合同是指当事人之间为实现某种目的或利益,本着平等、互利、自愿的原则,依照法律确立相互权利义务关系的文字协议,也称协议或契约。合同是平等主体的自然人、法人、其他组织之间设立、变更、终止民事权利义务关系的协议。

合同根据不同的情况分类不同。合同根据受计划影响的程度可分为计划合同和非计划合同;根据当事人权利与义务的分担方式划分为双务合同和单务合同;根据合同当事人之间取得权利是否付出代价划分为有偿合同和无偿合同;根据合同成立是否以交付标的要件划分为诺成合同和实践合同;根据合同成立是否按特定的方式为要件划分为要式合同和非要式合同;根据两个合同之间的相互关系划分为主合同和从合同;根据合同订立是否有法律规定划分为有名合同和无名合同;根据合同当事人是否为自己取得利益划分为订约人自己利益订立的合同和为第三人利益订立的合同;根据合同的属性与调整范围的不同划分为合同法调整的合同与其他法律调整的合同等。

合同订立形式包括书面形式和口头形式。书面形式是指合同当事人用书面文字形式表达协议内容而订立的合同,又称合同书。口头形式是指当事人双方以口头约定方式表达协议内容而订立的合同。

2. 格式及写作方法

1）标题

（1）直接用合同的种类作为标题，如"技术合同"。

（2）经营范围 ＋ 合同种类，如"商品房买卖合同"。

（3）时间 ＋ 合同种类，如"2018年运输合同"。

（4）签约单位名 ＋ 合同种类，如"恒发公司仓储合同"。

2）合同当事人

在标题之下，左半部分写立合同人；先写甲方（供方、卖方），再写乙方（需方、买方）；右半部分与合同编号、签订地点、签订时间。

3）正文

（1）缘由，即引言，一般只需要说明签约的目的、意义、根据、过程、过渡语。

（2）主体，逐条说明各方共同确认的权利和义务，包括标的，数量，质量，价款和酬金，履行地点、方式、期限，违约责任，解决争议的方法等主要条款。

标的——经济合同法律关系的客体，是经济合同当事人权利和义务所共同指向的对象。种类包括物、劳务、工作成果等。任何合同必须有标的，有的标的指物，有的标的指行为，有的标的指货币。

数量——衡量标的的尺度，任何合同，仅有标的而无数量，合同将无法履行。标的是物，数量主要表现为一定的长度、体积或者重量；标的是行为，数量主要表现为一定的工作量；标的是智力成果，数量主要表现为智力成果的多少与价值。

质量——标的的性能和特征，包括标的的名称、品种、规格、型号、工程项目的标准，技术要求等。

价款和酬金——取得对方的产品、劳务和工作成果以及智力成果所支付的代价。取得对方产品而支付的代价叫价款，获得对方劳务或智力成果的代价叫报酬。

履行期限——合同履行义务的时间界限，是确定合同是否按时履行或延迟履行的客观标准。当事人双方必须严格执行协议的时间，期限时间宜实不宜虚，宜具体不宜笼统，最好确定具体日期，如不能定实际时间，应用"以前""以内"，而不应用"以后"，也不可用"尽可能在"或"争取在"。

履行地点——当事人按合同规定履行义务的地点，包括交货、验货或承建工程的具体地点，必须规定具体、明确，不能产生歧义。

履行方式——合同当事人以什么方式来完成合同规定的义务。购销合同中主要有代运制、提货制、运货制。包括时间方式和行为方式两方面。时间方式指的是一次性履行完毕还是分期履行；行为方式指当事人交付标的物的方式，如标的物的交付、运输、验收、价款结算等的方式。

违约责任——当事人一方或双方由于自己的过错造成合同不能履行或不能完全履行,按照法律和合同规定而承担的经济制裁。

解决争议的方法——所签订合同后发生纠纷,自行协商不成时,在合同中约定的解决纠纷的形式(是到仲裁机构仲裁,还是去法院诉讼),选择其一写于合同条款中。

4) 结语

结语包括合同份数、保管、有效期、报送单位、未尽事项处理办法、变更合同内容的条件、合同附件的名称和件数。

5) 落款

落款即签署或署名、签订日期。一般要写各方单位或姓名的全称,并分别盖章。如需上级单位或公证机关签署意见,要注明并盖章。当事人是企业法人的,应盖合同专用章,不得加盖行政专用章。另外,双方的电话、账号、开户银行、地址等,都应写清。

【例文 2】

房屋租赁合同

甲方(房 主):＿＿＿＿＿＿＿＿　　　　乙方(承租人):＿＿＿＿＿＿＿＿

电话:＿＿＿＿＿＿＿＿＿＿＿＿　　　　电话:＿＿＿＿＿＿＿＿＿＿＿＿

乙方需向甲方提供个人身份证正反面复印件一份留档使用(必需真实有效)。

甲、乙双方就房屋租赁事宜,达成如下协议:

一、甲方将自有的坐落在＿＿＿＿＿＿＿＿＿＿＿＿＿＿＿＿＿＿＿(简称本房产),出租给乙方作居住使用。双方约定本房产的租赁期为＿＿＿＿年＿＿月＿＿日起到＿＿＿＿年＿＿月＿＿日。共计＿＿＿＿个月。

二、本房产月租金为(人民币大写):＿＿＿＿＿＿＿＿(小写:＿＿＿＿＿＿＿￥)。

三、租金支付方式及时间:按季度支付,第一次于＿＿＿＿＿＿＿年＿＿月＿＿日前支付。

四、乙方租赁期间,水费、电费、管理费、天然气费,每个月共 900 元,随租按季度支付,一次性支付 2700 元,3 个月到期结算多退少补。同时,乙方居住时产生的其他所有费用需自费。

附:电表底数＿＿＿＿＿＿＿度,水表底数＿＿＿＿＿＿＿吨。

五、房屋出租保证金

保证金数额为三个月租金,一次性付清。

六、乙方租用本房产后应注意以下事项:

甲方不分担乙方在租房期内对其自身造成的损失和与第三方产生的任何道德、经济纠纷。

1. 乙方应遵守中国法律,不做违法乱纪的活动,若违反法律,由乙方负责。

2. 乙方应注意居住安全,自行采取防火、防盗等安全措施。加强用电安全,不得乱拉、乱接电线;对于防盗、防火、用电安全经常进行检查。如乙方措施不当造成损失,其损失由乙方自行承担;造成甲方房屋财产损失,由乙方全额赔偿给甲方;造成第三方房屋财产损失,由乙方负责处理,由乙方全额赔偿对方,并按违约处理。

3. 由于新家刚装修好,屋内家具家电都是新买的,不得损坏、丢失,否则,照价赔偿。

4. 现金等贵重物品乙方必须妥善保管,如有丢失,责任自负。

5. 乙方不得把社会闲散人员带入房内,对自身安全负责。

七、乙方对租用房没有处理权,不能擅自与人合租、转租或借给他人,也不能改变其用途,否则属于违约。如有此类情况发生,甲方有权解除协议并收回房屋。

八、租赁期满后,如乙方要求继续租赁,则须提前一个月向甲方提出,甲方收到乙方要求后_____天内答复。如同意继续租赁,则续签租赁合同。同等条件下,乙方享有优先租赁的权利。在原租期已到期,新的续租协议还未签订的情况下,甲方有权收回房屋,不再签约续租。

九、乙方租期未到期而要求退租时,必须与甲方协商一致。乙方承租到期应完好归还房屋和所有钥匙及有关物品,如果所租房内的所用设备有损坏,乙方负责修复或者甲方在保证金内扣除相应赔偿金额。

十、合同的解除

租赁期间,乙方有下列情形之一的,甲方有权终止合同,收回本房产。

1. 擅自将房屋转让,对外投资入股或与他人调换;

2. 利用承租房屋进行非法活动,损害社会公共利益;

3. 由于是临租,所以在这合同期间乙方需配合甲方出租前看房。

若甲方依上述第1、2、3项约定而解除合同,将同时罚没保证金作为最少赔偿金,并有权追述乙方法律责任。

十一、发生争议时,甲、乙双方友好协商解决。如协商不成,提请由当地人民法院仲裁。

十二、本合同一式两份,甲、乙双方各执一份,自双方签字之日起生效。

补充:

1. 新房墙面不可有颜色或是明显污渍刮痕,如有损坏请修好。

2. 全新家具包括:沙发,餐桌,1张床,1个衣柜。

3. 全新家电:1台容声洗衣机,3台美的空调,1台松下洗衣机,1台美的热水器,1台电视。

甲方: 乙方:

年 月 日 年 月 日

(三) 商品广告

1. 含义

商品广告是为了某种特定的需要,经过大众传播媒介,公开而广泛地向社会传递信息的一种宣传手段。它可传递有关商品、劳务、观念方面的信息,从而影响公众行为。这种广告除可张贴、广播、登报、录像录音、电视播映外,也可在吊牌、挂牌、灯上宣传。有的商品广告用文字写出,有的用绘画,摄影展出,有的图文并茂。商品广告重在促进销售,推广经营理念。要求简明扼要,不拘一格,突出艺术性、感染力。其宣传形式、表现手法丰富多彩,带有一定的主观色彩。

2. 广告文案写作

1) 标题

广告标题是广告文稿的精髓,被称作广告的灵魂。广告标题是标明广告主旨和区分不同内容的标志,反映着广告的精神和主题。有时一条独立的标题,构成一则广告,可称为"标题广告"。

2) 正文

广告正文是标题的发挥,是广告文案的核心部分,主要用于说明广告的宣传目的,介绍广告的具体内容,包括商品的特点、性能、质量、规格、作用等,也可以介绍企业的生产或销售情况,以及对质量、服务的承诺等,最终实现广告促销的目的。文字应生动有趣,雅俗共赏;内容简洁易懂,重点突出。

3) 广告标语

广告标语又称广告,是商品或劳务在一定时期内反复使用的简洁生动的宣传语句。广告标语有时就是标题,有时标题之外另有广告口号,有时就是广告本身内容的浓缩。

(1) 顶针:如"长城电扇,电扇长城"(电器)。

(2) 反复:如"白云山白云山,爱心满人间"(白云山制药)。

(3) 借代:如"走遍天涯海角,人间处处有大宝"(大宝护肤品)。

(4) 单句标语:如"味道好极了"(雀巢咖啡)。

(5) 对句标语:如"好空调,格力造"(格力空调)。

4) 随文

随文是正文的附属,又称附文、落款,对广告正文起补充、说明作用。它包括广告单位名称、地址、邮编、电话号码、电报挂号、银行账号、负责人或业务联系人姓名等。

【例文 3】

麦斯威尔咖啡(描述式广告正文)

哥伦比亚安第斯山脉,是世界上种植咖啡的最好地方,那里有肥沃的火山土壤,温和的气候以及适量的阳光和雨水,保证了每一颗咖啡豆的完美成长。待到咖啡豆成熟时,人们采用手工摘取。只有最好的咖啡豆才进行烘烤,以确保其独特的味道及芬芳。假如您是一位咖啡爱好者,一定要选用哥伦比亚咖啡豆制成的各类咖啡。在中国,唯有麦氏超级特选速溶咖啡和生活伴侣杯装咖啡才是您最终的选择。与众不同!

【例文 4】

(1) 吸烟是继战争、饥饿和瘟疫之后,对人类生存的最大威胁。——禁烟广告

(2) 千万别点着你的烟,它会让你变为一缕青烟。——加油站禁烟广告

（3）献血的你，灵魂如虹；你献的血，生命涌动。——义务献血广告

【例文5】

北京环宇翻译公司业务广告

  本公司隶属新华社参编部，有高中级各语种专职翻译200余名，翻译力量雄厚，语种齐全，服务质量一流。欢迎各界朋友前来洽谈业务。

电话：010-××××××××
地址：北京市××区××路××号

第十九章 礼仪文书写作

一、礼仪文书概述

礼仪文书就是在交际应酬中使用的文书。礼仪文书较多地用于日常交际、应酬,既可以处理私务,也可以涉及公务。礼仪文书主要以实用为目的,如书信、请柬、名片、启事、电报稿等,有直接的应用性。具体地讲,是指国家、单位、集体或个人在喜庆、哀丧以及其他社交场合用以表示礼节的、具有较固定格式的文书。由于目的实用,必然要求内容为其服务。礼仪文书写作时要有明确的对象,要注意对象的性别、年龄、职业、身份、学识、爱好、习惯、辈分等,只有针对性地进行写作,才能使内容名副其实,写得恰到好处,贴切、确切、亲切、关切,并适当运用语气,如题词还要注重音韵节律,从而使整体内容达到谐调一致,烘衬文内主旨与直接目的。

常见的礼仪文书种类有函电类、致词类等。函电类包括贺电和贺函、唁电和唁函、请柬和聘书、推荐信、介绍信、证明信、感谢信、表扬信、邀请函、致歉信、拒绝信等。

通常而言,礼仪文书表达方式灵活多样,不拘一格。礼仪文书的语体不受公文语体的束缚,白话、文言、文白相间均恰当。礼仪文书是一种较能体现和反映作者个性与才情的文书。礼仪文书大多是从心底进行深入交谈,加深情谊,处处体现出相互之间的感情,要求用语简洁精练,顺畅得体,能够反映情感真挚恳切,情溢文中。礼仪文书的用语比公文要高,讲究语言的技巧。一般说来,礼仪文书虽不如公文那样有严格的体式规定,但在漫长的写作实践中逐渐形成了一套基本的定式、体式与款式,各种礼仪文种都有自身的规范化体式。礼仪文书通常具有传统性、应酬性、情感性以及规范性:用词要简洁明了,言简意赅,用语应精炼、准确,词意应通顺流畅、明快得体;不论是称谓、敬语还是文内用语,都必须能以礼相待,文雅得当,彬彬有礼,不能放任、太随便;要适合所述对象、所表之情、所达之意,起到相互沟通、相互交流、相互理解与体谅的作用。

二、常用礼仪文书

(一)开幕词、闭幕词

1. 开幕词

开幕词是会议讲话的一种,指在比较郑重的大中型会议开始时,由会议的主持人或主要领导人所作的讲话,旨在阐明会议的指导思想、宗旨、重要意义,向与会者提出会议的中心任务和要求,对会议有着重要的指导作用,具有宣告性、提示性和指导性。

开幕词按内容可以分为侧重性开幕词和一般性开幕词两种。侧重性开幕词往往对会议召开的历史背景、重大意义或会议的中心议题等,作重点阐述,其他问题一带而过。一般性开幕词则只对会议的目的、议程、基本精神、来宾等作简要概述。

开幕词一般由首部、正文和结束语三个部分组成。首部一般包括标题、时间和称谓。正文包括开头、主体和结尾三个部分。开头部分一般的写法是:开门见山地宣布会议开幕,也可以对会议的规模以及与会者的身份作简要地介绍,并对会议的召开以及与会人员的到来,表示热烈的祝贺和热情的欢迎。写作时,应单列为一个自然段,与主体部分区分开来。

主体部分。这一部分内容是开幕词的核心部分,通常包括以下三个方面的内容。

(1) 阐述会议召开的意义。通过对以往工作情况的概括、总结和对当前形势的分析,说明会议是在什么形势、背景下,为解决什么问题或达到什么目的而召开的。

(2) 阐明会议的指导思想,提出会议的任务,概括会议的议程和安排。

(3) 为保证会议的顺利进行,还可以向与会者提出会议的要求。

【例文1】

在××田径运动会开幕式上的讲话

全体运动员、裁判员、老师们、同学们:

大家上午好!学校一年一度的田径运动会今天隆重开幕了。首先,向第××届田径运动会的举行表示热烈的祝贺!向精心筹备本届运动会的全体工作人员、运动员、裁判员表示衷心的感谢!

体育运动是衡量一个国家,一个民族繁荣昌盛的重要标志之一,是高等学校教育教学活动的重要组成部分,与德育、智育、美育等共同构成了大学生全面发展的教育整体。近年来,国家把全民健身上升到国家战略,习近平总书记在十九大报告中明确提出,要广泛开展全民健身活动,加快推进体育强国建设。学校高度重视体育工作,不断改善体育设施,引进体育专业人才,推进体育教学改革,全面推进学生综合素质培养。通过体育教学活动、课外体育活动、各类体育竞赛活动,以及阳光体育运动,在师生中营造了热爱体育、崇尚运动、健康向上的良好氛围。

一年一度的运动会,是学校教学工作的一项重要内容,更是对学校体育工作的一次重大检阅;是师生展示体育技能和精神风貌的一个活力舞台,更是对师生团队协作能力,坚韧不拔毅力的锻炼和提升。通过运动会,全体师生要进一步营造全民运动的良好风尚,培养师生的锻炼意识。《"健康中国2030"规划纲要》中明确提出,要广泛开展全民健身运动,实施全民健身计划,普及科学健身知识和健身方法,推动全民健身生活化。学校举办运动会,就是要将体育锻炼的意识深入到每个人的心中,促使大家养成勤于锻炼、乐于锻炼的良好习惯,让体育运动不仅成为健康的需要,更成为一种生活时尚,一种生活方式,一种积极向上的生活态度。通过运动会,全体师生要进一步树立顽强的意志,坚韧的毅力和永不言败、追求卓越的精神。当今时代,是知识的时代,是技能的时代,更是竞争的时代,我们不仅要具备广博的知识,扎实的技能,更要拥有良好的心理素质、健全的人格素养、健康的体能体魄,以及自强不息、顽强拼搏、追求卓越的决心和勇气,这样才能立足于社会,才能成为时代的强者。

希望全体运动员充分发挥奥林匹克精神,奋勇拼搏,服从裁判,尊重对手,比出青春活力,赛出高尚风格;希望全体裁判员严格裁判,切实做到公平、公正,以高度的责任心和热情的服务,优质高效地完成运动会的各项裁判工作;希望全体工作人员坚守工作岗位,严守工作职责,认真做好赛事宣传,为本次运动会提供一流的服务,为全体运动员做好安全保障。

最后,预祝本届运动会取得圆满成功,祝各位参赛运动员取得优异的成绩!

谢谢!

2. 闭幕词

闭幕词是一些大型会议结束时由有关领导人或德高望重者向会议所作的讲话,具有总结性、评估性和号召性。

闭幕词的特点:一是具有评估性,即要求对整个会议作出总的评价,恰当肯定会议的重要成果,正确评估会议的影响,从而激励与会人员的斗志,增强其贯彻会议精神的信心与决心;二是具有总结性,通常要概括会议的进程,如完成了哪些议题,做了哪几件事情,每项议题、每件事情又有什么重要意义和作用,与会者提出了哪些正确意见和合理化建议以及今后的任务是什么,会后怎样贯彻会议精神等,使与会人员对会议有更加全面、深刻的了解和掌握,以便会后更加全面、正确、充满信心地贯彻会议的主要内容和会议精神。

闭幕词的结构,一般由首部、正文和结束语三个部分组成。正文开头部分简要说明大会的经过,是否圆满完成了预定的任务。主体部分是闭幕词的核心部分,通常包括以下三个方面内容:第一是对大会进行概括、总结,概述会议的基本情况以及会议通过的主要事项和基本精神;第二是恰当地评估会议的收获、意义以及会议的深远影响;第三是向与会人员提出贯彻会议精神的基本要求。

【例文2】

在田径运动会闭幕式上的讲话

全体运动员、裁判员、老师们、同学们:

下午好!××××大学第××届田径运动会,在全体运动员、裁判员、大会工作人员的共同努力下,圆满完成了各项比赛任务,取得了预期效果,即将落下帷幕。在此,向在本次运动会中取得优异成绩的集体和个人表示热烈的祝贺!向在本届运动会中尽职尽责、辛勤工作的全体裁判员和工作人员表示衷心的感谢!

本届运动会在承办部门的精心组织和科学安排下,赛项丰富、师生参与度高,赛程有序、比赛成绩喜人。大赛共分为×个大项,××个小项,共计××余名运动员(××人次)参赛。经过激烈的角逐,有×个班级获得竞技团体奖,×个班级获得竞赛文明奖,××人次获得个人奖项。其中,×××在男子甲组铅球5kg级比赛中以12米22的成绩获得冠军,并打破2016年创造的铅球5kg级校记录。×××在男子甲组200米比赛中,以23秒59的成绩获得冠军,打破了我校男子200米的校记录。

本届运动会,也是学校首次创新组织方式和呈现形式,比如以系为单位组织代表队入场,各代表队自行确定入场展示形式,有英姿飒爽的国旗护卫队、活力四射的开场健身操,还有憨态可掬的运动吉祥物,等等,各种效果呈现,更加体现了青年学生的青春激情和蓬勃朝气。三天的时间,师生共同展现了积极向上的良好精神风貌和追求卓越的品格,挥洒了火热的激情,展示了无限的青春。今后,我们还将继续创新组织形式,扩大师生的参与度,让更多的师生感受到运动的快乐。

希望全体师生在今后的学习和生活中,永远保持运动会中这种永不服输,勇往直前的精神品质;认真贯彻落实教育部、团中央关于阳光体育运动的要求,坚持锻炼,强身健体,不断提升综合素质,为在今后更加激烈的竞争中赢得胜利打好基础。

最后,祝愿全体师生员工拥有健康的身体、美好的心情、健康的心理、充沛的精力,在人生的赛场上赢得更多的幸福和成功。

现在,我宣布,××××大学第××届田径运动会闭幕!谢谢大家!

(二)讣告、悼词

讣告是报丧的传统文书,一般由死者家属或单位的治丧委员会通过张贴或传媒等方式将人死的消息和追悼的仪式告诉亲朋好友。

讣告的语言要求准确、简练、严肃、郑重。时代变化了,有些带有极强书面语味道的词语,在行文时应淘汰,如应该用"先父"、"先母"代替过去的"先考"、"先妣"。讣告的用纸,依据我国的传统,忌用红色,一般用白纸、上书黑字即可。一般性讣告需在告别仪式之前尽早发出,以便死者亲友及时地做出必要的安排和准备,如备花圈、写挽联等。

讣告的一般格式内容如下:

(1)标题。写"讣告"即可。

(2)死者的姓名、身份、逝世时间、地点、原因、终年寿命。

(3)死者生平(可有可无)。

(4)葬礼举办时间、地点。

(5)联系情况。

(6)讣告发出者。

【例文3】

讣 告

父亲大人×××,因病久治不愈,于公元2018年1月2日晚上7时在医院抢救无效,不幸与世长辞,享年90岁。现定于2018年1月6日上午10时30分在××殡仪馆20号厅举行追悼仪式。

丧委员会设于广州×××路×号,负责人:×××,联系电话:×××。

儿子:张×× 妻:××× 孙男:张××

泣告

2018年1月3日

（三）致辞

致辞是人们在特定场合中,如在迎送宾客、重大节日、重要会议、开业典礼等活动仪式或集会上,宾主双方或一方所发表的表示欢迎、感谢、祝贺等的一种礼仪讲话,主要作用是传递信息,了解情况;交流感情,增进友谊;营造环境,活跃气氛。

致辞包括节日致词如元旦致辞、春节致辞、五一劳动节致辞等;庆典活动致辞如重大工程建设奠基、竣工典礼致辞等;会议致辞;欢迎辞、欢送辞、答谢辞;宴会祝酒辞;文体活动致辞如文艺活动致辞、联欢活动致辞、体育活动致辞等。

1. 会议致辞

会议致辞主要用于各类交流会、汇报会和培训会,一般包括"标题、称呼、正文、结尾"四部分内容。顶格写称呼,称呼后用冒号,称呼要讲究礼仪。如果对象是一个群体,就要根据具体情况加以称呼,还要在称呼前加上表示亲切或敬意的修饰词,如"尊敬的各位领导、同志们";如果有来宾要写"尊敬的各位领导、各位来宾、同志们、朋友们"。如果主宾中有市局的某位局长或副市长、市长及市级以上的领导,要用尊称,即在姓氏后加上职务、职称,还要在主宾姓名前加上表示亲切或敬意的修饰词,如"尊敬的××市长、尊敬的××局长"。正文开头部分对客人表示热烈欢迎、诚挚的问候和致意或感谢,中间部分具体介绍相关情况,最后结合本次会议主题,介绍分项工作开展情况和取得的成绩。结尾一般写成"最后,预祝××会议圆满成功! 祝各位领导、同志们,身体健康、工作顺利、万事如意! 谢谢大家!"

2. 庆典仪式致辞

庆典仪式致辞主要用于重大工程项目的奠基、竣工、投产等活动仪式,一般包括标题、称呼、正文、结尾四个部分的内容。正文第一部分,即开头部分。可以写"××工程建设是我县经济生活(政治生活)中的一件大事、喜事,谨代表县委、县政府对××工程的奠基或竣工仪式的举行表示热烈庆祝,对前来参加仪式的各位领导和来宾表示感谢,对工程建设单位和施工工人表示感谢",等等。结尾部分,如果是奠基仪式,一般写成"最后,祝××工程早日建成投入运营! 祝各位领导、各位来宾身体健康,万事如意! 谢谢大家";如果是竣工仪式,一般写成"希望××项目单位创新思路,为促进××发展而努力奋斗"。

（四）贺信（电）

1. 贺信（电）的含义和用途

贺信是表示庆贺的一种专用书信。它是从古代的祝辞演变而来的。今天,贺信已经成为领导机关、领导人、单位、团体或个人表彰、赞扬、庆贺某单位、某团体或某个人在某方面所做贡献的重要形式,或用以表示慰问。

2. 贺信（电）的特点

（1）祝贺性:恭贺对方,为对方取得成就增加喜庆气氛,增进相互间的感情。

（2）信电性:通过人工投递或电子邮件,送抵受贺者。

3. 贺信(电)的类型

贺信(电)一般可分为两类:单位贺信(电),个人贺信(电)。

4. 贺信(电)的结构和写法

贺信(电)的格式与普通书信相同,一般包括标题、称呼、正文、结尾、落款五个部分。

1) 标题

标题常见的写法有3种:只写"贺信"或"贺电"二字;写由谁发出的贺信(电),如"××公司贺信(电)";写谁给谁的贺信(电),如"××协会给××公司的贺信(电)"。

2) 称呼

顶格书写受文单位名称或个人姓名,后缀职务、职称或"先生""女士""小姐"。祝贺会议则写会议名称。

3) 正文

(1) 开头:用简练的语言写祝贺之由,并表示祝贺,如"值此……之际,谨代表……向……表示热烈祝贺"。

(2) 主体:根据受文对象的不同,主体的内容与措词有所区别。祝贺取得成绩的贺信(电),主体要充分肯定和热情颂扬对方所取得的成绩,述评取得成绩的原因及意义,表示向对方学习,或提出希望;祝贺会议贺信(电),主体侧重说明会议召开的意义和影响;祝贺领导履新贺信(电),主体侧重祝愿对方在任期内取得新成就,并祝愿双方友谊加强。

4) 结尾

结尾可再次写祝愿、鼓励和希望方面的话。可不另写结尾。

5) 落款

5. 注意事项

内容要实事求是,评价、颂扬和祝贺要恰如其分。语言要简练流畅,篇幅力求短小精悍。感情热烈真挚,发自内心。

【例文4】

贺信

××大学全体教职员工:

值此贵校建校六十六周年×××堂落成剪彩之际,××市委、××市人民政府谨向你们致以热烈的祝贺和诚挚的问候!

××大学是一所具有光荣历史的高等学府,在六十多年的峥嵘岁月中,不断开拓进取,奋发向上,培养和造就了千百万各行各业的优秀人才,为振兴祖国的教育事业,扩大国际文化交流,为社会主义物质文明和社会主义精神文明建设做出了杰出的贡献,为世人所瞩目,蜚声海内外。在此喜庆的日子里,我们衷心祝愿贵校继往开来,年年桃李,岁岁芳菲。

×××先生一贯爱国爱乡,鼎力支持家乡的文化教育、体育等各项公益事业,兴学育材,造福桑梓。××大学×××堂的落成,是先生拳拳赤子心、殷殷故乡情的又一生动体现。它

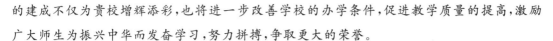

的建成不仅为贵校增辉添彩,也将进一步改善学校的办学条件,促进教学质量的提高,激励广大师生为振兴中华而发奋学习,努力拼搏,争取更大的荣誉。

祝盛会圆满成功!

中共××市委

××市人民政府

××××年×月×日

【提示】

上文是格式规范的贺信。正文前有问候,后有祝颂。正文表达了祝贺的目的,其中有两层意思,第一层是祝贺××大学六十六周年校庆;第二层是祝贺××大学×××堂的落成。祝贺的内容清楚,感情充沛,行文流畅,读来朗朗上口。然而仔细斟酌,行文与用语亦有不妥之处:贺信称呼为两方,内文也有两层意思,故行文和用语都应注意两者兼顾。"贵校"虽为敬辞,但非仅对一方行文,故应仍直称"××大学";正文开头句说联合结构的两件事,应在其间加顿号或"暨"字,以免生含混不清之嫌。"在六十多年的峥嵘岁月中","峥嵘"用得不妥,如找不到适当的词,就说"六十多年来"。造就了"千百万"人才,太过夸大,改为"万千"较好。

【思考与练习】

今年十月一日是××软件公司成立十周年纪念日。该公司是一家注重自力更生、艰苦创业的公司,不但在游戏软件开发方面取得了重大成就,而且培养了大批人才。多年来,该公司为×××游戏公司培训了大量的技术人员。

试根据以上材料,以新天地游戏公司总经理的名义给××软件公司员工发一份祝贺对方十周年庆典的贺信。要求格式规范,语言简练,符合写作的要求。字数不超过300字。

模块四
艺术鉴赏

第二十章 书法艺术与鉴赏

一、书法艺术

（一）书法概说

世界上各民族的文字，概括起来有三大类型，即表形文字、表意文字、表音文字。汉字则是典型的在表形文字基础上发展起来的表意文字。象形的造字方法即把实物画出来，不过画图更趋于简单化、抽象化，成为突出实物特点的一种符号，代表一定的意义，有一定的读音……

近代经过考证，关于中国文字起源，贾湖遗址文化已出现了原始文字性质的符号，距今8000—9000年，早于安阳殷墟的甲骨文卜辞4000多年，是迄今为止人类所知最早的文字雏形。

中国的书法艺术兴始于汉字的产生阶段，"声不能传于异地，留于异时，于是乎文字生。文字者，所以为意与声之迹"。书法艺术的第一批作品不是文字，而是一些刻画符号——象形文字或图画文字。汉字的刻画符号，首先出现在陶器上。最初的刻画符号只表示一个大概的混沌的概念，没有确切的含义。

书法为中国文化的独特表现艺术，被誉为"无言的诗，无形的舞；无图的画，无声的乐"。书法是汉字的书写艺术。它不仅是中华民族的文化瑰宝，而且在世界文化艺术宝库中独放异彩。汉字在漫长的发展演变的历史长河中，一方面起着思想交流、文化继承等重要的社会作用，另一方面它本身又形成了一种独特的造型艺术。

我们的汉字，从图画、符号到创造、定型，由古文大篆到小篆，由篆而隶、楷、行、草，各种形体逐渐形成。在书写应用汉字的过程中，逐渐产生了世界各民族文字中独一的、可以成为独立门类的书法艺术。

（二）文房四宝

中国的用具，不少独具一格，它们既表现了中华民族不同于其他民族的风俗，又为世界文化的进步和发展做出了贡献。其中最典型的是被称为"文房四宝"（见图20-1）的书写工具：笔、墨、纸、砚。

图 20-1　文房四宝

笔，指毛笔，是古代中国与西方民族用羽毛制作的独具特色的书写、绘画工具。当今世界上虽然流行铅笔、圆珠笔、钢笔等，但毛笔却是替代不了的。据传毛笔为蒙恬所创，因此至今被誉为毛笔之乡的河北衡水侯店和浙江湖州善琏每逢农历三月初三，如同过年，家家包饺子，饮酒庆贺，纪念蒙恬创毛笔。自元代以来，浙江湖州生产的具有"尖、圆、健"特点的"湖笔"成为全国最著名的毛笔品种之一。

墨，指黑墨，是书写、绘画的黑色颜料。唐代制墨名匠奚超、奚廷珪父子制的好墨，受南唐后主李煜的赏识，全家赐国姓"李氏"，从此"李墨"名满天下。宋时李墨的产地歙县改名为徽州，"李墨"改名为"徽墨"。

纸，指宣纸，是中国的一个伟大发明。世界上纸的品种虽然以千万计，但宣纸仍然是供毛笔书画用的独特的手工纸。宣纸质地柔韧、洁白平滑、色泽耐久、吸水力强，在国际上享有"纸寿千年"的声誉。

砚，指砚台，是中国书写、绘画研磨色料的工具。汉代时砚已流行，宋代则已普遍使用，明、清两代品种繁多，出现了被人们称为"四大名砚"的洮河砚、端砚、歙砚和澄泥砚。古代中国文人对砚十分重视，不仅终日相随，而且死后还用之殉葬。

二、书法艺术鉴赏

中国书法，是以汉字为载体，书写汉字的抽象视觉艺术，其艺术内涵蕴藏在墨迹的笔墨情趣与字体形态的变化之中。

如何欣赏书法？

书法欣赏，是通过视觉对书法的感应来领略其中趣味的过程，从中得到美的享受。这种享受，要通过视觉感应和意识联想来完成。由于不同的人有不同的感应、不同的联想，所以每个人的感受是不同的，它取决于一个人对书法的认知程度以及学识和阅历的积累。

欣赏书法犹如品味食物，任何一种食物都有它的形、色、味。形和色是外在的，而味是内在的，只有亲口尝一尝才会知道它的真味。书法就好比一种食物，作品中的字和构成字的点画线条，就像食物的形和色，是外现的；而它的"味道"是内含的，这种内含的"味道"就是书法中的笔墨情趣，要想享受它的"味道"就需要品尝，这种品尝的过程就是欣赏。食物有苦、辣、酸、甜等不同的味道，品尝后会有不同的感受，欣赏书法也是如此。

书法的审美标准：书法欣赏的审美标准，是正确进行书法欣赏的基础；掌握书法欣赏的方法，是进行书法欣赏的关键。

南朝书法家王僧虔在《笔意赞》中说："书之妙道，神采为上，形质次之，兼之者方可绍于古人。"这里强调以形写神，形神兼备。

一般地说，"形"包括点画线条以及由此而产生的书法空间结构；"神"主要指书法的神采意味。

（一）书法的点画线条

书法的点画线条具有无限的表现力，它本身抽象，所构成的书法形象也无所确指，却要

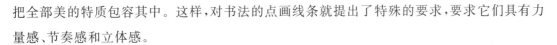

把全部美的特质包容其中。这样,对书法的点画线条就提出了特殊的要求,要求它们具有力量感、节奏感和立体感。

1. 力量感

点画线条的力量感是书法美的要素之一。它是一种比喻,指点画线条在人心中唤起力量的感觉。早在汉代,蔡邕《九势》就对点画线条作出了专门的研究,指出"藏头护尾,力在字中","令笔心常在点画中行","点画势尽力收之"。要求点画线条要深藏圭角,有往必收,有始有终,便于展示力度。需要注意的是,我们强调藏头护尾,不露圭角,并不是说可以忽略中间行笔。中间行笔必须取涩势中锋,以使点画线条浑圆淳和,温而不柔,力含其中。但是,点画线条的起止并非都是深藏圭角不露锋芒的(大篆、小篆均须藏锋)。书法中往往根据需要藏露结合,尤其在行草书中,千变万化。欣赏时,既要注意起止的承接和呼应,又要注意中段是否浮滑轻薄。

2. 节奏感

节奏本指音乐中音符有规律的高低、强弱、长短的变化。书法由于在创作过程中运笔用力大小以及速度快慢不同,产生了轻重、粗细、长短、大小等不同形态的有规律的交替变化,使法的点画线条产生了节奏。汉字的笔画长短、大小不等,更加强了书法中点画线条的节奏感。一般而言,静态的书体(如篆书、隶书、楷书)节奏感较弱,动态的书体(如行书、草书)节奏感较强,变化也较为丰富。

3. 立体感

立体感是中锋用笔的结果。中锋写出的笔画,"映日视之,画之中心,有一缕浓墨,正当其中,至于折处,亦当中无有偏侧"。这样,点画线条才能饱满圆实,浑厚圆润。因而,中锋用笔历来很受重视。但是,我们不难发现,在书法创作中侧锋用笔也随处可见。除小篆以外,其他书体都离不开侧锋。尤其是在行草书中,侧锋作为中锋的补充和陪衬,更是随处可见。

(二)书法的空间结构

书法的点画线条在遵循汉字的形体和笔顺原则的前提下,交叉组合,分割空间,形成书法的空间结构。空间结构包括单字的结体、整行的行气和整体的布局三部分。

1. 单字的结体

单字的结体要求整齐平正,长短合度,疏密均衡。这样,才能在平正的基础上注意正欹朽生,错综变化,形象自然,于平正中见险绝,险绝中求趣味。

2. 整行的行气

书法作品中字与字上下(或前后)相连,形成"连缀",要求上下承接,呼应连贯。楷书、隶书、篆书等静态书体虽然字字独立,但笔断而意连。行书、草书等动态书体可字字连贯,游丝牵引。此外,整行的行气还应注意大小变化、欹正呼应、虚实对比,以及由此而产生的节奏感。这样,才能使行气自然连贯,血脉畅通。

3. 整体的布局

书法作品中集点成字、连字成行、集行成章,构成了点画线条对空间的切割,并由此构成了书法作品的整体布局。一般而言,书法作品的整体布局要求字与字、行与行之间疏密适宜;计白当黑;平整均衡,欹正相生;参差错落,变化多姿。其中,楷书、隶书、篆书等静态书体以平正均衡为主;行书、草书等动态书体变化错综,起伏跌宕。

(三)书法的神采意味

神采本指人面部的神气和光彩。书法中的神采是指点画线条及其结构组合中透出的精神、格调、气质、情趣和意味的统称。"神采为上,形质次之,兼之者方可绍于古人",说明神采高于形质(点画线条及其结构布局的形态和外观),形质是神采赖以存在的前提和基础;因此,书法艺术神采的实质是点画线条及其空间组合的总体和谐。追求神采、抒写性灵始终是书法家孜孜以求的最高境界。

书法中神采的获得,一方面依赖于创作技巧的精熟(这是前提和基础);另一方面,只有创作心态恬淡自如,创作中心手双畅,物我两忘,才能写出真情至性,才能融进自己的知识修养和审美趣味。

(四)书法欣赏的方法

书法欣赏同其他艺术欣赏一致,需要遵循人类认识活动的一般规律。书法艺术的特殊性,又使书法欣赏在方法上表现出独特性。一般地说,我们可以从以下几个方面进行。

(1)从整体到局部,再由局部到整体。

书法欣赏时,应首先统观全局,对其表现手法和艺术风格有一个大概的印象。进而注意用笔、结字、章法、墨韵等局部是否法意兼备,生动活泼。局部欣赏完毕后,再退立远处统观全局,校正首次观赏获得的大概印象,重新从理性的高度予以把握。在运用此方法过程中,注意书法作品艺术表现手法与艺术风格是否协调一致,作品何处精彩、何处尚有不足,从宏观和微观两方面充分地进行赏析。

(2)把静止的形象还原为运动的过程,展开联想。

书法作品作为创作结果是相对静止不动的。欣赏时应按照作者的创作顺序,采用"移动视线"的方法,依作品的前后(语言、时间)顺序,想象作者创作过程中用笔的节奏、力度以及作者感情的不同变化,将静止的形象还原为运动的过程。也就是模拟作者的创作过程,正确把握作者的创作意图、情感变化等。

(3)从书法形象到具体形象,展开联想,正确领会作品意境。

在书法欣赏过程中,应充分展开联想,将书法形象与现实生活中相类似的事物进行比较,使书法形象具体化。再由与书法形象相类似事物的审美特征,进一步联想到作品的审美价值,从而领会作品意境。如欣赏颜真卿楷书,可将其书法形象与"荆卿按剑,樊哙拥盾,金刚嗔目,力士挥拳"等具体形象类比联想,从而可以得出体格强健、有阳刚之气、富于英雄本色、端严不可侵犯的特征,由此联想到颜真卿楷书端庄雄伟的艺术风格。

(4) 了解作品创作背景,正确把握作品的情调。

任何一件书法作品都是某种文化、历史的积淀,都是特定历史文化背景下的产物。因而,了解作品的创作背景(包括创作环境),弄清作品中所蕴含的独特的文化气息和作者的人格修养、审美情趣、创作心境、创作目的等,对于正确领会作者的创作意图,正确把握作品的情调大有裨益。不论是作者的人格修养、创作心境,抑或是创作环境,都对作品情调有相当的影响。加之书法作品受特定时代的书风和审美风尚的影响,更使书法作品折射出多元的文化气息。这无疑增加了书法欣赏的难度,同时更使书法欣赏妙趣横生。

总之,书法欣赏过程中受个性心理的影响,欣赏的方法没有一个固定的模式。以上所述仅是书法欣赏的几种方法,欣赏过程中可以将它们交替使用。另外,欣赏过程中还必须综合运用各种书法技能、技巧和书法理论知识,极大限度地挖掘自己的审美评价能力,尽力按作者的创作意图体味作品的意境;努力做到赏中有评、评中有赏,并将作品放在特定的历史环境中考察,对作品作出正确的欣赏和公正、客观的评价。当然,掌握了正确的欣赏方法以后,多进行欣赏,是提高欣赏能力的重要途径。扬雄谓,"能观千剑,而后能剑;能读千赋,而后能赋",说的正是这个意思。

(五) 书法作品欣赏要点

(1) 看笔法,感受力量、技巧、节奏和速度的美。

看笔法,是看笔力、用笔技巧、书写节奏和速度。笔力,是指对毛笔的掌控能力,能力强,则下笔果断,挥洒自如,不抖不飘,点线笔画硬朗,力透纸背。技巧,是指在书写过程中,中锋、偏锋、侧锋、顺锋、逆锋等笔法的转换运用。技巧运用得好,笔画变化多端,异彩纷呈;否则,笔画就会单调无趣。节奏,是指提、按的节奏运用。提、按是决定笔画粗细变化的手段,运用灵活且不失法度,就会出现:轻重、缓疾、抑扬、顿挫等类似音乐一样的律动节奏,借此增强律动感。速度,是指书写速度。书写,是一个动态行为,但不是匀速运动,需要时快时慢,快慢相间,太快则浮躁,太慢则少神。通过对作品进行观察、剖析、品味,我们可以在墨迹留下的书写信息中,获得更多的联想和美的享受。图 20-2 所示为明·张瑞图草书《后赤壁赋》局部,可见书法大家的笔法之美。

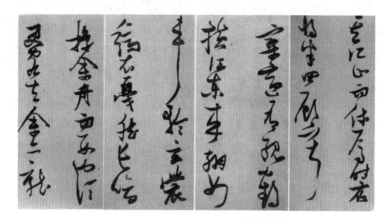

图 20-2　明·张瑞图草书《后赤壁赋》局部

(2) 看墨法，领略水墨交融的墨色、墨韵情趣。

看墨法，就是看留在纸上的笔迹墨痕，书法的笔墨情趣就蕴藏其中。水墨与宣纸接触后，水墨交融，产生自然的融合机理，我们称之为墨韵或墨趣，这种墨趣会使人浮想联翩。墨用得好，墨色黑晕，不焦不躁，笔画清晰，墨趣横生；否则，或枯或胀，枯处干涩，胀处字迹模糊，甚至字迹无存。图20-3所示为书法示例，可见不同字体蕴含的墨法也不同。

书法. 碑拓　行书温庭筠诗《利州南渡》
此碑现存江苏新沂碑林

书法. 碑拓　金文诸葛亮《诫子书》摘句
"非学无以广才，非志无以成学"
此碑现存辽宁海城市图书馆

图20-3　书法示例

(3) 看章法，感受清新舒适的空间。

看章法，是看整幅作品的空间布局。章法好的书法作品，字与字之间，行与行之间，字与行之间、笔画之间,留白得体,布局疏密得当,令人赏心悦目,给人以清新舒适之感。否则,布局太密,会给人以郁闷、烦躁之感;布局太疏,又会让人觉得空洞涣散。图 20-4 所示的宋·米芾行书《苕溪诗帖》局部就让人看到书法中的章法之美。

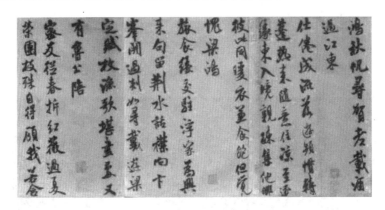

图 20-4　宋·米芾行书《苕溪诗帖》局部

(4) 看字体形态,感受千姿百态的造型。

看字体形态,就是看作品中的每一个字的间架结构、笔画的形体、方向特征是否合乎汉字的构成规律。一件好的书法作品,其字形有适度的夸张,且要夸张得体;笔画间距疏朗,使得字形舒展开张。汉字的笔画有多有少,多者体态丰腴,少者体态枯瘦。字体结构又有独体、复合、左右、上下、上中下、左中右等。其中,左右结构的形态宽而矮,上下结构的形态窄而高。各种结构的字体形态因势而造,千姿百态,形态各异,美不胜收。图 20-5 所示的西周·金文《大盂鼎》就充分展现了书法作品中的字体形态之美。

图 20-5　西周·金文《大盂鼎》

(5) 看笔兴,感受情绪、兴致与气息的快感。

看笔兴,是看作者书写时的情绪、兴致和精神状态。笔兴,说起来很抽象,但是,在字迹中能够察觉到。情绪饱满状态下写的字,行笔流畅,挥洒自如,上下呼应,气息连贯,一气呵成。笔兴好,情绪激动,创作欲望强烈,挥毫泼墨一气呵成,墨迹中蕴藏着行云流水般的意境。否则,就会让人感到行笔滞涩,造作拘谨,气息中断,致使行气欠佳。图 20-6 所示的汉·张芝草书《终年帖》就可以让我们充分感受到书法作品中的笔兴之美。

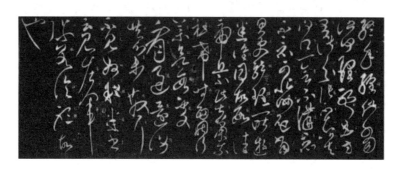

图 20-6　汉·张芝草书《终年帖》

(6) 看格调,感受气质与品位的内涵。

看格调,就是看气质。气质,是一个无形的抽象的概念,需要有一定书法修养的人才会感悟到的一种内涵,不同的人会有不同的感觉。书法的格调气质蕴藏在书法作品的点画之间,书写流畅、大胆豪爽,用笔自然朴素、收放适度、字体形态夸张得体,就会给人以朴素大方、气宇轩昂的感觉,这样的书法作品气质、格调高雅。否则,就会显得扭捏造作、庸俗小气。

上述欣赏要点,只是感观层面上的理性认识,在这里无法详尽讲解欣赏过程中的联想成分,因为每个人的意识联想有所不同,不能把个人主观的联想意识强加于他人。总之,我们在欣赏书法的过程中,要从多方面、多角度去观察,不仅要感受作品外现的表象美,也要兼顾内涵的美;既要感受具象的表现,也要感受抽象的内涵,只有这样才会得到更深刻、更全面的艺术享受。

【书法作品欣赏】

《兰亭序》(见图 20-7)凡三百二十四字,每一字都被王羲之创造出一个生命形象——有筋骨血肉完足的丰躯,且被赋予各自的秉性、精神、风仪:或坐、或卧、或行、或走、或舞、或歌,虽尺幅之内,群贤毕至,众相毕现。王羲之智慧之富足,不仅表现在异字异构,而且更突出地表现在重字的别构上。序中有二十多个"之"字,无一雷同,各具独特的风韵。

【思考练习】

请以你看过并喜爱的一个书法作品为例,谈谈如何欣赏书法作品。

永和九年，岁在癸丑，暮春之初，会于会稽山阴之兰亭，修禊事也。群贤毕至，少长咸集。此地有崇山峻岭，茂林修竹；又有清流激湍，映带左右，引以为流觞曲水，列坐其次。虽无丝竹管弦之盛，一觞一咏，亦足以畅叙幽情。是日也，天朗气清，惠风和畅，仰观宇宙之大，俯察品类之盛，所以游目骋怀，足以极视听之娱，信可乐也。夫人之相与，俯仰一世，或取诸怀抱，悟言一室之内；或因寄所托，放浪形骸之外。虽趣舍万殊，静躁不同，当其欣于所遇，暂得于己，快然自足，不知老之将至；及其所之既倦，情随事迁，感慨系之矣。向之所欣，俯仰之间，已为陈迹，犹不能不以之兴怀，况修短随化，终期于尽。古人云：死生亦大矣，岂不痛哉！每揽昔人兴感之由，若合一契，未尝不临文嗟悼，不能喻之于怀。固知一死生为虚诞，齐彭殇为妄作。后之视今，亦犹今之视昔，悲夫！故列叙时人，录其所述，虽世殊事异，所以兴怀，其致一也。后之揽者，亦将有感于斯文。

晋王羲之兰亭序
岁在戊寅孟春钟鸣路书黄山

图 20-7　王羲之《兰亭序》

第二十一章　绘画艺术与鉴赏

一、绘画艺术

（一）绘画概说

绘画与建筑、雕塑共同称为造型艺术，它们都与形有关，都有视觉形象。

绘画不同于雕塑、建筑的特征是其在平面上造型（实体平面性），它是在二维平面上塑造艺术形象的造型艺术，可以说它是平面的空间艺术——即虚拟空间，可以称之为视觉空间艺术。绘画是运用线条、形体、色彩、明暗、笔触等造型语言在二维平面上塑造艺术形象，以表达人的思想感情的艺术。画家在平面的材料（如画布、画纸、墙面等）上进行描绘，通过描绘，画家创造了一个视觉空间，即画面上的形象构成了与现实生活有一定联系的，但却是视觉上的，也即虚幻的空间。由于画家表现的内容和艺术风格不尽相同，绘画作品呈现出的空间面貌也各具特点。当画家较多地依据所见的真实景物进行描绘时，画面上的形象在形体、质地、空间位置等方面都有较强的真实感；当画家侧重于表现主观感受或侧重于艺术语言自身的形式，如强调线条的运动趋势、色彩的自身表现力时，画面上的形象就与真实的景物相去较远，感人的只是形象所呈现出的艺术形式。但是，无论绘画中形象的真实感如何，绘画的真实已不是我们面对的生活的真实。画家在创作时，融入了他的情感，绘画中的形象实际上是一种情感的符号。因而，无论画面上是人物，或是风景、静物，只要具有独特的艺术风貌或情境，它就能引发欣赏者的联想或想象，就能直接撞击欣赏者的心扉，使其产生共鸣。

人类从事绘画创作活动的历史可以上溯到远古时代。当原始人还居住在洞穴里的时候，他们就用绘画表达自己对外部世界的认识和感受。距今两万多年的洞穴壁画、数千年前的彩陶上的图案和形象，都是人类早期绘画的例证。随着社会的发展，绘画材料逐渐从简单到多样，绘画的种类也随着不同的艺术功能要求而丰富起来。人们生活的空间由于绘画的装点，呈现出多彩的面貌。一幅优秀的绘画作品，不仅具有铭史纪实、展现生活中人物和景象的意义，而且给予人们强烈的艺术感染，帮助人们理解社会、历史和人生。陈列在博物馆、美术馆、画廊的历史杰作，描绘在建筑物上、生活用具上的图像，各种书籍、杂志、报纸上绘画作品的印刷品……无不吸引着人的视线，也影响着人的心灵。

（二）绘画的两大体系

中国水墨画（中国画）和欧洲油画（西洋画）是东西方两大绘画体系的代表。从总体上说，它们在创造与审美上有同一性，也有差异性。对中国水墨画的欣赏，可从不同的种类出发，领悟山水、花鸟、人物画的特征；对欧洲油画的欣赏，应从历史的角度了解从古典油画到近现代油画主题与风格的流变，建立起衡量画作的标尺。

1. 中国水墨画

中国画是中国传统绘画的统称。从广义上说,中国画包括中国传统绘画的各种类别,但我们所说的中国画通常是指以水为调和剂,以墨为主要颜料的一类,又称水墨画、彩墨画。中国画表现出变化无穷的线条情趣,以墨代色则表现了中国画独具特色的丰富的艺术表现力。

2. 欧洲油画

油画可以说是世界绘画艺术中最有影响力的画种。油画是以油为调和剂调和的颜料,在经过制作的不吸油的平面上描绘而成的绘画。其特点是颜料色彩丰富鲜艳,能够充分表现物体的质感、量感,能够传达物象所处空间的光线、色调和气氛,使描绘对象逼真可信,具有很强的艺术表现力。

3. 中西绘画的区别

(1) 中国水墨画:以大观小,天人合一,气韵生动,被称为"心灵的眼睛"。

(2) 欧洲油画:使用透视法,科学数学,注重写实,被称为"真实的眼睛"。

(三) 绘画的种类

绘画的种类很多,也有不同的分类方式。根据绘画所使用的工具材料分类,可分为素描、油画、水彩画、水粉画、水墨画、版画、壁画等;根据绘画所表现的内容或对象分类,可分为历史画、风俗画、肖像画、风景画(山水画)、花鸟画、静物画等;还可以根据国家或民族的文化传统分类,如中国画、日本画等。在这许多种类中,有几种是大家比较熟悉的,也是欣赏中常见的,有必要作简单的介绍。

1. 油画

油画是以油为调和剂调和颜料,在经过制作的不吸油的平面上描绘而成的绘画。对于我国来说,油画是外来画种,有人称之为"西洋画",即它发明并流行于西方(主要是欧洲)。油画产生的确切时间至今未定。15 世纪以前,欧洲的绘画材料是矿粉质颜料,用胶水或蛋清调和。大约在 15 世纪,尼德兰画家凡·艾克史弟通过大量实验,发现运用亚麻仁油调料作画,效果更佳,调好的颜料不易干固,可以层层重叠,画好后又不易褪色,有经久的新鲜感。这种技法很快传到意大利等国,经过许多画家的实践后更加完善,油画由此成为西方的主要画种。

在照相机未发明的时代,具有很高写实性能的油画是留影千古的主要手段。油画能够传达出物象形体的质感、量感,能够传达物象所处空间的光线、色调和气氛。油画家或用宏大的构图复现帝王征战、君主加冕、宗教庆典等壮观场面,或写风景、静物以及日常生活风情于小幅图画中,至于肖像,更是油画家的擅长。从油画被发明至今,不过六百余年,但保存下来的油画作品却难以计数。我国大约在清代中叶,油画技法传入,后来逐渐形成独立的画种。时至今日,我国油画已得到了很大发展。

2. 中国画

中国画是中国传统绘画的统称。就材料而言，西方的油画不存在国别之异，所以人们一般不称英国画、法国画，而具有悠久历史的中国绘画在东方形成了独立体系，中国画因之得名。从广义上说，中国画包括中国传统绘画的各种类别，但通常指的是以水为调和剂，以墨为主要颜料的一类，又可称水墨画或彩墨画。中国画的工具、材料为我国特有的笔、墨、纸、砚和绢素。其中宣纸可分为熟、生两种：熟宣适于层层敷染墨和彩，用熟宣创作的画往往称为工笔重彩画；生宣具有较强的吸水性，笔触纸面即形成水墨或色彩的痕迹，适合以写意的方式表现物象。中国画的另一特色是使用毛笔，比起油画笔，毛笔具有特殊的效能，它能自由地勾画出线条。中国画以线条为主要造型手段，通过线条粗细、顿挫、方圆、疾徐、转折等变化，表现物象的形体和质感。在水墨一体的中国画中，墨色基本代替了彩色，通过布墨的皴擦点染、干湿浓淡等变化，塑造体形，烘染气氛。

3. 壁画

壁画是绘制在土、砖、木、石等各种质地壁面上的绘画，所用绘制的颜料比较多样。保存至今的世界各地的壁画不仅证明它的产生年代极早，而且具有装点各类建筑，集记载历史、宣传教育与装饰审美为一体的特点。根据壁画所绘的场所，可分为殿堂、墓室、寺观、石窟等壁画。殿堂和墓室壁画多描绘历史人物及神话传说，并有生产、战争、社会习俗等场面，间有神灵异兽、山川花木、日月星云等图像；寺观、石窟壁画（在西方主要是教堂壁画）多描绘宗教故事。壁画的表现技法多样，各种材料都可以运用，典型的有油质、粉质、白描、堆金、沥粉等。壁画的画面主要依据建筑的要求而定。一般地说，场景恢弘、形象丰富、色泽鲜丽是它的基本特点，它往往与雕塑、建筑相关联，服务于建筑整体的构思，构成综合性的环境艺术。

4. 水彩、水粉画

水彩、水粉画是以水调和颜料创作的绘画，大多画于纸上。水彩画特别借助水对颜料的渗溶效果及纸的底色，产生画面的透明感及轻快、湿润的艺术特色。水粉画颜料有一定覆盖力，又易于被水稀释，可用干、湿、透明、厚积等不同表现方法作画，其特点兼有水彩的明快、油画的浑厚。当代的宣传画、广告画多采用水粉材料画成。

5. 版画

版画是在不同材料的版面上刻画形象后印制而成，它最大的特点是可以连续重复印制。由于版材的性质与刻印方式的不同可将版画分为若干品种，主要有木刻、铜版画、石版画等。木刻是常见的版画，在枣木、梨木或胶合板上刻去形象之余部分成凹版，留下有形象的凸版，用油质或水质颜料拓印于纸上。它一般有造型简括、明暗强烈、充满刀刻韵味的特点。铜版画是在铜版上用腐蚀液腐蚀出表现形象的凹线后印制而成，也有的直接用刀在铜版上干刻。铜版画比木刻细腻、层次丰富，主要以光影明暗效果为艺术特色。石版画是用特制的墨笔在石面上作画后进行化学处理，使墨笔画出的形象可以印制在纸面上。石版画也具有层次丰富、表现力较强的特点。与其他画种相比，版画作品的造型往往概括洗练，艺术风貌明快、单纯。

6. 素描

素描又称单色画,广义上是指以任意一种材料作单色的描绘,狭义上是指用铅笔、钢笔、木炭笔等在纸上绘出形象。它一般是画家的写生之作,即面对人物或风景描绘而成,是一种带有研究性的绘画基础训练作品,有时也指画家构思大幅创作过程中的草图。优秀的素描作品不仅是习作,而且具有独立的艺术价值。就写实的绘画来说,素描是造型的基础,有什么样的素描,就有什么样的油画或中国画,素描同样体现了画家的艺术观念和艺术表达方式。

7. 新画种

随着艺术观念的不断变化和科学技术的进步,新的工具、材料不断涌现,新的绘画品种也不断产生、如电脑绘画、全息影像绘画等。另外,绘画中还引入了实物拼贴、浮雕等手段,形成由综合材料制作的绘画。

二、绘画艺术鉴赏

(一)绘画语言

1. 线条

线条是绘画诸要素中最生动的部分,是画家从自然真实中抽取出的一种有抽象意味的语言。"西画的线条是抚摸着肉体、显露出凹凸,体贴轮廓以把握坚固的实体感觉;中国画则以飘洒流畅的线纹,笔酣墨饱,自由组织,暗示物象的骨骼、气势与动向。"(宗白华《美学散步》)线条的韵律支撑了全画的生机,尤其在以线造型为主的中国画中,线条是构成物象、表现画家情感的符号,也能给欣赏者以各种联想:中锋行笔的线条灵活富有弹性,似杨枝柳条;侧锋挫笔的线条干涩厚重,如松柏裂痕;线条呈波状起伏,给人优柔连绵之感;线条成方刚短促,造就坚挺硬朗之势……

2. 形体

形体在绘画中不仅指具体物象的形貌,还指这种形貌所暗示的情感倾向,如通常说的△表示稳定、平衡,□表示秩序、静态等。单独的形体已具有含意,几组形体之间形成的相互关系和趋势更造就了画面的情感倾向。画中形象不是冷冰冰的形体,而往往以它们的动态寓意传情,形体的写实性和象征性融合一体。所以,在欣赏时,对形体的感知能够帮助领略画作的内涵。

3. 色彩

色彩是绘画中最富情感性质的要素。色彩作用于人的感官,会产生心理效应,例如红色使人想起血与火、壮烈、勇敢,令人产生激奋与昂扬的情绪;蓝色唤起对星空、大海的遐想,令人产生宽广、舒缓之感。色彩能够形成扩张与收缩,前进与后退等倾向;也会激发悲哀、热烈、崇高等象征性联想。但是,一般人通常注意的只是物体的固有色,而不大注意色彩之间的相互影响与组合。在画家那里,色彩是被感觉到的,色彩关系比固有色更重要。比如描绘一片树林,不是只用一种近似树叶的绿色就可以画出来,而是要用许多种颜料调和成冷绿、暖绿、深浅不同的绿组成一个绿的色调,将树林处在空气中的形貌表达出来。作画需要色感,欣赏也需要色感,如同音乐中讲乐感,语言中讲语感一样。

4. 色调

与色彩相关的是色调。特别在油画中,色调是构成主题思想与意境的重要因素。一幅画上纵有千笔万笔不同的颜色,但必定有几种是主要的色彩,由它们构成色调,控制全幅,造就集中而丰富、统一又有变化的美。这就像交响乐一样,有主旋律始终活跃与贯穿在全曲之中。例如,画家列宾在创作《伊凡雷帝杀子》时,紧紧把握血的红色这一主调。那迷狂间杀死儿子的伊凡,捂着儿子受伤的头,血缓缓地从他的指缝里流出来,淌向皮肤、衣服、地毯。画面的殷红、暗红、紫红构成强烈的色调,烘托出强烈的悲剧氛围。

5. 动感

动感也是绘画中的重要因素,它既指通过构图和造型形成的某种感觉效果,又指涵盖其他因素形成的画面整体精神。古代中国论画将气韵生动列为第一要义,强调画面的活、生、畅,忌讳滞、板、僵,体现了注重绘画表达万物生命与生机的审美倾向,体现了"天行健,君子以自强不息"的积极的人生态度和对自然的认识。在许多油画中,人物处在运动的瞬间状态,欣赏时,从画面静态的形象可以联想人物或事件的前因后果,增加对所描述情节的领悟。

此外,在绘画中起作用的还有笔触、质感、体量感等因素。所有这些要素在一幅幅画中组成有机整体,有时艺术家会侧重地强调某种要素。有人把绘画艺术中的造型比作人的躯干,线条比作人的神经,色彩犹如血液,画家的情感即是灵魂,一件杰作就是一个以情感支配语言的艺术生命。

(二)绘画艺术鉴赏方法

绘画语言中的形、光、色、结构等要素都是具有审美感染力的表象符号,不同艺术家运用它们的方式不同,就产生出具有个性的不同艺术作品。因此,对于欣赏者而言,面对风格各异的作品,欲获得欣赏的愉悦,则需要掌握一定的知识与方法。概括而言,有以下几个方面。

(1)首先要多看,确立对绘画欣赏的自信心。

绘画的视觉空间特征决定了绘画欣赏的方式是看,因而提高绘画欣赏力的唯一方法也是看。但不少人有这样的体会:看到了作品,却觉得看不懂。可见怎样看画,怎样看懂画,是欣赏所要解决的问题。还有人体会到:欣赏一幅名作时心情兴奋不已,若有所悟,但欲将这种感觉用语言表达时,却觉得言不达意、零碎苍白,甚至无从言说。这说明欣赏过程是复杂的心理活动。与此相仿,介绍和指导欣赏也有文字转换为视觉形象的困难。即使是诗一般的文字也难以再现五彩缤纷的图画世界,对一幅画条分缕析,往往会影响甚至破坏了直观审美时所具有的综合体验。因而,关于绘画欣赏的理论只能起给人启发的作用。

在我国古代,有"观画之法,先观气韵,次观笔意、骨法、位置、敷染,然后形似"(元·汤垕《画鉴》)的说法。在西方,则有探究作品功用、印证文化背景、衡量写实程度及分析形式构成的四问法。前者讲的是看画主要看气——整个画面的生机活力,后者讲的是要注重作品的内容。这种审美标准和角度差异是在不同文化传统习惯中形成的。

（2）对绘画作品要以理解的态度加以品评。

不论是哪种流派、风格的，不论是第一眼喜欢或不喜欢的作品，我们在欣赏之前首先要拿出理解的态度。所谓理解，即设法了解作品产生的原因和背景、作者想要说的内容，以及作品的结构、形式、特征等，只有对这些真正理解了，与作者的作品在感情上进行了交流，我们才可能做出比较实事求是的判断。不论是欣赏还是批评，切忌有先入为主的成见。

（3）了解绘画发展脉络，把握代表作品特征。

绘画长廊光彩熠熠，其中闪烁着明珠般光辉的是各时代的代表作。在绘画历史的进程中，每一个时代，每一个国家或地区的绘画面貌总是以一些重要艺术家及其典型作品为代表的。人们称那些富有创造性的艺术家为大师，是因为他们的创造是超越前辈，影响来者的。他们的作品是一个时代的标志，具有永恒的魅力。对这部分作品有了较深的理解，就丰富了自己的欣赏知识，掌握了一些欣赏绘画艺术的标尺。这样的话，哪怕是面对一件没有任何介绍的作品，也能基本把握它的艺术特点。

（4）培养艺术形式感觉。

欣赏的实质不是表面的观看，而是感觉。面对画作，作品的整体面貌在瞬间便直逼眼前，作品的艺术特征触动、撞击、刺激着人的感官神经，引起一系列的心理活动。与音乐欣赏必须在时间流逝中经历欣赏过程不同，绘画欣赏是与面对作品全貌的瞬间同时进行的。欣赏者感觉的敏锐度与"含量"决定了欣赏层次，这就要求欣赏者也尽量像画家一样，具备对绘画形式语言的感受力。

对艺术形式的敏感需要训练和培养，经常观赏画作，思考画作中的形式特点，在日常生活中也注意观察物体和景色，就能磨砺出良好的感觉。因此，培养和提高欣赏力最重要的方法是多看。

（5）尊重自我感受，尊重自己的直觉与联想。

欣赏绘画是一种见仁见智、原无定法的创造性活动。由于欣赏主体的年龄、经历、修养与趣味各异，同样看一幅画，获得的感受结果自然也相异，这是正常的。绘画作品从艺术家笔下诞生之后，它就成了一种新的现实，每个人都可以从自己的角度欣赏它，它赋予每个人的感受也不同。因此，在掌握了一定的绘画知识和欣赏能力后，应充分尊重自己对绘画作品的直觉，在画作面前驰骋自己的联想与想象。联想是绘画欣赏中的一种高级思维，是欣赏者把自己的经历、知识与作品所表达的内涵相联系，进而认识、理解作品的过程。联想和想象是情感的双翼，借助它们，欣赏的层次便不断深化，达到心旷神怡的最佳审美境界。

【绘画作品欣赏】

1. 中国画

如图 21-1 所示，《洛神赋图》中画家充分发挥了艺术想象力，将文学作品中的情感形象表现为画面上具体的形象，表现出《洛神赋》中充满诗意幻想的浪漫意境。随着画卷的展开，观者在画家的思路的引导下，思想情绪不由自主地随着人物的心情或惊喜或悲痛。画家根据辞赋中内容展开艺术联想，塑造出画卷中嬉戏的众神仙，鹿角马面、蛇颈羊身的海龙，豹头模样的飞鱼，六龙驾驶的云车等。这些奇禽异兽形象穿插在山川、树木、流水等自然景物之间，与洛神等神仙和岸上的人物形成了动静对比而又拉开了空间距离，营造出奇异缥缈的幻觉境界和优美抒情的浪漫情怀。

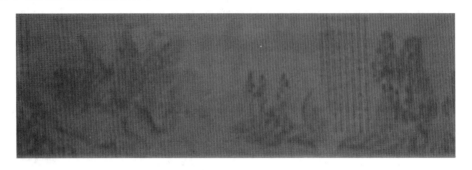

图 21-1　顾恺之《洛神赋图》（局部）

如图 21-2 所示，《源远流长》用笔苍劲，用色考究，对比相映。画面远景瀑水直下，源远流长；中景云气氤氲，山峦隐现，虚实变化丰富，具有层次美感；近景苍松翠柏，绿意盎然，有屋宅依水而居，展现出尘脱俗的余味，小桥、石阶、凉亭亦真亦幻，恍若世外桃源，让观者有身临其境之感，也有中国传统绘画所具有的人文气息。整幅山水作品色墨相合，情趣横生，给人眼前一亮的感觉，这样的作品有着自己鲜明的艺术特点，也符合现代人的审美情趣。

图 21-2　饶森林的国画山水作品《源远流长》

2. 西洋画

画家列宾通过在伏尔加河沿岸的生活体验,通过感受纤夫的生活现状,画出了著名的《伏尔加河纤夫》,如图21-3所示。画面中,一群负重的劳动者缓慢而沉重地走着艰辛无尽的路,犹如一曲低沉的号子在炎夏的闷热中与河水的悲吟交织在一起。

图21-3 列宾《伏尔加河纤夫》

如图21-4所示,画中人物坐姿优雅,笑容微妙,背景山水幽深茫茫,淋漓尽致地展现了画家那奇特的烟雾状"无界渐变着色法"般的笔法。画家力图使人物丰富的内心感情和美丽的外形达到巧妙的结合,对于人物面容中眼角、唇边等表露感情的关键部位,也着重掌握精确与含蓄的辩证关系,达到神韵之境,从而使蒙娜丽莎的微笑具有一种神秘莫测的千古奇韵。那如梦似的妩媚微笑,被不少美术史家称为"神秘的微笑"。

梵高笔下的向日葵(见图21-5),像闪烁着的熊熊火焰,是那样艳丽、华美,同时又和谐、优雅,甚至细腻。那富有动感和仿佛旋转不停的笔触是那样粗厚有力。梵高笔下的向日葵不仅仅是植物,还是带有原始冲动和热情的生命体。

图21-4 达·芬奇《蒙娜丽莎的微笑》　　图21-5 梵高《向日葵》

【思考练习】

请以你看过并喜爱的一幅画为例,谈谈如何欣赏绘画作品。

第二十二章 建筑艺术与鉴赏

一、建筑艺术

(一) 建筑艺术概说

建筑艺术是指按照美的规律,运用建筑独特的艺术语言,使建筑形象具有文化价值和审美价值,具有象征性和形式美,体现出民族性和时代感的一种艺术。从总体来说,建筑艺术与工艺美术一样,也是一种实用性与审美性相结合的艺术。建筑的本质是人类建造以供居住和活动的场所,所以,实用性是建筑的首要功能;只是随着人类实践的发展,物质技术的进步,建筑越来越具有审美价值。

建筑艺术的类别复杂而繁多,可以从不同的角度分类,大体上可以这样划分:

(1) 从使用的角度来分类,有住宅建筑、生产建筑、文化建筑、园林建筑、纪念性建筑、陵墓建筑、宗教建筑等;

(2) 从使用的建筑材料来分类,有木结构建筑、砖石建筑、钢筋水泥建筑、钢木建筑等;

(3) 从民族风格来分类,有中国式、日本式、伊斯兰式、意大利式、英吉利式、俄罗斯式等建筑;

(4) 从时代风格来分类,有古希腊式、古罗马式、哥特式、文艺复兴式、古典主义式等建筑;

(5) 从流派上来分类,就更多了,仅第二次世界大战以后西方就有历史主义、野性主义、新古典主义、象征主义、有机建筑、高度技术等不胜枚举的流派,也就产生了相应的建筑。

(二) 建筑艺术的审美特征

1. 建筑艺术是物质功能性与审美功能性相结合的艺术

建筑的物质功能性是指建筑的实用性、群众性、耐久性。

所谓实用性,即建筑的目的首先是为了"用",而不是为了"看"。即使是纪念碑、陵墓也要考虑举行纪念仪式时人流活动的具体要求。其他各类艺术,美可以是唯一目的或主要目的,而建筑却必须和实用联系在一起。建筑的实用性特点,影响着人们的审美观,即建筑物对人类生活而言的功能好坏,往往决定着人们观感上的美与丑,因而建筑的审美意义,有赖于实用意义。试想,一座通风不良、噪声震耳、光线幽暗的车间,打扮得再花哨,也不会让工人觉得美;一座华贵高大的楼房,如果风一吹就倒,那么其外表色彩无论怎么鲜艳,住在这座楼房里的人也不会觉得它美。相反,如果实用功能处理得好,住起来很舒适,即使外形简单一般,也会给人以美的感受。即使是艺术比重大的建筑,比如展览馆、歌剧院、大会堂、高级酒店、园林,如果用起来让人别扭,也会被认为"华而不实"。建筑的实用性是艺术性的基础,而艺术性中也常常包含着实用性。

建筑的物质功能性还表现在它的群众性上。没有一个人能离开建筑,建筑的审美是带"强制性"的。人们可以不听音乐,不看戏剧,不欣赏画展,不读小说,但不可能不住住宅,不可能对矗立在自己眼前的建筑视而不见。不管是自觉还是不自觉,有兴趣还是无兴趣,人们会经常面临着各种类型、各种形式的建筑,这些建筑都会"逼迫"人们提出自己的审美观点。

建筑的物质功能性另一表现是它的耐久性。一般而言,建筑是巨大的、造价可观的物质实体,一旦建成,除非地震、火灾和战争破坏,否则它会长期保留下去,甚至会成为一个时代、一个民族的纪念碑。建筑的物质功能性决定了建筑物具有纪念性,比如希腊的神庙、罗马的广场、巴黎的铁塔、中国的万里长城、非洲的原始村落等,还有数不清的古城市。

建筑是从实用的基础上发展起来的,但仅有实用又是不够的,还要满足人们的审美需要,还要讲究艺术性。比如,住宅建筑最基本的要求是舒适、亲切、顺眼;园林建筑讲究清新、自然、雅致;游乐场所的建筑则应轻快、活泼;而纪念性的建筑则应崇高、庄严。实用功能性与审美功能性紧密地结合在一起,达到了和谐的统一。同时,建筑的审美功能,往往借助于其他艺术门类给予加强,有的还能起到画龙点睛的作用。雕塑、绘画(主要是壁画)、园艺、工艺美术,甚至音乐都能融合到建筑艺术中去。比如,欧洲古典建筑中的雕刻、壁画就是当时建筑艺术重要的组成部分,如果去掉了这些东西,那么这些建筑也就黯然失色了。又比如,中国的古代建筑以群体取胜,群体序列展开的效果,也往往要依靠那些附属的艺术,如华表、石狮、灯炉、屏障、碑刻等。再比如,日本的爱知县甚至建造了一座别致的音乐桥。这是一条人行便桥,全长仅31米,宽2米,桥两侧栏杆装有109块不同规格的音响栏板。过桥的人,只要拿起水槌,轻击栏板,不管懂不懂音乐,会不会唱歌,都能奏出一首法国民谣《在桥上》。回来时,敲击桥的另一侧栏板,就会响起日本家喻户晓、脍炙人口的民歌《故乡》。人们称誉它是"石琴桥""声情并茂的建筑物"……而让人惊讶的是,这座小桥最初的设计提出者竟是一个爱哼小曲的中学生呢!

当然,建筑的实用功能性和审美功能性,在不同的建筑对象中可以各有偏重。有的审美功能比重大,甚至占主要的地位,比如纪念碑、游乐园、陵墓等;有的两者比重大体相等,如商店、学校、医院等;有的审美功能比重小些,如仓库、厂房、桥梁等。但即使审美比重小的建筑在建设时也离不开一定审美观念的支配,建筑本身也要具有和谐的比例、角度、尺寸、序列、韵律等,也要考虑周围的环境,比如前面所说的仓库、厂房、桥梁等,就要考虑合适的位置,适当的高度等,这些也是直线和曲线的组合,从这个意义上来说,它们也具有了审美功能性。

2. 建筑是空间延续性和环境特定性相结合的艺术

建筑是个空间,它要占据一定长、宽、高。那么,我们在一定的角度上,不可能一下子看到全貌,只能看到它的一部分。我们要想看到全部的面,就要移动自己,才能陆续把所有的面看完。也就是说,人们在任何一点上欣赏建筑,感觉都是不完整的,只有在各个位置,从远到近、从外到内、从上到下、从前到后,围绕建筑走遍,才能获得完整的印象。如果是一个建筑群体,那就更复杂,更需我们不断地变换观赏位置。人们就是在这种位置的不断变换中,也就是空间的不断延续中获得了审美感受。

正因为建筑具有空间延续性,它的艺术形象永远和周围的环境融为一体,有的甚至还主要靠环境才能构成完美的形象。道理很简单,建筑物一旦建成,就不能移动,除非特殊情况,不会出现"房子搬家""桥梁搬家"的事,而一旦搬了家,其审美效果也随之改变,原来的效果不复存在,后来的形成新的审美效果。比如埃及的金字塔,必须是置于埃及这广阔无垠的沙漠中,才有永恒的魅力,如果搬到了我国东北大森林,很难设想那是一种什么效果。又如,欧洲的哥特式教堂,必须是在中世纪狭窄、曲折的街巷中,才能充分显示其腾飞向上的气势,如果放到宽阔的大街上或者林立的摩天大楼中间,就很难设想是什么景象了。再如,济南火车站的尖顶钟楼和穹形的建筑物,在当年也许是十分气派和别具特色的,而在今天,在旁边那些大楼的对比下,就很难看出当年的气派和特色。由此可见,正是这种空间的延续性和环境的特定性构成了建筑艺术的又一个审美特征。

3. 建筑艺术是正面抽象性与象征表现性相结合的艺术

建筑艺术在空间里塑造的永远是正面的抽象的形象。说它是正面的,是因为建筑所反映的社会生活只能为一般的,而不可能出现悲剧式的、颓废式的、讽刺式的、伤感式的、漫画式的形象。就建筑形象本身而言,也分不出进步的或落后的。比如,天安门过去是封建王朝的正门,今天却是国徽上的图案,是伟大祖国的象征;万里长城本来是民族交往的障碍,是刀光剑影的战争产物,现在却成了全体中华民族的骄傲,是闻名世界的游览胜地。同时,建筑塑造的这个正面形象又是抽象的,是由几何的线、面、体组成的一种物质实体,代表着通过空间组合、色彩、质感、体形、尺度、比例等建筑艺术语言构造的一种意境、气氛,或庄严,或活泼,或华美,或朴实,或凝重,或轻快,引起人们的共鸣与联想。人们很难具体描述一个建筑形象的具体情节内容。它所表现的时代的、民族的精神也是不明确、不具体的,是空泛的、朦胧的。它不可能也不必要像绘画、雕塑那样细腻,以再现现实;更不能像小说、戏剧、电影那样表达复杂的思想内容,反映广阔的生活图景。正因如此,建筑艺术常用象征、隐喻、模拟等艺术手法塑造形象。比如,古希腊曾有人认为人体各部分都体现着理想的美,故而早在公元前7世纪,古希腊建筑艺术的精华——多立克柱式建筑就以粗壮狂放的线条,形象地模拟了男子挺拔雄健的形体特征;而爱奥尼柱式建筑则以柔和精细的线条,形象地模拟了女子优雅柔美的形体特征。由此可见,建筑艺术的正面抽象性和象征表现性构成了它的又一审美特征。

二、建筑艺术鉴赏

在欣赏建筑艺术的过程中,应该根据建筑艺术自身的特点,通过感受建筑艺术的形式美,既把握建筑艺术的形象,又感悟出它的内在意蕴,从中获得审美愉悦。

(一)建筑艺术欣赏要点

(1)要把局部的审美观照与整体的审美知觉结合起来。

建筑形象一般是由建筑物的体积布局、比例关系、结构形式、空间安排等构成。建筑的外在装饰常有圆柱、柱头、飞檐、贴脸、雕塑、图案和壁画等，这些装饰因素是建筑形象的有机组成部分，它们应该与建筑形象保持内在一致，从造型和色彩上丰富和发展建筑的艺术构思，使建筑形象锦上添花，增加其艺术感染力。

因此，欣赏建筑艺术不仅应该对建筑艺术的局部构成进行审美观照，还应该把局部的艺术构成纳入建筑的整体，同时参考周边环境进行审美观照，从整体的审美知觉中感悟建筑艺术的美。例如，美国在20世纪30年代建立的流水别墅就非常注重局部与整体的和谐美，赖特的设计新颖奇特，将别墅直接建造于瀑布之上，凌空而出，巨大阳台与瀑布两侧的巨石相映生辉，而瀑布则在阳台底下自由洒脱地倾泻，使建筑与山石、树木、瀑布有机融合，形成静中有动、动中有静的和谐美，使建筑的人工美与自然美浑然一体。

另外，在欣赏建筑艺术时，既要注意建筑色调、尺度、比例、景观及空间变化，看其是否符合美的规律，又要注意具体的建筑构成要素是否实现优化组合、建筑的整体是否和谐统一。

（2）感悟建筑形象的象征意义。

建筑艺术通常借助象征意义来表达其审美意蕴，这也是建筑美学的一个重要命题。象征意义首先是最初的象征性，即建筑艺术在物化成特定的建筑物时就已经具有的象征意义。如北京故宫建筑群的对称和谐、层次分明、主要建筑位居中央，显现出封建时代帝王对国家的主宰以及封建制度的"宝塔"结构。但是，随着社会的发展变化，建筑艺术又会产生出一些新的象征意义。现在，北京故宫已成为中外游客所欣赏的审美对象，它既显现了我国古代建筑艺术的伟大成就，又是中华民族文明的象征。

要感悟建筑形象的象征性，还必须了解建筑艺术创造的时代背景及其民族特点。北京故宫作为封建社会的产物，其结构上，从正阳门到景山，通过一系列错落有致、高低不同的空间处理，象征着皇权形象。而北京天坛的设计具有明显的汉民族特点，象征着"天帝"的崇高和神圣，表达出汉民族天人感应的思想意识。

在欣赏建筑艺术的象征性时，还可以结合心理美学的"移情说"，充分展开自己的审美想象，在感知建筑形象的同时，把建筑形象拟人化，赋予建筑艺术以新的生命，使本无生命的建筑有了人的性格、人的情感、人的生气。比如我们欣赏一座幽静别致的别墅，就会感受到它的幽雅寂静；欣赏那些高耸入云的建筑，会使我们产生向上飞腾的感觉；欣赏那些新颖奇特、色彩疏淡而简洁的建筑，则会感受到它的生机勃勃、潇洒飘逸；看到那些富有稳定感的建筑，就会产生端庄稳重的感觉……当然，欣赏建筑艺术时的移情，只能根据建筑艺术性质加以自然而又合情合理的想象，而不能胡思乱想，违背艺术欣赏的规律。

（3）要善于欣赏建筑艺术的音乐美。建筑艺术通常以错落有致的空间造型显现出类似音乐的节奏感。歌德和黑格尔都把建筑看成是"凝固的音乐"，正是在于他们感受到建筑艺术的音乐美。建筑艺术的外在造型都是按照一定的规律创造的，它无论向空间什么方向延伸,都是有比例、有规划、有变化地排列的,从而形成一定的节奏。优秀的建筑物,它各方面的节奏,总能归于统一。这便形成一种统一的调子,统一的旋律。当我们在观赏一座建筑时,便能在一定时间流逝中感受到节奏上反复多样的流动,产生音乐般的旋律感,正是这种旋律感,把我们引向特定的情绪氛围,从而获得类似感受音乐美的情感愉悦。

感受建筑艺术的音乐美,要善于调动自己的通感,以动态的视觉对建筑造型显现的空间序列进行审美观照。欣赏建筑艺术与欣赏绘画不同,欣赏绘画主要靠静态的直观把握,而欣赏建筑却不能只靠静态观照,还应运用动态观照,从视线的高低、视角的俯仰、视野的远近大小、空间的开合、视觉的分隔联系中去观照建筑的空间序列,才能感受到空间序列的节奏感和音乐感。也只有从这个意义上才可以说"建筑是凝固的音乐,音乐是流动的建筑"。

(二)建筑艺术的欣赏过程

建筑艺术的欣赏过程通常包括欣赏角度的选取、欣赏距离的调整和欣赏方法的运用这三个方面的内容。

1. 欣赏角度的选取

欣赏角度可以分为水平方向上的正视与侧视,垂直方向上的平视、仰视与俯视。欣赏角度也就是审美角度或审美视角。在进行审美活动中,审美角度是非常重要的,建筑艺术是立体的空间艺术,欣赏者需要选择合适的审美角度,尽可能多角度、全方位的欣赏建筑物。

2. 欣赏距离的调整

建筑艺术又是视觉艺术,欣赏者与建筑物距离的远近直接影响着审美效果。一般来讲,近距离可欣赏建筑的细节或局部;中距离可直观全貌;远距离能概观大致轮廓。欣赏者若时间充足,可近、中、远距离欣赏三者兼而有之;若时间仓促,则只能或中或远距离览其概貌。一般来讲,欣赏古典建筑可多作近、中距离的观照;欣赏现代的宏伟建筑可多作中、远距离的概览。当然,欣赏距离的远近不是绝对的,应该因人而异,因建筑艺术不同而做不同的调整。

3. 欣赏方法的运用

欣赏方法对于欣赏建筑艺术有着重要意义,一般分为静态欣赏和动态欣赏。静态欣赏是指欣赏者在特定的欣赏点上对建筑物进行观赏;动态欣赏是指欣赏者按照欣赏需要,在一定的观赏路线上对建筑物进行观赏。在欣赏中,应该把静态欣赏与动态欣赏有机结合起来,做到静中有动、动中有静,随着欣赏路线的进行,欣赏者的大脑中就会出现一幅幅具体可感而又各不相同的建筑形象画面,从而感受到建筑形象的空间序列。同时,由于欣赏者视线的高低、视角的仰俯、视野的大小、视觉的转换等是不断流动变化的,这样当欣赏者去感受建筑形象的空间序列时,就会产生一种节奏感,这也正是人们把建筑比喻成"凝固的音乐"的内在依据。

总之,在欣赏建筑艺术的过程中,欣赏者应了解建筑艺术的一般特点并具有较高的审美修养,充分调动自己的想象、情感等因素,积极能动地进行审美观照,只有这样,才能更好地欣赏建筑艺术的美。

【建筑作品欣赏】

如图 22-1 所示,故宫位于北京市中心,也称"紫禁城"。故宫中曾先后居住过 24 个皇帝,是明清两代的皇宫宫殿,现辟为"故宫博物院"。故宫的整个建筑金碧辉煌、庄严绚丽,被誉为世界五大宫(北京故宫、法国凡尔赛宫、英国白金汉宫、美国白宫、俄罗斯克里姆林宫)之一,并被联合国教科文组织列为"世界文化遗产"。

图 22-1 故宫全景图

故宫的宫殿建筑是中国现存最大、最完整的古建筑群,占地总面积达 72 万多平方米,建筑面积约 15 万平方米,被称为"殿宇之海",气魄宏伟,极为壮观。无论是平面布局、立体效果,还是形式上的雄伟堂皇,都堪称无与伦比的杰作。

拙政园(见图 22-2),位于江苏省苏州市,始建于明正德年间(16 世纪初),是江南古典园林的代表作品。拙政园与北京颐和园、承德避暑山庄、苏州留园一起被誉为中国四大名园。

拙政园位于苏州城东北隅,全园以水池为中心,山水萦绕,厅榭精美,花木繁茂,具有浓郁的江南水乡特色。花园分为东、中、西三部分,东花园开阔疏朗,中花园是全园精华所在,西花园建筑精美,三部分各具特色。花园南部为住宅区,体现典型江南地区传统民居多进的格局。花园南部还建有苏州园林博物馆,是国内唯一的园林专题博物馆。

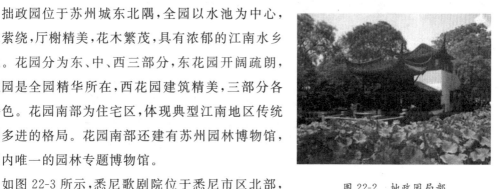

图 22-2 拙政园局部

如图 22-3 所示,悉尼歌剧院位于悉尼市区北部,是悉尼市地标建筑物,由丹麦建筑师约恩·乌松设计:一座贝壳形屋顶下方是结合剧院和厅室的水上综合建筑,歌剧院内部建筑结构则是仿效玛雅文化和阿兹特克神庙。该建筑于 1959 年开始动工,于 1973 年正式竣工交付使用,共耗时约 14 年。

悉尼歌剧院也是 20 世纪极具特色的建筑之一,于 2007 年被联合国教科文组织评为世界文化遗产。

图 22-3　悉尼歌剧院

贝聿铭设计建造了玻璃金字塔(见图 22-4)，他在设计中并没有借用古埃及的金字塔造型，而采用普通的几何形态。该金字塔不仅表面积小，可以反映巴黎不断变化的天空，还能为地下设施提供良好的采光，创造性地解决了将古老宫殿改造成现代化美术馆的过程中会出现的一系列难题，取得了极大成功，享誉世界。这一建筑正如贝氏所称："它预示将来，从而使卢浮宫达到完美。"玻璃金字塔塔高 21 米，底宽 34 米，四个侧面由 673 块菱形玻璃组拼而成，总平面面积约 1000 平方米，塔身总重量为 200 吨，其中玻璃净重 105 吨，金属支架仅有 95 吨。换言之，支架的负荷超过了它自身的重量，因此有人说，"这座玻璃金字塔不仅是体现现代艺术风格的佳作，也是运用现代科学技术的独特尝试。"

图 22-4　玻璃金字塔

泰姬陵(见图 22-5)由殿堂、钟楼、尖塔、水池等构成，采用纯白色大理石建造，用玻璃、玛瑙镶嵌，具有极高的艺术价值。

尽管有文献记载说皇帝沙贾汗只是一个好大喜功的暴君，根本不是多情种子，而且在泰姬陵美轮美奂的"脚下"，不知堆砌着多少人的鲜血乃至生命，但是我们似乎更愿意相信这世上真的有情深意重的男子，有穿越时空的思念，有生死相随的爱情。泰姬陵依然超越着简单的建筑学意义，默默地美丽着，不为别的，只为世人心中那一点对爱情的美好向往。

图 22-5 泰姬陵

【思考练习】

请以你看过并喜爱的一个建筑为例,谈谈如何欣赏建筑作品。

第二十三章　音乐艺术与鉴赏

一、音乐艺术

（一）音乐概述

音乐是指由旋律、节奏或和声的人声或乐器音响等配合所构成的一种艺术。

人类社会究竟从什么时候开始有音乐，已经无法考察。但是人类早在还没有创造语言时，就已经知道利用声音的高低、强弱等来表达自己的意思和感情。随着人类劳动的发展，逐渐产生了统一劳动节奏的号子和相互间传递信息的呼喊，这便是原始音乐的雏形；当人们庆贺收获和分享劳动成果时，往往敲打石器、木器表达喜悦、欢乐之情，这便是原始乐器的雏形。

音乐作品分为声乐和器乐：通过人声表达的音乐作品称为声乐作品，用乐器演奏出来的音乐作品称为器乐作品。

1. 声乐

声乐作品又可根据其形式、风格的不同分成歌曲、说唱音乐、戏曲音乐、歌剧等不同体裁。

歌曲是一种小型的音乐体裁，包括民歌、艺术歌曲、通俗歌曲、儿童歌曲等。歌曲从形式上可分成独唱、对唱、合唱、齐唱、联唱等。

说唱音乐是对曲艺音乐而言的，包括单弦、大鼓、清音、评弹、数来宝、琴书、二人转、道情、渔鼓等。

戏曲音乐指京剧、豫剧、越剧、花鼓戏、采茶戏、黄梅戏、评剧、汉剧，以及其他地方戏的音乐。

歌剧音乐也是一种戏曲音乐，但不像戏曲音乐那样有固定的程式和传统的唱腔。歌剧音乐是作曲家使用民族音调和富有时代色彩的音乐语言创作的音乐。

2. 器乐

器乐作品可分成独奏曲、重奏曲和合奏曲。

独奏曲范围很广。几乎各种乐器都有独奏曲。中国的二胡、琵琶、板胡、笛、箫、葫芦丝、唢呐、扬琴、笙、古琴、筝、柳琴、木琴等，都不乏著名的独奏曲。西洋乐器虽亦如此，但举世闻名的还是以小提琴、钢琴、吉他、电子琴等乐器的独奏曲为多。

重奏曲在中国民间不太多见。但在欧洲，弦乐四重奏、木管五重奏等却有很多优秀作品问世，并至今在世界各地流传。

合奏曲是指多种乐器共同演奏同一乐曲作品。在合奏曲中，各个乐器既充分发挥各自的性能和特长,又按一定的和声规律相互协调配合。在我国的民族器乐合奏曲中,江南丝竹和广东音乐占了很大比重。民族管弦乐曲则多为作曲家改编或创作的。民族吹打乐在我国的合奏曲中亦处于不可忽视的地位。用西洋的铜管乐器、木管乐器、弦乐器及打击乐配合演奏的乐曲称为管弦乐。管弦乐曲在17世纪的欧洲有了显著的进步,当时的体裁包括组曲、序曲、赋格曲、幻想曲、随想曲、狂想曲、协奏曲,以及对曲式有较严格要求的交响曲、交响诗。

(二) 常见音乐风格分类

1. 古典音乐

"classic"一词来源于拉丁语,原指罗马社会上等阶层,后转义为人类具有普遍性和永恒性价值的业绩。在国外,这种音乐类型被称之为 classical music,"classical"有"古典的、正统派的、古典文学的"之意,所以我们国人将之称为古典音乐,确切地说应该是西洋古典音乐。首先从概念上解释,古典音乐是一种音乐类别的名称。然而即使在国外,对于 classical music 一词的具体意义,也有诸多不同的解释,其中主要异议来自于对古典音乐时代划分理念的不同:①以超时代的普遍性、永恒性的艺术价值和音乐艺术最高业绩为标准,将那些能作为同时代、后典范的,具有永久艺术价值的音乐统称为古典音乐;②特指1750~1820年的古典乐派时期,众多乐派中,维也纳古典乐派的代表人物有海顿、莫扎特、贝多芬等。

2. 流行音乐

流行音乐(pop music)是根据英语 popular music 翻译过来的。按照汉语词语表面去理解,所谓流行音乐,是指那些结构短小、内容通俗、形式活泼、情感真挚,并被广大群众所喜爱,广泛传唱或欣赏,流行一时的甚至流传后世的器乐曲和歌曲。这些器乐曲和歌曲,植根于大众生活的丰厚土壤之中。因此,又有"大众音乐"之称。但是,这样的界定有可能使那些本不属于流行音乐的音乐,如《国际歌》《义勇军进行曲》《马赛曲》《洪湖水浪打浪》《歌唱祖国》《东方红》《南泥湾》等,仅仅因为它们也在群众中广泛流传而都被划归为流行音乐。另一方面,又把那些分明是按照流行音乐的概念进行创作的,却由于它们流传不开的音乐(这在流行音乐中也为数不少)而排除在流行音乐之外。显然,流行音乐不一定都流行,流行的音乐也不只是流行音乐。

流行音乐准确的概念应为商品音乐,是指以赢利为主要目的而创作的音乐。它是商业性的音乐消遣娱乐以及与此相关的一切"工业"现象。它的市场性是主要的,艺术性是次要的。

3. 民族音乐

民族音乐广义地讲,指浪漫主义中后期兴起的富有民族色彩的,或是宣扬民族主义的乐派。

民族音乐狭义地讲,指中国民族音乐。所谓中国民族音乐就是祖祖辈辈生活、繁衍在中国这片土地上的各民族,从古到今在悠久历史文化传统上创造的具有民族特色,能体现民族文化和民族精神的音乐。中国民族音乐分为民间歌曲、民间歌舞音乐、民间器乐、民间说唱音乐和民间戏曲音乐。

中国的民族音乐艺术是世界上非常具有特色的一种艺术形式。中华民族在几千年的文明中,创造了大量优秀的民族音乐文化,形成了有着深刻内涵和丰富内容的民族音乐体系。这一体系在世界音乐中占有重要的地位。我们要认识中国民族音乐,不能仅仅会唱一些中国歌曲,听几段传统乐曲,还必须从民族的、历史的、地域的角度去考察中国民族音乐,了解中国民族音乐,从而真正理解中国民族音乐的内涵,了解它在世界音乐体系中的地位和历史价值。

二、音乐艺术鉴赏

音乐是人类社会生活的特殊反映,更是人类思想情感的高度艺术再现。

(一) 音乐的语言

什么是音乐语言呢?音乐语言(音乐要素)主要包括以下四个方面。

1. 音乐的灵魂——旋律

旋律是音乐的重要因素。其结构中无不渗透着音乐语言的原型,它是构成音乐的重要组成部分,也是音乐最重要的表现手段,因而我们称之为"音乐的灵魂"。从一定意义上讲,旋律本身就是音乐的语言,当然音乐语言不只包括旋律。

什么是旋律呢?广义的理解:旋律是指若干音乐经过艺术构思而形成的有组织、有节奏的序列,它包含节奏、调式、调性、音区、发声法等方面。狭义的理解:旋律是指音高关系,它取决于音程进行的方向与大小、疏密与长短,从而构成了音乐的线条——旋律线。

旋律线是旋律的流动形态,是对旋律进行特点的一种意向性表述。隽永奇妙的旋律线,具有很强的艺术表现力。按不同旋律进行方式构成的旋律线,具有不同的表现意向。

常用的旋律进行方式有连续上行、连续下行、同音反复、级进、跳进、环绕型进行及波浪形进行等。

总之,了解了旋律统一构成的内在规律,便可掌握乐思发展的层次,这对于鉴赏音乐作品,更好地聆听及把握作品内涵是十分必要的。

2. 音乐的雕塑——节奏

节奏是构成音乐最为根本的基础,是音乐中极其重要的表现手段。旋律脱离了节奏犹如脱离了音高一样,是根本无法存在的。因而节奏是音乐的支柱,是塑造音乐的主要因素,所以我们称之为"音乐的雕塑"。

(1)什么是节奏?

广义的理解:节奏是在长短时值的基础上,加入了强弱、交替、节拍、速度、密度等。狭义的理解:节奏是长短时值上音符的组合。

强弱规律、速度快慢、密度大小是节奏的决定性因素。节奏的作用是把乐音组成为一个统一体,以体现某种意义上的乐思。节奏的特点是,它可以离开其他音乐要素单独存在(如中国的锣鼓乐等),它是音乐中最早出现的要素,比旋律的作用更为重要,它可以决定音乐的风格与特征。

在音乐节奏中长短时值的音是各具双重性格的:长时值的音既有重量感,又有缓解紧张度的特性;短时值的音既有紧张、激发、增长的推动力,又有轻盈、飘然之感。这种内在矛盾的双重性格,使得节奏具有了丰富的表现力。

(2)节奏的组合形式与作用。

节奏的概念中既包括节拍,又包括了长短时值上音组合而成的各种节奏型。因此节奏的组合与节拍、节奏型有着很大的关系。一定意义上讲,节奏的组合体现着节拍与节奏型的特点。节奏的组合形式是多样的,其在音乐中的作用是使旋律的表现形式丰富多样。

节奏的组合形式有顺分节奏型、逆分节奏型、等分节奏型、切分节奏型、留音节奏型、附点节奏型等。

3. 音乐的组织管理者——和声

和声作为构成音乐最为复杂的要素,是一种人化的音乐空间。这一流动的音响群的形成,不像旋律和节奏是自然产生的,它在一定程度上是以理性概念逐渐发展起来的,它延伸了人类的感知觉,增加了音乐的维度和意味,它是人类最富有创新精神的一种概念。因为和声具有功能和色彩两方面的作用,所以它成为音乐的组织和管理的必要因素——我们称之为"音乐的组织管理者。"

什么是和声呢?广义的理解:和声是音乐中同时出现的音,如八度叠置的音程。狭义的理解:和声是依附于旋律并和旋律同时发出音响的多个音。其特点是在调式的基础上产生的由单声部走向多声部,即由单音的横向运动走向多音纵向结构的横向序进,有强大的向心力、架合力、控制力、渲染力和概括能力,形成了音乐性质的多变化。其作用是表现不同的音乐内涵,给音乐合理的断句。

和声除了能给主要曲调配和声充当背景外,还能以自身来表现音乐的内容及情绪色彩。例如和谐的和弦表现缓和;不和谐的和弦则表现出紧张等。因此,它本身能极大地丰富音乐的内容,绝不仅仅是旋律的陪衬。

和声的功能与调性密切相关,一方面和声对调性的确定有着重要的作用,即使无调性的乐曲配上和声后,也会产生调性;另一方面离开了调性或取消了调性,和声也就失去了其原有的功能意义。

综上所述,和声是多声部音乐中各个声部结合的基础,是音乐的组织管理者,它在塑造音乐形象、深入表现旋律内涵的感情,以及曲式结构等方面发挥着重要的作用,它是音乐的重要表现手段之一。

4. 音乐的华丽外表——音响

什么是音乐的音响呢?广义的理解:音乐的音响是把音乐的各种材料进行组合。狭义的理解:音乐的音响是音色、织体、力度的组合,其特点是同节奏、同旋律、同和声所采用的不同发音体,产生的音响是不同的。

音响对于音乐来讲,犹如一件精美物品上的装饰一样,是音乐不可分割的一部分。音乐是利用人声和乐器声作为物质手段的,但它并不是对自然界音响的简单模拟,也不同于语言的自然物质外壳。音乐的音响与语言的声音(如人的声音)虽都可产生于同一客观根源,但音乐音响可以作不同形态的连续和变动,它可产生富有魅力的动力美、织体美、结构美、流畅美。它是构成完美艺术形象的不可或缺的音乐要素,它比自然界的音响更集中、更典型、更富于审美意义,所以我们把它称之为"音乐的华丽外表"。

(二) 音乐鉴赏的基本途径

音乐鉴赏的过程,实际表现为鉴赏者一系列的心理活动,这种心理活动,只有对应于音乐作品才具有实际的意义。

音乐作品的结构层次,是以声、情、意为传达过程的,而音乐鉴赏的心理特征,则是以音响感知、感情体验、想象联想和理解认识为表现过程的。这两方面的对应关系显示了音乐鉴赏最为基本的方法,即音乐鉴赏的基本途径。音乐鉴赏可分为以下四个步骤。

1. 音响感知

音响感知为鉴赏音乐的美感阶段。它是对音乐音响及其艺术组合和音乐表现形式的总体知觉。其表现形式如下。

(1) 对音乐音响的辨别。

这一过程是音响感知的基础。尽管音乐千变万化,但音响最基本的构成是音高、节奏、力度、音色等音乐基本要素,鉴赏者如果具备了对这些基本要素的辨别能力,也就具备了音响感知能力的基础。这对于我们进行音乐鉴赏有着十分重要的意义。因为音乐音响辨别能力的高低,往往决定着音乐感知能力与音乐鉴赏范围。在鉴赏实践中,如果连节拍都分辨不清的话,那么就很难听得出乐曲的不同效果;如果对各种乐器的音色缺乏辨别能力,那就会影响对丰富多彩的音乐作品的欣赏。因此,鉴赏者在鉴赏实践中,应不断培养自己对音乐音响的辨别能力。

(2) 对音乐音响的感受。

这一过程是音响感知的重要环节,它包括旋律感、节奏感、织体音乐感,以及对音乐作品结构形式的整体感知等几个方面。鉴赏者如果具备了对上述音乐音响及其结构形式的综合感受能力,那就会从旋律感中领会音乐所特有的美;从节奏感中获得音乐丰富的表现美;从织体音乐感中获得完美的音乐效果;从音乐作品结构形式的整体感知中建立完整的印象,从而达到由音响感知向感情体验和想象联想的过渡。但要明确,在聆听音乐作品时,上述的几个方面,不是孤立地进行,而是相互交织、同时为伴的。

(3) 对音乐的注意力和记忆力。

对音乐注意力的集中,可以从聆听音乐变化发展的过程中,不断获得对音乐的新鲜感、对音乐记忆力的加深。在欣赏新的音乐作品时可以区分不同风格、不同类型、不同作家的音乐作品,更好地感知它的特点。音乐注意力和记忆力的形成,对培养音乐鉴赏者的敏捷性有很大的帮助。由于音响感知主要是一种聆听过程中的感性活动,加之音乐又是时间的艺术,它随时间的运动转瞬即逝,因此,为达到上述两项音响感知的基本要求,还需有意识地培养鉴赏者在音乐鉴赏过程中对音乐的注意力和记忆力,这一点是非常重要的。

音响感知作为整个音乐鉴赏活动的前提和基础,还必须和感情体验、想象联想、理解认识等心理活动结合起来,才能达到音乐鉴赏的完美境界。

2. 感情体验

感情体验是指音乐鉴赏中的情感欣赏阶段,它是通过音乐表达而获得的一种体验。音乐鉴赏的过程就是感情体验的过程,它既是欣赏者对音乐的感情内涵进行体验的过程,又是欣赏者自己的感情与音乐中所表现的感情产生共鸣的过程。因此,感情体验对于每一位音乐鉴赏者来说,是进行音乐鉴赏时必不可少的一种心理活动。

由于音乐是一种善于表现和激发感情的艺术,它在表现感情时,所运用的艺术材料及表达方式与其他艺术是有着很大的不同的。感情表现是音乐表达的主要途径,在不同的时刻,音乐可表达出安详或洋溢、懊悔或胜利、愤怒或喜悦的情绪。这一点是其他艺术所不能企及的。因此在进行音乐鉴赏的过程中,感情体验的方式与程度,也与其他艺术有着很大的差别。如文学艺术,虽然文学作品中各种体裁的感情体验的方式各不相同,但都要根据语言文字的描述,并且通过读者的想象和联想,才能进入感情体验阶段;而音乐鉴赏却与此不同,音乐鉴赏中的感情体验具有一种较为直接的性质,即感情体验的直接性。也就是说,鉴赏者在聆听音乐作品时,可直接感知到音乐音响以及与其自然相伴的某种情感或情绪,它既不属于外界的客观事物,也不属于某种思维概念,它就是音乐所表现的内容。所以,对这种情感或情绪的体验,在音乐鉴赏中占有非常突出的地位。这一欣赏阶段构成了音乐鉴赏的基本内容。音乐鉴赏过程中的感情体验一般表现为以下几个方面。

(1) 音乐鉴赏中的感性、理性参与:音乐鉴赏中的感情体验是对音乐作品的感性或理性的参与;它是以音乐作品的感情内涵作为客观对象来加以体验的。

首先,对音乐作品感情内涵的体验表现出感性上的直接体验。例如,人们在聆听一首乐曲时,往往会自然产生出一种体验,这种伴随着音响感知而自然产生的感情体验,主要是凭借自己的感性经验,对这首乐曲所表达的感情(或是喜悦的,或是愤怒的,或是哀伤的,或是欢乐的)而产生的一种体验。这也就是我们所说的感性上的直接体验,也是音乐鉴赏中感情体验的最为基本的方式。

其次,为了在音乐鉴赏中,能更深入地体验乐曲感情的内在涵义,除了感性上的参与外,还必须要有理性上的参与,即理性认识。这样才能从各个方面去了解和研究乐曲感情的内在涵义。

(2) 音乐作品与生活体验的融入:音乐鉴赏中的感情体验在许多情况下,并不仅仅是欣赏者对音乐作品的体验,还常常是以融为一体的方式,把对音乐作品的体验与自己的生活体验及感情密切结合,形成自己切身的感情活动,使得音乐鉴赏中的感情体验,具有一种更加个人的、直接的特性,从而使音乐能够更加强烈地打动每位欣赏者的感情。

(3) 音乐鉴赏者的个人差异。

由于音乐鉴赏者的欣赏能力各不相同,且大都是根据自身的不同生活经验来体验乐曲所表达的感情的,所以在鉴赏过程中,感情体验会出现表现形态上的各种差异。尽管感情体验的基本性质在音乐鉴赏过程中是一致的,但欣赏者在鉴赏音乐的过程中,往往加入自己的主观感受,必定会带有自己的主观色彩,这时就不可能与作者创作作品时的感情体验完全一样,这种音乐鉴赏活动中的既一致又不完全一致性,表现出了辩证统一的原则。而这种原则的使用,既能充分发挥音乐鉴赏者的主观能动性,又能充分调动其自身所积累的生活经验与感情体验,还能与音乐作品所表现的感情在基本性质上取得一致,使得音乐鉴赏中的感情体验在辩证统一的原则下得以充分展开。

音乐是一种长于抒情的艺术,它有着丰富而深刻的感情内涵。音乐鉴赏者只有通过自身的感情活动与音乐作品蕴含的感情相互吻合,才能更准确地、细致入微地体验出音乐作品中的感情内涵,这样的过程才能称之为真正意义上的音乐鉴赏。

3. 想象联想

想象、联想是音乐鉴赏中情感欣赏阶段的延续,它是通过音响感知和感情体验唤起的,对相关的生活形象和意境的想象与联想。

音乐鉴赏就其性质而言,是一种创造性的再造想象活动,它所依赖的就是人们特有的创造性的心理活动,即想象和联想。我们知道音乐所表现的感情,是具有一定生活基础的感情,但音乐表现手段的局限性,使其在通过音乐音响进行艺术表现时,不能直接地把现实生活的具体现象和作者的思想观念同时以具体的音乐形式传达出来,所以在音乐鉴赏的过程中,人们可以通过想象和联想这种创造性心理活动,来补充音乐所不能传达的这些方面,使音乐的艺术形象由感觉的有限性走向想象的广阔性。

在音乐鉴赏的过程中,想象、联想作为人所特有的创造性心理活动,对于进一步体验音乐感情所表现出的生活内涵及领会描绘性或造型性的音乐形象和意境,有着不可替代的作用。但由于音乐作品的种类与表现方法不尽相同,想象、联想活动在音乐鉴赏中也就多体现出不同,总体表现大致有以下三种类型。

(1) 由描绘性音乐所引起的联想活动:这一类型的联想活动多出现在对标题音乐作品的欣赏当中。

标题音乐作品,多以音画式的创作表现手法来体现其感情内涵。它们有的是对现实音响直接或近似的艺术模仿;有的则是运用象征和类比的手法,把声音与视觉形象紧密联系起来;还有的是综合运用了上面两种形式。如贝多芬的《命运交响曲》就属于此类作品。这些由对现实音响的艺术模拟和运用声音与视觉形象的类比关系及这两种方式的综合运用所创作出来的音乐作品,通过多样化的音乐描绘手法,均能在实际的音乐鉴赏中,唤起人们对相关生活形象和意境的联想。

由描绘性音乐所引起的联想活动,其心理过程首先表现为由对现实音响的艺术模拟或对视觉形象的声音类比的感知,联想到相关的生活形象和意境;其次表现为形象联想与感情体验是同时并行的、是情景交融的感受;最后把从描绘性音乐中得到的综合感受,融入到乐曲当中,以获得对乐曲艺术形象的完整感受。

(2) 由情节性音乐所引起的联想活动:这一类型的联想活动多出现在对以文学、戏剧等题材内容所创作的标题音乐作品的欣赏当中。

由于这类音乐作品是以文学、戏剧体裁内容创作的,所以它与文学、戏剧作品一样,具有一定的情节性。如小提琴协奏曲《梁山伯与祝英台》就属于此类作品。对这类情节性音乐作品的欣赏,首先,应预先对乐曲所依据的文学或戏剧题材内容与基本情节有所了解,这样才能展开自己的想象与联想,进行音乐鉴赏。其次,还要抓住音乐的特性。在对这类乐曲的题材内容有所了解之后,欣赏者还必须根据音乐的表现规律,着重体验音乐中所表现的气氛和意境,特别是人物感情的发展变化,由此来展开形象的联想,进行音乐鉴赏。

虽然人们在音乐鉴赏中的想象与联想不会相同,但每个人的想象与联想,都是以原创文学或戏剧的基本情节及人物形象为依据的,所以,这种制约使得不同的音乐鉴赏者的想象与联想大致上又很相近。

(3) 由音响感知与感情体验所引起的自由想象活动:这一类型的想象活动,多出现在对抒情性、非标题性的音乐作品的欣赏当中。

抒情性的、非标题性的音乐作品反映现实生活所采取的手段,既不是描绘性的,也不是情节性的,因此在对其进行鉴赏的过程中,想象活动是凭借音响感知和感情体验自由展开的,这是一种感情形象的想象。

另外,有的乐曲虽然是无标题的,但其在创作上却是有明确构思的,可能还有某种题材内容作为依据,颇具鲜明性和具体性。所以,在欣赏这类作品时,往往是以感情体验为中介,进一步展开对乐曲形象和意境的自由想象。这种想象活动常为随意之态,它有时可能是随着乐曲的发展而展开的连贯而鲜明的形象画面;有时则是瞬间的、片断的、生活化的显现等。总的来说,它带有自由和随意的性质,这一特性在音乐鉴赏中的表现是非常突出的。

想象、联想活动虽在音乐鉴赏的过程中,以上述三种不同类型表现,但这三种类型的想象、联想活动在音乐鉴赏的实际运用当中也有着共性的一面。从性质上讲,它们都是依据客观的音乐作品而展开的、带有创造性的主观心理活动,都是在主、客观辩证统一的关系中进行的。

为使想象与联想的心理活动在整个音乐鉴赏中起到它应有的作用,音乐鉴赏者还应具备以下两方面的条件:其一,要培养准确地感受与理解音乐作品的能力;其二,要具有丰富的生活经验。只有具备了这两个条件,想象与联想才能在音乐鉴赏的过程中,发挥其应有的重要作用。

4. 理解认识

理解、认识是音乐鉴赏中的理智欣赏阶段。它是整个音乐鉴赏中的重要心理活动,是运用理性的思维来对音乐作品的形式、内容以及音乐精神进行感悟、认识和审美、评价的心理活动。

它和欣赏者的世界观、艺术观一起,形成了欣赏者对音乐的审美观。这种审美观的形成,不仅使欣赏者在音乐鉴赏中获得健康的感官享受,还可获得美好思想的教育及高尚情操的熏陶。

音乐鉴赏的这四个方面,不是孤立的、彼此毫无联系的,而是始终紧密结合、彼此渗透、互相影响、相互辅助作用的。音乐鉴赏的基本方法,就是从音响感知方面入手,然后进入感情体验与想象、联想的初级阶段,进而通过理解认识,领悟音乐的思想和生活意境,向更深刻、更明晰的高级阶段发展的,这也是音乐鉴赏的基本途径。

【音乐作品欣赏】

1. 中国作品

(1) 合唱——《黄河船夫曲》,光未然词,冼星海曲。

此曲为混声合唱(原为男声合唱),作于1939年,是大型声乐作品《黄河大合唱》的第一乐章。它汲取了民间劳动歌曲,尤其是黄河船工号子的音调素材,采用了动机式主题核心的贯穿手法,以及领、合呼应的演唱形式创作而成,并与其他姊妹乐章一道首演于延安陕北公学大礼堂(1934年4月13日)。

这是一首气势恢弘的混声合唱曲,它以磅礴的气势、紧张的情绪、呐喊般的音调,描绘出了黄河船夫们强渡黄河时,与惊涛骇浪顽强搏斗,最终到达彼岸的动人场面。

全曲分为三个部分,开首有配乐朗诵。

第一部分:描绘了船夫们在黄河上,与风浪搏战的紧张场面,短促有力的动机式主题核心乐节贯穿整个部分,显示出了极强的动作特征,表现出了船夫们坚毅、勇敢、顽强、不屈的性格。在演唱形式上,采用了领、合唱的手法,造成了一呼百应,使音乐具有锐不可当的气势。

(合)咳哟!划哟!划哟!划哟!划哟!冲上前!划哟!冲上前!

在呐喊般长音的烘托下,展开了惊心动魄的感人场面,为特色性乐句。

(领)乌云哪,(合)遮满天!(领)波涛哪,(合)高如山!

随着一领一合,呼应关系的出现,船工号子的特征更加鲜明。

(甲)咳!(乙)划哟!(甲)咳!(乙)划哟!(男)不怕那千丈波涛高如山!

强拍上的弱起及同者八分音符与八分三连音的反复出现,表现出了更为紧张的情绪。第一部分结束在一阵错落的大笑声中,从而缓解了喘不过气来的紧张气氛,为第二部分的平稳进入,留下了契机。

第二部分:在舒展的弦乐旋律间奏后,第二部分以平稳的四部合唱进入。此段将主题动机节奏拓展开来,改为4/4拍,放慢速度,着意刻画了英勇的船夫们战胜困难、冲破风浪、登上河岸时的心情。表现出他们看见河岸后的乐观情绪及登上河岸时的胜利自豪感。

(合)我们看见了河岸,我们登上了河岸,心哪安一安,气哪喘一喘。(稍慢,平静地)

第三部分:尾声,这段音乐是在前段抒情、平静的音乐之后展开的,又以快速有力的节奏进行,由强渐弱、由近到远,给人以联想,象征着斗争仍在继续,船夫们仍艰苦顽强地不断拼搏着。

回头来,再和那黄河怒涛决一死战!(快速)

整曲通过紧张搏斗、光明前途及继续拼搏三种鲜明的场景,表现出中国人民顽强不屈的性格及英勇无畏的精神;与其他几个乐章一起,为我们展示了一幅幅无比壮阔的抗日图景。

(2)二胡独奏——《二泉映月》,华彦钧曲。

此曲是一首二胡独奏曲,大约创作于20世纪40年代。这是一首民族风格十分浓郁的二胡独奏曲。音乐素材大部分来源于滩簧音调和苏南民间小调,是我国著名民间盲人音乐家华彦钧(阿炳)的代表作品之一,1951年首播于天津人民广播电台,1952年由万叶书店出版发行的《瞎子阿炳曲集》首先辑录了此曲。其后,经音乐家们改编后,以多种演奏形式搬上了舞台,尤其是由吴祖强改编的弦乐合奏曲形式,更是多在现今舞台上出现。

乐曲描写的是月映无锡惠山"天下第二泉"夜阑人静、泉清月冷的意境。通过这一景色的描绘,深刻地抒发了作者内心深处无限的悲情,倾诉了旧社会的人民(也包括作者自己)所承受的压迫和无法挣脱的精神上的哀痛,也抒发了人们对旧社会黑暗统治反抗的心声,流露出人们对美好生活的追求和向往。

全曲共分六段及引子和结束句,用变奏的方式作成。开始由一个短小的引子导入:

它似内心深处久蓄的情感宣泄而出,叹息般的音调,表现了作者忧伤、郁闷的心情。这也是全曲的主要旋律。

紧接着第一段的第一部分以深沉的音调,把乐曲引入往事缠绵的意境之中。第一部分第一乐句:沉思般的音调,使音乐的基调平适、压抑、忧郁、哀伤,仿佛作者端坐泉边沉湎往事的回忆中。

接下来为只有两个小节的过渡性的第二乐句。

第一段的第二部分是由第三乐句开始的。该乐句及其变体在全曲中共表现了6次。

它从第一部分(第二乐句)的尾音(宫音)的高八度上开始,并围绕宫音进行上下回旋,打破了前面的沉静,音乐开始昂扬,流露出作者无限的感慨之情,进入第四乐句后,旋律继续在高音区流动,并揉进了新的节奏因素。新的节奏因素的出现,使得旋律柔中带刚,情绪更为激动。这些节奏的运用更加强了作者对不争世界的"愤控"的情绪。主题从开始的平静、深沉,转为激动、昂扬,把作者内心的生活感受表现得淋漓尽致,体现了作者那顽强自傲的性格和坚定的生活意志。

以后的各段是采用主题变奏等手法发展的。与第一段一样,每段也都由两部分组成,且

第一部分均带有深沉的感觉,第二部常作大幅度的展开,情绪昂扬、激愤。

《二泉映月》自问世以来,深受人们喜爱。全曲抑扬顿挫、升腾跌宕,于平稳处求起伏、于恬静中求激荡,情真意切、感动人心,是人们极为珍爱、极受欢迎的乐曲之一。

(3) 小提琴协奏曲——《梁山伯与祝英台》,陈钢、何占豪曲。

此曲为我国最著名的一部音乐作品,作于1958年,首演于1959年。这部作品取材于一个家喻户晓的民间传说。作者吸取了越剧中的曲调为素材,运用了单乐章奏鸣曲的结构,成功地创作了这部单乐章、带标题的小提琴协奏曲。它的音乐形象鲜明生动、结构严谨、曲调迷人,富有浓郁的民族风格,突出表现了梁、祝对封建势力的反抗和对爱情的忠贞,歌颂了封建社会中人们对美好生活的企盼和向往。

全曲为奏鸣曲式,以故事中的具有代表性的"草桥结拜""英台抗婚""坟前化蝶"三个主要情节分别作为乐曲内容的"呈示部""展开部""再现部",分别表现了"相爱""抗婚""化蝶"三段故事情节。

第一部分:呈示部——相爱。

乐曲由一个很短的序奏(引子)开始,鸟声啾啾的笛声及由双簧管奏出纯朴的牧童音调,使得旋律秀美、迷人,塑造了一幅风和日暖、鸟语花香的江南田园风光。第一主题由独奏的小提琴在清淡的竖琴伴奏和木管乐器的呼应下,以概括越剧《梁祝》的音调奏出。

接着乐队和独奏小提琴相互补充,使爱情主题更为热情洋溢。在一段由小提琴独奏的自由华彩乐段后,独奏小提琴在乐队轻快、活跃的织体伴奏中,奏出了明亮、活泼、带有戏谑性的第二主题。

在这段音乐里,十分形象地描绘了梁、祝同窗三载、共读同玩的欢乐生活。他们或追逐搏戏,或促膝长谈,形影不离、心心相印。丰富的音乐表现,像一幅美妙的生活图画,充分体现了梁、祝之间那纯真诚挚的爱情。

第一部分结尾:转入了对比性较大的慢板,曲调也变得徐缓、缠绵,独奏小提琴奏出了无限伤感、凄凉的音调,表现了十八里长亭惜别时的难舍难分的情景。

第二部分:展开部——抗婚,这一部分为戏剧性发展的中心。

大管、大提琴低沉、阴郁的曲调和定音鼓、大锣的音响,烘托出一种阴森、可怖的气氛,预示着不祥的征兆,就在这种阴森、可怖的背景下,铜管乐用八度齐奏奏出了代表封建势力的凶暴主题。

随后,独奏小提琴用散板、朗诵的音调奏出了祝英台的痛苦与不安。接着又奏出强烈的,由切分和弦组成的"抗婚"主题。

这两个主题的交替出现,形成展开部分的第一个高潮——强烈斗争的抗婚场面。

当音乐急转直下,进入慢板后,独奏小提琴以越剧《梁山伯与祝英台》楼台会的合唱音调为素材,奏出了如泣如诉、沉痛哀伤的音调。然后是独奏大提琴和独奏小提琴的相互对答。这段著名的"独奏对答",以它巨大的艺术魅力,把梁、祝楼台相会、互相倾诉的情景,刻画得淋漓尽致,深切地体现了梁、祝悲痛欲绝的心情。

接着乐队的急板和独奏的散板交替出现,以不可抑制的激情曲调,形成了全曲的第二个高潮——哭灵、投坟的场面,突出地表现了祝英台对封建势力的反抗和控诉。紧接着在悲愤难禁的、低沉的大锣声中,祝英台挺身投坟,以年轻的生命向黑暗的封建势力做出了最后的挑战。这时出现了全曲的最高潮。

第三部分:再现部——化蝶,这一部分再现了爱情主题。

前面的引子是由长笛、竖琴奏出的华彩乐句,美妙的音响仿佛把人们带入自由、平等、迷人的仙境,然后加弱音器的独奏小提琴,奏出了梁、祝的爱情主题,描写了化蝶成仙后的梁、祝以惋惜的心情,回忆当年的爱情。随着主题的变化重复,又转向了新的抒情音调。最后独奏小提琴协同长笛、弦乐器再一次重复了爱情主题,描述了人们对忠贞爱情的歌颂,及对未来美好生活的无限向往。

2. 外国作品

(1)《马刀舞曲》——阿拉姆·伊里奇·哈恰图良曲。

此曲是一首管弦乐曲,作于1942年,是作者所作的第二部芭蕾舞剧《加雅涅》中第三幕第二场中的音乐。1941年秋,哈恰图良着手芭蕾舞剧《加雅涅》的音乐创作,其创作意图是反映面对法西斯的入侵,人们争取幸福和人民团结的主题。舞剧《加雅涅》描写的是,外高加索山村勇敢的库尔特族猎人阿尔缅与少女加雅涅彼此相爱的故事。音乐取材于亚美尼亚民族舞曲(库尔特族人出征前的一种战斗性舞曲,居住在外高加索山区的库尔特族人民,有出征时跳战斗性舞蹈的传统),这段舞曲是舞剧第三幕第二场,阿尔缅眼睛复明后,加雅涅投入他的怀抱,村民们为他们祝福时的群舞音乐。全曲共分为三段。

第一段:音乐描绘的是欢腾的群舞场面,开始部分以定音鼓、军鼓及弦乐器等以急板的速度奏出强烈的节奏,渲染出浓烈、炽热的舞曲气氛。随后主要主题出现,这一节奏强烈、迅疾、奔放的主题,是由木琴、水管和圆号共同奏出的半音阶式和强音的同音反复,生动地表现了库尔特人英武剽悍、机智敏捷的性格。这个主题经过反复变化多遍后,出现了对比鲜明的音调,音乐进入第二段。

第二段:音乐是对库尔特姑娘们的具体的刻画,其主题是音乐原为舞剧第二幕第一场中,加雅涅的弟弟努列和女友卡莲舞蹈时的配乐,由萨克斯和大提琴奏出。这段音乐热烈、任性而又柔媚、绚丽,表现出库尔特姑娘妩媚的舞姿,与前段音乐形成鲜明的对比,这一主题重奏一遍之后,音乐进入第三段。

第三段:音乐开始先出现了类似于欢呼声的音响,接着再现了舞曲开头英武彪悍、迅疾奔放的主题,同时还出现了呼应式的乐句,使音乐渐向高潮,表现出库尔特人精诚团结、追求幸福、爱好和平的愿望,结尾处音乐表现得轻巧自然,在音阶式下行的走句之后,以五声音阶式的上行音调结束全曲。

《马刀舞曲》以其激昂舒展的旋律,轻快活泼的节奏,真挚炽热的感情,动人地体现了爱国主义和蓬勃生气。

（2）《第九交响曲》片段《欢乐颂》——贝多芬曲。

此曲为贝多芬所作《第九交响曲》（合唱）中的第四乐章部分。贝多芬《第九交响曲》之所以被称为"合唱交响乐"，就是因为在本乐章中以德国诗人席勒的长诗《欢乐颂》（写于1785年）为歌词，采用了交响合唱的形式而写成的。把声乐加入交响乐中，是贝多芬在交响乐创作中的一个非凡创举。

《第九交响曲》（合唱）可以说是贝多芬酝酿了整整一生的伟大作品。它从1817年开始创作，直到1823年才完成，于1824年5月7日由贝多芬亲自指挥，首演于奥地利的维也纳，并获得很大成功。这部作品在贝多芬整个音乐创作中占有突出的地位。它体现了贝多芬崇高的思想境界，熟练的创作技巧，以及完美的艺术创造（高峰）。

《欢乐颂》出现在《第九交响曲》的最后乐章之中，是经过贝多芬精心的挑选和设计的结果。作为对整部交响乐的总结，贝多芬采用了器乐与声乐两个部分以变奏加回绕的方式，来实现其宏伟的构想。在第三乐章后，已经是器乐同声乐这两个因素即将衔接的时候了，为了实现这一过渡，音乐首先在器乐部分展开，以一段篇幅较长的引子开始：这个被瓦格纳称之为"可怖的号角合奏声"的主题以急板的速度奏出，表现出紧张与不安，是对当时现实生活的概括。它似怒潮一般的冲击，与前一乐章结束时那超凡入圣的情绪形成了鲜明的对比，它一共出现了三次，但每次都被器乐宣叙调否定了。

在宣叙调音乐之后，依次重现了前三个乐章的基本主题，但都被上面充满语义性的宣叙调给否定了。在管乐器最早的一声怒吼后，宣叙调立即做出了反应："不，这会使我想起充满绝望的境况。"当第一乐章主题重视时，宣叙调马上说："啊！不，不要这个，要更愉快的。"在第二乐章谐谑主题出现的一瞬间，宣叙调便喊出："也不要这个，这只是戏谑，要更好的、更高尚的。"第三乐章慢板主题开头的几个音刚一露面，宣叙调就提出异议："这还是老样子，太伤感了，必须找出一种使人振奋的东西。"当"欢乐颂"的主题雏形刚一露头，宣叙调立刻表示了赞许："啊，这才对了，终于找到了欢乐。"通过这样几次"对话"之后，《欢乐颂》的主题才最后出现，由低音弦乐器开始，庄严地奏出。

这是贝多芬所写的最简练、最纯朴的旋律，是一支劳动人民的歌。它在第一次陈述时，没有任何的伴奏，但在反复时，从弦乐移到了管乐，用变奏的方式，逐渐增强音响，进而发展为乐队的全奏，造成了强有力的声势，可真正的欢乐并没有到来，贝多芬苦心设计的欢乐高潮是在声乐部分，它也是整个乐章的主体。当乐章开始时的"可怖的号角合奏声"又闯进音乐时，宣叙调又一次做答，这次"人"开始说话了，以男中音独唱，明确表达了"啊，朋友，何必老调重弹，还是让我们的歌声形成欢乐的合唱吧！"接着合唱唱出了《欢乐颂》的主题："欢乐女神圣洁美丽灿烂光芒照大地，我们心中充满热情来到你的圣殿里……"

这一主题具有胜利进行曲的特点，表现威武和战斗的风格，主题用独唱、合唱的形式，多次回旋重奏。在这一部分中，合唱分为四个段落。

第一段：由完整的"欢乐颂"主题和经过装饰变奏的"欢乐颂"主题组成，它从投身自然、安享幸福的角度对欢乐进行赞颂。

第二段：由插部性的主题和"欢乐颂"的变奏主题组成，它是更积极地从鼓舞人心走向战斗和胜利的角度来讴歌欢乐的。这时主题变6/8拍，节奏富于弹性，大鼓三角铁、铃、钹等打击乐器的加入、频繁的切分节奏，使音乐性格应变得更加轻巧、刚毅，使音乐更具有了"人民在说话"的特点和进行曲的热烈气氛，体现了欢乐只有通过坚强的意志和顽强的斗争才能取得的信念。

第三段：由插部性的圣咏性质的主"拥抱"主题和"欢乐颂"变奏主题组成，它是具有宗教气氛的颂歌——拥抱起来，亿万人民！它气势磅礴、热情激昂，这个新的主题又同"欢乐颂"的主题按位交织在一起，气氛更显热烈，音乐的展开富于幻想，显示出期望实现大同世界的无比热情。

第四段：结尾。在这里形成了一个热烈的高潮，在热烈气氛之中，"欢乐颂"的主题最后一次变形，用四重唱的形式来表达欢乐的心情，使音乐变得更加光彩夺目。最后，在最急板的速度下，音乐以狂放的激情，赞颂了欢乐与美好，再次号召人民团结起来，全曲在无比壮烈的高潮中结束。

3. 流行音乐作品

（1）《同桌的你》——高晓松词曲。

此曲是一首校园歌谣，作于1993年，1994年初春在南京举办的"南北流行歌曲汇演"中，由"老狼"（王阳）首唱。这一旋律优美、纯朴、自然的叙事歌曲，将一种当代流行歌曲中不易触及到的校园生活中特有的情感抒发了出来，从而掀起了层层动人心弦的波澜。

当时，大学校园，这一块社会生活中特殊的领地，并不被世人所熟悉，而作为校园主人公的大学生们的生活更是如此。虽然，他们涉世不深，却拥有了人生历程中最为纯情的一段难忘的时光。在他们的视野里，事物都是美好的，所以，他们对生活的表述，多表现为自然和质朴，即便是属于情感的爱慕与相恋，也是真切的、朦胧的。《同桌的你》便最为典型地道出了这种大学校园主人公们所特有的情感特征。

作品通过对校园生活中真挚友情的吟咏，以平淡的词语，轻快的节奏，深情的音调，抒发出作者埋藏在心灵深处的种种情愫。诚挚的倾诉、美丽的情感、动人的故事，以最为自然的方式，向人们传达了大学生这一群体对生活的真实感受和情感流向。

这首歌曲以分节歌的形式写成，可分为主歌和副歌两个部分。开始由钢琴和生活感极强的吉他及口琴奏出8小节前奏，轻快的节奏、抒情性的音调，展示出校园生活的浪漫与纯真。

主歌部分：旋律流畅优美，为两个乐句的乐段组成。典型的节奏贯穿乐段，使得音调富有生气。

明天你是否会想起，昨天你写的日记；

明天你是否还惦记,曾经最爱哭的你。

这一部分词曲结合为一字一音、以平稳的旋律进行。朗诵的节奏,加上吉他与弦乐、钢琴、贝斯、口琴、长笛的相互协奏,使音乐亲切,蕴含深情,充满回味感。

副歌部分:旋律激越悠扬,为两个乐句的乐段和与其相同材料的衬腔组成,是歌曲的高潮所在。

谁娶了多愁善感的你,谁看了你写的日记,谁把你的长发盘起,谁给你做的嫁衣。

在这里,吉他始终是与和声相依为伴,它以一种清纯、明丽表现出纤尘不染的艺术征服力。

旋律开始,由前一乐段的结束音八度跳进,曲调移至高音区,旋律线激越、高涨,增强了推动感。与主歌一样,副歌的前半部词曲结合也为一字一音,节奏上也与主歌相同,把两个乐段紧密地联结在一起,加强了全曲的统一性。其后是以副歌为材料的衬腔部分,旋律及节奏完全是副歌的。悠长的衬腔,饱含激情,仿佛是对往事延绵不断的感叹。最后衬腔部分又向上移大二度转调,在重复和扩充后结束全曲。

这首歌曲,全部旋律以级进为主,其音域只有九度,且旋律的音调非常接近语言的音调,加上采用了固定的节奏型,使得歌曲富于叙事性;歌曲采用了适宜抒发细腻情感的生活性极强的吉他和口琴作为主奏乐器,从而增强了歌曲的抒情性,是一首抒情性的叙事歌曲。

(2)《弯弯的月亮》——李海鹰词曲。

此曲是一首具有浓郁民族风味的优秀抒情歌曲;为电视音乐片《大地情语》中的主题歌,作于1993年,后经人们广为传唱,成为大众所喜爱的一首"流行歌曲"。这首富有诗情画意的歌曲,把悠悠的乡情愁思,通过自然质朴的语言和朦胧真切的情感,借弯月抒咏而出,以景代情、以情抒景、情景交融,显露出浓郁的抒情色彩。

在创作手法上,作者另辟蹊径,以民歌音调与现代通俗音乐的表现手法相结合,使作品具有鲜明的民族风味。歌词方面表现出我国民谣朴实无华、情真意浓、朗朗上口的特点,每段虽只有短短几句,但所表述的内容却十分连贯,言简意赅。曲调汲取了江南民谣的一些素材,采用叙事歌的手法,按字行腔的原则,以六声徵调式为骨架,独具匠心、细致入微地塑造出鲜明、生动、准确的音乐形象。歌曲的结构为有再现的三段式。

引子部分是从歌曲中间的衬腔部分(童声合唱)移来的。

第一段:景、情交融的段落。旋律在较低的音区上从主到属回旋进行,典型的2/2拍节奏,加上开首的切分音型,使音乐在"船动节奏"之下,铺展开来,表现出富有诗意的江南月夜情调。

遥远的夜空,有一个弯弯的月亮。弯弯的月亮下面,是那弯弯的小桥。童年的阿娇。

这一段通过"夜空""弯月""小桥""阿娇"等以景带情,借景抒情,细致入微地抒发了深情的思念。之后带间奏性的句读,由童声合唱来表现,其材料来源于第一段"喔……喔……喔……喔……"悠长的旋律,具有柔美、秀丽的特色,增强了曲调优美的意境感,为第二段的展开,做了很好的铺垫。

第二段:高潮段落。起伏跌宕的旋律,充满惆怅的语调,将情感推向高潮,与前一段形成鲜明的对比,侧重于写情。

我的心充满惆怅,不为那弯弯的月亮,只为那今天的村庄,还唱着过去的歌谣。喔……

第三段:情景再现段落。这一段基本上再现了第一段,与中段形成对比,又与开始的音乐形成呼应,进一步表现了对故乡的思念之情。

这首歌曲像一泓清泉,为当代流行乐坛注入了新的生机,其悠扬的曲调、真挚的情感、独特的风格,为当代青年所喜爱,成为流传最广、影响最大的优秀歌曲之一。

【思考练习】

请以你听过并喜爱的一曲音乐为例,谈谈如何欣赏音乐作品。

第二十四章　雕塑艺术与鉴赏

一、雕塑艺术概说

雕塑艺术,是造型艺术的一种,又称雕刻,是雕、刻、塑三种创制方法的总称。雕塑指用各种可塑材料(如石膏、树脂、黏土等)或可雕、可刻的硬质材料(如木材、石头、金属、玉块、玛瑙等),创造出具有一定空间的可视、可触的艺术形象,借以反映社会生活,表达艺术家的审美感受、审美情感、审美理想的艺术。

1. 雕塑艺术的特点

(1) 雕塑给人的感觉,首先来自它的形体,形体美是雕塑形式美的灵魂。雕塑的形体要比例匀称,结构严谨,通过形体展示形象的动势、情绪与生命力。

(2) 雕塑具有"影像"效果,即作品形体大的起伏呈现的总体轮廓。这个"影像"可能给人或是宏伟崇高,或是宁静沉重,或是升腾飞跃,或是一种形体结构的美等各种感受。

(3) 雕塑的表现力通过强调主观精神、审美理想等方面的表现意向来加强。

(4) 雕塑的体积有一种量感,它直接影响着观赏效果与主题的表达。

2. 雕塑艺术的分类

雕塑艺术常用的分类方法如下:

(1) 按所用的材料可分为石雕、木雕、根雕、泥塑、陶塑、金属雕塑、石膏像等;

(2) 按空间形态可分为圆雕、浮雕、透雕(镂空雕);

(3) 按功用和置放地点可分为城市雕塑、园林雕塑、纪念性雕塑、室内雕塑、案头雕塑等。

二、雕塑艺术鉴赏

对雕塑作品的鉴赏,我们可以大体从以下三个方面把握。

1. 体积意识

雕塑作品作为三维空间的实体,给予人的感受首先来自它的形体,要通过形体展示形象的动势、情绪与生命力。远看雕塑作品首先触目的是"影像"效果,"影像"就是作品形体大的起伏呈现的总体轮廓,各种雕塑作品通过自身形体的"影像"给予欣赏者不同的感受。

2. 环境意识

雕塑作品大多是为某一特定环境制作的,置于室外就会与环境(气候、地理位置、周围建筑等)互相影响,这就必须注重环境意识。优秀的雕塑作品能与周围的环境相协调,能作用于环境,并使环境成为作品的组成部分,营造出新的景观。现代许多抽象雕塑作品,以其简明的形体和强烈的空间感而与环境产生很强的的融合性,这种不以描绘具体物象为目标的抽象艺术通过线、面、体、材质等来传达出各种情绪,激发人们的想象,启迪人们的思维。

3. 象征意识

雕塑作品形象单纯,不可能作复杂精细的描绘,所以通常赋予形体以象征性来表达主题,这就是象征意识。中国雕塑多用装饰性较强的人物、动物形象来表达象征性和寓意性。

因此鉴赏雕塑作品时,要认识到它的价值不仅是艺术家在形式语言方面的独特创造,而且作品与特定时代的文化背景息息相关,不能脱离艺术家的生存环境来理解。比如,贾科梅蒂标志性的"火柴式"人物造型像夜间在深巷中踽踽独行的人,充满着哀愁与诗性,反映出第二次世界大战后欧洲社会充满威胁、忧虑、怀疑和死亡的意识形态,也投射出战争对艺术家本人内心造成的阴影。

【雕塑作品欣赏】

1.《掷铁饼者》米隆

(1) 作品简介。

如图 24-1 所示,世人熟知的《掷铁饼者》为大理石雕复制品,高约 152 厘米,罗马国立博物馆、梵蒂冈博物馆、特尔梅博物馆均有收藏,原作为青铜,由米隆作于约公元前 450 年。

(2) 艺术特点。

这尊被誉为"体育运动之神"的雕像,一望而知是表现投掷铁饼的一个典型瞬间动作——人体动势弯腰屈臂成 S 形。这使单个的人体富于运动变化,但这种变化常常造成不稳定感,所以作者将人物的重心移至右足,让左足尖点地以支撑辅助,以头为中心两臂伸展成上下对称,从而使不稳定的躯体获得稳定感。身体的正侧转动,下肢的前后分列,既符合掷铁饼的运动规律,又形成单纯中见多样变化的形式美感。米隆的这尊雕像解决了雕塑的一个支点的重心问题,为后来的雕塑家创造各种运动姿态动作树立了榜样。

图 24-1 《掷铁饼者》

(3) 艺术价值。

《掷铁饼者》取材于古希腊的现实生活中的体育竞技活动,刻画的是一名强健的男子在掷铁饼过程中最具表现力的瞬间。雕塑展现的是铁饼摆回到最高点即将抛出的一刹那,有着强烈的"引而不发"的吸引力。掷铁饼的强烈动感与雕像的稳定感结合得非常好。雕像的重心落在右腿上,因此右腿成了使整个雕像身体自由屈伸和旋转的轴心,同时又保持了雕像的稳定性。掷铁饼者张开的双臂像一张拉满弦的弓,带动了身体的弯曲,呈现出不稳定的状态,但高举的铁饼把人体全部的运动统一了起来,使人们又体会到了暂时的平衡。

整尊雕像充满了连贯的运动感和节奏感,突破了艺术上时间和空间的局限性,传递了运动的意念,把人体的和谐、健美和青春的力量表达得淋漓尽致;体现了古希腊的艺术家们不仅在艺术技巧上,同时也在艺术思想和表现力上有了一个质的飞跃。这尊雕像被认为是"空间中凝固的永恒",直到今天仍然是代表体育运动的最佳标志。

2.《米洛斯的维纳斯》

(1) 作品简介。

《米洛斯的维纳斯》又称《米洛斯的阿芙洛蒂忒》《断臂的维纳斯》,是古希腊雕刻家阿历山德罗斯于公元前150年左右创作的大理石雕塑,现收藏于法国卢浮宫博物馆。

图24-2 《米洛斯的维纳斯》

(2) 艺术特点。

如图24-2所示,女神的面部具有古希腊妇女的典型特征。她拥有椭圆的面庞、希腊式挺直的鼻梁、平坦的前额和丰满的下巴,这说明古希腊人是按照他们自己的形象来创造神的。女神那安详自信的眼睛和稍露微笑的嘴唇,给人矜持而富有智慧的感觉,毫无纤巧柔弱、顾影自怜的造作神态。她使人们了解到两千多年前古希腊人的审美观,即力求外在美和精神美的统一。她那微微扭转的姿势,使半裸的身体构成了一个十分和谐而优美的螺旋形上升形态,富有音乐的韵律感,充满巨大的魅力。

(3) 艺术价值。

这座雕像自从被发现以后,一百多年一直被公认为是古希腊女性雕像中最美的一尊。她像一座纪念碑,给人以崇高的感觉,庄重典雅;但同时又让人感到亲切,貌美婀娜,体态万方。丰满的胸脯、浑圆的双肩、柔软的腰肢,都呈现出一种成熟的女性美。她既有女性的丰腴、妩媚和温柔,又有人类母亲的纯洁、庄严和慈爱,体现了人的充实内在生命力和精神智慧。雕像的躯体采取螺旋状上升的趋向,略微倾斜,各部分的起伏变化富有音乐的节奏感;下肢用衣裙遮住,从舒卷自然的衣褶中显示出人体的动态结构,给雕像增添了丰富的变化和含蓄的美感。

3. 乐山大佛

如图24-3所示,乐山大佛地处四川省乐山市东,岷江、青衣江、大渡河三江汇合的凌云山上。"佛是一座山,山是一尊佛",大佛通高70余米,头高约15米,发髻有1021个,耳长7米,鼻长5.6米,眼长3.3米,肩宽28米,脚背上可围坐百人以上,是迄今世界上最大的一座石刻佛像。

大佛双手抚膝正襟危坐的姿势,造型庄严,排水设施隐而不见,设计巧妙。佛像开凿于唐玄宗开元初年(公元713年),是海通和尚为减杀水势,普度众生而发起,招集人力、物力修

图 24-3 乐山大佛

凿的,至唐德宗贞元十九年(公元803年)完工,历时90年。大佛两侧的岩石是红砂岩,乐山的红砂岩是一种质地疏松,容易风化的岩石,比花岗岩软,是很好的适宜雕塑的材料。乐山大佛是一尊弥勒佛。唐代崇拜弥勒佛,按佛教教义,弥勒佛是三世佛中的未来佛,象征着未来世界的光明和幸福。总之,乐山大佛具有很高的艺术价值及历史保护价值。

4. 兵马俑

兵马俑即秦始皇兵马俑,亦简称秦兵马俑或秦俑,位于今陕西省西安市临潼区秦始皇陵以东1.5公里处的兵马俑坑内。

兵马俑是古代墓葬雕塑的一个类别。古代实行人殉,奴隶是奴隶主生前的附属品,奴隶主死后奴隶要作为殉葬品为奴隶主陪葬。兵马俑即用陶土制成兵马(战车、战马、士兵)形状的殉葬品。

1974年,兵马俑被发现;1987年,秦始皇帝陵及兵马俑坑被联合国教科文组织批准列入《世界遗产名录》,并被誉为"世界第八大奇迹"。在秦兵马俑陪葬坑遗址上建立的秦始皇兵马俑博物馆于1979年正式开放,至今已接待中外观众近7000万人次,其中包括近200位国家领导人,已成为中国古代辉煌文明的一张金字名片。

【思考练习】

请以你看过并喜爱的一个雕塑为例,谈谈如何欣赏雕塑作品。

第二十五章　影视艺术与鉴赏

一、影视艺术概说

电影是一门融合视觉和听觉的现代艺术,也是一门可以容纳文学、戏剧、摄影、绘画、音乐、舞蹈、建筑等多种艺术的综合体。影视艺术是时间艺术与空间艺术的复合体,在延续时间中展示画面,构成完整的银幕形象;在空间的变换中表现时间,从而获得了多手段、多方式的强大表现力。影视艺术包括电影、电视及两者所表达的艺术效果。电影是影视艺术的起源,电视是影视艺术的衍生物之一。

电影的诞生:1895年12月28日,"世界电影之父"卢米埃尔兄弟第一次放映了影片《火车进站》,标志无声电影的正式诞生。

中国电影的诞生:1905年,北京丰泰照相馆拍摄了我国第一部影片《定军山》。《定军山》代表中国民族电影试图以独立形象出现的开端,拍摄了京剧传统剧目《定军山》中几个武打和舞蹈动作较强的片段。这种记录式的方法,成为中国电影相当长时期的基本形式。

电影是一种特殊的艺术,是20世纪后流行文化最重要的组成部分,在100多年的发展过程中,电影艺术形成了自己独特的审美特征。

（1）媒介特征:艺术与技术的结合。

（2）生产特征:创作与制作的结合。

（3）形态特征:时空与视听的结合。

电影借助技术和工业生产机制的支持,由许多富于创意想象力和艺术创造力的人,通过一系列产业流程设计、生产出来,呈现在人们面前,它既是时空的融合,又是视听的融合。

科学技术的发展,为电影提供了越来越丰富的技术手段和艺术语言,特别是数字化多媒体新技术被大量引入电影之后,未来世界的电影必将发生更加巨大的变化。

二、影视艺术鉴赏

影视艺术鉴赏是通过银幕,以屏幕形象为主要审美对象展开的特殊思维活动。

如何进行影视鉴赏?

（一）"看"与"鉴赏"

正如一个文盲不可能欣赏文学佳作一样,一个连影视概念都不懂的人也不可能鉴赏影视。那么怎样才能达到鉴赏的水平呢?这就需要懂得影视艺术的语言、影视的特点,乃至和影视相关的其他艺术。鉴赏又是一个积极参与、认真思考的过程。

（1）要懂得影视的语言。

一切艺术形式都有自己的独特语言——艺术的语言,不懂得艺术的语言,就不可能鉴赏艺术,甚至不可能理解艺术。因此,要能够鉴赏,首先就要懂得影视的语言。

为什么要了解影视语言呢？我们可以看看电影是怎样叙述事件、表达感情的。

比如,一辆汽车飞驰而过,这样的画面不能告诉我们什么,但是后边紧接着的画面是马路中间的一只箱子,观众就联想到,这是从汽车上掉下来的箱子。如果再接下来的镜头是路人纷纷涌向这只箱子,争夺它,观众就会联想到,箱子里面可能藏着贵重的物品。如果路人都四散奔逃,那就意味着箱子里可能藏的是炸弹……这些连续的画面就有了叙事的作用,同时也会调动起观众的情绪,或者兴奋,或者紧张……这就是电影在叙事。

又如,一位烈士倒在敌人的枪弹下,紧接其后的镜头是翠柏青松。观众看到这里也能联想到,这是影片在表现烈士"永垂不朽"。

再如,失恋了,少女的表情是木然的,紧接下来的画面是雨中的一只孤雁,或是从一朵残花上淌下的一颗颗雨滴……这时,观众就会理解,少女悲痛欲绝,她的心在流泪。虽然少女没有明显的悲伤表情,也没有用语言哭诉,但孤雁、残花的画面就足以表现少女的这种内心感情。

电影就是用这样的语言叙述事件、表现思想感情的。它需要导演巧妙地使用电影语言,也需要观众的介入,需要观众在观看电影时积极参与,动脑筋思考、联想。否则,烈士牺牲后,翠柏青松的画面意味着什么；少女失恋后,雨中孤雁又表现了什么；是不可能被理解的。当然,在很大程度上,这种思考、联想是观众在无意中进行的,是被影片激发起来的。可见,电影艺术要靠电影工作者和观众双方的努力,如果没有观众的积极参与,一部影片不可能真正实现它的价值。

(2) 要了解一部影片产生的文化背景。

影片产生的文化背景包括影片中反映的文化环境和影片摄制国家的文化传统。

一部影片要为观众所理解,除了影视工作者在摄制影片时,要考虑其受众外,观众也要提高自己,以达到能够欣赏影视作品的水准。同时,观众还要注意积累自己的生活经验,扩大自己的眼界和知识面,这样才能逾越横亘在影视制作者和观众之间的"障碍"。正如意大利美学家卡斯特尔维屈罗所说:"对艺术的欣赏就是对克服了的困难的欣赏。"当观众克服了、逾越了这些"障碍"之后,一定会发现,自己对影片的了解更上了一层楼;还会发现影视片中蕴藏着那么多值得欣赏的美,以及那么多值得思考、值得探讨的问题。

(3) 要掌握欣赏影视艺术时的审美心理。

许多观众都是怀着欣赏影视作品的目的,走进影院,或是坐在电视机前的。可是由于他们缺乏影视方面的基本知识,也没有欣赏影视作品的心理准备和经验,往往被影视作品中的故事情节"裹胁",让故事情节"牵着鼻子走",而未能深入到影视作品中去。结果是在看完电影之后,除了能说出电影的故事梗概,或是某位演员长得漂亮不漂亮之外,很难说出其到底好在哪里,以及为什么好。在观看影视作品的过程中,除了对故事情节的关注外,观众还应该充分调动联想与想象能力、感知与理解能力,运用个人经验、知识对影视作品的结构、内容、表现手法等方面进行鉴赏。

(二) 鉴赏实践方法

鉴赏作为一项复杂的审美活动,其过程与影视作品的层次相对应,是一个由浅入深、由表及里的过程。一般说来,观众需要从以下几个方面进行操作实践。

1) 根据影视作品类型鉴赏

影视作品类型不同,对其进行鉴赏的操作原则也就不同。对写实主义影视作品的鉴赏,基本的操作原则和程序:检验作品中的一切,或其主要的和重要的方面,看是否符合真实的生活;尤其是人物的性格、行为、思想表现,是否是现实中人们的生活百态;考察其环境、背景,是否有现实的具体性和准确性,是否足以成为人物表现的客观现实依据;从回避了主观介入倾向的情节和场面中,分析出它所蕴含的思想内涵,并用自身的生活经验与认识加以印证、辨识、评判。对浪漫主义作品的鉴赏,则应注意:不能用真实生活的标准去要求,它多带有游戏或幻想的性质,因此不能"坐实";其思想倾向往往与传统的印记相比较明显,所以也不必要求它有"现代观念";它与表现主义作品注重意象、象征、意念、理念表现的特点也不一样,其自身是封闭的、单重实体性的,因此也不应刻意从其影像或表现中去赋予抽象的内涵。对表现主义影视作品的鉴赏,要牢牢把握住以下的原则:不能用单纯的真实生活和真实艺术观念作为基本标准来衡量,不能简单地要求它有具体的、现象的和逻辑的、因果的真实性,因为不注重这些要求,实际上正是它自身的规定;要清醒地意识到它在艺术表现上的总体特征——重主观轻客观,重理性轻感性,重本质轻现象,重精神轻表象,重抽象轻具体,重整体轻局部,重宏观轻微观,重形式轻内容等,并作为自己实施审美鉴赏时的重要参照依据;应当肯定它在思想观念和艺术表现上的反叛传统倾向中合理因素的进步性和先锋性,它对生活与艺术现实的超越本身,只要适度应视为是非常积极的,同时应看到或预见到它的实验性、探索性创造成果,对社会生活和艺术发展的深远与有益的影响。

2) 深入领会作品主题

和其他艺术作品一样,影视作品的价值有无与高低,首先取决于它的主题。所以鉴赏影视作品的主题是非常重要的环节。对主题的鉴赏,应把握两个方面。

(1) 注意蒙太奇的画龙点睛之笔。

影视作品主题一般在剧情高潮处出现,且一般采用蒙太奇中的隐喻性手法或对比性手法。例如,日本影片《望乡》的结尾,当女记者来到被日本政府"榨干血肉"、老死异国的"南洋姐"们的坟地时,一个个阴惨惨的坟墓碑都"背乡"而立,表现她们充当国妓,卖身异地,苦苦思乡又自觉无颜回乡,甚至死后也无颜"望乡"的心理。这个蒙太奇手法寄寓了作品强烈而冷峻的主题,揭露了日本军国主义给人们带来的巨大创伤死后不息。

(2) 注意声、光、色造型手段突出主题。

这一类主题鉴赏的地方不一定出现在剧情结尾或高潮处,而是有机穿插在一些抒情色彩浓郁的画面里,以特定的音响、光线、色彩来寄托、表现某种主题。苏联电影作品《这里的黎明静悄悄》中的战争场面全是以黑白画面表现的,而对战前幸福和平生活的回忆,全都采用彩色无声画面,显得那样地朦胧、绚丽、恬静。这样,在黑白与彩色、有声与无声的对比中,强烈地渲染、烘托了该作品热爱和平,反对法西斯战争的深刻主题。

3) 欣赏作品的主要人物

人物是影视艺术创造的核心,也是作品主题赖以确立、表现的艺术载体。一部优秀的影视作品中,必定有一个或几个血肉饱满的人物形象,而且是观众在影视作品鉴赏中的重要对象。一般来说,鉴赏影视作品中的人物形象,可以从以下两方面入手。

(1) 欣赏主要人物的登场亮相。

一般情况下,影视作品中的人物出场可分为冲突型、铺垫型、烘托型三类。冲突型亮相,可以迅速表现人物性格,吸引观众的注意力,艺术魅力是强烈震撼式的;如电视剧《水浒传》中的武松景阳冈打虎。铺垫型亮相一般有层次,有过程,层层点染,造足声势,让观众"未见其人,先闻其声""已闻其声,想见其人";如电视剧《红楼梦》中的王熙凤出场。烘托型也称对比型,人物出现时,虽无冲突,但有性格、角色的对比烘托;如电视剧《水浒传》中的林冲与鲁智深,一个儒雅而勇武内敛,一个粗豪而勇力外现,顿时就抓住了观众的心,使观众既欣赏他们的义气、友情,又为他们的命运担忧。

(2) 欣赏人物的语言、动作。

影视作品中人物的语言是个性化的、动作化的。通过特定情境表现的人物语言,观众不但可以领略人物的性格塑造艺术美,欣赏人物内心活动,甚至可以把握剧情发展的节奏。至于人物动作的欣赏,则可以从人物外部动作和心理动作两方面入手。如电视剧《水浒传》中鲁智深力拔垂杨柳一场戏,豪气干云的心理状态与"力拔山兮气盖世"的外部勇力达到了一致,人物性格非常鲜明,给人的印象特别深刻。

4) 品味作品中的景物、道具

景物与道具是直接或间接为刻画人物性格服务的。在鉴赏景物时,要注意它们在表达影视作品的时间、地点、时代、风俗、人物、氛围等方面的独特艺术审美价值。它们能以景寓情,创造意境。在欣赏影视文学作品中的道具时,则要注意它真实的时代性、突出的地方性、鲜明的个性特征。往往一个烟斗、一把扇子、一条手帕,都能准确地揭示人物的处境、身份、职业、性格。有些贯穿全剧的中心道具还起着架构全局、抒情点题的重要作用。

(三) 影视鉴赏的心理准备和整体感受

那么,做一个影视艺术的鉴赏者应该有哪些心理准备呢?

首先,要有一种强烈的、想深入了解影视艺术的愿望。有了这样的愿望,就会为自己树立一个目标。而明确的目标又会产生一种意志,这种意志可以使鉴赏者大大增强对影视作品的兴趣,从而积极地理解创作者,探索作品中蕴藏的美。另一方面,它又能时时提醒鉴赏者在观赏时不要为故事情节左右,因为丰富的审美信息往往蕴藏在故事情节的背后。要做到既能走进去,又能走出来。对一部影片进行鉴赏,首先必须感受和了解影片(走进去),在此基础上对影片进行分析与综合(走出来)。

其次,要更细致地观看,更积极地思考。法国的电影理论家马赛尔·马尔丹说过这样一段话:"电影是一种需要去捉摸其涵义的语言,而很多迟钝的、光看不想的、被动的观众总是难以去消化画面的含义的。"

对影片的整体进行感受,就要努力了解影片的创作意图是什么,有什么美学的追求。一般来说,不管一部影片的艺术水平高低,只要创作人员的创作态度是认真严肃的,就必然会有所追求。至于他们采用了哪些手段,效果如何,是否达到了目的,这就需要欣赏者来评论了。我们说,鉴赏者不能被影视作品中的情节"牵着鼻子走",并不是说一个鉴赏者必须要有一颗冷酷的心,面对多么富有激情、多么感人的影片都无动于衷。如果对美的事物根本没有感受能力,就不可能,也没有资格去评论它、分析它。被故事情节"牵着鼻子走"固然不好,同样,把其中的某一部分当作整体来评价,"只见树木不见森林"也是不可取的。英国著名电影理论家林格伦说得好:"我们可以得出一个重要看法:人们必须首先感受和了解,而后才能进行分析。绝不能让理智对美学问题有先入为主的判断。任何健全的评论的首要前提,是评论者必须专心致志和虚怀若谷地使用自己的全部官能(感觉、感情和理智的官能)来对待艺术作品。他应当竭尽全力倾听艺术家在说些什么。"

【影视作品欣赏】

《海上钢琴师》

1. 作品简介

《海上钢琴师》又译名《传奇的1900》,这部电影由意大利导演朱塞佩·托纳托雷于1999年拍摄,剧本由亚利桑德罗·巴星克根据1994年的剧场文本《1900:独白》改编而成。影片讲述了钢琴家1900传奇的一生,他"生于船、长于船、死于船"。

2. 作品赏析

影片中音画完美结合的互动效应

电影艺术之所以能够彰显出深刻而强大的艺术魅力,就在于其完美融合了画面的客观局限性以及音乐的主观抽象性。电影艺术主要通过画面来诠释,通过背景音乐辅助叙述、渲染影片的故事情节,推动主旨思想的显现。在电影艺术中,画面是通过镜头来展现剧本中文字语言所表达的内容。音乐是电影中重要的构成元素,它能对片中的人物思想情感、情绪表达与氛围营造等起到构建作用。影片中那些充满寓意的画面与恰当的音乐的完美结合可以将观众无限的想象力挖掘、发挥出来,使其感受到影片所蕴含的美感与内涵。电影中的音乐只有在特定的画面中出现,并能够与画面完美地融合在一起时,才能体现它存在的意义。如果单独把影片中的音乐看作一个整体,再来分析它的主旨与情感,是不切合实际的。由此可见,在影片中,要想把影片中所蕴含的美感和内涵完全表达出来,达到期望的艺术效果,只有音乐与画面同时存在,并完美融合。

比如该影片中的"斗琴"片段的开头部分,爵士钢琴家 Jelly 伴着沉闷、压抑的音乐出场,呈现给观众的是一种令人窒息的美感效果。如果没有了音乐效果,Jelly 的出场就会显得单调很多,也不能从心理上给观众带来那种不一样的窒息感觉。在后半段,1900 追逐爱情、向往爱情的部分,他弹奏的优美的旋律加上画面上女孩妙曼的身姿,两者完美结合,成功彰显出爱情的美好与结果的伤感,使画面与音乐的结合产生了近乎完美的效果。

该影片无论是画面的表现,还是画面中背景音乐的搭配,都是视听结合例子中的典范。可是,在欣赏影片的过程中,人们往往只将目光停留在音乐与画面的表面,而忽略了它的深层含义,通过对该影片中画面与音乐完美结合的实例解读,可以发现,在影片单独阐述画面镜头时,没有音乐叙述,观众就难以了解影片中人物的内心情感、思想波动和剧情的发展。所以,只有将影片中叙述的画面和搭配的音乐完美结合,共同演绎,影片才能达到完美的艺术效果。

欣赏影片的艺术美

(1) 期待视野的形成与审美距离的产生。

德国美学理论家汉斯·姚斯提出"期待视野"的概念:在艺术美的欣赏活动中,具有一定生活经验、文化素质、审美趣味的欣赏者会在欣赏作品之前或艺术作品欣赏中,对艺术作品的形象世界和意义内涵做出符合自己身份、个性特点的选择和推测,从而对具体的作品形成审美期待。对于电影《海上钢琴师》,初见片名观众不禁产生疑问:海上怎么会有钢琴师?他为什么要在海上弹琴?这种疑惑心理使人们对这部电影产生期待,希望电影能够解答疑惑。再看电影海报:一个男人背对观众,站在海面,他的面前是一艘游艇。这个略显孤独惆怅的背影让人们更加期待影片的内容。虽然不及其他电影海报的奢华,但是它以简单萧瑟的画面独树一帜。

在期待视野中,欣赏者与作品有一定的审美距离,是一种"若即若离"的关系,作品应该使欣赏者出乎意料。电影《海上钢琴师》运用音乐、人声、自然声音等音响,以及独白、旁白等画外音,把音乐与画面结合的艺术展现得淋漓尽致。在该影片的开头,随着镜头的推进,画面是 Max 坐在黑暗的楼梯上,这时画外出现了他的内心独白:"我现在仍自问想离开海上都市,是不是个正确的选择,真正的朋友,不可能遇到第二次。"随着独白的引导,观众迫切地想知道发生了什么,然后画面走向回忆,引出了剧情的发展。

伴随着 Max 的旁白,在镜头的推动下,船上人们在看到自由女神像表现出各种反应。每当有一个人对着自由女神像高呼"America"时,整船的人都沉浸在欢呼声和呐喊声中,而 1900 却冷漠地看着上上下下的旅客,这与其他人的喜悦心情相比显得格外孤寂。对于主人公 1900 来说,虽然没有下船去过美国,但他能在音乐世界中真正寻求到对自由的体会。这一幕给观众传递了丰富的信息,也表达了 1900 特定的情感,启发着观众的思考。

该影片从头到尾并未有太大的波澜,但是 1900 复杂的内心世界在观众面前展露无遗,观众根据不同的生活经验、情感体验、文化素质和艺术修养,在欣赏影片中形成了独特的期待视野,作品赋予人们的意义也各不相同。

(2)空白点和不定点的发现。

空白点是指艺术家在艺术创作过程中,有意识地在艺术作品中留下一些可以供欣赏者自由想象和发挥的地方,以此促进欣赏者与艺术家之间的审美经验交流。不定点就是艺术家在艺术创作过程中,有意识地留下一些不确定的指代,这种指代可以从其他的艺术元素中推敲出来,但要加工欣赏者自身对作品的理解,从而构成一幅能满足欣赏者审美需求的独一无二的艺术作品。空白点和不定点都存在于"召唤结构"中。召唤结构是艺术作品并非充分的、完整的、固定不变的实体,而是存在着许多形象和意义的空白或断裂,从而召唤欣赏者参与到作品创造的特殊结构中。召唤结构因作品的空白点和不定点的产生,召唤着接受者能动地参与进来,通过再创造将其充实、确定,使其得到具体化。

在电影艺术中,背景音乐的渲染、镜头的特写、画外音的诉说,给了观众众多的空白点和不定点。影片一开始,伴随着小号手 Max 的思绪,响起了轻微的抒情拨弦乐,Max 站在潮湿、阴冷的阶梯上带着几分惆怅与失落,只是几下竖琴的轻拨,就给了观众一个思绪飘远的感受,让观众不由自主地与 Max 融为一体,带着惆怅的心情开始了对全片的欣赏。

(3)自我确证的实现和人格的升华。

该影片在晕船片段中,1900 与 Max 在摇曳的轮船上上演了一幕好戏。在诙谐的音乐中,刚上船的 Max 便东倒西歪晕船了,Max 尴尬的窘态展露无遗。这时 1900 出场,邀请 Max 与自己一同演奏,旋转摇曳中,两人为观众带来了一场精妙绝伦的舞蹈,在琴键上飞舞的 1900 和在他身旁惊慌的 Max,给观众带来了视觉与听觉交融的盛宴。音乐声与海浪声相辅相成,与画面相互辉映,观众跟随音乐一同摇摆。当钢琴冲出玻璃门,撞开船长卧室的大门,琴声、海浪声、玻璃声……众多声音交融时,人们情不自禁地鼓起掌来。

这一段是整部影片最精彩的部分,也是最轻松的部分。导演把音乐与画面结合成的艺术展现得淋漓尽致,让 1900 的琴艺充分呈现在观众面前。短短几分钟让观众在诙谐幽默中抛开往日烦恼,融入剧中,和 1900 的琴声一起滑向各处。1900 内敛中带有的小幽默展露在观众面前,1900 这一形象得到成功塑造,他对外面世界的恐惧、在船上的自由自在这里得到充分体现,也可以由此推断,1900 不可能离开船、离开海,他热爱这里,船是他的家,这也为后面的悲剧结尾做了铺垫。

自我确证不仅是审美意义上的,更是欣赏者创造力的自我确证。影片为观众提供了想象的场所。判断一个艺术作品好坏的条件之一,在于这件艺术作品是否能引起欣赏者广泛而自由的联想。观看电影《海上钢琴师》时,观众不止一次大笑,也不止一次感到难过痛心,随着主人公 1900 的情绪前进着,随着他在音乐世界中翱翔,也跟着他的家——船一起毁灭。在这一虚拟世界,人们或许看到了自己某一时期的影子,或许从中有了新的生活感悟。每个人都是独立的个体,经常会感受到这个世界的冷漠,期望有个畅谈的对象。该影片中,1900 在音乐世界中表达着自己在不同时期的内心情感,这种情感贯穿整个剧情,达到推动剧情发展的效果,让观众融入其中,在虚幻的存在中用自己的思维来解读他的想法,重建了一个全新的形象世界,赋予这个形象世界意义,并从中获得认同和归属感,完成自我确证,并且在自我确证之后陷入持久的感动和深思。

《海上钢琴师》是一部关于海洋、生命、自由和美的电影。影片将唯美的音乐与浪漫曲折的故事情节完美结合,呈现在观众面前的是一场独特而又美妙的视听盛宴。

【思考练习】

请以你喜欢的一部影片为例,分析该作品令你难忘的理由及独到之处。

第二十六章　舞蹈艺术与鉴赏

一、舞蹈艺术概说

（一）舞蹈简介

舞蹈艺术是以经过提炼加工的人体动作作为主要表现手段，运用舞蹈语言、节奏、表情和构图等多种基本要素，塑造出具有直观性和动态性的舞蹈形象，以表达人们的思想感情的一种艺术形式。

舞蹈能直接、生动、具体地表现文字或其他艺术形式难以表现的人的内在深层的心理状态、强烈的感情、鲜明的个性，表达出舞者的审美取向，并能体现人生的价值与意义。

另外，由于人体动作不停地流动变化（见图26-1）的特点，它必须在一定的空间（舞台或广场）和一定的时间中存在。在舞蹈活动中，一般都要有音乐的伴奏，舞者要穿特定的服装，有的舞蹈还需要舞者手持各种道具；如果舞者是在舞台上表演，灯光和布景也是不可缺少的。因此，也可以说舞蹈是一种同时具有空间性、时间性和综合性的动态造型艺术。

图 26-1　舞动的人体

在哲学家、美学家的眼中，舞蹈艺术已经升华为一种生活，甚至生命的艺术。在远古的社会生活中，几乎没有比舞蹈更重要的事情了——婚丧嫁娶，生育献祭，播种丰收，驱病除邪，一切都离不开舞蹈。舞蹈成为远古先民质朴的生活方式和感知世界的手段。

（二）舞蹈艺术的起源及分类

1. 起源

一切艺术种类中，最古老的大约要算舞蹈了。原始人时期就已经有了舞蹈，往往是载歌载舞并伴随简单的人声呼喊或敲击某种原始乐器作为伴奏的混合形式。在我国青海省大通县出土的新石器时代墓葬的彩陶盆,彩陶盆上就有5000年前原始人舞蹈的图案;舞者手臂相连,双脚左右交错地缓步行进;步伐和谐统一,转眼方向一致,舞姿古朴自然,动作轻盈流畅,头上的长羽也随着身体的摇摆而呈整齐摆动的状态,给人一种协调和愉悦的感受。这些活泼的形态,生动地反映了原始社会时期的舞蹈已初步具有了艺术功能和审美价值。

原始人的舞蹈是伴随着人类的生产而出现的,劳动是其产生的源泉和基础。最初的舞蹈尽管也是多种多样,但大体上不外乎再现狩猎情景和抒发胜利的欢乐情感的;教导青年人捕捉鸟兽和生产知识的;装扮成各种野兽形象地反映巫术礼仪和图腾崇拜的;等等。原始人以狩猎为生,因此,最初的舞蹈总是和猎物有不解之缘。据说仍然保留了原始社会某些特点的爱斯基摩人的《狩猎舞》,就是由表演者竭力像海豹那样伏在地上,昂起头,模仿它的一切动作,等到悄悄接近后,才向其射击。事实充分说明,原始人的最初美感产生于协调的劳动动作,完满的劳动产品和精巧的劳动工具。

2. 分类

当然,原始舞蹈毕竟比较简单,一些舞蹈场面也不是事先的安排,大都是随手拿起工具或胜利品等的集体即兴表演。随着社会的进步,生产力的发展,人们对舞蹈的审美观念和审美情趣有了变化和提高。舞蹈逐渐摆脱了具体模仿和单纯即兴起舞的原始形态,创造了更为恰当的表现形式,发展了表现复杂感情的能力。到现在,经过几千年的发展,舞蹈已经形成了各种不同的流派、风格、品种。因此,我们在考虑舞蹈的分类时,应该考虑各种不同的情况,绝不能一概而论。

一般而言,若按舞蹈的内容分,可分为情绪舞和情节舞。

若按性能,也可分为两种。一种是各民族各阶级都流行的表现日常生活中的风俗、礼节、仪式等舞蹈,它是自然形成的舞蹈形式,我们通常称之为生活舞蹈,如汉族的秧歌、腰鼓,藏族的锅庄等。另一种是通过一种完整的艺术形式来表现的,如男子独舞《海浪》,用大海和海燕两个形象交错叠印,融为一体,用象征海涛翻滚和海燕飞翔的舞姿构成了一幅幅画面。同一位演员忽而是海燕展翅,忽而是海浪起伏,用自己身体有节奏的、富有形式美的运动,塑造出两个互相配合、互相映照、构成有机整体的形象——海燕和海浪。整个舞蹈,富于哲理的立意,具有诗一般的概括和凝练,表现了青春的活力、青年人的远大理想和凌云壮志。这样的舞蹈称为艺术舞蹈,它是由生活舞蹈发展而来的。我们平时说的舞蹈,主要就是指这种经过了艺术加工的舞蹈。

若按表演者的数量,又可分独舞、双人舞、组舞、集体舞。

比较流行的分法,是将舞蹈分为四类:民间舞蹈、古典舞蹈、舞会舞蹈和舞剧。例如,我国的《孔雀舞》《荷花舞》等就属于民间舞蹈;《天鹅湖》既属于古典舞蹈,又属于舞剧,我们称之为古典舞剧;而《丝路花雨》我们称之为民族舞剧。舞会舞蹈一般指男女成双成对跳的交谊舞,最早流行于西方欧洲国家和美国,包括各种规范的舞蹈,如狐步舞、华尔兹、波尔卡、探戈舞等,也包括各种流行舞蹈,如查尔斯顿舞、吉特巴舞、迪斯科舞、恰恰舞、康加舞等。我国的青年交谊舞就属于舞会舞蹈。

交谊舞,源远流长,由民间进入城市社交场合,经过几个世纪的发展变化,益臻完善,成为当代国际流行的一种双人舞蹈和"世界语言"。交谊舞,是一种体现人们文明的文化娱乐生活方式。男女青年朋友在高雅、庄重的乐曲声中以舞会友,既能培养文明、礼貌,增进友谊;又可以陶冶情操,消除疲劳,活跃身心,从中获得美的感受并培养高尚的情趣。

目前,国际流行的交谊舞,主要有以下几种。

(1) 布鲁斯舞,发源于黑人音乐——哀歌,20世纪20年代首先在美国流行。它是一种旋转比较缓慢、抒情、平滑的双人慢四步舞蹈,因此,也称为"慢四步"。

(2) 狐步舞(也称福克斯、快四步),因舞步平滑流利,常用宽大的舞步滑行,速度很快,好像狐狸跑路,因而得名。此舞节奏活泼,情绪轻柔,风格幽雅洒脱。是滑稽舞蹈演员哈利·福克斯于1913年为齐格菲尔德歌舞团的演出节目而创造的。

(3) 华尔兹,最早起源于欧洲民间舞蹈,是交谊舞中唯一采用3/4节拍音乐的舞蹈。根据乐曲节奏的快慢,分为中三步、快三步和慢三步三种。此舞的特点是欢快、热烈,男女或两女成对,在圆舞曲中向右或向左旋转而舞。华尔兹音乐优美,舞姿潇洒,有"舞中女皇"之誉。

(4) 探戈舞,最初流行于南美洲一带。它有墨西哥式和阿根廷式两种。墨西哥式舞姿优美、潇洒;阿根廷式舞步粗犷、健美。探戈舞是一种旋转独特、速度缓慢的双节拍男女成对而舞的舞蹈,是一种表演性很强的舞蹈,也是交谊舞中唯一不用拖步(步子在地板上轻轻滑动),而是一步一步踏在地板上的舞蹈。

(5) 伦巴,发源于南美洲。该地区气候炎热,不适宜做大运动量的活动,为此,人们创造出了这种比较温和抒情的舞步。

二、舞蹈艺术鉴赏

(一) 舞蹈艺术特征

1. 动态性

舞蹈艺术最基本的特征之一是动态性。所谓动态性,是指舞蹈以人体的躯干和四肢作主要工具,并通过各种动作姿态和造型来形象地反映客观事物和人物的精神世界,塑造舞蹈形象。这种人体的有节奏和美化的动作,并不是一般的动作堆砌和罗列,而是作为一种形象化的舞蹈语言呈现在人们的眼前。舞蹈创作者的形象思维和艺术构思,主要是通过这些动态性的语言来得到充分体现,并创造出鲜明、生动的舞蹈形象。因此,有人也称它为动作的艺术。

2. 抒情性

舞蹈是人类感情最集中、最激动时的表现形式。人的形体动作能抒发最激动时的心情,表达丰富的内在感情。我们从古代文物和历史资料中得知,原始人的舞蹈状态和形式,主要是抒发他们的内心情感,表现生命的无限活力。舞蹈的这种特点,充分体现出它的强烈抒情性。

3. 虚拟、象征性

舞蹈与其他表演艺术的又一不同之处是虚拟和象征性。

从包容着我国汉族古典舞蹈的戏曲来说,它的舞蹈动作如骑马、划船、坐轿、刺绣、扬鞭等,都是虚拟和象征性的。事实上,舞蹈中的马、船、轿、针等都是虚拟的,只是用一根马鞭、一支船桨等来作象征性的示意,但这种假设性的舞蹈动作却被观众承认和接受。在环境的表现上,既无山的模型,又无河的布景,但是双手示意攀登,向高抬腿示意爬山,却使人们相信这是在上山;观众确信一连串的大跳、旋转和翻滚动作是在表现战斗,深信这就是硝烟弥漫的战场。

4. 造型性

舞蹈动作不是对生活中自然形态的模拟,而是遵循舞蹈艺术的规律进行提炼、加工和美化的舞蹈语言的基本单元。由舞蹈动作所组成的舞蹈组合——舞蹈语言在人们的眼前瞬间即逝,如果不能给观众留下印象,就不可能发挥舞蹈艺术的魅力和功能。舞蹈的造型性就是让舞蹈动作在连续流动的过程中给人以明晰的美的感受,并且在片刻的停顿和静止时呈现出舞蹈内在的含义和韵味。

造型性的特点是动中有静、静中有动、动静有序,二者皆美。它能充分展现人体线条和动作的美,集中反映舞者的神情。

(二) 舞蹈艺术的审美特征和表现手段

1. 舞蹈艺术审美特征

舞蹈是以经过加工提炼、美化了的人体动作为主要艺术表现手段,来反映社会生活,塑造艺术形象的一门独立的艺术形式。对舞蹈的本质特征,中外著名学者从不同的角度论述了各自的看法。英国舞蹈家认为,舞蹈生来被认为是由感情产生的运动。美国舞蹈家认为,舞蹈是身体的一种有节奏的运动。我国当代舞蹈家吴晓邦认为,舞蹈是一种人体动作的艺术,凡是借着人体有组织和有规律的动作,通过作者对自然或社会生活的观察、体验和分析,然后用精炼的形式和技巧,集中地反映了某些形象鲜明的人物和故事,表现个人或多数人的生活、思想和感情的都可称为舞蹈。诗人闻一多在《说舞》中写道:"舞是生命情调最直接、最实质、最强烈、最尖锐、最单纯而又最充足的表现。"这些论述都深刻地概括和阐明了舞蹈的审美特征。

2. 舞蹈艺术表现手段

舞蹈以人体的躯干和四肢作工具,通过头、眼、颈、手、腕、肘、臂、肩、身、胯、膝、足等部位的协调活动,构成具有节奏感的动作、姿态和造型,直接表达人的内心活动,反映社会生活。表演性的舞蹈艺术则以舞蹈动作、舞蹈动作组合、造型、手势、表情、构图等表现手段,塑造典型化的舞蹈形象,表达人物的思想感情,体现完整的内容美和形式美。

【舞蹈作品欣赏】

藏族舞蹈《洗衣舞》

《洗衣舞》是一个优秀的舞蹈。它以藏族人民传统的歌舞形式,通过一个日常生活中的小故事,非常深刻地表现了西藏地区军民情同手足、亲如鱼水的关系。

舞蹈情节是这样的:一群去河边背水的藏族姑娘,遇到一位到河边来为同志们洗衣服的解放军炊事员。她们用了一个"调虎离山"的计策,骗来了炊事员要洗的一大盆衣服,怀着得意而喜悦的心情,边唱边踩,把衣服洗得干干净净。等炊事员回来时,才恍然大悟地发觉到自己想做的好事,被藏族同胞代做了。这时炊事员又急中生智,他悄悄地挑起了藏族姑娘的全部水桶,为她们送回家去。舞蹈就在炊事员担着水桶,抢在前头跑;姑娘们拿着洗好的衣服,在后面急着追赶的非常生动、活泼的场面中结束。

这个舞蹈取材新颖,立意深邃,结构简洁,表现生动,具有浓厚的生活气息和藏族歌舞艺术的特色。分析这个舞蹈之所以取得如此好的艺术效果,有如下一些原因。

其一,舞蹈取材于日常生活中偶然发生的一件小事,但这件小事却能够说明军民之间亲密的关系,富有感人的力量。

其二,这个舞蹈有歌、有舞、有说、有戏,看起来趣味盎然。舞蹈善于从抒发人物的感情出发,从表现生活出发,选择生动的细节。如当炊事员送小姑娘去找阿妈,回来的时候,藏族姑娘们还正在洗衣服,姑娘们就往炊事员身上泼水,不让炊事员靠近。这个细节不仅刻画了藏族姑娘们开朗豪放的性格,加强了生活的情趣,让人们情不自禁地为这种友好的嬉闹而欢笑起来,由此而进一步体味到军民之间亲密无间的关系。

其三,舞蹈的语言以藏族民间舞为基础,丰富多彩。《洗衣舞》把藏族的民间舞蹈锅庄、踢踏的动作和藏族的劳动生活相结合,做了创造性的发展和运用。如洗衣服的那段舞蹈,就把生活中踩着衣服洗的习惯,和踢踏舞的舞步相结合,边唱边跳,使得作品的情和景、人和事浑然一体地表现出来,这就使整个作品的内容和形式结合得相当完美了。

【思考练习】

请以你看过并喜爱的一段舞蹈为例,谈谈如何欣赏舞蹈作品。

参考文献

[1] 王晓辉,周薇.大学新语文:阅读感悟 口语交际 应用写作[M].北京:科学出版社,2008.

[2] 刘玉民.北大文学课[M].合肥:安徽人民出版社,2012.

[3] 曾繁仁.大学语文[M].北京:教育科学出版社,2010.

[4] 张韬.沟通与演讲[M].沈阳:东北大学出版社,2006.

[5] 李向明.职业人文基础,人文修养分册[M].2版.北京:高等教育出版社,2014.

[6] 杨海洋.60天完美口才打造计划[M].北京:经济管理出版社,2011.

[7] 周耀林,张煜明,任汉中.文书学教程[M].武汉:武汉大学出版社,2009.

[8] 唐丽.实用礼仪与日常应用文书写作[M].2版.上海:上海交通大学出版社,2016.

[9] 张军.现代应用文书写作教程[M].武汉:武汉大学出版社,2013.

[10] 杨怀勇,马福群.新编应用文书处理教程[M].重庆:重庆大学出版社,2013.

[11] 邱相国.事务文书写作[M].武汉:武汉大学出版社,2011.